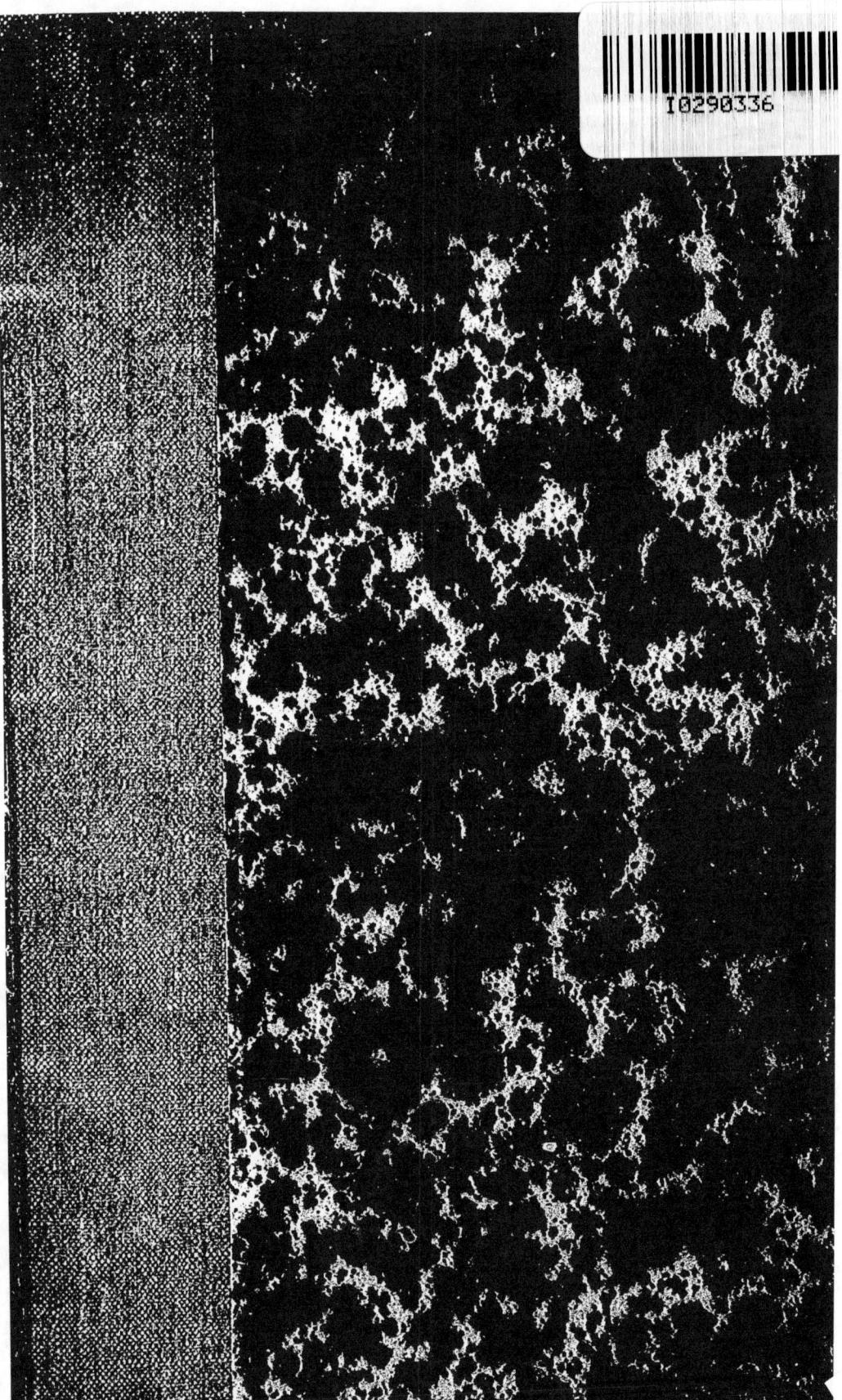

H. ESPINASSET

L'Être et le Connaître

Ὁ περὶ τοῦ ΕΙΝΑΙ καὶ τοῦ
ΕΙΔΕΝΑΙ φιλοσοφῶν συναιρεῖ,
λέγοι τις ἄν, εἰς διπλοῦν ἓν
τὰ φιλοσοφούμενα πάντα.

PARIS
ERNEST LEROUX, ÉDITEUR
28, RUE BONAPARTE, 28

1909

L'ÊTRE

ET

LE CONNAÎTRE

H. ESPINASSET

L'Être

et

le Connaître

> Ὁ περὶ τοῦ ΕΙΝΑΙ καὶ τοῦ ΕΙΔΕΝΑΙ φιλοσοφῶν συναιρεῖ, λέγοι τις ἄν, εἰς διπλοῦν ἓν τὰ φιλοσοφούμενα πάντα.
>
> (= Le philosophe qui étudie l'ÊTRE et le CONNAÎTRE ramasse, peut-on dire, en un seul corps à deux membres l'objet de la philosophie tout entier).

PARIS

ERNEST LEROUX, ÉDITEUR

28, RUE BONAPARTE, 28

—

1909

Droits de traduction et de reproduction réservés pour tous les pays.

AVERTISSEMENT

Cette œuvre est le fruit de mes méditations quotidiennes durant un assez grand nombre d'années successives. Quand l'idée m'est venue de la donner au public, j'ai hésité quelques instants entre deux voies à suivre. Je pouvais, en effet, me contenter de publier telles quelles les notes que j'avais prises chaque jour, après leur avoir fait seulement ce minimum de toilette qui, si modeste que l'on soit, est indispensable pour se mettre en état de paraître décemment; ou bien je pouvais, au contraire après une refonte générale, ne me servir de ces notes qu'en guise de matériaux et les employer à un essai de construction régulière. L'hésitation n'a pas été de longue durée. Mon état de santé ne m'encourageant guère d'ailleurs à prendre le dernier de ces deux partis, j'ai passé par-dessus les inconvénients du premier, qui sont les redites et le décousu qu'il devait parfois entraîner inévitablement, pour ne considérer que ses avantages qui m'ont semblé être des plus appréciables. Car il me permettait *de donner ma pensée très exactement, comme à l'état naissant, en quelque sorte, et dans toutes ses nuances encore concrètes et vivantes. De ces questions, si attirantes, si graves et si complexes, j'avais souvent, sans doute, abordé la même ou approchant, mais c'était chaque fois, vu mes dispositions différentes, pour l'envisager sous une nouvelle de ses mille faces diverses. Même les jours d'inspiration moindre, apportant eux aussi leur tribut, avaient teint de leur couleur propre, plus ou moins grise, la pensée et le sentiment. Ainsi, les répétitions ne pouvaient jamais être textuelles et le désordre ne serait qu'apparent; outre que ma métaphysique revêtait, de la sorte, l'aspect d'une poésie plutôt que d'une science; ce qui était pour me plaire souverainement; et comme la joie de l'esprit en fait la force, j'avais lieu d'espérer que le lecteur aussi y trouverait son compte.*

Je me suis laissé guider encore, en prenant le premier parti, par une autre considération. Toute la vérité, même la plus haute et la plus profonde, ne pourrait-elle pas être enfermée dans une formule brève et magique, ainsi qu'une essence subtile dans un flacon minuscule? Elle l'est, sûrement, pour le grand et tout-puissant Intuitif. Quant à nous, qui, quoique fermement intuitionnistes, ne saurions être, hélas! que de petits et faibles intuitifs, tout ce que nous pouvons faire, c'est de chercher, à travers une infinité d'à peu près, cette unique et merveilleuse formule, sans espoir d'ailleurs — avec notre intelligence et dans notre langage (1), humains l'un et l'autre, c'est-à-dire imparfaits forcément — de la trouver jamais elle-même, mais résignés d'avance à nous contenter de toutes celles qui se présenteront à notre esprit et à notre plume pour la suppléer tant bien que mal et pour être comme la monnaie de cette pièce absente. De là beaucoup de tâtonnements dans notre œuvre. Et, sincères avant tout, nous n'avons pas voulu, comme tant d'autres, dissimuler la chose, par une espèce de pudeur et d'amour-propre mal entendus. Pourquoi avoir honte de ce qui est inhérent à notre condition humaine et craindre de faire assister, avec une pleine franchise, le lecteur à notre labeur et à nos hésitations? C'est peut-être ce qu'il trouvera chez nous de plus intéressant et de plus fécond. Ici, la chasse est déjà par elle-même une prise, la meilleure des prises.

Enfin, une dernière raison m'a persuadé, plus vivement encore que toutes les autres, de suivre la voie la plus courte. La maladie vous fait sentir à chaque instant la mort si proche qu'on ne peut s'empêcher, alors, de porter à l'accomplissement de sa tâche une hâte fiévreuse; et surtout quand cette tâche se trouve précisément avoir pour objet, comme la nôtre, le grand problème à résoudre,

---

(1) Le bon Plutarque l'avait dit : « Il faudrait une parole bien fine, qui fût comme un instrument délicat, pour distinguer et démêler de pareilles choses ». Et Pascal a trouvé cette pensée de l'auteur grec digne d'être reproduite par lui, avec la même image : « La vérité est une pointe si subtile que nos instruments sont trop émoussés pour y toucher exactement. S'ils y arrivent, ils en écachent la pointe, et appuient tout autour, plus sur le faux que sur le vrai. »

l'énigme suprême à deviner. N'est-il pas naturel, en effet, d'être pressé d'essayer de prévoir lorsqu'on se croit si près d'aller voir, de se bercer d'agréables rêves avant le sommeil où ils seront interdits, de s'enchanter de belles espérances en attendant la certitude prochaine ?

Notre œuvre n'est d'ailleurs pas fragmentaire d'un bout à l'autre. On trouvera, dans la première partie surtout, plusieurs chapitres, assez étendus, qui ont entre eux le lien le plus étroit. Et si, pour le restant, nous confessons volontiers un certain manque de suite, c'est seulement quand on se place au point de vue extérieur de la forme et de la composition; car, au fond et à pénétrer la pensée intime, tous les fragments font corps, ainsi qu'autant de membres, et même les plus courts se rattachent ensemble, comme nous espérons que pourra aisément le constater quiconque voudra bien pousser jusqu'à la fin la lecture de ce livre et y appliquer toute son attention.

L'ÊTRE ET LE CONNAÎTRE

INTRODUCTION

Quelle est la nature, l'origine et la fin des êtres en général ? Ou, si l'on veut, quel est l'être et la raison d'être, le comment et le pourquoi des personnes et des choses dont l'ensemble constitue l'Univers ? Ou enfin, simplement, qu'est-ce que l'être en lui-même, dans la mesure où nous pouvons le connaître ?

C'est à cette question, entendue au sens le plus vaste et surtout le plus profond, qu'ont essayé de répondre les métaphysiciens de tous les siècles, de tous les pays et de toutes les écoles.

Mais leurs réponses ont toujours paru si obscures, si embrouillées comme à plaisir, si opposées entre elles, si insignifiantes en somme, qu'ils n'ont jamais récolté auprès des gens tant soit peu sensés que doute sinon mépris.

En réfléchissant à notre tour sur ce problème si important et d'un intérêt si vif qu'il ne saurait être amoindri par toutes les erreurs, les absurdités, voire même souvent le charlatanisme de ceux qui se sont donnés pour le résoudre, il nous a semblé qu'on pouvait en présenter une solution plus juste en même temps que plus simple et plus claire.

Ces qualités — et principalement les deux dernières, qui sont les plus modestes mais peut-être les plus précieuses et les plus rares en la matière — il a fallu certes que nous les ayons trouvées à un degré assez élevé relativement dans notre nouvel essai d'explication, pour être ainsi tenté de venir, si tard, augmenter encore le nombre des faiseurs de systèmes.

Au lecteur impartial et compétent, de nous juger.

En pareille matière, nous ne pouvons avoir la prétention de lui offrir, nous aussi, que des conjectures. Puissent-elles seulement lui paraître un peu plus vraisemblables que celles de tant d'autres.

Mais voilà que je l'entends déjà, ce lecteur, se récrier en me disant : Eh quoi! là où ont échoué les plus vastes génies de tous les temps et de tous les lieux, vous comptez, vous, réussir? Êtes-vous donc plus fort que tous ces gens-là? Quelle présomption révoltante!

Je lui réponds : Je sais bien que mon esprit est beaucoup moins puissant que celui de ces grands hommes; mais j'espère l'appliquer mieux. Je sais parfaitement que ma vue a une portée bien moindre; mais je me promets de regarder où il faut et de ne parler que de ce que je serai absolument sûr d'avoir vu.

En outre, je m'engage, au lieu de recourir à un idiome particulier, à un jargon barbare — et pas plus précis pour cela, au contraire, — pour tâcher par là de vous dissimuler mon vide de pensée, mon ignorance et mes erreurs, ou tout au moins pour vous faire illusion sur le degré exact de nouveauté et d'importance de ce que j'aurai trouvé, je m'engage, dis-je, à n'employer pour rendre mes idées que les expressions et les tours les plus clairs et les plus simples. Et je prends cet engagement d'autant plus volontiers que je crois qu'on ne peut vouloir tromper de la sorte le public qu'après s'être trompé soi-même. J'ajoute qu'en un sujet si bien fait pour intéresser l'humanité tout entière, je suis d'avis qu'il faut parler comme tout le monde et qu'il n'y a point ici de profanes à exclure.

Je suis convaincu, d'ailleurs, qu'on peut exprimer les pensées les plus abstraites et les plus abstruses dans ce que nous appelons quelquefois la langue de Voltaire (1). Oui, je crois que, fût-ce entre métaphysiciens, pour qui ne se propose en écrivant que de se faire entendre, la langue commune est encore un instrument suffisant, qu'elle est même l'outil le plus commode ; je le crois, et, en croyant cela, je fais, pour le sûr, bien moins d'honneur à cette langue qu'à la métaphysique elle-même (2).

Cet emploi du langage courant pourra paraître à quelques-uns la seule originalité de mon livre ; et une triste originalité, ajouteront-ils, pour peu qu'ils soient malintentionnés. A chaque page, à chaque ligne, ils

---

(1) Voltaire, qui passe ordinairement pour être si superficiel, nous semble encore un des meilleurs modèles d'écrivain philosophe. Il faut seulement tâcher d'être, non pas précisément plus profond, mais plus confiant et surtout plus grave que lui en face de questions qui le sont tant. Son attitude quelquefois indécise et souvent indécente est la seule chose louche et fausse dans cet esprit du reste si juste et si lucide ; et même, elle est, chez lui, plutôt dans le caractère que dans l'esprit. Soyons donc plus résolus et plus sérieux, et ne nous amusons pas, comme il fait trop souvent, à esquiver par une gambade le saut métaphysique, puisqu'il faut enfin se résoudre à le faire.

(2) Si l'on veut bien se reporter à mes *Réflexions et Consolations* (pp. 133-42 *passim*), on verra que je n'ai pas varié sur ce point depuis plus d'un quart de siècle.

souligneront d'un air de triomphe des idées exprimées déjà cent fois par d'autres, et sous une forme plus savante, affirmeront-ils. Ils en concluront, naturellement, que ma présomption n'a d'égale que mon ignorance, et que seule celle-ci est capable d'expliquer celle-là.

Peut-être vaudrait-il mieux me taire et mépriser des critiques si peu intelligents ou si injustes, quand j'en rencontrerai de tels; d'autant plus que me piquer d'érudition est loin de faire ici le jeu de mon amour-propre. Mais le philosophe vraiment digne de ce nom ne sait que soutenir partout la vérité, et, en toute occasion, la proclamer hautement, quoi qu'il en advienne.

Eh bien, qu'ils sachent donc, nos censeurs, que j'ai employé beaucoup de temps à étudier les écrivains qui sont considérés comme les maîtres de la pensée, que j'en ai même perdu pas mal à lire et tâcher de pénétrer certains auteurs qui le plus souvent, malgré toute leur réputation, m'ont semblé absurdes ou inintelligibles. Mais mon premier soin, quand j'ai commencé à penser par moi-même, a été d'oublier toute la peine inutile que m'avaient donnée ceux-ci, et mon second, de refouler assez profondément dans ma mémoire toutes les idées que j'avais pu trouver chez les autres pour que jamais je ne fusse tenté de m'appliquer soit à penser comme eux soit à penser différemment. Que, néanmoins, ces souvenirs ou ces réminiscences ne m'aient pas été inutiles dans le détail pour trouver la vérité ou pour éviter l'erreur, je ne saurais le nier. Mais ce que j'ose affirmer, c'est que je n'ai puisé qu'en moi seul ma conception d'ensemble ; car je me souviens bien que nul philosophe ne m'a satisfait d'un bout à l'autre, mais que j'ai adressé à chacun d'eux de fréquentes et graves objections et posé souvent mes propres idées en face des siennes. Cela n'a pas empêché que lorsque parfois il m'est arrivé de trouver dans mes lectures à peu près ce que j'avais déjà pensé moi-même, ma joie en a été beaucoup plus vive que celle que je peux éprouver à faire des objections ou à formuler des critiques. On trouvera l'écho de cette intime satisfaction dans la page suivante, que j'ai écrite il y a déjà bien des années et tout empreinte de jeune naïveté : « C'est un grand écrivain que nous lisons quand à chaque instant ses pensées en viennent effleurer et en lèvent en nous qui gisaient là inexprimées et impatientes de voir le jour de l'expression. Nous éprouvons alors un sentiment de reconnaissance pour cette sincérité perspicace du génie. Et nous sommes dans la délicieuse disposition du voyageur qui, égaré depuis longtemps dans une région qu'il commençait à craindre de trouver déserte, découragé à n'avoir plus la force de faire un pas lui-même, aperçoit tout à coup les traces d'un pas étranger; il s'écrie, alors, tout transporté de joie et d'espérance : Quelqu'autre a passé par là ! »

Quoiqu'il en soit, mon premier souci en prenant la plume a donc été d'oublier toute idée apprise et surtout ce jargon courant parmi les philosophes qui trop souvent dispense d'en avoir d'aucune sorte.

Le malheur aujourd'hui, en effet, quand on se met à réfléchir, fût-ce avec la plus parfaite indépendance, sur les grandes questions, c'est qu'on se sent aussitôt envahir l'esprit par une foule de mots, de formules toutes faites, de clichés qui prennent la place de vraies pensées, de pensées personnelles. Ce qu'il y a de plus urgent, c'est donc de chasser dès l'abord toutes ces vaines ombres encombrantes pour ne laisser approcher que ce qui doit prendre vie et ce qui mérite de voir le jour.

Ainsi, nous croyons qu'on doit commencer par laisser de côté autant que possible la vieille terminologie. Mais entendons-nous bien : cela ne veut pas dire qu'il faut compliquer encore le travail, déjà si ardu, de la pensée par tout un attirail de termes nouveaux et bizarres. Petit nombre, simplicité, clarté, popularité même, au besoin, de ces termes, puisés dans le grand courant de la langue (1) : telle a été notre première règle. Nous nous sommes appliqués aussi à définir très nettement, afin de pouvoir nous contenter après de reproduire la partie la plus caractéristique de la définition pour la rappeler brièvement et sans obscurité comme sans effort.

Tels sont les principes sur lesquels j'ai réglé ma conduite. Mais mon premier soin a été celui-ci : être parfaitement sincère avec les autres et avec moi-même. J'ai, par exemple, évité comme le feu toute théorie, toute affirmation dictée seulement par un frivole désir de symétrie et de régularité ou inspirée par un vain esprit de subtilité.

Bref, j'ai cherché toujours à montrer de mon eau; et sans la troubler jamais à dessein, pour la faire paraître plus profonde.

---

(1) M. A. Lalande, dans un article intitulé *La langue universelle*, préconise avec raison l'emploi exclusif, en philosophie, des langues naturelles et vivantes. A l'appui des idées que nous exprimons ici nous-même, citons au moins les lignes suivantes :

« Pour les publications philosophiques, on redoutera la rigidité d'une langue factice. A l'une de ses extrémités la philosophie est science : mais à l'autre elle est poésie..... Les mots des langues vivantes sont vivants, riches, pleins de souvenir, de tendances et d'associations d'idées. Ils insinuent et suggèrent. Ce qu'ils énoncent, ils le rattachent par mille liens invisibles à une foule d'impressions fugitives qui viennent de leur histoire. Que deviendra tout cela dans une langue neuve? Que deviendra l'originalité du philosophe, astreint à n'employer que des signes sans profondeur, sans pénombre, dont les bords seront coupés net comme la tranche d'une pièce de nickel ! »

PREMIÈRE PARTIE

LE CONNAÎTRE

CHAPITRE PREMIER
CE QUE C'EST QUE CONNAÎTRE

En philosophie — et de là précisément la beauté en même temps que la difficulté de la tâche — il faut raisonner tout ce qu'on fait, et, autant que possible, le raisonner *jusqu*'au bout, ou plutôt, *depuis* le bout, c'est-à-dire depuis le commencement, depuis les premiers principes.

Dans les autres ordres de connaissances, il est très utile d'en faire autant, mais l'on n'y est point tenu. Et quand on le fait, on est dit y porter l'esprit philosophique; tant il est vrai que c'est bien là le noble apanage de l'ordre de connaissances qui nous occupe.

Or, pour philosopher, il faut se servir de l'intelligence. C'est même un de ses emplois les plus élevés, sinon le plus élevé de tous. Mais tant vaut l'outil, ou bien, si l'on veut, l'ouvrier, tant vaudra l'œuvre. Commençons donc par nous demander ce que vaut, ce que peut l'intelligence humaine.

C'est évidemment une force capable de connaître, et qui, par le fait, connaît lorsqu'elle se met en activité et qu'elle applique cette activité à un objet susceptible d'être connu d'elle.

Si maintenant, comme nous devons le faire, remontant toujours plus haut dans notre explication, nous nous demandons ce que c'est que cette curieuse action qu'on appelle *connaître*, au moment même où nous nous posons la question, notre propre intelligence ne peut pas manquer de se faire à elle-même la réponse, pourvu qu'elle ait seulement conscience de ce qu'elle fait.

Une comparaison : Nos yeux, quand ils fonctionnent bien et que nous les ouvrons en plein jour, ne peuvent pas ne pas voir la lumière. Mais il faut bien prendre garde : n'est-ce point là une simple façon de parler ? Et, ce que voient nos yeux, alors, est-ce bien la lumière ? Ne doit-on pas dire plutôt qu'ils voient par le moyen de la lumière ce qu'il leur arrive de voir (1).

De même notre intelligence ne connaît pas la con-

---

(1) « Puisque ce grand mot d'*évidence* est un pur symbole, tiré des apparences visuelles, examinons-le, dans l'esprit du symbolisme : La lumière, comme chacun sait, nous fait voir toutes choses et ne se fait point voir, ou du moins ne se montre qu'en montrant des objets sans lesquels elle serait insaisissable. Le principe de l'évidence est donc inévident. Or l'intelligence et la raison se comportent précisément comme la lumière. Les applications de leurs premiers principes sont saisies avec une grande clarté, mais, en même temps, ces principes n'apparaissent point, la vue qui s'efforce de les atteindre se trouble, et quand nous parvenons à les formuler, ce n'est plus en qualité de choses visibles, c'est au contraire comme lois inhérentes à la conscience et condition de toute visibilité par elle ». (Renouvier, *Deuxième Essai de Critique générale* ou *Psychologie*, t. II, pp. 212-3).

Surtout sous une pareille plume, celle d'un idéaliste si rigoureux, ce passage est bien précieux pour notre réalisme. L'évidence, invisible par elle-même mais faisant paraître le reste ! Est-il rien de plus propre à nous faire présumer qu'elle n'est là par conséquent

naissance toute pure et en elle-même. Elle ne peut la saisir que dans l'objet éclairé par cette connaissance. Connaître est donc simplement une certaine façon de reproduire en nous les choses.

Analyser exactement ce fait, aussi fréquent, aussi présent qu'il est curieux et singulier et dont nous avons le sentiment si vif et si immédiat quoiqu'il nous soit difficile et même impossible de le définir avec précision, voilà quel doit être notre premier soin. Car toute la métaphysique, toute la faculté que nous pouvons avoir d'en faire avec fruit, dépend du résultat de cette analyse. Suivant la façon dont se reproduisent ainsi en nous les choses, nous devons avoir plus ou moins confiance dans la fidélité de cette reproduction, c'est-à-dire que nous pouvons, dans nos raisonnements métaphysiques, conclure, avec plus ou moins de probabilité, de la simple idée d'une chose à la chose même.

Eh bien donc, de quelle façon, dans ce fait familier de la connaissance, se reproduisent en nous les choses ?

D'abord, il est trop évident, même aux yeux du plus élémentaire sens commun, qu'elles ne sauraient s'y reproduire en chair et en os, pour ainsi dire, ou, en d'autres termes, que l'idée n'est pas identique à l'objet. Car il faudrait pour cela qu'il s'opérât une espèce de miracle, de métamorphose, dont nous sentons parfaitement toute l'impossibilité. Les choses, peuvent, si l'on veut, être rendues exactement par les

que pour nous faire voir les choses tout à fait comme elles sont, sans la moindre altération ou avec la moindre possible ?

Emerson a présenté la même pensée sous une forme plus simple et plus concrète, quand il a écrit :

« La lumière traverse l'espace sans qu'on l'aperçoive; pour que nous la voyions, il faut la rencontre d'un corps opaque qui la renvoie. De même pour notre pensée ».

idées que nous en avons ; mais la traduction, si fidèle soit-elle, ne saurait jamais se confondre avec le texte même.

Il s'est trouvé, néanmoins, de nombreux philosophes pour faire cette confusion. Ils ont raisonné comme si dans leur esprit ils tenaient la chose, tandis qu'ils ne pouvaient y loger que l'idée qu'ils s'en faisaient. C'est même là une des sources les plus fécondes d'erreurs en métaphysique. Mais toutes ces erreurs tombent sous les arrêts du sens commun, auxquels on est bien forcé de finir par se soumettre, tant qu'on en ait fait fi d'abord.

D'autres philosophes, par une exagération opposée et comme pour réagir contre cet excès de confiance, ont fait peser sur l'intelligence humaine un perpétuel soupçon. Ils sont allés jusqu'à lui donner pour rôle d'altérer régulièrement la réalité et quelquefois même de la forger de toutes pièces, en quelque sorte. Pour eux, notre esprit ressemble à un miroir faux, incapable de refléter les objets tels qu'ils sont mais qui leur impose sa forme et sa couleur. Ils trouvent qu'il est, ainsi, construit plus ingénieusement, et ils s'admirent eux-mêmes d'avoir pénétré tous les secrets et tous les raffinements d'une si savante structure.

Sans doute il est difficile, impossible même de réfuter péremptoirement ces philosophes. Car, pour que fût possible cette réfutation, il faudrait pouvoir comparer entre eux l'être ou objet et son idée ou image. Et, pour faire cette comparaison, il faudrait commencer par saisir en lui-même chacun de ces deux termes. Or, c'est ce qu'on ne saurait faire pour le premier, c'est-à-dire pour l'être ou objet. Car, si l'on pouvait le faire, inutile qu'il y eût deux termes, inutile de recourir à ce détour de l'idée pour atteindre l'être, puisqu'on s'y trouverait d'emblée et naturellement.

Mais l'hypothèse de ceux qui tiennent de la sorte en suspicion de tromperie notre intelligence n'en devient pas pour cela davantage une vérité démontrée. Elle conserve sa qualité de pure hypothèse. Nous pouvons donc aussi bien soutenir le contraire, et faire une hypothèse de croyance et de foi, pour l'ériger en face de celle de doute et d'incrédulité. Et même, toute la vraisemblance et toutes les probabilités seront de notre côté. En effet, avant toute réflexion et tout raisonnement, ne vaut-il pas mieux, — sans chercher, comme on dit, midi à quatorze heures, — croire que ce qui semble avoir été fait pour être l'image, l'écho d'une autre chose, se contente d'être fidèlement cette image, cet écho, que d'aller se figurer que l'objet subit une altération quelconque ?

Hypothèse pour hypothèse, ne doit-on pas préférer la plus simple à la plus compliquée, celle-ci fût-elle d'ailleurs des plus séduisantes et des plus ingénieuses (1) ?

---

(1) Renouvier (*Deuxième Essai de critique générale*, t. II, pp. 253-5) a écrit contre la perception immédiate :
« Si une faculté percevante saisit immédiatement dans les corps les qualités en soi...... qu'opposerions-nous à la croyance de l'halluciné qui, *saisissant l'objet en soi*, tout comme nous, n'aurait plus aucune raison de contrôler ses perceptions par les nôtres ? C'est pour le moins un préjugé bien fort contre l'existence d'une *fonction de saisir les choses en elles-mêmes.* » — Pour nous, qui n'admettons pas l'immédiation, nous levons la difficulté par une simple croyance, il est vrai, mais qui, croyons-nous, s'impose autant qu'une croyance peut s'imposer. Et voici comment. C'est que les représentations de l'halluciné sont détraquées, et que le connaître dans ce cas n'est plus exact au rendez-vous avec l'être. Pour étudier la connaissance, il faut la prendre dans les cas normaux, où elle est vraiment elle, et même autant que possible, dans les cas les plus remarquables et les plus favorables : *Sunt optimae cujusque rei exempla sumenda*, dit un sage précepte. Dans de pareils cas, l'*hallucination est vraie*, — pour nous servir de la fameuse formule de Taine, aussi paradoxale au fond d'ailleurs que la théorie qu'elle résume : car il n'y a même pas proprement hallucination.

Cet acte de foi, que nous faisons ici en toute franchise et que nous plaçons hardiment en tête de notre philosophie, équivaut donc, autant que possible, à un axiome ou du moins à un postulat du sens commun.

Mais nous n'en sommes pas, Dieu merci, réduits là. A y réfléchir en effet un tant soit peu, cette idée, image des choses, n'est-elle pas elle-même, dans son genre, une chose?

Les plus grands douteurs n'ont jamais osé le nier, quoique cependant quelques-uns aient laissé voir qu'ils avaient une forte envie de le faire, afin probablement de se distinguer par là, de se mettre tout à fait hors de pair, et aussi peut-être afin qu'il ne fût pas dit que les philosophes aient laissé une seule opinion absurde sans la soutenir. Je ne sais quelle pudeur, toutefois, est venue à temps les retenir; ou plutôt, je ne sais quelle inspiration de prudence, quel instinct de conservation, quel garde-fou infranchissable a empêché de se précipiter jusque-là ces intelligences en veine de suicide (1).

(1) Lequier, dans un certain fragment, a l'air cependant d'aller jusqu'à ce doute hyperbolique. Renouvier, qui nous a conservé ce curieux morceau (*Deuxième Essai* ou *Psychologie rationnelle*, t. II, pp. 273-6), le trouve éloquent et subtil. Le grand criticiste nous semble ici un peu aveuglé par son amitié pour l'auteur. Car il ne saurait guère y avoir d'éloquence hors de la clarté et de la vérité. Quant à la subtilité, elle est souvent un défaut, plutôt, et, en somme, moins une preuve de force dans la pensée qu'une sorte d'effort de la faiblesse qui avorte.

Selon Lequier donc, il y aurait — à deux moments différents, successifs — deux choses, le représenté et ce qui représente, le sujet et l'objet, jusque dans le *je pense, je suis*. Même dans ce cas, le connaître ne serait que l'écho, que le reflet, peut-être infidèle, de l'être. Une solution de continuité règnerait de l'un à l'autre; toute communication naturelle entre les deux serait coupée. Et il faudrait à la fois un coup d'État de la libre volonté et un coup d'impulsion de la nécessité, de la nécessité d'agir et pour cela du besoin de croire en son propre être, de s'affirmer (« par l'amour de la vie qui s'indigne de tant de discours » (Lequier). — Oh! oui, elle s'indigne,

Ainsi, nous avons le rare avantage d'être d'accord avec tout le monde quand nous affirmons la réalité de l'idée.

en effet, et elle a bien raison de s'indigner!), pour pouvoir dire : je pense! j'existe! — Quant à nous, nous croyons simplement qu'on a ici affaire à la faculté raisonneuse, espèce de puissance impuissante, qui, raffinant à faux, s'introduit jusqu'au cœur de la vraie faculté de connaître et dans son exercice le plus spontané, le plus infaillible.

Notre auteur dit qu'il y a là une action présente et une action passée, l'une exprimant, l'autre étant exprimée, « chacune attestant l'autre pour justifier de son existence, mais chacune toute seule impuissante à l'établir. » Il y a, ajoute-t-il, « d'abord un fait qui s'ignore, ensuite une parole qui ne s'entend pas ». — Mais, ferons-nous observer pour commencer, il ne s'agit pas ici de parole, il s'agit seulement d'idée ; ne déplaçons pas la question, qui est entre le sujet ou idée (puisque les deux n'en font qu'un, du moins pour vous) et l'objet.

Les idéalistes sentent bien que, s'ils nous accordent une fois, ne fût-ce que pour ce fait singulier du *je pense*, qu'il y a le moins du monde coïncidence du connaître et de l'être, leur système tout entier est en péril. Aussi, font-ils tout ce qu'ils peuvent pour nous le refuser. Bien mieux, ils nous le retirent après nous l'avoir concédé ou fait semblant. Car, précédemment, Renouvier a reconnu tout le premier l'évidence parfaite de cette vérité première, en ajoutant seulement que ce n'était point là le vrai domaine de la certitude et du doute.

Pour notre compte, nous croyons, avec Descartes, sans tant subtiliser et ergoter, qu'il y a ici immédiation absolue, qu'il n'est donc pas même besoin de croyance; et nous croyons qu'ailleurs, quand il en faudra — la distinction ou intervalle du sujet à l'objet existant alors réellement, — nous pourrons, précisément, appuyer notre croyance sur ce fait premier, indéniable, sur ce « roc inébranlable » (Descartes). Nous n'aurons qu'à dire ceci : Croyons, sans hésiter, en la fidélité du connaître, puisque, dans un cas singulièrement précieux, nous avons constaté qu'il reflétait exactement l'être, ne pouvant faire autrement puisqu'il n'était alors que cet être lui-même dans son essentielle transparence. Voilà même en quel sens, tout à fait simple et naturel, nous faisons du *je pense, je suis*, le critérium de la certitude. Oui, il est ce critérium infaillible en ce sens qu'il est merveilleux et unique pour bien nous faire voir et même sentir l'aptitude du connaître à ressembler rigoureusement à l'être. Descartes a entendu la chose un peu différemment, et nous critiquerons plus loin la façon dangereuse dont il veut faire jouer à son *cogito* ce rôle de critérium.

Mais si l'idée est réelle, il y a, par conséquent, à chaque instant contact dans notre intelligence entre une chose et son idée. Dans cette sorte de lutte spirituelle, l'idée est donc un nouvel Antée ; mieux que

Quoi qu'il en soit, nous avouons que, pour tout le surplus, c'est-à-dire en dehors du *cogito* même, il faut invoquer forcément la croyance quand on veut faire du connaître le représentant fidèle de l'être. On doit seulement ajouter — ce qui est, selon nous, une très grande présomption en faveur du bien fondé de cette croyance — que les esprits tout à fait simples et les esprits tout à fait raffinés, aux deux bouts intellectuels — à ces deux bouts qui sont si éloignés et qui cependant se trouvent d'accord en cela comme en tant d'autres choses —, sont en général également fixés en elle, tandis que tout l'entre-deux volontiers erre et doute. Afin de montrer mieux d'ailleurs, sous une forme plus vive et plus brève, quelle est exactement sur cette question capitale la position prise par nous, voici le petit dialogue que nous avons imaginé :

Condillac. — Nous ne pouvons pas, dans nos spéculations, franchir le monde intérieur de notre pensée (*), monde peuplé d'idées toutes issues de la sensation.

Kant. — J'accepte la première moitié de ce qui précède, — en laissant, toutefois, dans la spéculation un *desideratum* : le noumène, vide qui sera d'ailleurs en partie comblé par la pratique —; mais je rejette la seconde, car notre entendement a ses formes qu'il imprime à tout ce qui entre en lui.

Nous. — Nous croyons que Condillac, au fond, n'avait pas dit ni voulu dire le contraire de ce qu'affirme Kant. Seulement, il n'avait rien précisé, laissant la chose dans un *vague* (ou mettons, si l'on aime mieux, un *indéterminé*, rien n'étant plus net que son style et surtout son esprit) qui est modeste d'abord, prudent ensuite, et qui, en outre, a bien aussi sa profondeur. Quant à nous, nous précisons hardiment en sens inverse de Kant, et nous posons le plus de ressemblance possible entre l'être et le connaître : sans oublier, néanmoins, que Kant (et Condillac même déjà; parce que, encore une fois, Condillac, bien compris et en le lisant entre les lignes, suffit, — sans parler de quelques autres) a passé par là ; c'est-à-dire en sachant bien et en affirmant carrément dès l'abord que toutes nos spéculations sur la chose en soi — en dehors, encore une fois, du pur *cogito* — ne reposent que sur la simple croyance.

(*) « Soit que nous nous élevions jusque dans les cieux, soit que nous descendions jusque dans les abîmes, nous ne sortons point de nous-mêmes ; ce n'est jamais que notre propre pensée que nous apercevons » (Condillac, *Art de penser*, ch. 1).

cela, car jamais elle ne perd pied et ne cesse de toucher le sol de la réalité. Que dis-je? ici, il y a plus que rapprochement et contact, il y a confusion et identité entre ces deux choses, l'idée et la chose proprement dite. Il n'y a donc même pas deux choses, il n'y en a qu'une seule.

C'est ce que maintenant nous sentons parfaitement. La seule infirmité de notre esprit a pu nous empêcher de le voir tout d'abord et nous a forcés de diviser pour comprendre et de faire deux de ce qui en réalité n'est qu'un. Certains philosophes ont un sentiment si vif et si profond de cette curieuse et extraordinaire réalité de l'idée qu'ils en ont nié toute autre réalité. Ils n'ont pas fait attention que ce cas singulier et précieux de connaissance, dans lequel l'objet et le sujet se confondent, n'est là que pour nous garantir dans tous les autres cas, autant que faire se peut, la réalité de l'objet, tout distinct que cet objet puisse être alors de l'idée. Et cela semble si bien le but de la nature, en quelque sorte, que toujours, dans le phénomène de la connaissance — si lointain que soit d'ailleurs l'objet lui-même, l'objet proprement dit, — ce fait merveilleux, unique, en même temps que sans cesse renouvelé, est là présent, comme une espèce d'objet immédiat, et ne peut pas ne pas y être, ombre ou plutôt lumière accompagnante et inséparable.

Ainsi, de même que la nature veut qu'en pratique nul animal ne doute de l'existence du monde extérieur, ainsi elle veut qu'en théorie tous les hommes, tous les philosophes qui réfléchissent sans parti pris, croient à la réalité des objets de la connaissance. Ce sont là deux instincts également puissants. Car si l'on ne peut vivre sans le premier, l'on ne saurait penser sans le second.

Il est donc établi que, dans la connaissance des

objets extérieurs, à chacune de nos idées correspond une réalité. Maintenant, qu'est-ce que cette réalité en elle-même? C'est ici que commence la métaphysique proprement dite.

Si par métaphysique nous entendions rigoureusement l'étude de l'être en lui-même, nous avons déjà vu combien restreint et peu varié serait son domaine. Il ne s'étendrait pas au-delà de la chose idée. Mais, en dehors de cette chose, quelle différence peut-on croire qu'il y a entre la chose et l'idée qu'on en a?

Il est bien entendu, encore une fois, que la chose reste chose et l'idée idée, chacune de son côté, sans se mêler ni se confondre, en dehors du cas exceptionnel et singulier de la chose idée. Mais, dans tous les autres cas de la connaissance, lorsque la chose proprement dite et l'idée sont deux choses distinctes, jusqu'à quel point la seconde est-elle l'image de la première? Voilà toute la question, la grande question métaphysique, nettement posée.

Eh bien, nous avons déjà fait et présenté notre hypothèse là-dessus, et nous en avons montré toute la vraisemblance. L'intelligence étant évidemment faite pour connaître les choses, comment supposer qu'elle s'applique à dénaturer ces choses et non pas à les traduire en idées aussi fidèlement que possible? Pour s'arrêter à une pareille supposition, il faudrait bouleverser de fond en comble le sens des mots. Puissance deviendrait, alors, synonyme de faiblesse. Les plus grands esprits seraient les esprits suspects des plus graves erreurs. Toutes nos facultés ne nous auraient été données que pour nous tromper et nous desservir. La fameuse hypothèse provisoire du malin génie, armé de la toute-puissance pour nous induire infailliblement en erreur, se poserait comme un premier principe, comme le grand premier principe définitif et indubitable (1). Mais les conséquences nous en apparaissent immédiatement si désastreuses pour la raison, surtout aux yeux de quiconque veut philosopher, c'est-à-dire appliquer précisément cette raison à son plus digne objet, qu'elles suffisent à ruiner, à étouffer dans l'œuf un pareil principe, si monstrueux, et à nous le faire remplacer par celui, tout opposé, d'un être aussi sérieux et bon que puissant, qui a donc voulu, autant que pu, faire les choses pour le mieux, et, partant, n'a pas dû vouloir, en créant au milieu des autres choses ces choses merveilleuses, ces miroirs magiques, nos intelligences, s'amuser seulement à nous attraper par des mirages. Je crois, en effet, qu'on peut, aujourd'hui encore, se laisser aller à être *cause-finalier* jusqu'à ce point sans passer pour un parfait imbécile.

Donc, une intelligence humaine, saine, attentive, au besoin servie normalement par des organes, peut avoir pleine et entière confiance en elle-même quand elle s'applique à connaître des choses réelles. A ces choses en elles-mêmes, dans l'idée qu'elle en a, elle n'ajoute rien, si ce n'est cette circonstance, nouvelle pour elles, d'être connues par cette intelligence.

Ces choses, de leur côté, avant qu'aucune intelligence ne les connût — si toutefois il y a jamais eu pour elles un pareil moment (2), — existaient tout aussi bien en soi et avec les mêmes qualités ou manières d'être; seulement, elles étaient comme plongées dans les ténèbres de l'ignoré. Parce qu'elle est arri-

---

(1) Et nous croyons qu'elle ne peut guère se poser autrement, et que Descartes s'est montré, dès ce premier pas, bien imprudent et bien téméraire.

(2) Nous aurons occasion plus loin de nous prononcer là-dessus; et nous nous prononcerons pour la négative, en tâchant de justifier notre opinion.

vée à les connaître, cela ne fait pas que l'intelligence ait ajouté quoi que ce soit à leur être : elle a seulement fait lever sur elles le jour spirituel qui les a éclairées.

Cette vérité, qui, lorsqu'on s'y arrête un peu, semble si évidente qu'elle a l'air d'une pure naïveté ou d'un truïsme, n'en a pas moins été, d'une part, méconnue et même niée carrément par une foule de philosophes et, d'autre part, n'a pas été assez nettement ni profondément reconnue et affirmée par les autres.

Que les premiers, cependant, y songent bien : commencer par saper ainsi dans sa base l'autorité de cette intelligence dont ils se servent déjà contre elle-même et dont ils vont dans toute la suite se servir — forcément — pour établir un système, le leur, quel qu'il soit du reste, c'est de leur part faire une œuvre au dernier chef imprudente, insensée, comparable en tout point à celle, par exemple, de l'émondeur qui, monté sur un arbre, commencerait par couper la branche même sur laquelle il se tiendrait pour émonder.

Quant aux autres, ils ont pu être d'habiles, de puissants raisonneurs, mais la faculté maîtresse leur a manqué pour faire de la bonne métaphysique; c'est à savoir ce jugement sûr et délicat, ou plutôt cette sorte de tact qui fait que, sans avoir besoin de la déduire et même proprement de la comprendre, on sent dans toute sa force d'immédiate évidence la féconde vérité à son principe, on savoure à sa source première ce flot pur.

Oui, leur dirons-nous, si votre intelligence, en présence de ce qui est, n'entre pas aussitôt dans des dispositions analogues à celles, par exemple, dans lesquelles se trouvent dès l'abord l'un pour l'autre deux hommes destinés à former ensemble un de ces fameux couples de vrais amis, si rares dans toute la suite des siècles et qui la première fois qu'ils se sont rencontrés se sont connus et aimés comme s'ils s'étaient vus de toute éternité, si donc votre intelligence n'est pas d'emblée dans des dispositions semblables en face des choses à connaître, renoncez alors bien vite à ces études : vous ne pourriez que vous y égarer, à la suite de tant d'autres, suivi vous-même un jour par des disciples qui s'égareraient à leur tour sur vos pas ; et vos erreurs seraient d'autant plus graves et plus dangereuses que votre intelligence se trouverait être plus puissante et vos raisonnements plus forts.

On peut, avec l'esprit le plus faux du monde, exceller en mathématiques ; pour faire avec fruit de la métaphysique, la première des conditions est d'avoir l'esprit juste. C'est qu'ici l'intelligence ne doit pas être comme une simple machine dont les rouages sont en bon état et fonctionnent à merveille suivant l'impulsion une fois donnée, mais bien une force douée d'initiative et d'une initiative appelée à se déployer à chaque instant. Et il est doublement indispensable qu'il en soit ainsi ; car, en métaphysique, l'intelligence n'est pas seulement, comme partout ailleurs, l'instrument d'étude, mais elle est encore le premier objet de cette étude. Or, de même que, dans le monde physique, lorsqu'on veut étudier une espèce d'être, on choisit de cette espèce le plus bel échantillon, l'individu le plus parfait possible, ou du moins le plus correct, le plus normal ; ainsi doit-on faire, à plus forte raison, dans le monde moral.

Une fois comprise et admise notre première hypothèse — cette grande hypothèse optimiste, de simple croyance, si vraisemblable d'ailleurs qu'à peine même en est-elle une —, nous n'aurons plus besoin d'en faire d'autre pour commencer d'édifier notre métaphysique, pierre à pierre, avec chaque perception ou conception. Que si l'édifice, construit avec des matériaux si vulgaires, paraît d'abord grossier à plusieurs, après mûr examen, quelques-uns pourront s'apercevoir qu'il n'en est par là que plus solide. Au cours de notre œuvre, nous pourrons faire de loin en loin d'autres hypothèses, mais accessoires celles-là, moins vraisemblables peut-être pour la plupart que la première, mais dont nous ne chercherons pas non plus à exagérer l'importance ni la valeur. Presque toutes ne seront, pour ainsi dire, que de pur luxe extérieur : malgré l'étymologie du nom (1), elles ne viendront qu'après coup s'ajouter au reste, pas comme des fondements par conséquent, et même moins comme des contreforts pour la solidité de la construction, ou encore comme des ailes nouvelles pour l'utilité des habitants de l'édifice, que comme des couronnements pour satisfaire les regards des passants.

Les métaphysiciens, tous autrefois et quelques-uns encore aujourd'hui, ont coutume de distinguer profondément dans une seule chose deux espèces de choses : les manières d'être et l'être lui-même, ce qu'ils appellent les *attributs* et la *substance*.

Cette distinction repose, chez ceux qui la font, sur une idée fausse du rôle de l'intelligence dans le phénomène de la connaissance. Ce rôle, ils ne l'entendent jamais comme il est rempli par le fait, mais tantôt ils en exagèrent et tantôt ils en diminuent l'importance, le plus souvent même ils font les deux à la fois : cela dépend du point de vue auquel on se place ; car, d'un côté, ils prêtent à l'intelligence je ne sais quel don de mystérieuse élaboration sur les choses qu'elle con-

---

(1) Sens premier du mot grec ὑπόθεσις : *action de mettre dessous*.

naît, et, d'un autre, ils lui infligent gratuitement un brevet d'inexactitude. S'ils veulent affirmer quelque chose, s'ils veulent penser, ils sont pourtant bien obligés de finir par se fier à elle ; mais ils ne le font qu'à leur corps défendant et le plus tard possible. Au lieu de se contenter d'ouvrir leurs sens et d'éclairer leur esprit aux données immédiates, d'écouter purement et simplement la révélation première, directe et naïve des choses, ils s'avisent de prendre une malencontreuse initiative et ne s'avancent vers le vrai que par un long circuit au bout duquel tous leurs efforts n'aboutissent le plus souvent qu'à les égarer. Ils ne sentent pas, ils ne perçoivent pas : ils déduisent, ils raisonnent. Mais le raisonnement, si vite et si longtemps qu'il aille, ne saurait jamais ratteindre le vrai véritable, le réel, le concret, le vivant, une fois échappé aux premières prises, seules heureuses et fécondes. Or, comme ils n'ont pu tous étouffer en eux un sentiment naturel qui leur crie que de cela pourtant il en faut tout de même. Alors, dans leur embarras, en désespoir de cause, quelques-uns invoquent l'imagination, lui exposent leur besoin et font leur commande à cette inventive ouvrière. Là-dessus, la grande fabricatrice a bientôt fait de les contenter : en un tour de rêve, elle façonne la *substance* (1) et la présente à leur détresse.

Qu'ils soient ravis de la trouvaille, si ingénieuse, qui devait servir si longtemps, et que tant de générations de philosophes de tous les pays se sont si soigneusement transmise. Mais nous, qui ne sommes pas sortis du concret, du vivant, nous n'avons que

---

(1) Τὸ χείμενον, disaient déjà les Grecs, et les Latins ensuite : *substratum, quod substat*, c'est-à-dire *ce qui est dessous, le support des qualités*, de ces qualités qui, elles, sont *dessus*, à la surface de l'être.

faire de tâcher d'y rentrer par un semblable tour de force ou plutôt par un pareil coup de désespoir.

Pour nous, donc, les *attributs* n'étant que des façons d'être ou mieux des faces de l'être, il n'y a aucun lieu de les distinguer en quoi que ce soit de la *substance* ou être.

Nous ne faisons qu'une seule distinction : celle de la chose en elle-même, d'une part, et, d'autre part, de l'idée ou image par laquelle se reproduit en nous cette chose dans le phénomène de la connaissance. Cette distinction-là, nous la faisons radicale et profonde : si bien que nous conserverons, si l'on plaint de le perdre, ce fameux nom de *substance*, pour l'appliquer aux choses en tant qu'elles existent indépendamment de toute connaissance, aux choses en elles-mêmes, que nous croyons, quant à nous, — encore une fois, — semblables à l'image que la connaissance nous en présente, mais qui, en tout cas, ne lui sont pas identiques, sont autre chose qu'elle, et même vraisemblablement ont des aspects auxquels rien dans cette image ne correspond ou, si l'on veut, comme des recoins et des profondeurs dans leur être jusqu'où jamais n'a pénétré ni peut-être ne pénétrera l'intelligence, la nôtre du moins.

Il est un cas singulier, un cas précieux que nous avons déjà signalé à un autre propos et qui aurait dû éclairer, s'ils voulaient ouvrir les yeux, les partisans aussi bien que certains adversaires de la *substance*, — car les uns et les autres sont également dans le faux, ainsi que nous l'avons déjà fait entrevoir et comme nous allons le montrer encore mieux — ; ce cas, c'est celui de la chose idée, celui où ce qui connaît et ce qui est connu ne sont qu'une seule et même chose, où il y a, en quelque sorte, collision et confusion, avec éclatante lumière, entre les deux termes de la pensée, sujet et objet. Évidemment, dans ce cas, à ce coup de briquet révélateur, sans longue réflexion, en dépouillant seulement tout parti-pris, on se voit, on se sent dans la chose même ou substance; et cependant, en même temps on se voit, on se sent dans un simple attribut, ou *mieux* — ce qui revient ici à dire *moins* — que cela, dans une simple manifestation de cette chose ou substance : preuve par le fait que les deux ne sont qu'un, et preuve à la fois et par suite que, avec notre franc réalisme, nous sommes en plein dans le vrai.

Mais voilà précisément ce que refusent de voir, ou bien d'avouer qu'ils voient, nos adversaires. Car les uns ne veulent pas entendre parler comme réelles des *choses* proprement dites, et ne reconnaissent que des manifestations de ces choses : comme si un rien pouvait se manifester, ou plutôt, disons-le une bonne fois, comme s'il fallait abdiquer tout sens commun pour secouer le joug et faire de la bonne métaphysique, c'est-à-dire de la métaphysique indépendante et hardie. Les autres, au contraire, tiennent à sauver du jour, à mettre à l'abri de la lumière intellectuelle, ce je ne sais quel fantôme, impalpable, quoique solide, plus solide que tout le reste, puisqu'il doit, selon eux, servir d'appui, de ferme dessous à toutes les autres choses, même les plus palpables, qui — toujours dans l'imagination de nos gens — ne font, elles, que paraître à la surface. Dans ce fantôme de la substance, la seule qualité, en somme, qu'ils peuvent signaler nettement, qualité purement négative, c'est d'être tout à fait inaccessible à notre connaissance; et cependant, ils veulent absolument le reconnaître et vont en affirmant *mordicus*, quand même et d'autant mieux, l'existence !

Les esprits les plus lumineux et les plus affranchis

de tout autre préjugé scolastique, n'osaient, hier encore, secouer celui-là. Voltaire lui-même n'a-t-il pas écrit : « Nous ne connaissons la matière que par quelques phénomènes. Nous la connaissons si peu que nous l'appelons *substance* : or le mot *substance* veut dire *ce qui est dessous*; mais ce dessous nous sera éternellement caché. Ce dessous est le secret du Créateur ; et ce secret du Créateur est partout. » (*Dictionnaire philosophique*, article *Ame*).

Et encore : « De même que nous ne savons ce que c'est qu'un esprit, nous ignorons ce que c'est qu'un corps : nous voyons quelques propriétés; mais quel est *ce sujet en qui ces propriétés résident*? » (*Id.*, article *Corps*).

Et enfin : « Quand on a répété que la matière est étendue, divisible, etc... on croit avoir tout dit; mais quand on est prié de dire ce que c'est que *cette chose étendue,* on se trouve embarrassé. » (*Id.*, article *Matière.*)?

C'est certes un des plus beaux triomphes de tous nos assembleurs de nuages d'avoir fait penser et parler ainsi jusqu'à Voltaire lui-même.

Cette obsession a entraîné d'autres philosophes, esprits logiques, jusque dans le paradoxe de la négation pure et simple de l'existence du monde matériel.

« Il est bon de savoir ce qui avait entraîné l'évêque Berkeley dans ce paradoxe, dit Voltaire à l'article *Corps* de son *Dictionnaire philosophique*. J'eus, il y a longtemps, quelques conversations avec lui; il me dit que l'origine de son opinion venait de ce qu'on ne peut concevoir ce que c'est que ce sujet qui reçoit l'étendue. Et en effet, il triomphe dans son livre, quand il demande à Hylas, ce que c'est que ce sujet, ce *substratum*, cette substance. C'est le corps étendu, répond Hylas. Alors l'évêque, sous le nom de Philonoüs, se moque de lui; et le pauvre Hylas, voyant qu'il a dit que l'étendue est le sujet de l'étendue, et qu'il a dit une sottise, demeure tout confus, et avoue qu'il n'y comprend rien ; qu'il n'y a point de corps, que le monde matériel n'existe pas, qu'il n'y a qu'un monde intellectuel. »

Berkeley n'aurait même pas dû s'arrêter là, pour être parfaitement logique, mais bien nier aussi l'existence du monde intellectuel. Alors, il eût échappé à l'objection que lui fait, avec raison, Voltaire au paragraphe qui suit celui que nous venons de citer, et que voici :

« Hylas devait dire seulement à Philonoüs : Nous ne savons rien sur le fond de ce sujet, de cette substance étendue, solide, divisible, mobile, figurée, etc.; je ne la connais pas plus que le sujet pensant, sentant et voulant ; mais ce sujet n'en existe pas moins, puisqu'il a des propriétés essentielles dont il ne peut être dépouillé. »

C'est ainsi que, pour avoir d'abord demandé trop et jusqu'à l'impossible à ses facultés, on en est puni après par un doute hyperbolique, une défiance paradoxale. On croyait, avec sa subtilité alambiquée, se hisser au-dessus de tous les autres philosophes ; et l'on tombe au-dessous du plus vulgaire sens commun (1).

---

(1) Le bon évêque de Cloyne aurait donc bien fait, à un moment donné, de s'appliquer à lui-même ce qu'il dit si finement de certains autres dans le passage suivant :

« Bien que, peut-être, quelques-uns puissent se dire qu'il est désagréable, après avoir pris un chemin détourné à travers des opinions si raffinées et si éloignées du vulgaire, d'en revenir à la fin à penser comme les autres hommes, — pourtant, à mon avis, ce retour à ce que dicte la simple nature, après avoir erré dans les étranges dédales de la philosophie, n'a rien qui doive déplaire. C'est comme si l'on rentrait chez soi après un long voyage : on songe avec plaisir à toutes les difficultés et à tous les embarras qu'on a traversés, on a le cœur tranquille. »

Pour nous, encore une fois, rien de plus facile à définir que la substance, qu'il s'agisse d'ailleurs du corps ou bien de l'esprit. C'est un groupe, un faisceau de qualités ou propriétés, en tant qu'existant en elles-mêmes et indépendamment de la connaissance que nous en avons, connaissance qui — nous l'accordons volontiers — est probablement incomplète, car bien des propriétés peuvent lui échapper, tout en existant pour aider à former le groupe ou faisceau tel qu'il est en lui-même.

Maintenant, qu'est-ce qu'une qualité donnée? Comment la définir? Ici, toute définition, qui est impossible, serait d'ailleurs inutile pour nous éclairer sur la chose elle-même. Il suffit d'avoir une conscience parfaitement nette et distincte de ce qu'on éprouve en présence de cette qualité. On apprend alors tout ce qu'on pourra jamais savoir de positif sur elle. Et tout ce que vient y ajouter la faculté discursive, cherchant à pousser plus avant nos connaissances là-dessus, ne saurait engendrer que doute et ténèbres.

Ainsi, la substance se résout en des qualités; et les qualités sont directement perçues. Maintenant, sont-elles en elles-mêmes ce qu'elles nous apparaissent? Pour croire le contraire et avoir le droit de l'affirmer, il faudrait d'abord prouver qu'il a été impossible à la puissance créatrice de faire ce tour de force; mais, outre qu'elle est infinie par donnée, la solution que nous acceptons là et que nous proposons est encore la plus simple de toutes celles auxquelles on peut imaginer qu'ait eu recours cette puissance : circonstance qui la recommande plus que tout le reste à nos préférences. Ajoutons qu'il faudrait, pour être autorisé à la rejeter, avoir quelque moyen de contrôler les données de la perception, afin d'être à même de les convaincre d'erreur. Or nous n'en avons pas et ne saurions en avoir. Car la science la plus profonde ne peut qu'analyser l'idée des choses extérieures, pour découvrir ou étudier les lois qui régissent les faits, sans jamais se proposer seulement de nous instruire sur ces choses ou ces faits en eux-mêmes, cela étant tout à fait hors de sa compétence. En d'autres termes, elle n'a pour objet que des formes et des cadres inertes, et non le contenu vivant de nos perceptions.

A prendre successivement chaque importante qualité des corps, de notre point de vue réaliste, rien donc de plus simple que leur étude métaphysique, dans la première partie du moins. Car cette étude ici se réduit à une pure constatation de la chose, telle qu'elle est perçue sous les différentes faces par lesquelles elle est accessible à notre connaissance et qui sont précisément les qualités. Et ce n'est qu'après cette simple constatation qu'arrivera la partie explicative, qui, par malheur, devra, elle, forcément être souvent abstraite, discursive et conjecturale. Mais, en ce moment, nous sommes en plein concret et en pleine certitude. Le *constat* remplace, autant que possible, la définition. Nous nous contenterions, si nous pouvions, de montrer la chose à l'esprit et de le faire tourner vers elle. C'est là pour nous un idéal dont nous tâchons du moins d'approcher, s'il ne nous est pas donné de l'atteindre.

Les qualités des corps ont été distinguées en *premières* et en *secondes*, selon le degré d'importance qu'on leur a attribué.

Commençons par les deux grandes qualités premières : l'*étendue* et l'*impénétrabilité*.

Qu'est-ce que l'étendue ? A cette question nous voudrions répondre simplement : « C'est l'étendue : là..., vous savez bien », ou, tout au plus, « c'est ce que vous savez tout comme moi, dès qu'est seulement prononcé ce mot d'*étendue* », ou encore : « C'est la qualité des choses matérielles qui vient de ce qu'elles sont dans l'espace ; et l'espace est la grande chose contenante ».

Qu'est-ce que l'impénétrabilité ? C'est, dans les choses matérielles, la qualité ou propriété qui fait qu'elles ne peuvent pas occuper plusieurs à la fois la même portion de l'espace.

Voilà deux choses assez clairement désignées maintenant à notre esprit. Les définitions et les considérations les plus savantes ne pourraient, pour le moment, que nous les obscurcir et nous les embrouiller.

Il vaut mieux, après cette simple évocation de la chose, rester quelque temps sous l'impression directe et naïve que nous devons en avoir reçue.

Plus nous insisterons sur cette première impression, suggestive, inspiratrice, moins nous serons tentés de croire qu'à ces deux choses dans notre esprit il ne répond dans la réalité rien, ou que ce qui y répond est quelque chose de tout autre. Nous finirons par nous sentir si bien en présence de l'être, dans notre connaître, que non seulement l'esprit en nous n'osera plus douter actuellement que ces choses sont telles qu'il les voit, mais encore et surtout, qu'il puisera, pour l'avenir, dans cette vue de l'être face à face, une grande confiance en lui-même et l'assurance que, en vertu d'une sorte d'harmonie préétablie qui règne entre lui et le monde extérieur, il peut entrer couramment, sinon tout à fait en communion, du moins en communication avec ce monde.

C'est surtout dans la constatation des qualités secondes de la matière que nous avons besoin de ce vif sentiment, de cette garantie intime.

Lumière, couleur, chaleur, son, saveur, odeur, voilà les principales qualités secondes que nous percevons dans les corps. Il nous en échappe probablement un grand nombre, qui sont peut-être au moins aussi importantes que celles que nous venons d'énumérer, et qui seraient perceptibles pour des êtres pourvus de sens qui nous manquent.

Eh bien, qu'on se demande ce que c'est que la lumière, la couleur, et telle ou telle couleur en particulier; ou qu'on se pose la même question touchant un son, ou une saveur, ou une odeur quelconque. La réponse la plus satisfaisante, en même temps que la plus simple, ne sera-t-elle pas celle-ci : Ces différentes choses sont ce que savent, ce que ne peuvent pas ne pas savoir tous ceux qui ont des sens fonctionnant bien et mis à portée de corps possédant ces qualités en plein épanouissement?

Montrer ainsi du doigt, en quelque sorte, vaut cent fois mieux ici que chercher à définir ou même à décrire.

Mais, là-dessus, nouvelle question, qui est proprement du ressort de la métaphysique : ce qui se passe dans le monde extérieur pour produire ces différentes sensations, est-il semblable aux sensations mêmes que nous éprouvons ou, si l'on veut, aux perceptions qui les suivent? Les savants, physiciens, physiologistes, psychologues mêmes, à peu près tous (1),

---

(1) Leibniz, entre autres, fait toutefois exception, puisqu'il va, par exemple, jusqu'à dire : « La douleur que produit une piqûre d'épingle peut ressembler fort bien aux mouvements de cette épingle ou du moins aux mouvements que cette épingle cause dans notre corps, et représenter ces mouvements dans l'âme, comme je ne doute nullement qu'elle fasse ». (*Nouveaux Essais*, II, VIII).

Déjà dans la *Préface* du même ouvrage, on lit ce qui suit :

« Il y a un rapport entre ces perceptions des couleurs, des chaleurs, et autres qualités sensibles, et entre les mouvements dans les corps, qui y répondent, au lieu que les cartésiens avec notre auteur [Locke], tout pénétrant qu'il est, conçoivent les perceptions, que nous avons des qualités, comme arbitraires, c'est-à-dire comme nous disent qu'il n'y a nul rapport entre nos sensations et ce qui dans le monde extérieur leur correspond et les occasionne. Nos différentes sensations sont, disent-ils, — et ils ne peuvent faire autrement que de le dire, comme nous, — chacune quelque chose d'unique dans son genre, d'indéfinissable, n'ayant d'ailleurs nul besoin d'être défini, puisqu'il est directement senti, ce qui vaut mieux et ce à l'absence de quoi, dans les autres cas, ne fait que suppléer très imparfaitement toute définition. Mais ils croient,

si Dieu les avait données à l'âme suivant son bon plaisir, sans avoir égard à aucun rapport essentiel entre les perceptions et leurs objets : sentiment qui me surprend et qui me paraît peu digne de la sagesse de l'auteur des choses, qui ne fait rien sans harmonie et sans raison ». (*Nouv. Essais*, Préface, p. 17, édit. P. Janet).

Après ces deux passages de Leibniz, citons les deux suivants de Boutroux, où la même opinion est exprimée sous une forme un peu différente :

« .... Si tout n'est que mouvement, d'où vient que la conscience éprouve, en présence des corps, des sensations d'espèces diverses? Y a-t-il donc plusieurs consciences de nature différente, correspondant à plusieurs catégories de mouvements, et créant, à l'occasion de ces différences relativement quantitatives, des différences qualitatives? Mais la conscience est essentiellement une et identique.......... La sensation de chaleur est radicalement hétérogène par rapport à la sensation de son. Puisque cette hétérogénéité ne peut trouver son explication dans la nature de la conscience, il reste qu'elle ait sa racine dans la nature des choses elles-mêmes, et que la matière ait la propriété de revêtir des formes irréductibles entre elles... » (*De la Contingence des lois de la nature*, par Em. Boutroux, p. 72.)

« S'il arrive qu'un même agent impressionne différemment les différents sens, c'est peut-être parce que, sous une apparence simple, il est complexe, et comprend en réalité autant d'agents distincts qu'il cause de sensations diverses. La chaleur, la lumière et l'électricité, par exemple, peuvent s'accompagner les unes les autres, d'une manière plus ou moins constante, sans pour cela se confondre en un seul et même agent....... On explique très bien les choses en admettant que les organes des sens ont leur nature appropriée aux impressions qu'ils doivent recevoir... » (*De la contingence des lois de la nature*, par Em. Boutroux, p. 73.)

ces savants, qu'il leur suffit, pour donner ensuite toute satisfaction à notre esprit, d'ajouter que tout ce qui se trouve ou se passe dans le monde extérieur, pour produire en nous ces différentes sensations, se ramène à un simple mécanisme, c'est-à-dire se réduit à une série de mouvements et de chocs. Ils pourront même nous donner, si nous le désirons, de fort savantes définitions de ces dernières choses et nous dire, par exemple, que le mouvement est la qualité dont sont susceptibles toutes les choses matérielles, qui même est toujours en elles, n'y fût-elle pas distinctement sensible pour nous, et qui fait que, dans chaque division successive du temps, la même portion de chose matérielle n'occupe pas la même division de l'espace (1); que le choc est, dans les choses matérielles, le résultat inévitable de deux qualités déjà définies : l'impénétrabilité et le mouvement. C'est précisément aux savants, diront-ils enfin, d'enregistrer ces différents mouvements et ces différents chocs pour étudier les lois suivant lesquelles ils se produisent.

Soit, leur répondrons-nous, mais est-ce là tout ce qu'il faut pour satisfaire notre besoin de connaître? L'esprit vraiment curieux ne demande-t-il pas — à la fin, sinon même tout d'abord — à savoir ce que sont en elles-mêmes ces choses que les savants sont si habiles à enregistrer et à étudier dans leurs rapports réciproques? Leur science, qui passe cependant pour la vraie science, la Science tout court, se joue à la surface de l'être, s'arrête à l'écorce et ne pénètre rien. Sa vérité est toute abstraite et toute symbolique. Or, nous avons besoin, avant tout, de quelque chose

---

(1) L'espace a déjà été défini par nous. Quant au temps, définissons-le ici, simplement : la chose dans laquelle se passent les événements qui durent, qu'ils soient du reste matériels ou spirituels.

de réel, de vivant et de profond. Et pourquoi nous en priverions-nous ? D'autant plus que, pour obtenir pleine satisfaction là-dessus, nous n'avons que faire de tant d'études arides. Il ne nous faut avoir recours qu'à un moyen bien simple, si simple que les philosophes en général, par dédain sans doute, y ont peu songé, — c'est encore ici le fameux œuf de Christophe Colomb — : il suffit d'avoir confiance dans les données des sens, d'avoir la foi (1), la foi du charbonnier, cette foi avec laquelle on transporte les montagnes, et, dans l'espèce, pour atteindre ses fins, grâce à laquelle on n'a rien du tout à transporter; que dis-je? on n'a pas à se transporter soi-même : on n'a, d'où l'on est, qu'à ouvrir les yeux et ses autres sens, en se servant aussi de son intelligence avec simplicité et sans effort ni raffinement.

Les philosophes, qui ont la réputation d'être les plus clairvoyants et les plus indépendants, parlent souvent, les uns après les autres, du réel *caché* sous les apparences sensibles. Un pareil langage ne révèle-t-il pas un bizarre et tenace aveuglement? Oui, le « sensible » n'est pour nous qu' « apparence » quant à l'objet qui y correspond, lorsqu'il s'agit d'expérience extérieure

---

(1) Ainsi, la matière se présente à nous sous forme de qualités *sui generis* ou, si l'on veut, de phénomènes qui frappent nos sens quand ils sont à portée et dans leur état normal, et chacun de ces phénomènes agit à sa façon propre sur le sens compétent.

Maintenant, que sont en elles-mêmes ces qualités? qu'est le fait de la sensation? qu'est le sens lui-même? De tout cela nous ne connaissons — sans nul besoin de définition ni d'explication ou commentaire, il est vrai, mais bien immédiatement — que l'extrémité intérieure, en quelque sorte. Quant au reste, nous ne *savons* ni ce que c'est ni si c'est. Notre *science*, qui aime tant à se dilater dans son vaste orgueil, n'embrasse là aucun volume, ni aucune surface de volume, ni aucune ligne de surface: elle est resserrée en un point. La foi seule peut nous délivrer, nous donner de l'espace et du jour.

et de réel qui nous est étranger; mais, dans ce cas lui-même qui est le moins favorable à notre thèse, le sensible, loin de *cacher* le réel, nous le *dévoile*; il est même le seul moyen par lequel il puisse nous être dévoilé et nous apparaître.

Sans doute, il est à peu près certain que le fond dernier de l'être ne nous apparaît pas dans ce phénomène; car, d'abord, notre imperfection, notre impuissance à tout connaître nous en cache probablement une partie, peut-être la principale — par l'étendue, sinon par la profondeur; ensuite, si par fond de l'être dévoilé, nous entendons ce mode idéal de connaissance où objet et sujet ne font qu'un, il est certain que nous ne l'atteignons jamais, hormis le cas où l'objet est quelque chose de nous-même. Un grand écrivain philosophe contemporain dit quelque part, avec raison : « Il faut tenir compte de toutes les données possibles et ne jamais croire cependant que l'on a épuisé la réalité en la ramenant à ce que nous en pouvons saisir : le pêcheur s'imagine-t-il qu'il a retiré toute la mer avec tous ses habitants dans son filet? » Soit! la pensée est des plus exactes et présentée sous la forme lumineuse et ingénieusement imagée que nous affectionnons. Mais, en tout cas, rien de ce que nous ne saisissons pas et qui nous échappe ne saurait nous échapper « sous les apparences sensibles. » C'est comme si l'on disait que les objets visibles sont cachés sous les rayons du soleil au moment où cet astre les éclaire.

Toujours les mêmes philosophes, se figurant peut-être nous faire par là une belle concession, disent quelquefois, dans leur langue brumeuse, que « ce fond dernier de l'être, c'est nous en définitive qui le concevons, comme si, par quelque côté de notre être où il est déjà présent, nous y pouvions déjà toucher. »

Nous leur répondrons que nous faisons beaucoup mieux que de le *concevoir*; car ce n'est pas *comme si par quelque côté nous y pouvions déjà toucher*, mais nous y touchons réellement, du moins quand il s'agit de notre être, et ici la chose est évidente ; et, quand il s'agit d'êtres étrangers, nous y touchons encore d'une certaine façon, même par la vue, qui est cependant le sens dont l'action est la plus lointaine. N'a-t-on pas dit, en effet, avec non moins de raison que d'esprit, qu'elle est « un toucher qui s'étend jusqu'aux cieux ? »

Et comment pourrions-nous, autrement, le concevoir, cet être ? Ce ne sont pas des choses si profondément simples que l'on conçoit jamais sans les percevoir et les sentir : puisque, tout en les sentant et les percevant certainement comme nous, tant de philosophes prétendent quand même ne pas les concevoir ; et peut-être disent-ils vrai : ce qui ferait beaucoup plus d'honneur à leurs sens qu'à leur intelligence.

Un des plus grands sujets d'étonnement qu'on puisse rencontrer ici-bas, c'est de voir combien ces grands métaphysiciens, si hardis pour avancer les théories les plus subtiles et parfois les plus étranges, — arrêtons-nous à cette épithète, pour être poli —, sont timides et défiants quand il faut seulement reconnaître et proclamer les choses les plus élémentaires.

Et d'ailleurs, l'univers ne peut-il pas vous dire, ô philosophes, comme le Dieu de Pascal : « Tu ne me chercherais pas, si tu ne m'avais trouvé » ? De la chose, en effet, il faut que vous ayez déjà l'idée pour la chercher. Cette idée, toute trouvée par vous, puisqu'elle est en vous, ne se venge-t-elle pas, en quelque sorte, avec une bien spirituelle en même temps que cruelle malice, d'être à ce point méconnue, en se faisant ainsi chercher quoique trouvée ? Quel cache-

cache vraiment dramatique, tragique à la fois et comique ! C'est à rire ou à pleurer, à son choix, de ce pauvre cerveau humain, envisagé dans ces hauts et profonds emplois !

Il nous faut donc écouter naïvement nos sens et nos sensations. Que ce soient là nos oracles (1). Loin d'être des instruments d'abstraction, comme quelques-uns l'ont prétendu, nos sens sont, au contraire, des instruments de métaphysique. C'est la faculté raisonnante, discursive, qui est un instrument d'abstraction, et, par cela même, impropre à faire de la métaphysique, du moins à traiter la partie qui nous occupe en ce moment, qui doit être de pure constatation, et de constatation du réel, du concret. Interposons donc le moins possible de raisonnement et de dissertation entre ces données naïves de nos sens et notre métaphysique dans sa matière première, sa base solide, vivante.

Ainsi, chacun de nos sens, dans chacune de nos sensations, envoie un rayon qui pénètre la réalité et la transperce à jour, n'éclairant, si l'on veut, d'une lumière directe et intense que ce qui se trouve sur le parcours de ce rayon révélateur, mais répandant sur tout le reste comme une espèce de lumière diffuse qui fait sortir l'être tout entier, jusque dans ses parties les plus lointaines et les plus profondes, des épaisses ténèbres de l'inconnu.

Voilà ce que fait *chacune* de nos sensations. C'est ce qui doit nous consoler de ne connaître pas clairement toutes les faces de l'être, c'est-à-dire de n'avoir pas toutes les sensations possibles. Car elles se suppléent ainsi jusqu'à un certain point, l'une faisant

(1) « L'activité sensorielle forme la base de la pensée; quand on l'éteint, la pensée disparait ou s'endort », dit avec raison Bastian dans son ouvrage intitulé *Le cerveau et la pensée*, t. II, p. 123.

seulement voir à un plan relativement reculé ce qui dans une autre est au premier ou du moins plus avant, mais aucune ne laissant rien ignorer complètement. Quant à ce qu'elles éclairent de leur rayon direct, s'il s'agit du monde intérieur, de quelque chose du moi, elles nous le font connaître autant qu'on peut connaître, c'est évident; et, s'il s'agit du monde extérieur, autant qu'on peut connaître l'être sans être lui, c'est-à-dire, croyons-nous, à peu près autant que dans l'autre cas : puisque la perception et la pensée normales n'ont pas d'autre fonction que celle-là, et que tel est, comme on dit, leur métier à l'une et à l'autre. Pourquoi, en effet, le second cas serait-il moins favorisé que le premier ? Est-ce que, par exemple, un architecte ne trace pas aussi soigneusement le plan d'une maison pour son client que pour lui-même? Assurément si, dans le cas où il est consciencieux. Or, ici, nous avons affaire à la Nature, qui est la suprême conscience.

Tournons-nous, maintenant, vers quelqu'un de nos adversaires pour lui dire :

Si vous persistez dans votre scepticisme, si vous ne voulez pas accorder ce crédit, si vous ne pouvez pas vous donner à vous-même cette foi, alors il faudra, par prudence et pour être au moins conséquent avec vous-même, vous priver non-seulement de discuter mais de penser quoi que ce soit, il faudra vous asseoir, vous immobiliser dans le doute, dans le sommeil, dans la mort de l'intelligence. Et prenez garde : au premier mouvement, au premier signe de vie, est là qui vous guette la contradiction, le pire, le seul ennemi pour un raisonneur à outrance comme vous, pour le logicien que vous êtes, fort comme le diable (1).

(1) Car c'est lui en personne qui dit, et avec raison, quelque part

Ici, quelques mots seulement de réponse aux objections courantes — sans valeur ni portée, au fond — de ceux qui relèvent sur un ton de triomphe ce qu'ils appellent les « illusions » de nos sens, de la vue notamment. Ainsi, nous voyons, — disent-ils, par exemple, — le soleil sous un diamètre bien au-dessous de la réalité, de même que la lune et les étoiles. Et tous ces astres nous semblent attachés sur un même fond bleu, tandis qu'ils sont à des profondeurs si différentes dans les abîmes spatiaux. Il ne faut pas oublier non plus la tour carrée qui de loin nous paraît ronde, ni le bâton plongé dans l'eau qui, tout droit qu'il est, nous semble brisé.

Qu'il nous suffise de faire observer que, dans ces exemples comme dans beaucoup d'autres analogues, toute l'erreur, toute la tromperie n'est qu'apparente. Pour le besoin de la cause, nos adversaires ici étendent bien au-delà de son domaine naturel la compétence spéciale de la vue. Les yeux ne nous ont été donnés pour nous faire connaître d'emblée et directement rien que la lumière et la coloration. Quant aux dimensions, aux distances et même aux formes, à l'origine elles appartiennent en propre au toucher. Ce n'est que par une longue éducation et tous les détours qui ont été assez étudiés (1), que la vue arrive

---

(dans le grand poème de Dante, je crois) à un damné qu'il tient et qu'il secoue :

« Tu ne savais pas que je suis bon logicien ? »

Cave a consequentariis, dit Leibniz.

(1) Depuis les observations du chirurgien anglais Cheselden sur le jeune aveugle opéré par lui de la cataracte, on est convaincu que ce n'est, par exemple, qu'après avoir remarqué l'association constante de tels degrés de lumière ou de telles nuances de couleur avec telles grandeurs tangibles, diversement situées dans la profondeur de l'espace, que nous arrivons à rapporter les premières aux secondes.

à être capable de nous instruire sur elles aussi. Et alors, il faut même voir moins là, n'en déplaise aux philosophes écossais, des perceptions indirectes ou acquises que de véritables jugements d'induction. L'erreur n'est donc nullement, dans aucun cas, imputable au sens; et il est innocent de toute tromperie.

On pourra nous faire observer, en outre, que, parmi les sensations comprises dans les attributions de la vue, on en trouve de différentes et contraires pour le même objet, suivant le point de vue, la distance, les instruments dont s'aide la vue, etc... Mais il nous sera aisé de répondre d'abord que l'on doit prendre les perceptions de l'œil nu et à son état normal, ensuite qu'il y a un juste point de vue, une distance moyenne, favorable à la perspective (1), où précisément la nature le plus souvent nous place, où il faut, dans tous les cas, commencer par nous être placés nous-mêmes avant d'avoir le droit de nous plaindre de notre sens et de lui chercher querelle.

(1) Ainsi que nous allons le développer un peu plus loin, faisant appel au *beau* lui-même comme criterium du *vrai*, ce point de vue convenable pour voir juste est celui où nous voyons beau.

« .... Regardons un très beau tableau, et couvrons-le de manière à n'en apercevoir que la plus petite partie : qu'y verrons-nous, en le regardant aussi attentivement et d'aussi près que possible, sinon un certain amas confus de couleurs jetées sans choix et sans art? Mais si, en ôtant le voile, nous le regardons d'un point de vue convenable, nous verrons que ce qui paraissait jeté au hasard sur la toile a été exécuté avec le plus grand art par l'auteur de l'œuvre ». (Leibniz, *De l'origine radicale des choses*).

« La première vue de certains tableaux ne vous montre souvent que des traits informes et un mélange confus de couleurs, qui semble être ou l'essai de quelque apprenti, ou le jeu de quelque enfant, plutôt que l'ouvrage d'une main savante. Mais aussitôt que celui qui sait le secret vous les fait regarder par un certain endroit, aussitôt toutes les lignes inégales venant à se ramasser d'une certaine façon dans votre vue, toute la confusion se démêle, et vous voyez paraître un visage avec ses linéaments et ses proportions, où il n'y avait auparavant aucune apparence de forme humaine... » (Bossuet, *Sermon sur la Providence*).

On triomphe encore parfois en signalant les « criantes contradictions » qui éclatent entre les données des différents sens en présence d'un seul et même phénomène. Par exemple, mise à portée d'une cloche en branle (1), notre ouïe perçoit le son ; tandis que le toucher et la vue ne peuvent percevoir là, s'ils perçoivent quelque chose, qu'un mouvement vibratoire dans les molécules de la cloche, sans même pouvoir suivre ce mouvement jusque dans l'air ambiant auquel nous savons pourtant qu'il est transmis.

Mais, nous avons déjà fait observer — loin de la dissimuler — cette riche variété d'aspects sous lesquels nous apparaît authentiquement la réalité, selon les sens qu'on interroge. Cette circonstance, en effet, est éminemment propre à confirmer notre thèse réaliste. Car c'est là une perfection qui éclate aussi bien dans la nature qu'en nous, dans l'être que dans le connaître, et dans celui-ci comme miroir le plus complet et le plus fidèle possible de celui-là.

Dans le cas qui nous occupe, le toucher et la vue, inférieurs par exception à l'ouïe, ne nous font percevoir que le côté ou plutôt le moment le moins important du phénomène : ils ne nous en montrent que les antécédents, qui n'ont rien de remarquable ; tandis que l'ouïe, prenant ici à son tour le grand rôle, devenant le sens métaphysique par excellence, nous dévoile ce phénomène dans ce qu'il a de plus intéressant, nous transporte au cœur même de la chose, dans la vivante synthèse de sa réalité la plus profonde, à l'instant précis où elle se déploie, s'épanouit en plein être, c'est-à-dire en pleine beauté.

Après avoir répondu aux principales objections qu'on adresse à notre réalisme, présentons ou indi-

---

(1) Ou de quelque instrument de musique dont on joue.

quons du moins un dernier argument positif en sa faveur :

Dans tout phénomène qui vient frapper un de nos sens, pourquoi ce long *processus*, d'abord, à travers le milieu extérieur, et surtout, après, sur toute l'étendue de ce long circuit intérieur de l'organe ? Oui, à quoi bon toute cette complication, si ce n'est, en quelque sorte, pour élaborer l'être et le traduire à la fin en connaître, c'est-à-dire pour refermer le cercle parfait du premier au second ?

Si peu qu'on veuille admettre de finalité dans le monde, on ne saurait nier cette évidence. Et même pour ceux qui n'en admettent pas du tout, la fameuse loi de sélection naturelle doit à leurs yeux y suppléer ici. En vertu de cette loi, en effet, de même que les êtres les mieux armés pour l'existence l'ont emporté dans la lutte, ainsi, dans chaque être survivant, chaque organe a dû se perfectionner par successives éliminations de toutes les imperfections relatives. Les organes, tels qu'ils sont, doivent donc aujourd'hui remplir parfaitement le rôle auquel chacun d'eux a été si bien préparé.

Ainsi, quoiqu'on ait pu objecter, nous croyons qu'il faut accepter comme parole d'oracle chaque donnée de nos sens, pourvu qu'elle soit directe et bien constatée ; et nous croyons que l'ensemble de ces données est la base la plus solide de toute métaphysique.

Un sentiment, vague chez quelques-uns, mais fort chez tous, de ce qui est le *vrai*, nous pousse à le croire, premier sentiment qui est appuyé d'ailleurs, nous l'avons vu, d'un deuxième plus profond encore, celui du *bien*, notre cœur posant de lui-même comme premier un principe de bonté et de véracité. Ajoutons enfin ici, pour conclure, un troisième sentiment, celui du *beau*, qui vient confirmer l'autorité des deux autres et nous pousser, lui aussi, — plus constamment peut-être, sinon plus vivement — dans la même direction, celle de la croyance en nos sens. Que deviendraient, en effet, toutes les grâces et toutes les magnificences, toutes les splendeurs, en un mot, de cet univers, qui éclatent autour de nous dans la nature ou dans les chefs-d'œuvre de l'art, si nos sens avaient coutume de nous mentir? Tous ces objets qui nous enchantent seraient-ils donc seulement une vaste illusion, un leurre, un vain amusement de grands enfants, aveuglés et ébahis, à qui l'on montre la lanterne magique?

Oui, pour qui n'a pas notre foi métaphysique, tout est dépeuplé dans le monde du beau, tout devient en réalité repoussant et hideux. Les grands artistes l'ont, cette foi, qui est leur première muse; et ils l'ont d'autant plus vive et profonde qu'ils sont mieux inspirés. Écoutons-les donc : ils sont ici les meilleurs métaphysiciens; écoutons ces divins révélateurs, et croyons-le avec eux : rien n'est vrai que le beau. Le philosophe français contemporain le plus ingénieux peut-être et le plus original a bien raison de le dire quelque part : « ... Il est une classe d'hommes qui ont la vision complète, objective, de la réalité externe : ce sont les artistes. Chez eux, la perception est désintéressée et le sens de la réalité très net. » Et n'allons pas croire que, voyant des choses l'écorce seulement et la brillante surface, ils s'arrêtent là sans enfoncer davantage. « Car — pour répéter ici textuellement ce que nous avons écrit ailleurs, il y a déjà un quart de siècle — sachez-le, la plus grande profondeur de la vérité, de la nature, quand on ne l'a pas comblée, gît à sa surface même ; puisque c'est là que viennent éclater ses desseins, dans le plein développement de leur réalisation. » Oui, le beau superficiel n'est que l'épanouissement du vrai profond (1).

Ainsi, à prendre le vaste phénomène du sentir, non plus au sens — étroit le plus souvent — de la philosophie du xviii° siècle, mais dans toute sa riche étendue naturelle, on en peut faire la base — et une large base — de toute notre activité morale dans la vie pratique, en même temps que des plus hautes spéculations philosophiques.

---

(1) Sully-Prudhomme a donc été *superficiel* lui-même quand il a écrit : « Les sources de la poésie ne résident pas à la surface éclatante du monde, mais bien dans le principe inaccessible d'où rayonne l'activité universelle. » Et c'est peut-être — en partie, du moins — parce qu'il n'a pas eu sur ce point capital l'intuition de l'exacte vérité que sa poésie est le plus souvent si inférieure, en profondeur non moins qu'en éclat, à celle d'un V. Hugo, par exemple.

CHAPITRE II

RÉFLEXIONS SUR LE CONNAITRE

On trouvera, dans ce qui suit, quelques fragments écrits à diverses époques et qui, par le sujet, se rattachant étroitement à cette première partie, en précisent et en confirment certains points essentiels. C'est le résultat tantôt de méditations purement personnelles, tantôt de réflexions suggérées par des lectures faites la plume à la main et sans jamais rien abdiquer de ma propre pensée.

Le réalisme s'impose. — Comment concevoir qu'une apparence soit nécessaire sans être l'image de la réalité même, pour peu qu'on accepte l'idée d'un Dieu tout-puissant? Pourquoi ce Dieu, pouvant procéder simplement, franchement, se serait-il amusé à cacher la réalité vraie sous une fausse apparence? D'ailleurs, pour cacher la réalité, en admettant qu'il ait pu le vouloir, il n'avait rien de mieux à faire que de nous la mettre bien sous les yeux en nous donnant en même temps, comme il a l'air d'avoir fait — à certains d'entre nous, du moins — cet esprit de raffinement et de doute qui ne permet pas de s'arrêter à ce qui est simple et clair. De la sorte, en effet, plus il rendrait évidente la chose et moins l'on pourrait ou l'on voudrait la voir. Il aurait agi un peu, alors, comme on fait volontiers assez souvent dans un certain jeu de société, — dit, je crois, des *quarante questions*, — où l'on donne quelque objet à deviner. Après avoir pris ce qu'on a pu trouver de plus difficile, on prend quelque chose de très facile, qui soit tout proche du devineur, comme sa propre personne, par exemple ; et c'est, en effet, ce qui est le plus malaisé à deviner. Mais, à un être si sérieux, et dans un acte qui l'est tant lui-même, oserait-on prêter une intention si puérile ? Évidemment non; d'autant plus que ce serait là lui faire une injure purement gratuite ; car il suffit de dire qu'il a sans doute, ici comme partout, procédé le plus naturellement possible, en créant le réel et l'intelligence de telle sorte qu'ils se trouvent être faits l'un pour l'autre et tout prêts à s'épouser, mais que les dangereuses largesses du Créateur nous ont donné en sus le libre arbitre, sceau qu'il fallait bien que l'ouvrier souverain et absolu imprimât sur son chef-d'œuvre, sur son être de choix, seulement en vertu duquel nous pouvons, si nous voulons, mal user de tout le reste : dans le cas présent, par exemple, remplacer l'union par le divorce.

En somme, la simplicité ne semble-t-elle pas être souvent comme un piège auquel notre esprit va se prendre? Voyez les premiers principes dans les sciences. Comme leur lumière nous éblouit et nous aveugle! L'intelligence humaine est portée à raffiner, et quelquefois en proportion de sa faiblesse. Toutes les fausses subtilités ne sont-elles pas là pour le prouver? Les esprits les plus puissants et les plus originaux sont, au contraire, ceux qui *s'avisent de*, ou mieux, *se laissent aller à* être tout à fait simples et naturels.

⁂

« En général, la possibilité de connaître un sujet en soi et comme il est en soi est inintelligible. » (Renouvier, *Deuxième Essai*, t. II, p. 253).

Et la pensée ne se connaît-elle pas en soi? Quant au reste, quant à la connaissance de *l'autre que soi*, rien d'inintelligible, bien au contraire, à ce que le connaître soit le reflet de l'être, les circonstances étant favorables et normales. A condition, toutefois, qu'on affirme nettement qu'il n'en est, dans ce cas, que le reflet. qu'être et connaître *sont deux* : d'abord, parce que le plus souvent, très probablement, le connaître ne reflète pas tout l'être à beaucoup près ; ensuite, parce que, lors même qu'il le refléterait intégralement, il ne *le serait pas* pour cela, vu qu'il est évidemment aussi essentiel — et même plus essentiel encore — à son essence propre d'être autre chose que de le refléter dans la mesure du possible.

C'est une propriété de l'intelligence, propriété aussi naturelle que merveilleuse, d'altérer le moins possible la réalité qui passe par elle. Et même, le seul emploi intelligible de l'intelligence ne saurait consister en rien autre qu'à refermer, en quelque sorte, le plus hermétiquement possible le cercle magique de l'être au connaître.

Ce qui par nous est traduit de l'être en connaître l'est avec la plus rigoureuse des fidélités; de sorte qu'il ne reste entre les deux, l'être et le connaître, que la stricte mais inévitable différence qui existe entre deux choses dont la similitude parfaite va jusqu'à l'identité exclusivement. Mais tout l'être n'est sûrement pas traduit en connaître, par nous du moins, et l'on peut toujours supposer que ce dernier est incomplet par rapport à l'autre.

Ayons confiance, croyons — après réflexion, comme nous le faisons, spontanément, avant toute réflexion — croyons que le connaître ne trahit pas sa mission, qu'il n'est tout au plus qu'incomplet, mais qu'il représente l'être, en tant qu'il représente. C'est là une foi toute simple et toute naturelle. Qu'est-ce qui pourrait, d'ailleurs, nous empêcher de pousser jusque-là notre confiance en l'esprit? Connaître est quelque chose de si merveilleux, même aux yeux de ce qui connaît en nous (1), que, lorsqu'on a bien entendu tout ce qu'a de singulier dans sa nature propre cette chose, on ne saurait plus, décemment, chicaner sur la manière ou marchander sur le degré.

Il y a certainement, outre nos sensations et perceptions, une foule d'autres aspects sous lesquels l'être extérieur se présenterait à nous si nous avions des moyens, des instruments, des organes propres à nous faire saisir ces nouveaux aspects. Ici, le domaine de la conjecture s'ouvre infini; et aucun scepticisme, aucune critique ne peut le fermer à notre libre imagination. Comme la nature, alors, s'offrirait à nous plus variée, plus pittoresque, et quel aliment autrement abondant elle fournirait à tous les arts connus, ainsi probablement qu'à beaucoup d'autres inconnus! Il

---

(1) « L'intelligence humaine porte de quoi se confondre elle-même! » (Fénelon).

faudrait seulement que nous fussions aussi riches en sens qu'elle l'est en aspects divers. Mais ne nous hâtons pas trop de rien regretter et de nous plaindre de tout ce qui nous manque. Nous sommes déjà si embarrassés parfois du peu que nous avons! D'un côté, en effet, nous ne voulons pas le reconnaître, et, de l'autre, nous ne savons pas l'expliquer. Peut-être, il est vrai, qu'en voyant tout ou même seulement beaucoup plus qu'il ne nous est donné de voir en l'état où nous sommes, peut-être que notre intelligence en serait fortifiée dans sa faiblesse et notre volonté forcée dans sa résistance; tandis que tous ces trous dans ce connaître qui est le nôtre font que nous ne pouvons pas voir nettement le lien des choses et que nous ne voulons pas les admettre comme nous les voyons.

C'est déjà ici la fameuse chaîne dont parle Bossuet dans son *Traité du libre arbitre*. On tient plus ou moins fortement les deux bouts, mais sans savoir comment ni par où ils vont se rattacher. Aussi, notre faculté raisonnante peut se donner *pleine* (mais le plus souvent *à vide*, ou à peu près) carrière pour aller enchaînant (mais brutalement et jusqu'à étouffer l'être même dans cette étreinte de fer) tout ce que nous devrions plutôt, presque toujours, — avec la sincère foi perspicace, profonde, géniale, de l'intuition —, laisser flotter librement et se rattacher tout seul, comme il peut, comme il fait dans la réalité.

Un penseur contemporain, que nous avons déjà cité, l'a dit avec raison, « la vraie philosophie n'est qu'un retour conscient et réfléchi aux données de l'intuition. »

Dans la perception, aux deux bouts, deux réalités distinctes, dont l'une est le reflet de l'autre, d'une ressemblance parfaite entre elles pour tout ce qui est reflété; et, dans le milieu, le domaine du mouvement, du mécanisme inconscient, aveugle, mais préparant l'action de connaître qui porte immédiatement la lumière aux deux bouts — en attendant qu'elle puisse éclairer aussi, au moins de rayons indirects, en les prenant pour ses objets à leur tour, tous ces phénomènes intermédiaires, tout cet entre-deux utile, tous ces faits rouages.

L'objet ou dehors a pour lui la fidélité avec laquelle il est rendu : par là, on se soumet, on s'accommode à lui. Mais le sujet ou dedans a-t-il, par contre, pour rôle, de son côté, de faire tout le chemin de l'être simple à l'être connu, chemin d'autant plus long que la dernière de ces choses ressemble plus exactement à la première, comme elle le fait selon nous au plus haut degré? Non : à côté de l'action de ce qui *connaît*, assez importante pour qu'on n'ait pas besoin de l'exagérer, il ne faut pas oublier celle de ce qui *est* et qui *est connu*. Celle-ci est même antérieure et transmise par tout le long mécanisme intermédiaire. Car ce qui connaît ne se dérange pas, en quelque sorte, ne sort pas de soi, de sa sphère : pas plus, par exemple, que l'araignée ne va chercher et saisir la mouche hors de sa toile. Il faut que l'être vienne, par son activité transmise, tomber dans les filets tendus pour le prendre, c'est-à-dire pour le comprendre.

Et il reste encore, pour ce qui connaît, beaucoup à faire; il reste tout, en un sens : comme pour l'araignée qui, une fois la mouche prise dans sa toile, la saisit, la dévore et se l'assimile.

Le *connaître*, entre le *sentir* et le *vouloir*, ou le phénomène de la perception envisagé *in concreto*, avec ce qui précède et ce qui suit.

Nous trouvons, d'abord, l'action de *l'autre* sur le *moi*, sur le moi purement passif, alors, et se sentant en cet état mais ne se sentant que sourdement ou plutôt opaquement, en quelque sorte.

Ensuite, le moi réagit intérieurement, la lumière se fait de plus en plus et la transparence devient objectivante.

Il est surtout, du *sentir* au *connaître*, un moment de transition, plus ou moins rapide, mais précieux à saisir, car là s'opère la synthèse des deux — être et connaître.

Le connaître se vide de plus en plus, jusqu'à l'abstrait de la mathématique ; mais il garde toujours, même dans ce dernier cas, quelque reste de son contact premier et fécond avec l'être : Antée a une fois touché terre, est venu *prendre barre* au réel. De là, les *applications* possibles des mathématiques.

Enfin, de même qu'à l'entrée nous avons trouvé le sentir, à la sortie se présente à nous le vouloir. Avec lui, c'est le retour à l'être saisi intimement, en tant qu'actif cette fois et non plus en tant que passif comme dans le sentir ; mais c'est aussi le retour à l'opacité. Là aussi, l'être est saisi dans les ténèbres et, pour ainsi dire, à tâtons, bien que vigoureusement. On connaît les obscurités de ce grand et beau chapitre. Leibniz a parlé du labyrinthe du libre arbitre. Il a mieux fait : il s'y est égaré lui-même.

Le connaître en lui-même.

Il se présente sous deux grandes formes : l'intuitive et la déductive.

La première, l'intuition, comprend les deux extrêmes. D'abord, à son état inférieur et commun, c'est une façon de connaître peu estimée, qui passe pour grossière, élémentaire, superficielle, mais qui par le fait est déjà profonde sans en avoir l'air et pas si méprisable, car elle atteint le réel.

La seconde, la déduction, — tant prônée vulgairement, qui a les préférences des médiocres, de ces demi-savants dont parle Pascal et qui sont légion, surtout aujourd'hui —, comprend le milieu, immense mais vide, pur lieu à recevoir l'être, ou plutôt, pur lien extérieur entre les êtres. C'est ici qu'on trouve tous les forts raisonneurs et faux penseurs.

Quant à l'intuition supérieure et rare, elle est la muse des grands inspirés, dans les arts, dans la vie et en métaphysique.

De l'aveu même des plus antiréalistes, nous connaissons, nous percevons de l'être qui est tout à fait différent de ce qui connaît en nous. D'où pourrait donc venir l'idée de cet être étranger, sinon de lui-même, de lui qui par conséquent se communique de quelque façon à notre faculté de connaître?

Ainsi, dans le système de Descartes, par exemple, l'Etendue s'oppose à la Pensée; et cependant, l'Etendue est pensée, c'est-à-dire qu'elle est connue.

Pour nous, bien mieux, l'Etendue est pensée quoi

que non seulement elle ne soit pas Pensée mais pas même être, car à nos yeux elle n'est que l'envers néant, pour ainsi dire, de l'être matériel, comme nous l'expliquons amplement plus loin, dans notre seconde partie.

Voilà donc un cas singulier et très propre à montrer avec éclat combien est vraie la thèse réaliste, puisque nous sommes ici en présence d'une certaine chose qui, sans *être* proprement, *est connue* quand même, rien que parce qu'elle se trouve en rapport avec l'être.

.˙.

A propos des rayons Rœntgen traversant certains corps opaques pour la lumière ordinaire, on dit : Pourquoi la *lumière* ne serait-elle pas, elle aussi, tamisée plus ou moins, pourquoi ne filtrerait-elle pas un peu à travers tous les corps, comme le font la *chaleur*, l'*électricité*, le *son*? Tout cela, ajoute-t-on, n'est-il pas au fond la même chose ou du moins ne se ramène-t-il pas au même ?

Peut-être pour le physicien, ferons-nous observer, mais non pour nous, psychologues et métaphysiciens réalistes, c'est-à-dire respectueux des *sui generis*, tels qu'ils nous apparaissent, profondément distincts entre eux.

On insiste : Mais ce sont ici des rayons insaisissables à notre vue, de la lumière invisible, l'opposé du fameux *visible darkness* de Milton (1). Ainsi, même notre sens le plus délicat, le plus subtil de tous, la vue ne saisit pas tout ce qui est de son ressort. Ce qui est trop ténu, lui échappe, tombe au-dessous de

(1) C'est-à-dire, si l'on veut, l' « obscure clarté » de notre Corneille.

ses prises, ne peut être atteint que par voie détournée et par subterfuge.

Nous répliquons : Eh bien, cela infirme-t-il notre réalisme ? Pas le moins du monde ; au contraire : cela fait voir par un exemple remarquable combien long et compliqué doit être, — afin sans doute d'y conduire plus sûrement, — le chemin qui conduit de l'être au connaître : puisqu'il peut ainsi s'égarer et se perdre de l'être en route. Combien donc est-il peu vraisemblable que ce long détour ne soit pris que pour ne pas aboutir ! car on n'aboutirait pas si l'on n'avait en somme qu'une simple représentation symbolique de la chose ; on n'atteindrait pas son but en s'arrêtant à cet à peu près, strictement indispensable à la vie pratique et n'ayant que cette plate utilité. Oui, encore une fois, à quoi bon tout cet appareil et tous ces moyens alambiqués, si l'on est condamné par la nature à manquer la vraie fin ?

Pour nous, réalistes, ce chemin est même infini. C'est la circonférence ou ligne droite (1) sans fin, dont les deux bouts se rejoignent et se confondent à force de s'être éloignés. Les complications saisies ne sauraient donc nous embarrasser, mais s'expliquent facilement ; que dis-je ? elles nous semblent encore et toujours insuffisantes, et nous devons en supposer de nouvelles, sans pouvoir jamais arriver au bout, à l'infini. Cette ligne, nous ne pouvons pas la suivre tout entière par réflexion, spéculativement, — comme nous le faisons à chaque instant par le fait, en acte. Mais nous pouvons, et sans mouvement proprement dit, passer tout d'un coup, tout d'un saut, d'un saut en

---

(1) Car, à l'infini, c'est tout un, la circonférence devenant alors une ligne droite, ou du moins n'en différant que qualitativement et non quantitativement.

quelque sorte immobile, nous pouvons, — ainsi qu'on le fait dans le calcul infinitésimal, — passer à la limite ; seulement, ici, non par la faculté discursive mais bien par la croyance, la foi, l'intuition, le *cœur*, dirait Pascal. L'agir va d'ailleurs, dans le cas présent, en avant du croire et l'entraîne après lui. C'est l'inverse de ce qui a lieu dans d'autres cas, où l'action est le couronnement et arrive — après, à la fin — comme le gage dû et attendu qu'on donne :

<blockquote>La foi qui n'agit point est-ce une foi sincère ?</blockquote>

fait dire à un de ses personnages le pénétrant et délicat Racine.

*
* *

Renouvier, dans son 2ᵉ *Essai*, t. II, pp. 268-9 et 281-2, traite de « deux questions qui ont produit de nombreux systèmes : celle de la vue simple avec deux yeux, et celle du renversement des images des objets sur la rétine ». Il donne à son tour de ces deux faits bizarres des explications qui sont loin d'être satisfaisantes et qu'il ne présente d'ailleurs pas comme complètes. Quant à nous, nous pouvons nous contenter de dire que cela aussi vient, au fond, merveilleusement à l'appui de notre réalisme. Nous constatons là en effet que, même dans ces deux cas extraordinaires, malgré les intermédiaires et les obstacles *patents*, sans doute par des moyens et des ressorts *latents*, le connaître à la fin s'adapte exactement à l'être. Combien donc à plus forte raison ne doit-il pas le faire dans les cas ordinaires ?

*
* *

Ibid., p. 282 : « Comment pourrait-on jamais tenter la solution, par exemple, du problème du rapport du *ré* et du *fa* qu'on entend, avec de certains nombres de vibrations d'une corde ? Je ne le vois point, alors même que nos connaissances physiologiques seraient avancées autant qu'on peut les imaginer ? »

Non, répondrons-nous d'abord, jamais toutes les connaissances physiologiques ou autres ne pourront nous faire pénétrer à fond cette espèce de digestion par laquelle l'être est transformé en connaître. C'est qu'il y a là un influi, un cercle qui se referme sur lui-même, comme dans la vie, représentée par un serpent qui se mord la queue ; et même, ici, le cercle est encore plus hermétiquement clos, s'il est possible, car nous sommes plus haut, d'un cran au moins.

Nous pouvons et nous devons seulement ajouter, nous, croyants réalistes, qu'ici deux sens différents traduisent le plus exactement possible de l'être en connaître deux faits connexes ou plutôt, si l'on veut, le même fait sous deux aspects différents, et que d'autres sens que nous aurions nous dévoileraient de nouveaux aspects qui demeurent et demeureront vraisemblablement toujours cachés pour nous.

*
* *

Ibid., p. 283 : « Les sensations sont, pour notre conscience, des signes dont l'interprétation est livrée à notre intelligence. » (Helmotz, cité par Renouvier à cette page).

On peut comparer la réserve de Leibniz contre les empiristes : ...*nisi ipse intellectus* ; ou bien encore la thèse de Kant sur l'intervention de l'entendement pour rendre possible l'expérience.

Et même, ferons-nous observer là-dessus, cette *interprétation de l'intelligence* est, en un certain sens, une œuvre plus capitale qu'on ne l'a généralement exprimé; ou, si l'on veut, la réserve contre les empiristes n'a presque jamais été faite dans toute sa rigueur; la thèse de Kant même n'est posée ni assez nettement ni assez exactement. Notre esprit en effet, dans cette œuvre merveilleuse, traduit son objet d'un être en un autre, ou mieux encore, d'une forme en une autre de l'être, c'est-à-dire qu'il traduit le *non-moi* en *moi*, l'être en connaître; et cela, en vertu de la force active et agissante qui est dans sa nature, qui est sa nature même. Mais il faut bien se hâter d'ajouter qu'il n'est là que traducteur, et que, lorsqu'il tire exclusivement de son propre fond sa matière, ou bien encore qu'il étire (1) sans fin la matière fournie, alors, il plonge dans le vide sans fond; et s'il va quand même, s'il va toujours, c'est parce que, dans cette œuvre vaine, sa nature veut que, vrai Juif-errant, il aille sans cesse (2), seulement sans pouvoir jamais, lui non plus, s'arrêter, c'est-à-dire atteindre par cette voie ce qu'il poursuit dans sa folle course, à savoir le fond de l'être, l'absolu.

*
* *

Nous croyons devoir intercaler ici les réflexions suggérées par l'étude de quelques pages du même ouvrage de Renouvier en remontant un peu plus haut.

(1) Dans la pure déduction.
(2) C'est le contraire ici du mot d'Aristote, et il faut dire : Ἀνάγκη ἰέναι.

Ibid., pp. 248-55, et surtout pp. 248 (vers le milieu) — 249 (au bas); le reste, c'est-à-dire pp. 249-55, *passim* seulement. Nous pourrions intituler ce développement :

Croyance en la véracité de la perception.

Notre réalisme n'est pas gêné pour prendre une position bien nette au milieu de tout cela.

Pour nous, l'*entremise* sinon la plus mystérieuse du moins la plus féconde, n'est pas celle des organes mais bien de la pensée. Car, au bout de son processus physique et somatique, le phénomène n'est pas plus avancé, psychiquement parlant, qu'au début. La pensée, en un certain sens, a encore tout à faire; et elle le fait. Elle a l'être à transformer en connaître. Et pourquoi donc ne le ferait-elle pas, puisque la chose est précisément de son ressort? Sans doute « l'état d'un corps » est *autre chose* que « la sensation » et que « la perception », — car pas de communication possible des « substances » entre elles, pas de « fenêtre ouverte de monade à monade », pas de perception de « chose en soi », — mais il ne faut pas demander *ce qu'il est autre chose*, parce que pas de traduction plus exacte de l'être en connaître que celle qui, dans le fait de la perception, nous est fournie par l'esprit à son état normal, les données ayant été seulement au préalable élaborées et comme digérées d'une certaine façon à son usage par l'appareil compliqué des organes.

Tout le reste, tous les prétendus éclaircissements ne sont que savants obscurcissements, produits faciles — quoique hérissés — de la déduction, mais vains produits de cette opération, qui est dans ce cas impuissante.

Sans doute, nous n'acceptons pas, nous, — avec Thomas Reid, par exemple, — qu'on saisisse *l'objet en soi, la chose en soi*. Nous affirmons bien que la représentation qu'on a de cette chose en soi lui est semblable autant que possible, mais en les distinguant nettement l'une de l'autre, en nous gardant bien de confondre le moins du monde l'être avec le connaître.

Tant il est vrai que souvent les extrêmes se touchent, la thèse de Reid, ce sage, ce timide, si on la prenait au pied de la lettre, irait donner la main à l'idéalisme le plus hardi, à l'idéalisme absolu de Hégel, ou même à quelque chose de plus absurde encore et totalement inconcevable, à une espèce de *transsubstantiationnisme* naturel, qui est à mille lieues de notre esprit, bien entendu.

Voici la chose, en un mot, suivant nous : le cercle de l'être au connaître, si grand ouvert soit-il d'abord, finit par se refermer sur lui-même, et fort simplement sans doute quoique en partie à nos yeux mystérieusement. Nous aimons encore mieux cette foi accompagnant ce sincère aveu d'ignorance, et nous trouvons cela en somme beaucoup plus satisfaisant que les idéalismes de toute nuance qui ont une fausse prétention à l'explication intégrale et qui, en fin de compte, ne satisfont guère personne, pas plus du côté de la pensée réfléchie que de celui du sens commun naïf, l'esprit humain ne s'abritant pas longtemps ni volontiers dans ces orgueilleuses mais fragiles constructions.

Nous sommes volontiers, sauf interprétation, de l'avis de Renouvier quand il dit en parlant de Reid :

« Il n'entend pas prouver : il en appelle à la croyance. Alors, disons que la représentation perceptive, objective, est une sensation, accompagnée ou suivie de jugements sur la nature d'un sujet dont la croyance pose en même temps l'existence réelle. Cette croyance en la réalité des phénomènes hors de nous est incontestable, elle est naturelle, spontanée, et telle que la réflexion n'y change rien. Mais, une autre croyance, celle qui déclarerait le sujet saisi en soi, et qui pourtant impliquerait des jugements complexes, des définitions de qualités à termes discutables, et propres à mettre la division parmi les philosophes, celle-là nous ne devons en tenir compte que si elle se présente avec la réflexion voulue en pareille matière... Il ne faut pas vouloir trouver dans les données les plus grossières de la connaissance ce que nous offrirait seule une science achevée. »

Nous verrons plus loin, dans un chapitre spécial, ce qu'il faut penser de cette fameuse « science achevée »; mais, en attendant, nous approuvons parfaitement toutes les objections faites ici, en passant, au timide et faux réalisme de Reid. Plus haut, Renouvier a précisé sa critique, en prenant un point particulier :

« ... Par exemple, la dureté, selon Reid, n'aurait, il est vrai, rien de commun comme sensation pure avec l'état d'un corps, mais, en même temps que cette sensation a lieu, un jugement immédiat et certain poserait cet état, par *la conception d'un degré de cohésion entre les parties qui exige l'emploi d'une certaine force pour le déplacer*. Tel est le jugement très complexe dont Reid veut faire plus qu'un jugement, et qu'il appelle une perception... »

Evidemment, Reid ici cherche midi à quatorze heures, brouille les questions et mérite toutes les sévérités de la critique. Renouvier a donc raison contre Reid de dire, plus loin :

« Nous demanderons ce que c'est que la *cohésion des parties des corps :* si on nous répond par une définition de fait, il n'était pas besoin d'invoquer la croyance : les phénomènes sont là ; et si l'on essaie de nous dire ce que valent précisément ces termes *partie* et *cohésion* appliqués aux phénomènes pour soi, hors de notre expérience personnelle, osera-t-on encore parler de perception ? »

Nous avons, quant à nous, beaucoup plus de confiance que Reid en la pure donnée primitive, naïve, en la simple sensation. Nous *croyons* que ce que Renouvier désigne ici par « le phénomène pour soi, hors de notre expérience personnelle » est tout à fait semblable, quoique non identique, à ce qu'il appelle quelques lignes plus haut « fait » et « phénomènes » tout court. Alors, il est besoin d'invoquer la croyance ; et c'est ce que nous faisons et avons toujours fait nettement et franchement. Ainsi, prenant le même exemple, nous nous contenterons de dire :

La *dureté*, c'est ce que nous sentons — et percevons, par cela même. La *cohésion*, c'est une autre chose qui se rapproche de la précédente, et que nous avons pu expérimenter aussi ; ou, si l'on veut, c'est un autre aspect de la même chose. Car n'ayons pas peur de multiplier trop les aspects des choses. Notre connaissance, l'imagination vînt-elle à la rescousse, n'égalera jamais la richesse de la nature (1). Commençons donc par ouvrir toutes nos fenêtres, et ne repoussons rien quand nous voulons nous instruire et nous édifier sur celle-ci. Abondance et variété, voilà dans ce cas quelle doit être notre devise. L'unité viendra ensuite comme elle pourra......, dans notre seconde

(1) C'est ce côté des choses, naturellement, qu'a saisi et signalé de préférence Shakespeare, le *myriad minded* (= l'homme aux dix mille âmes) :

There are more things in heaven and earth
Than are dreamt of in your philosophy.
(= Il y a plus de choses dans le ciel et sur la terre
qu'il n'en est rêvé dans votre philosophie).
(*Hamlet*, I, 5).

partie. Après cette simple reconnaissance ou constatation du réel, nous devrons alors aborder l'explication. Là, au contraire, il ne faudra pas craindre l'excès de raffinement et de subtilité. Le plus grand danger serait de s'arrêter à moitié chemin.

Donnons, dans les lignes qui suivent, un court aperçu seulement, par anticipation, de cette partie explicative de notre métaphysique :

Dureté, cohésion, affinité, attraction,.......... organisme,...... : par le moyen de toutes ces propriétés, différentes mais analogues, la matière, les corps s'affranchissent dans une certaine mesure, plus ou moins, de l'espace, côté ou plutôt envers-néant des choses, qui, en un sens, est très réel lui aussi, malheureusement pour le degré d'être du créé.

Par là, les diverses molécules, faisant plus ou moins corps entre elles, s'unifient jusqu'à un certain point : partant, chacune d'elles est comme en plusieurs lieux à la fois, c'est-à-dire qu'ainsi elle émerge du gouffre de l'espace, qui autrement l'engloutirait tout à fait. Dans l'organisme, les parties composantes sont, d'une part, plus étroitement unies, tandis que, d'autre part, leur indépendance mutuelle est plus grande et leur jeu plus souple.

A la poésie la plus vivante doit s'unir ici la philosophie la plus profonde, la première se plaisant à envisager la variété pittoresque des choses et la seconde à unifier l'ensemble et tout rattacher pour tout comprendre. Pascal est un des penseurs dont le génie a su le mieux, quand il a voulu le faire, les combiner ensemble; car il savait parfaitement qu' « on ne montre pas sa grandeur pour être à une extrémité, mais bien en touchant les deux à la fois, et remplissant tout l'entre-deux ». Aussi, ne se lasse-t-il de le répéter dans ses immortels fragments de pensées : « L'unité et la multitude. Erreur à exclure l'une des deux..... La multitude qui ne se réduit pas à l'unité est confusion, l'unité qui ne dépend pas de la multitude est tyrannie........ ». Il faut relire, à ce sujet, en faveur de l'unité, la série de pensées du n° 59 au 60 *ter*, article XXIV, édition E. Havet, ou du n° 474 au 480, édition L. Brunschvicg ; et, en faveur de la multiplicité et de la variété, quelques autres pensées, la suivante, par exemple : « A mesure qu'on a plus d'esprit, on trouve qu'il y a plus d'hommes originaux. Les gens du commun ne trouvent pas de différence entre les hommes. » On peut, bien entendu, donner plus d'extension à cette pensée et la généraliser. Ne va-t-on pas jusqu'à dire, avec raison, que, pour qui y regarde d'assez près, il n'y a pas deux feuilles d'arbre ni deux gouttes d'eau qui se ressemblent?

.·.

Renouvier, 2ᵉ *Essai*, t. II, p. 285 : « ..... Tout effet dépend nécessairement aussi bien de la nature de l'objet agissant que de celle de l'objet sur lequel il a agi..... Ainsi toutes les représentations que nous faisons, toutes celles que puisse avoir un être intelligent quel qu'il soit, sont des images dont la nature dépend essentiellement de celle de l'intelligence qui se les figure, et qui sont influencées par les particularités de cette intelligence. » (*Optique physiologiste* de Helmoltz, passage cité par Renouvier).

Mais, ferons-nous observer, si la nature du premier de ces deux objets, c'est-à-dire de l'intelligence, est telle précisément que toute son activité ici se réduit d'abord à subir l'action de l'autre objet et ensuite à traduire l'être en connaître? Alors, toute cette ingénieuse mécanique de Helmoltz et consorts ne s'adresse qu'à l'imagination du profane et ne saurait convaincre le vrai philosophe.

*
* *

Ibid., pp. 285 bas — 86 : « Cela ne présente absolument aucun sens, de parler d'une vérité de nos représentations, autre qu'une vérité *pratique*. Les représentations que nous formons des choses *ne peuvent être que des symboles, des signes naturels des objets*, dont nous nous servons pour régler nos mouvements et nos actions... L'idée et l'objet qu'elle représente sont deux choses qui appartiennent évidemment à deux mondes tout à fait différents et qui sont aussi peu susceptibles de comparaison que les couleurs et les sons, ou que les caractères d'un livre et le son du mot qu'ils représentent... »

N'est-il pas plus simple et plus naturel d'admettre qu'on perçoit les choses directement et comme elles sont que d'aller s'imaginer qu'on ne les saisit qu'à travers des signes qui ne leur ressemblent pas et qu'il faudrait commencer par interpréter? C'est là s'ingénier à compliquer la tâche de la nature d'abord et la nôtre après. A moins que par hasard on croie avoir expliqué lorsqu'on n'a fait que tourner les choses si bien et de telle sorte que désormais deux explications au lieu d'une seule deviennent nécessaires. On parle de « vérité *pratique* »; voilà qui est pratique, en effet!

Nous croyons, quant à nous, que notre intelligence est en face de la nature comme d'une écriture idéographique et non pas symbolique ou même simplement phonétique, par exemple. Si nous osions interpeller cette faculté chez nos adversaires, nous aurions donc le droit de nous écrier : ô intelligence humaine, aussi faible et défiante que présomptueuse, qui doutes de ta puissance — chose bizarre — précisément pour trop y croire ou plutôt pour y croire à côté, et qui te figures qu'il est plus digne de toi d'essayer de deviner que de te contenter de voir ! C'est bien le cas de le répéter avec Leibniz : « On cherche ce qu'on sait parce qu'on ne sait ce qu'on cherche. »

*
* *

Ibid., pp. 286-7 : « ... Quelle analogie peut-on se figurer entre le processus cérébral qui accompagne l'idée d'une table et cette table elle-même? Doit-on se figurer la forme de la table reproduite dans le cerveau par des courants électriques.....?..... Et en admettant même qu'une imagination fantastique ne reculât pas devant une semblable hypothèse, cette image électrique de la table qui se formerait dans le cerveau ne serait encore elle-même qu'un second objet corporel qu'il resterait à percevoir : ce ne serait pas une représentation intellectuelle de la table. »

Nous pourrions être tenté, tout d'abord, d'accepter intégralement la thèse de l'auteur, et même en la précisant comme il suit :

L'image n'étant ainsi qu'un « second objet corporel », il faudrait, pour la percevoir elle-même, si tant est que jamais on y arrive, il faudrait de nouveaux intermédiaires, de nouveaux instruments élaborateurs, puisqu'elle est la même ou du moins de même nature que le corps, toujours aussi matérielle, aussi *somatisée*, pas plus avancée vers le connaître, pas plus spiritualisée. Mais alors on pourra multiplier tant qu'on voudra les intermédiaires, les instruments, on ne se rapprochera pas du but qu'on vise, puisqu'il est comme à l'infini. Nous devenons donc la proie d'une faculté extraordinaire, bizarre, espèce de puissance-impuissante, esprit voyageur, Juif-errant de la pensée, qui va toujours pour n'arriver jamais. Bref, nous sommes le jouet d'un mirage d'explications qui se suivent pour, finalement, n'expliquer rien en réalité. « Nous voilà au rouet », diraient Montaigne et Pascal. Nous ne faisons que tourner sans avancer.

Voilà ce que nous ajouterions à ce que dit Helmoltz dans le passage cité, si nous acceptions telle quelle sa thèse ; et par là nous ferions nettement ressortir toute l'importance, dans la perception, du rôle réservé à l'intelligence après que l'organe a rempli le sien qui ainsi se réduirait à rien d'appréciable. Mais, réflexion faite, nous préférons l'amender, cette thèse, et attribuer à l'organe une certaine élaboration de l'image. Qu'il soit seulement d'abord bien entendu que, dans ce long milieu organique, le phénomène ne ressemble — à aucun point, à aucun moment — à ce qu'aux deux extrémités il est également, mais sous forme d'être à l'extrémité-objet, et de connaître à l'extrémité-idée.

Comme le tube digestif pour les aliments, le sens, le cerveau surtout rend le phénomène assimilable et apte à revêtir la forme intellectuelle. Mais, même à l'extrême bout matériel de l'élaboration, du « processus » somatique, il ne saurait être que tout matériel lui-même. Toutefois, alors, la spiritualisation immédiate y est enfin devenue possible. C'est désormais, en quelque sorte, le sensible sans qu'il soit besoin — pour cela être — de sens externe.

Ainsi, selon nous, dans la sensation et perception, l'organe ne se contente pas de transférer l'image de l'objet de l'être au connaître, mais il la modifie progressivement. Un moment arrive bientôt, dans ce processus, où le phénomène ne peut plus, pour ainsi dire, rétrograder et refaire le même chemin à rebours ; parce qu'il serait, à cause de son degré d'élaboration et de subtilisation, impropre à tomber désormais sous le sens externe, mais ne pourrait être saisi que par un sens plus fin.

Arrivé à sa dernière étape matérielle, à celle qui précède l'idée, le phénomène se trouve à un point particulièrement curieux et remarquable de son trajet. Quoiqu'il semble alors en contact direct avec son but suprême et au terme de son évolution, il lui reste encore le grand saut à faire, l'hiatus étant immense entre les deux derniers points. Néanmoins, en se subtilisant de plus en plus, il est enfin devenu directement saisissable au sens interne, par nous ne savons quelle merveilleuse vertu de celui-ci, qui fait sans doute vers lui comme une partie du chemin ; et alors s'accomplit le mystérieux hymen du sujet et de l'objet, de l'esprit et de ce qu'on appelait jadis la matière.

Ainsi, en voyant les choses sous ce jour, tout sert en même temps que tout — dans la mesure humaine du possible, bien entendu — s'explique. Pas d'inutilité, et le minimum d'ignorance et d'obscurité.

*
* *

Ibid., même p., à la suite : « ... Quel rapport peut-il y avoir entre l'idée, modification de l'âme immatérielle et sans dimensions, et la table, objet matériel et limité dans l'espace ?.... ».

Cela est très subtil sans doute, mais jusqu'à un certain point seulement ; et c'est pour cette raison que ce n'est pas convaincant et ne satisfait point l'esprit, qui veut ou bien croire naïvement ou bien aller jusqu'au bout de son scepticisme et de son raffinement : pas de milieu. Eh bien, prenons ce dernier parti, et nous dirons à Helmoltz : cette table que vous opposez, sur ce ton de triomphe, à l'idée que vous en avez, serait-elle donc par hasard entrée dans votre esprit telle quelle pour se poser bien en face de l'idée, de la simple idée que vous en avez, et venir la narguer de la sorte? Si vous répondez affirmativement, vous êtes alors beaucoup plus réaliste que nous : vous l'êtes jusqu'à l'absurde et au plus parfait absurde. Mais évidemment, vous n'avez pas eu cette idée (qui serait, dans ce cas, moins une idée que l'objet même en chair et en os). C'est donc seulement l'idée de la table qui se pose en vous en face d'elle-même. Et là-dessus, vos deux idées se battent, comme si elles n'étaient pas, au fond, une seule et même idée, quoique votre imagination la voie double. Quant à nous, nous n'en voyons qu'une, celle de la table matérielle; et nous sommes confiants en sa parfaite solidité... Cette idée, d'ailleurs, vous ne pouvez pas, vous non plus, la renier, puisque le seul fait de l'avoir ainsi admise dans votre esprit, — ne fût-ce qu'un instant, le temps d'argumenter à son sujet, comme vous venez de faire, — vous force à nous avouer que vous la reconnaissez. Eh bien, c'est, pour le moment, tout ce que nous voulons obtenir de vous, car c'est tout ce que nous affirmons nous-mêmes.

Vraiment, c'est un plaisir d'avoir ainsi affaire à des adversaires qui n'ont pas tant de détours et dont le langage est net. Leur pensée, qu'ils expriment sans ambage, on n'a qu'à l'analyser (travail qu'ils n'auraient pas dû, il est vrai, laissé à faire, surtout étant donné qu'ils s'énoncent si clairement; car la réciproque de la fameuse maxime de Boileau : « ce que l'on conçoit bien s'énonce clairement », est vraie : elle est même plus évidente encore que la proposition directe), en analysant donc leur propre pensée, on leur fait voir que — en réalité — ils sont de votre avis, au moins autant que vous.

.·.

Renouvier cite encore deux bonnes pages de Helmoltz. Celui-ci cherche à y préciser sa nuance d'anti-réalisme : « Il ne faut pas supposer que toutes nos idées sur les objets soient *fausses*, parce qu'elles ne sont pas *semblables* à ces objets, et il faut se garder d'en conclure que nous ne pouvons rien savoir de la nature *véritable* des choses. » — Et pourquoi les idées ne sont-elles pas semblables aux objets ? Là-dessus, une pure affirmation sans preuve aucune, un oracle anti-réaliste : « Il est dans la nature de la conscience que les idées ne puissent pas être *semblables* aux objets. » Alors, nouvelle question de notre part : Comment pouvons-nous être éclairés sur la nature *véritable* des choses, nos idées n'étant pas semblables aux objets ? A cette question voici ses essais de réponse :

« L'idée est le signe spirituel de l'objet. » « Une écriture est exacte quand elle fournit des représentations exactes à celui qui sait la lire, et la représentation d'un objet est exacte quand elle nous permet de déterminer d'avance les impressions sensibles que nous recevrons de cet objet en nous mettant en rapport avec lui sous des conditions déterminées. » « Les représentations ne doivent être que des images des choses, et une image ne représente un objet que pour celui qui sait le déchiffrer, et qui, à l'aide de l'image, peut se former une idée de la chose. »

A tout cela, qui n'est pas très précis, nous avons déjà répliqué lorsque nous avons parlé d'une langue idéographique opposée à une autre purement symbolique. Dans ce qui suit, notre auteur précise un peu plus. Il a l'air de réduire toute la *réalité* à la simple *vérité* scientifique, ce qui est fort loin de faire notre compte, comme nous l'avons déjà vu un peu et comme nous le verrons beaucoup plus amplement dans notre chapitre sur les sciences (II⁰ partie).

Voici ce qu'il dit : « Nos représentations du monde extérieur sont des images de la succession régulière des événements naturels, et, si par nos actions nous pouvons les reporter exactement dans la réalité [allusion sans doute, assez obscure du reste, à l'expérimentation dans certaines sciences], ces représentations sont aussi les *seules vraies* pour notre entendement... » « L'intelligence humaine se rend maîtresse de bien des choses et renoue merveilleusement la chaîne des *effets* et des *causes* [il veut dire sans doute : « des *conséquents* et des *antécédents* »] : dans ce sens, nous pouvons admettre un accord entre les lois de notre pensée et celles de la nature. » Car il ne veut pas, lui, un « accord complet ni exact ». Il vient d'écrire ceci : « C'est un malentendu que de vouloir chercher une harmonie préexistante entre les lois de la pensée et celles de la nature, en admettant sous un nom quelconque une identité entre la nature et l'esprit. » Et même cela ne plaît pas du tout à Renouvier qui le cite et qui, après avoir affirmé hautement, au contraire, « l'harmonie, dans sa plus haute portée, l'admirable accord du système de signes constitués par notre entendement et notre sensibilité avec les séries des phénomènes propres du monde extérieur » et avoir dressé devant nous « cette immense échelle des corrélations de notre être mental avec tous les autres êtres réels ou possibles », a peur de n'avoir pas poussé assez loin, dans son impitoyable logique, et, pour aller jusqu'au bout, croit pouvoir ne s'arrêter qu'au pur subjectivisme. C'est en effet le bon moyen d'établir « un rapport complet et exact » entre deux termes que de supprimer l'un des deux en le faisant absorber par l'autre. Voici le passage :

« Je ne saurais voir qu'un *malentendu* dans l'exclusion formulée, au nom de la doctrine qu'on vient d'exposer, contre l'hypothèse d' « une identité, sous un nom quel-« conque, entre la nature et l'esprit ». En effet, du moment où la nature n'est point semblable à nos impressions sensibles, lesquelles servent seulement de signes à ses réalités, on est d'autant plus forcé de se demander ce que peut être pour soi la nature. Et l'on n'a pas le choix entre beaucoup d'hypothèses pour la déterminer. Ou plutôt, il n'en reste plus qu'une seule. On a exclu du concours les attributs de la matière comme n'étant que des données de l'esprit ; il ne reste que les attributs de l'esprit comme tel, c'est-à-dire la représentation de soi et pour soi… »

L'aveu est précieux et bon à recueillir. Ainsi, au bout de Kant, — et surtout, de Renouvier, — Fichte et même Hégel est inévitable. Voilà jusqu'où il faut aller, une fois sorti du réalisme. Un dialecticien rigoureux et vigoureux ne saurait s'arrêter avant.

Dans ce passage curieux, Renouvier redresse donc logiquement, pour l'amener ou plutôt le ramener à ses propres idées, — qui vont, ici, encore une fois, de Kant jusqu'à Hégel, et ne font pourtant que se suivre, — Helmoltz, Helmoltz rendu, pour ainsi dire, génialement inconséquent, lui, par le remords qu'occasionne le retour défensif du vrai dans une intelligence non encore endurcie ni aveuglée. Ce *malentendu* de Helmoltz selon Renouvier est donc, pour nous et par le fait, le *bien entendu* par excellence, mieux que ne le pense Helmoltz lui-même. Mais ce bon mouvement chez lui est purement instinctif ; et c'est précisément ce qui fait qu'il n'a pas été empêché par là de persévérer, à côté, dans l'affirmation contraire, l'affirmation antiréaliste, réfléchie celle-là et de parti pris systématique. Il mérite donc, en somme, l'éloge — si compromettant, à nos yeux — que fait de lui Renouvier quand il écrit : « Il nie, avec tous les *vrais* [!!!] philosophes, la similitude des sujets réels donnés dans la nature et des sensations par lesquelles nous entrons en rapport avec eux. »

Ainsi, nous avons, dans ce double exemple, d'un côté, Helmoltz, esprit qui sent par moment le réel, le vrai, mais qui s'en écarte immédiatement pour tomber dans le faux, parce qu'il ne sait pas se rendre compte de ce qu'il sent, analyser exactement le contenu de sa propre pensée ; et, de l'autre, Renouvier, analyste puissant, mais qui ne sent plus, ou du moins en a tout l'air, ayant sans doute réussi à la fin, en quelque sorte, à étouffer en lui le cri de la conscience, le sens du réel. Pour bien faire, il faudrait prendre à chacun de ces deux genres d'esprits ce qu'il a de bon et combiner ensemble dans une juste mesure les deux éléments.

.˙.

Il y a, selon nous, comme une *perte de l'intelligence* (au sens où l'on dit : *perte du Rhône*), de l'extrémité intérieure de l'organisme jusqu'à la condition la plus extérieure de la perception, non compris bien entendu l'objet même. De ces deux bouts extrêmes, l'être et le connaître — à découvert, eux, et en pleine lumière — se correspondent exactement, mais par des intermédiaires peu connus (sinon totalement inconnus, du moins non considérés dans la connaissance tout à fait objective — seule intéressante pratiquement). Ces intermédiaires, on peut les envisager à part et les étudier objectivement à leur tour, même le dernier, le plus près de l'intelligence, en quelque sorte, dans le phénomène de la perception ; mais la distance entre lui et l'intelligence, dans ce phénomène, n'en reste pas moins immense et infranchissable à l'explication comme on entend celle-ci d'ordinaire. La croyance seule peut aller de l'un à l'autre terme en rattachant les deux. Il faut s'y résoudre, fût-on partisan exclusif de l'explication scientifique. Comme, pour notre compte, nous sommes fort loin de l'être, nous avons peu de peine à le faire ; que dis-je ? nous le faisons volontiers : avec d'autant plus de plaisir que nous trouvons là une éclatante confirmation de l'excellence de notre propre méthode, en même temps que de la justesse et de la portée de nos critiques adressées à l'autre, à la « scientifique ». Ici, encore, nous renvoyons à un certain chapitre de notre deuxième partie, sur les sciences.

.·.

Renouvier, ibid., pp. 291-309.

« De l'affirmation du monde externe »

— Doctrine antiréaliste de Stuart Mill. Suivant lui, « les corps ne sont que des possibilités permanentes de sensations », pp. 291-6.
— Celle de Bain, pour qui « une réalité externe et indépendante ne peut signifier rien de plus que certains sentiments et certaines sensations avec la dépendance réciproque qui les unit », pp. 296-301.
— Doctrine réaliste de H. Spencer. Son « réalisme

transformé, opposé au réalisme vulgaire et grossier »,
pp. 301-2.

— Critique de Renouvier, pp. 296 vers le bas,
302-9 *passim*.

En somme, Renouvier peut-il « arriver à distinguer
nettement sa doctrine de celle de Stuart Mill »? Peut-il,
« sans supposition d'êtres en soi, maintenir l'existence
des êtres naturels externes »? A-t-il le droit d'ajouter
qu'il maintient cette existence « sur un fondement de
croyance légitime, de penchant naturel, d'instinct de
l'humanité »? N'est-il pas mal venu à invoquer tout
cela après l'avoir méconnu au degré que nous venons
de voir dans sa critique de Helmoltz? Cela doit-il,
même, lui être désormais si « facile à définir », disons
mieux, à reconnaître? Ne serait-on pas plutôt tenté de
lui crier : Allons, un peu de courage! achevez de
braver résolument le sens commun. Il vous reste si
peu à faire pour y arriver. Et en voilà d'autres, au
besoin, qui vous donnent le bon exemple. N'écoutez
donc plus ces vains scrupules; mais, à force d'attentats
antiréalistes, étouffez en vous les protestations et les
remords du bon sens vulgaire et grossier.

Renouvier écarte ici trois systèmes :

D'abord, le *perceptionnisme* de l'école écossaise.
Nous ne l'acceptons pas, nous non plus. Car, avec
ce système, pour être conséquent, il faudrait aller
jusqu'à une espèce de métamorphose, de transsubstantiation, pour ainsi dire, — soit du moi en non-
moi soit du non-moi en moi, — dont, même, Renouvier est loin d'avoir bien saisi ou du moins d'avoir
parfaitement fait ressortir toute l'impossibilité, toute
l'inconcevabilité.

Il écarte, en second lieu, le *nouménisme* de H.
Spencer, qui s'intitule réalisme transformé, et dans
lequel nous voyons plutôt, pour notre compte, un réa-

lisme gravement compromis par la concession dangereuse que lui fait faire la crainte de passer pour un réalisme vulgaire et grossier. L'exposé de Herbert Spencer est net et précis dans le détail. L'auteur nous présente une analogie qui peut paraître d'abord séduisante, surtout illustrée de son curieux diagramme. Nous tenons à mettre ici textuellement sous les yeux de nos lecteurs cette démonstration, quoique le morceau soit un peu long :

« Une existence objective *quelconque*, manifestée sous des conditions *quelconques*, reste comme la nécessité finale de la pensée ; mais il ne se trouve pas le moins du monde impliqué par là que cette existence et ces conditions soient pour nous rien de plus que les corrélatifs inconnus de nos sensations et des relations qui les unissent. Le réalisme auquel nous donnons les mains est un réalisme qui ne fait qu'affirmer l'existence de l'objet en tant que séparée et indépendante du sujet. Mais il n'affirme ni qu'aucun mode de l'existence objective soit tel en réalité qu'il apparaît, ni que les connexions qui unissent ces modes soient objectivement telles qu'elles apparaissent. Il se trouve ainsi profondément distinct du réalisme grossier ; et pour marquer cette distinction, il peut être justement appelé réalisme transformé.

« Un diagramme donnera la plus haute précision possible aux résultats généraux et spéciaux auxquels nous sommes parvenus. Il est possible de représenter géométriquement les relations qui existent entre les différentes hypothèses que nous avons discutées, — entre le réalisme grossier, les formes idéalistes et sceptiques de l'antiréalisme, et le réalisme transfiguré qui les réconcilie.

« Prenons l'image par projection d'un cube sur la surface d'un cylindre.

« Soit ABCD la surface d'un cylindre ; soit E un cube, situé en face ; et supposons que d'un point quelconque au delà de F rayonnent des lignes comme celles du dessin, dont chacune passe par les angles du cube, et aussi d'autres lignes, non dessinées ici, passant par tous les points qui forment les bords du cube. Ces lignes, inter-

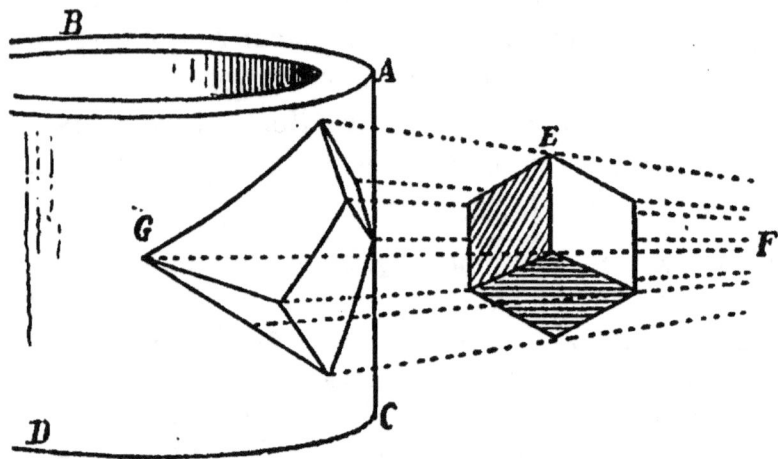

ceptées par la surface courbe, formeront du cube une image par projection, comme on le voit en G. On peut observer que les longueurs, les rapports, les directions, etc., des lignes de l'image projetée sont entièrement différents des longueurs, etc., des lignes du solide; que les angles aussi sont différents; et que les surfaces le sont aussi, dans leurs figures comme dans leurs directions relatives. Mais, en outre, on peut voir que les lignes qui sont droites dans le cube sont courbes dans l'image, et que les surfaces planes de l'un sont représentées par des surfaces courbes de l'autre. Bien plus, c'est un fait à noter que les lois de variation des lignes de l'image sont devenues extrêmement compliquées. Si l'on meut latéralement le cube, les lignes en retrait s'allongeront beaucoup plus. Néanmoins, il y a un système de correspondances absolument défini entre les deux objets. Si l'on pose comme fixés le cylindre, les dimensions du cube, le point d'où les lignes rayonnent et pour chaque position la distance et la situation du cube, il y a une figure donnée correspondante sur le cylindre; et nul changement dans la place du cube ou dans le reste ne peut se produire sans qu'un changement exactement correspondant se produise dans la figure — si exactement correspondant que, par la nouvelle figure, on peut déterminer la nouvelle place du cube ou tout autre changement dans les conditions...

« L'analogie qu'on peut en tirer est si évidente qu'il est à peine besoin de la faire ressortir en détail. Le cube, c'est l'objet de la perception ; la surface du cylindre, c'est le champ de réception de la conscience ; la figure projetée du cube, c'est l'état de conscience que nous appelons perception de l'objet...

« En nous représentant ainsi la matière par un diagramme, nous obtenons une idée distincte des relations qui existent entre les différentes hypothèses : — Le réalisme grossier admet que les lignes, les angles et les aires de la surface courbe sont réellement les mêmes que les lignes, les angles et les aires du cube. — L'idéalisme, observant combien tous ces éléments de la figure projetée changent en eux-mêmes et dans leurs relations réciproques, quand un simple changement de place, par exemple, se présente dans le cube, conclut que, comme il n'y a rien dans la figure qui ressemble à quoi que ce soit dans le cube, rien de pareil à un cube ne doit en être regardé comme la cause, et que les seules existences sont la figure et la surface qui la porte. L'idéalisme absolu va même jusqu'à dire que la figure seule existe...

« ..... Le réalisme transformé, rejetant tout excès et toute contradiction, prend un élément de chacune de ces doctrines..... Avec le réalisme grossier, il s'accorde à affirmer l'existence du cube comme marquée d'un caractère de certitude originelle, mais il diffère entièrement de lui en affirmant qu'il n'y a aucune parenté de nature entre le cube et sa projection....... Bien qu'il ait un point de ressemblance avec l'idéalisme absolu, parce qu'il reconnaît avec lui que la figure projetée ne peut renfermer le moindre trait soit du cube réel duquel elle est projetée, soit de la surface réelle sur laquelle elle est projetée, cependant il en diffère extrêmement en déclarant que l'existence de ces deux réalités est impliquée d'une manière plus certaine que celle de la figure, puisque l'existence de la figure n'est rendue possible que par la leur..... »

Bien que nous ayons dû faire de larges coupures — la citation étant déjà trop longue, — nous en donnons assez pour faire voir combien d'ingéniosité a su déployer ici H. Spencer. Mais, comme nous l'avons dit maintes fois, la vérité est beaucoup plus simple : heureusement pour tant de gens qui ont moins d'imagination. Il ne faut pas un long examen de la chose pour qu'éclate à l'esprit tout ce que cette prétendue analogie a d'imparfait et d'inadmissible. Dans ce qui est représenté par la figure, en effet, on peut aller à volonté d'un bout à l'autre du phénomène décrit et saisir directement chacun des points de la série. Dans le phénomène de la perception du monde externe, au contraire, où a-t-on perçu immédiatement ce qui correspond au cube, par exemple? Nulle part évidemment : cela ne peut être que conçu ; et partant, reste bien, malgré tous vos efforts, a-t-on le droit de dire à H. Spencer, un *noumène* vague et obscur, — comme chez Kant —, porte ouverte à toutes les hypothèses de l'ancienne métaphysique, ainsi que le fait observer avec raison Renouvier. Votre réalisme transformé ou symbolisation n'est donc pas acceptable.

Nous aimons mieux, quant à nous, mériter les appellations qu'a l'air de tant redouter H. Spencer, celles de réaliste *grossier* et *hypothétique*. La seconde, d'ailleurs, doit nous sauver — en bonne partie — de la première; car ce qui fait la trop naïve simplicité, la *grossièreté* du réalisme fruste des ignorants, c'est surtout qu'ils croient appréhender directement l'objet, ou, en d'autres termes, qu'ils croient *ne pas croire*, ne pas avoir besoin de faire d'*hypothèse* : ce qui, on a pu le voir assez, est loin d'être notre cas.

Enfin, en troisième lieu, Renouvier écarte ce qu'il appelle l'*idéalisme résolu*, représenté avec des nuances différentes par Helmoltz, Stuart Mill et Bain, auxquels Renouvier (qui se donne ici sans doute, lui, comme *idéaliste irrésolu* : quoiqu'il se montre souvent des plus tranchants dans le même sens) oppose H. Spencer, Hamilton et Samuel Bailey. Ce qui choque et scandalise Renouvier dans l'intrépidité idéaliste des trois auteurs qu'il critique est fortement exprimé par lui en ces termes :

« La faiblesse de la thèse négative d'une nature pour soi, en correspondance avec nos impressions de l'ordre matériel, tient à ce qu'elle va par une pente inévitable — logiquement inévitable, si ce n'était que nos croyances naturelles font alors entendre une protestation trop forte, — va, dis-je, à nier aussi l'existence propre des esprits individuels autres que pour chacun celui qu'il est dans la nécessité de supposer pour l'explication et la coordination de son expérience personnelle. »

Je ne crois pas que de pareilles conséquences, même sans la restriction finale, soient pour effrayer certains idéalistes, — assez souvent Renouvier tout le premier, semble-t-il. Quoi qu'il en soit, ici notre grand philosophe criticiste emploie les deux pages qui suivent à faire voir que le scepticisme de ces idéalistes doit bien, en effet, aller jusque-là ; et il le réfute ainsi par l'absurde. Ensuite, dans les deux autres pages suivantes, il fait voir que la concession ainsi arrachée par la force du sens commun ou, si l'on veut, du penchant, des croyances naturelles, doit redescendre de proche en proche jusqu'aux êtres les plus infimes, « jusqu'à d'imperceptibles assemblages atomiques qui portent en eux des puissances prodigieuses de développement même mental. » « Où allons-nous donc faire commencer l'esprit qui a le droit de passer pour quelque chose de plus qu'un *signe* (Helmoltz), qu'une *possibilité* (Mill), qu'un *rapport* (Bain), pour des sensations étrangères aux siennes? Moi je prétends qu'il faut le faire commencer bien avant ce terme et bien plus bas, et que la plus forte induction naturelle m'y contraint... »

C'est parfait, et à cela volontiers nous souscrivons, quant à nous, réalistes. Seulement, Renouvier est-il bien admis, pour appuyer ce qu'il présente ici comme son opinion, à se prévaloir de sa « conformité au penchant naturel, à l'instinct, qui ne trompe guère » ? Quels scrupules l'ont retenu lui-même ailleurs de « donner des démentis violents aux croyances primitives et spontanées de tous les hommes » et d'émettre des « interprétations peu saines » ? On ne voit pas bien d'abord l'exacte portée de la concession que, dans ce passage, il a l'air de faire au réalisme en critiquant ainsi l'idéalisme outrancier de ces trois philosophes. Mais sa curieuse nuance d'opinion personnelle sur ce point va se dégager dans ce qui suit, et nous verrons ce qu'il faut en penser.

« Je conviens qu'il faut opter entre cette solution donnée par la psychologie *égoïste* au problème de la nature, et celle où l'on prend le franc parti de voir partout la vie, même sans l'organisation, partout des sujets réels. » « Bain réclame l'indissolubilité d'un élément objectif et d'un élément subjectif en toute détermination de connaissance possible. » Renouvier dit que c'est aussi là sa propre opinion. Seulement, aussitôt après, il différencie sa doctrine en ajoutant :

« Mais Bain veut conclure de ce qu'il n'y a point d'objet perçu sans un sujet percevant, et de ce que nous sommes, nous, des sujets percevants, que les objets perçus sont inséparables de nous-mêmes. En niant cette conclusion au nom de l'instinct de l'humanité, on n'a point de peine à tourner l'argument vers une autre conclusion. On n'a qu'à dire : Il n'y a point d'objet perçu sans un sujet percevant ; or les objets existent indépendamment des sujets percevants qui sont nous-mêmes ; ils ont donc des sujets percevants autres que nous, — eux-mêmes, par exemple. Telle est l'affirmation du monde externe qui satisfait aux croyances naturelles et légitimes auxquelles la raison humaine ramène le problème de la certitude. »

Là-dessus, Renouvier traite *des représentations inconscientes* en invoquant principalement la grave autorité de Leibniz. Mais nous n'avons pas besoin de le suivre dans ces nouveaux développements, pour comparer sa doctrine à celle des idéalistes anglais sur le point qui nous intéresse et donner sur elle notre appréciation.

Rien en dehors de *ce qui perçoit*, ont conclu, au résumé, Mill et Bain. Et Renouvier, en somme, leur répond : Soit, mais *qu'est-ce qui perçoit ?* Délimitez nettement la sphère de cela. Est-ce seulement moi ? Est-ce seulement tout homme, tout être doué de raison, de conscience ? Non, mais bien *tout ce qui est perçu* et même percevable. Tout cela perçoit, se perçoit soi-même, ne fût-ce que par représentations inconscientes.

C'est ainsi que Renouvier veut concilier l'idéalisme et le réalisme. Il pose, dans ce but, l'universelle représentativité. Il affirme que chaque être est à chaque instant effectivement représenté, ne fût-ce qu'inconsciemment et par lui-même.

Nous également, nous nous plaisons à associer autant que possible l'être et le connaître ; mais nous admettons beaucoup plus aisément le premier sans le second que l'inverse ; et surtout nous nous gardons bien de confondre les deux et de réduire tout l'être au connaître, comme le font ouvertement Mill et Bain — et comme Renouvier ne se défend pas assez ou se défend mal de le faire, lui aussi.

Nous ne croyons pas d'ailleurs que ces « croyances naturelles et légitimes » invoquées ici par Renouvier contre Bain, réclament le moins du monde que l'objet soit perçu pour qu'il puisse exister. Sans doute, nous ne pouvons nous représenter un objet particulier autrement que perçu, puisque en nous le représentant nous le percevons ou du moins notre représentation n'est que le souvenir — c'est-à-dire le reflet à travers le temps — d'une perception. Mais nous concevons fort bien, d'une façon générale, que quelque chose puisse *être* sans *être connu*. Voilà, croyons-nous, ce qui est la croyance naturelle. Maintenant, au fond, a-t-elle raison? Par le fait, en est-il réellement ainsi? Tout n'est-il pas connu par soi-même, par d'autres êtres, ou du moins par Dieu? N'est-il pas, même, nécessaire qu'il en soit ainsi? C'est là une autre question, purement métaphysique, n'ayant rien à voir avec la question actuelle, qui est du ressort exclusif de la psychologie. Or, psychologiquement, il suffit de reconnaître que, suivant « l'instinct », « la croyance spontanée de l'humanité », l'être se pose en pleine indépendance vis-à-vis du connaître, qui, le plus souvent le reflète — tout entier ou en partie — le plus fidèlement possible, mais qui peut fort bien ne pas l'atteindre et le laisser dans les ténèbres de l'ignoré, sans qu'il soit moins pour cela. Voilà qui n'est que simple analyse, ou mieux, pure reconnaissance, constatation d'un sentiment implanté en nous par la nature. C'est pour cela précisément que la chose est authentique et irréfutable. Tout ce qu'on peut y ajouter n'est qu' « interprétation », et, par conséquent, est capable de « tromper. » Renouvier, en effet, après avoir invoqué « le penchant naturel », « l'instinct, qui, on le sait, ne trompe guère », se hâte d'ajouter cette juste restriction : «... hormis dans les interprétations qu'on en peut faire. » Nous sommes parfaitement de son avis ; mais nous ferons observer que cet instinct ne trompe alors que parce qu'on ne lui est pas demeuré fidèle soi-même jusqu'au bout dans ses « interprétations. » Il faut que la partie explicative ne vienne pas contredire et froisser la partie de pure reconnaissance, de simple constatation. Nous tâcherons qu'il en soit ainsi chez nous. Renouvier, au contraire, a déjà fait et va encore souvent faire violence à ce précieux instinct qu'il sent et reconnait cependant si bien, dirait-on, pour le moment. Ce qui le porte à changer ainsi d'attitude à l'égard de ce dernier, c'est qu'il a, d'autre part, un trop grand et trop constant souci de respecter ce qu'il appelle « la réflexion et les méthodes scientifiques. » Oui, voilà pourquoi, dès les premières pages de son premier *Essai*, il n'a rien de plus pressé que de réfuter la *chose en soi*, malgré les vives protestations de cet « instinct. » Nous aussi, nous croyons qu'il est difficile de respecter toujours également les deux. Mais c'est, selon nous, la « méthode scientifique », méthode faussement explicative, d' « interprétation peu saine », qu'il faut savoir à l'occasion sacrifier résolument au « penchant naturel. » Nous n'avons pas ici à insister là-dessus, car nous consacrerons à cette question capitale un important chapitre de notre seconde partie.

Lorsque Renouvier proteste contre le scepticisme des trois idéalistes anglais dans les termes suivants : « Je maintiens l'existence des êtres naturels externes, sur un fondement de croyance légitime, qui, en vérité, ne me semble pas difficile à définir », nous avons bien beau jeu pour lui répliquer : Vraiment? *pas difficile?* Dites plutôt : *impossible*, avec la position que vous avez prise, n'admettant pas d'*êtres en soi.* Mieux vaut encore des adversaires comme les trois que vous critiquez, qui sont ici plus radicaux et plus francs que vous dans leur idéalisme sceptique. En présence des choses, en effet, il faut croire ou nier; pas de milieu. Si nous sommes trompés, pourquoi ne le serions-nous pas jusqu'au bout? A quoi bon, pour quel motif, de quel droit supposer des limites soit à la puissance de qui réussit à nous tromper ainsi soit à la malhonnêteté de qui, ayant cette puissance, veut ainsi nous tromper?

Comment concilier ces deux affirmations de Renouvier : « Pas de supposition d'êtres en soi », d'une part, et, d'autre part : « Existence des êtres naturels externes maintenue »? Elles sont évidemment contradictoires. La simple vérité pouvait-elle se venger plus cruellement qu'en obligeant un si fort dialecticien à se contredire de façon si criante?

Voilà un curieux échantillon de la « méthode exacte et scientifique, en philosophie »!

*
* *

Certes, nous n'acceptons pas ce qu'avance Hume, à savoir que « la conception réaliste résulte au fond d'une propension naturelle en désaccord avec les lois de la pensée » (1); mais nous sommes bien plutôt de

---

(1) A moins toutefois que, par ces « lois de la pensée », il entende le mauvais esprit « scientifique » et la faculté déductive, la puissance-impuissante; auquel cas, nous félicitons sincèrement la « propension naturelle » d'être en désaccord avec cela.

l'avis de W. Hamilton, qui voit dans cette conception « une croyance miraculeusement inspirée », que de celui de H. Spencer, suivant qui « elle est un fruit inévitable du processus mental qui accompagne toute argumentation légitime. » Car les arguments les plus forts en faveur du réalisme nous semblent pour cette doctrine un appui bien chancelant. C'est même plutôt ruiner sa cause que de la défendre de cette façon : parce que c'est détruire par l'analyse ce qu'il y a d'original dans la chose. De même que la beauté, en effet, la force réside dans la synthèse. Et une fois qu'on est sorti de cette primitive synthèse ou croyance initiale, on ne peut plus y rentrer que par un long et comme infini détour : ce qui revient à peu près à dire qu'on en est à jamais exclu. Tout en ayant au moins d'abord le précieux instinct du vrai là-dessus, Spencer s'égare donc par la suite en voulant démontrer ce dont l'évidence éclate précisément dans l'impossibilité autant que l'inutilité de toute démonstration.

Voici, maintenant, peut-être la raison de cette tendance que nous avons à chercher, comme on dit vulgairement, midi à quatorze heures, à vouloir nous démontrer ce qui de soi-même se montre : c'est, dans notre esprit, l'instinct de sa faiblesse qui fait que trop de lumière nous éblouit, et que nous allons prendre un peu de ténèbres pour les mêler à tant d'éclat naturel et nous rendre par là visible la lumière ; sauf quelquefois à la nier ensuite elle-même pour affirmer ces ténèbres seules qui par contraste nous la font (1) voir.

(1) C'est ainsi que les corps opaques sont nécessaires pour nous faire voir la lumière du soleil ; et, dans une flamme artificielle quelconque, il faut qu'il y ait des corpuscules solides en suspension au milieu des gaz incandescents pour que ceux-ci apparaissent à nos yeux. Autrement, la lumière ne nous serait visible que si notre sens était frappé directement par elle. Or, au moral, Dieu seul est dans cette situation.

Il est probable, même, que Dieu ne nous aurait pas donné une si belle et si pure lumière, sachant que nous allions la traiter si indignement, s'il n'eût été, en quelque sorte, forcé de le faire pour que nous puissions vivre. Le même motif la lui a fait donner aux bêtes aussi. Seulement, celles-ci ne la reçoivent que pour leur utilité la plus pratique : ce qui fait qu'elles ne doutent pas. Tandis que l'homme, — ce « monstre incompréhensible » (Pascal), cet « animal perverti, qui pense » (J.-J. Rousseau), cet « analyseur,.. qui a soufflé sur le souffle de Dieu » (A. de Musset), — introduisant la spéculation et son abus dans cette notion pratique, gâte tout et ruine une œuvre de Dieu par l'autre. Cela tient d'ailleurs à sa constitution bizarre où se trouvent réunis l'esprit et ce qu'on appelle la matière, l'ange et la bête, la faculté de penser et la nécessité de vivre. Tâchons donc de réconcilier les deux. Ayons, pour ainsi dire, des *pensées vitales*. Saisissons précieusement les notions pratiques. Affirmons-les comme des vérités nécessaires, d'autant plus nécessaires qu'elles se sont, nous venons de le voir, imposées à la nature et à Dieu même, comme l'antique destin à Jupiter. Tout cela revient simplement à dire : soyons réalistes, et réalistes aussi naïfs spéculativement que les bêtes le sont dans la pratique. C'est ainsi que nous atteindrons les dernières profondeurs de la pensée. Car, encore une fois, ne l'oublions jamais, les extrêmes se touchent.

.˙.

Aidons-nous maintenant de la doctrine de H. Spencer pour juger, sur la question qui nous occupe, celle de son compatriote et contemporain Stuart Mill :

« …. La foi de l'humanité à l'existence réelle et visible des objets tangibles [« existence *visible* des objets *tangibles* » est bizarre d'expression!], c'est la foi à la réalité et à la permanence des possibilités [« la réalité des possibilités » : même observation] de sensations visuelles et tactiles, indépendamment de toute sensation actuelle… » (Stuart Mill) Allons donc, farceur! ne pouvons-nous là-dessus nous empêcher de nous récrier, « l'humanité » est loin d'être si subtile et d'y raffiner tant. Quant à moi, qui m'honore de faire partie de cette simple et naïve humanité, même quand je fais de la philosophie (y laissant à d'autres vos « méthodes exactes et scientifiques »), eh bien, je puis vous certifier que la première fois que j'ai eu l'avantage de lire votre ingénieuse explication antiréaliste, je l'ai bel et bien prise pour quelque chose de nouveau, pour une découverte dont j'ai fait tout l'honneur à votre imagination et non pas à votre sagacité psychologique. Et j'ai, en outre, interrogé un grand nombre d'autres membres de cette humanité profane, pour savoir s'ils étaient de mon avis. Réponse affirmative sur toute la ligne. Votre illustre compatriote et contemporain H. Spencer fait lui-même partie de cette humanité quand il écrit dans ses *Principes de psychologie* :

« … *Le langage se refuse absolument à exprimer l'hypothèse de l'idéalisme et celle du scepticisme…* Le choix est entre une contradiction, une absence totale de sens et un renversement complet de sens….. En fait, le langage, pendant tout son développement, a été façonné de manière à exprimer toute chose sous le rapport fondamental de sujet et d'objet, tout comme la main a été façonnée pour manier les objets selon ce même rapport fondamental : et si on le soustrait à ce rapport fondamental le langage devient aussi impuissant qu'un membre coupé dans l'espace vide ». « La conception réaliste est partout et toujours, chez l'enfant, chez le sauvage, le paysan et le métaphysicien lui-même, antérieure à la conception idéaliste, et dans aucun esprit, quel qu'il soit, la conception idéaliste ne peut être atteinte qu'en traversant la conception réaliste. Le réalisme doit être posé avant qu'on puisse faire un pas pour proposer l'idéalisme... ». « Combien est nébuleuse l'affirmation idéaliste ! car chacune de ces propositions successives qui constituent le raisonnement de l'idéaliste est exprimée par les signes que nous appelons les mots. Ces signes peuvent ou non être traduits par des pensées équivalentes. Dans beaucoup de cas, ils ne sont pas traduits, — les pensées équivalentes n'étant pas présentes à la conscience. On reconnaît que les mots ont communément une certaine valeur, mais sans s'assurer si cette valeur est bien justifiable en fait : absolument comme on accepte et on fait circuler des chèques et des billets de banque, sans rechercher s'il y a des valeurs effectives qui puissent les couvrir. »

Nous pourrions donc, ici, d'après H. Spencer, crier à Stuart Mill : Prenez garde à la banqueroute, la hideuse banqueroute. Et cette banqueroute philosophique se trouve précisément être tout à fait analogue à la banqueroute du système financier appliqué jadis en France par un autre de vos compatriotes, le fameux Law, qui s'était figuré que la richesse consiste en l'abondance des espèces, que le numéraire à son tour peut être représenté et même remplacé par le papier-monnaie, et qu'on peut multiplier celui-ci à volonté. On sait quel fut le résultat de cette illusion.

Enregistrons dans ce qui suit le coup de massue final asséné par le philosophe H. Spencer à l'idéalisme paradoxal de Stuart Mill et autres :

« La remarque qui nous reste à faire est que la croyance antiréaliste n'a jamais été professée effectivement. Ce n'est qu'un fantôme de croyance habitant ces labyrinthes obscurs de propositions verbales dans lesquelles les métaphysiciens se perdent.....

« Que le temps et l'espace sont de pures formes de la pensée, était pour Kant — comme pour tout autre — une proposition verbalement intelligible dans chacun de ses termes (comme : *angles* et *sphère*), mais qui ne peut être traduite en pensée (*les angles d'une sphère*!!), bien loin qu'elle puisse devenir une croyance. Les termes non seulement n'ont pas de cohésion dans la conscience, mais ne peuvent même pas y entrer ensemble.

« Si bien qu'en fait tout système antiréaliste est non une fabrique d'idées, mais de pseudo-idées. Il est composé non de pensées dignes de ce nom, mais de formes de pensées vides de leur contenu. Qu'on ait dit à tort ou à raison que la mythologie est une maladie du langage, il est certain que la métaphysique, dans tous ses développements antiréalistes, en est une [une maladie du langage]. Car tous ces développements antiréalistes sont les résultats de ces combinaisons anormales de symboles verbaux, combinaisons où ceux-ci cessent de remplir leur fonction propre, qui est d'exprimer des idées. »

Bravo ! magnifique exécution, et certes bien méritée ! Vraiment, cet H. Spencer est parfois très fort. C'est dommage qu'il pèche toujours par une verbosité beaucoup trop excessive. Quand on le cite, on retranche, on retranche encore ; et il reste, quand même, des longueurs et des répétitions.

Autorisé de la sorte, continuant à interpeller Stuart Mill, nous lui dirons : Voilà la preuve faite et parfaite contre votre théorie, car vous ne récuserez pas ce témoignage, j'espère, philosophe anglais et philosophe positiviste, vous aussi, tout comme celui dont nous venons d'entendre le véhément réquisitoire contre le subjectivisme. Mais peut-être allez-vous, là-dessus, me répliquer, — afin de me fermer la bouche, au moins, sinon en même temps de me faire tomber les bras, — que ceux qui viennent d'être interrogés par moi, y compris H. Spencer, ne sont après tout pour vous que des « possibilités permanentes de sensations », et que moi-même tout le premier je ne suis pas autre chose à vos yeux. Alors, il ne me reste plus qu'à me taire, en haussant les épaules (puisque, dans tous les cas, celles-ci me restent). Je me tais donc ; et je me sauve. Alors, comme vous ne m'entendrez ni ne me verrez, au moins vous croirez « indépendamment de toute sensation actuelle » que je suis bien une telle possibilité. Vous serez ainsi un peu moins absurde à la Saint-Thomas ; et j'en serai fort aise.

Citons encore, à la suite, quelques lignes de Stuart Mill, et réfutons brièvement, au fur et à mesure :

« ... Mais la majorité des philosophes se figurent que la matière est quelque chose de plus [que les fameuses « possibilités permanentes de sensations »] ..... » — Tant mieux pour eux alors, dirons-nous. La majorité des philosophes a donc le sens commun, du moins sur ce point. On est toujours heureux d'apprendre cela d'un adversaire philosophe, philosophe soi-même.

... « ... et le vulgaire, bien qu'il n'ait pas à mon avis d'autre idée que celle d'une possibilité permanente de sensation, ... » — Il faudrait donc que ce pauvre vulgaire fût à la fois bien absurde et bien aveugle. Mais nous sommes convaincu, encore une fois, qu'il ne mérite en l'espèce aucune de ces deux accusations ; bien loin de là.

... « si on lui demandait son avis ... ». C'est, précisément, ce que nous avons fait souvent autour de nous, comme nous venons de le dire il n'y a qu'un instant,

« ... serait d'accord avec les philosophes [c'est-à-dire avec cette majorité ayant le sens commun, dont il vient de parler].... » Telle a été, précisément encore, la constatation que nous avons eu la joie de faire. Mais, méfiez-vous : vous êtes trop large et trop généreux dans les concessions que vous nous faites là. Comment allez-vous donc, maintenant, vous en tirer? Nous sommes curieux et impatient de le voir et de le savoir.

« ..... Ce fait trouve une explication suffisante dans la tendance de l'esprit humain à conclure de la différence des noms à la différence des choses..... C'est la force du penchant qui nous fait prendre des abstractions mentales, même négatives, pour des réalités substantielles (1)..... » — Allons, on voit que vous prenez le sens commun pour une grosse bête. Tant pis pour vous, bien plutôt que pour lui (2). Si vous voulez qu'il vous parle en véritable oracle qu'il est, consultez-le avant l'usage et même l'application d'aucun de vos noms savants. C'est à l'origine, quand il se contente de sentir, et non quand il nomme, ensuite (car, alors, il a trop réfléchi : il n'en est plus aux premiers sentiments, qui sont les meilleurs ; et surtout, il a

---

(1) Ce grief de Stuart Mill contre le vulgaire ou le sens commun rappelle à peu de chose près celui que nous avons vu qu'exposait à la fin H. Spencer contre l'antiréalisme de Stuart Mill et consorts. Seulement, ce dernier était beaucoup plus juste.

(2) A ce propos, nous nous permettons de reproduire ici deux de nos *Réflexions* : D'un côté, « celui qui a plus d'esprit que Voltaire », c'est « Tout le monde », et, de l'autre, « On est un sot. » — Et quels sont les deux philosophes ou les deux moralistes qui ont prononcé sur ce même être collectif, qu'on nomme On ou Tout le monde, ces deux sentences contraires? — C'est le même, et c'est lui-même : double contradiction, mais bel exemple où le sens commun s'étale aux yeux des philosophes étroits dans toute sa largeur, et aux yeux des moralistes orgueilleux dans toute sa modestie.

On est un sot, dit-*on*. Il faut bien le croire, puisqu'il le dit. Mais il ne faut pas trop le croire, puisqu'il le connait.

entendu trop de gens comme vous, qui l'ont gâté), qu'il est vraiment lui. Eh bien, à ce moment, il se prononce carrément dans le même sens que nous, et sa réponse est entièrement conforme à nos idées..... Quant à ce que vous dites des *abstractions*, surtout des *négatives*, nous abondons dans votre sens, seulement il faut qu'il s'agisse non pas de ce que vous désignez ici à tort et tout à fait improprement par ces mots mais bien de ce que, en général, on entend par là, de ce qu'entendait H. Spencer dans le dernier morceau de lui que nous avons cité plus haut. Nous étendrions même volontiers, pour notre compte, la flétrissure de ces termes à ce que nous appellerions le *scientisme*, ainsi qu'au vain labeur de l'idéalisme subjectiviste, bref à tout ce qui est compris dans le vaste domaine de la faculté que nous avons désignée par le mot de *puissance-impuissante*. Mais ce point capital de notre doctrine se précisera, encore une fois, dans la seconde partie de l'œuvre que nous avons entreprise.

..... « ... Nos sensations actuelles et les possibilités permanentes de sensations présentent inévitablement un contraste saillant... » — Soit, nous le voudrions bien, si la chose peut vous faire plaisir ; seulement il ne s'agit pas de cela, entre votre idéalisme et notre réalisme, mais de ceci avant tout : Le sens commun, d'accord avec les vrais philosophes, n'extériorise-t-il pas, n'objective-t-il pas, avec raison, les sensations (du moins celles qu'accompagnent des perceptions externes), les actuelles en les projetant *au dehors* pour ce qui est de leurs causes ou conditions, et les passées à la fois *au dehors* et *en arrière dans le temps* (1)? — Si, croyons-nous, et nous en sommes

---

(1) On peut relire ce que dit si ingénieusement H. Taine, dans son *Intelligence*, de la simple *hallucination vraie* et de la *double hallucination vraie*.

parfaitement convaincu. Eh bien, donc, la cause est jugée, et jugée définitivement, sans nouvel appel possible, après l'appel suprême, l'appel au peuple, que vous avez finalement interjeté et qui a été loin de vous réussir.

.ˑ.

Ouvrons le t. III du 2ᵉ *Essai* de Renouvier, p. 29. A propos de l'utilité que présente l'*hypothèse* dans les sciences, nous y lisons ceci :

« ..... Les nécessités du langage créent des difficultés sensibles au physicien qui veut enseigner, sans hypothèse aucune, les vérités en sa possession ; il est même assez à croire que l'usage indispensable des figures et des personnifications dans le discours n'a point été étranger à l'acceptation de la chaleur en soi, d'une matière lumineuse par essence, d'un fluide électrique, etc... »

— Pardon, distinguons, ferons-nous observer là-dessus, nous, réalistes. Sans doute si l'on va jusqu'à la « personnification », jusqu'à une espèce de mythologie naturelle, et qu'on fasse de ces choses : chaleur, lumière, électricité, etc., des êtres individuels réels, non seulement on ne fait que des hypothèses, mais encore on est parfaitement ridicule — dans l'état actuel de la science ; et, probablement on le sera toujours, quels que soient les progrès de cette science et la direction qu'elle prenne à l'avenir ; mais, en revanche, on ne l'est pas le moins du monde, et l'on ne fait même pas la moindre hypothèse, à prendre toutes ces choses pour ce qu'elles sont en réalité, c'est-à-dire bel et bien des choses en soi, quoique simples phénomènes, ou plutôt — si l'on veut nous permettre de faire cette nouvelle distinction importante et de l'exprimer par le langage — *faits*, en tant qu'*en soi*, et *phénomènes, dans la représentation.*

Il n'y a plus là, en effet, la moindre hypothèse, la moindre conjecture. Point n'en est besoin. Il y a des catégories différentes de *faits phénoménisés* ou faits qui nous apparaissent, et cela, dans des observations ou des expériences qui sont ce qu'il y a de plus authentique, de plus immédiat possible, et partant, de plus certain. Il s'y ajoute seulement — si l'on tient à distinguer dans l'analyse ce second moment qui se confond avec le premier dans la réalité — la reconnaissance de la chose, autrement dit, la foi en la véracité du connaître devant l'être, foi aussi naturelle d'ailleurs que le fait lui-même en soi. Prenons, par exemple, un cas particulier de chaleur. Est-ce que, dans notre objectivation de la chaleur, c'est-à-dire de l'état d'un corps quelconque relativement chaud et en tant que relativement chaud, il y a n'importe quoi de plus hypothétique et de moins légitime que dans l'objectivation de la dilatation ou de tout autre fait qui peut se rattacher plus ou moins directement à celui de la chaleur? Les deux phénomènes ne sont-ils pas également des données des sens, ne sont-ils pas des observations l'un et l'autre et n'ont-ils pas le même droit à être projetés au dehors, dans la réalité extérieure, sous forme de faits ayant pour théâtre un monde qui n'est pas nous mais qui nous entoure et nous touche?

Ibid. p. 78 : « ..... Mais si les disputes cessaient, la pensée philosophique se trouvant satisfaite et d'accord avec elle-même, on pourrait encore se dire, et l'on s'est dit en effet : ... » — Bien sûr qu'on ne va pas se taire comme cela. La chose serait tout à fait surprenante. Ne lit-on pas, en effet, quelque part dans les *Essais* de Montaigne que les philosophes seraient bien trop marris d'avoir laissé jamais une sottise sans la dire? Voyons donc cette nouvelle :

« L'intelligence est une sorte de milieu humain, inévitable, infranchissable....... La raison ne saurait prouver par raison que la raison est juste. Nous avons nos apparences, les choses ont leur réalité ; qui nous assure de l'harmonie des unes avec les autres? L'apparence? tout son fait est de paraître ; la chose? elle n'est saisissable pour nous que dans l'apparence...... »

— Jusqu'ici, rien d'absurde, assurément ; c'est la plus pure vérité, au contraire ; jusqu'à être un peu naïf d'évidence ; mais on aime quand même ces La Palisseries-là : elles sont parfois excellentes pour faire toucher du doigt les choses fondamentales, qu'il faut bien rappeler de temps en temps puisque tant de gens les oublient ou même les méconnaissent. Ce que fait ici précisément l'idéaliste absolu, qui confond le phénomène avec la chose en soi.

« ..... Nul moyen de voir, quand nous voyons, que nous voyons bien... » — Soit : nous avons avoué, nous aussi, et même affirmé qu'on ne pouvait guère *voir* cela ; mais, avons-nous ajouté, nous pouvons et nous devons *croire*. La nature d'ailleurs y a pourvu suffisamment ; si bien qu'il faut lui faire violence pour nier et même pour douter : « La nature soutient la raison impuissante et l'empêche d'extravaguer jusqu'à ce point. » (Pascal).

« ... Mais l'image est la même, commune à tous, la raison invariable? » — Précisément; et, quoi, que vous en pensiez et que vous en disiez, c'est bien quelque chose que cela : c'est un excellent surcroît que ce criterium de La Mennais, quand il se trouve — comme ici — d'accord avec le reste, avec l'instinct individuel, criterium qui est le nôtre avant tout autre.

« — Soit. Nous tenons peut-être la communauté et l'invariabilité du faux ; et c'est cela que nous appelons le vrai. » — Voilà, en effet, jusqu'où doit aller le scepticisme idéaliste, l'antiréalisme. Et c'est sa condamnation. Après nous avoir attaché solidement bras et jambes, il nous dit de marcher. Et c'est une belle échappée qu'il nous ouvre, là, sur l'inaccessible infini vers lequel il voudrait nous lancer, sur l'interminable voyage de Juif-Errant qu'il nous ferait entreprendre, sur le vain mirage d'*Italiam fugientem* à la poursuite duquel il nous engagerait !

Ibid., p. 79 et suivantes, jusqu'à 85 :
... « ... Des philosophes..... pour supprimer dans l'objet toute limite au savoir, ont confondu le savoir et l'objet, la connaissance et la nature ; et afin que l'intelligence pût se démontrer sa propre exactitude, il leur a plu de poser la chose et l'idée adéquates, puis identiques... »

— Il faut s'arrêter à la première étape (... « la chose et l'idée adéquates »); alors, en entendant la chose comme nous l'avons fait, on est réaliste, c'est-à-dire dans le vrai. Si, au contraire, on pousse jusqu'à la seconde (..... « puis, la chose et l'idée identiques »), on tombe dans l'idéalisme hégélien, et l'on va contre l'instinct profond de « l'intelligence, impuissante à se dépouiller de la donnée empirique de la chose extérieure à elle, indépendante d'elle, aussi bien qu'inhabile à en affirmer la nature propre avec certitude ... » Car nous acceptons aussi cette dernière partie (... « aussi bien qu'inhabile .... avec certitude ») de la phrase de Renouvier, admettant très bien et très nettement qu'il faut de la « croyance », — ainsi que le fait Renouvier lui-même dans le paragraphe qui suit et qui est si beau, si profond, si précieux pour nous et notre doctrine :

« Le dogmatisme [??] a erré, tantôt en niant l'intervention des affections et de la volonté, le rôle des croyances, tantôt en donnant à la science des caractères qui ne conviennent qu'à la foi, pour justifier nos affirmations fondamentales. On dit, on répète sans cesse que la conscience réfute les sophismes dirigés contre l'évidence du vrai et contre l'absolu du savoir. Or elle ne les réfute point,.. » — Non, en effet, elle ne réfute rien, à parler rigoureusement : ce n'est point là son métier; car elle n'est pas, elle, « un instrument ployable en tous sens », comme la raison raisonnante, qui peut commencer par réfuter tout ce qu'on voudra, pour finir — dirigée autrement — par réfuter ses propres réfutations,... sans même s'arrêter là encore, pourvu qu'on la pousse.

«.... Mais plutôt elle les tourne, et elle se passe de l'évidence et de l'absolu, se contentant pour vrai de ce qu'*elle croit vrai*... » — Mais est-ce bien, là, « se passer de l'évidence » ? et même, en un certain sens, « ... de l'absolu ? »

« ... Ces sophismes, l'intelligence les suscite et doit les subir, ils ne sont pas sophismes pour elle; ... » — Non, ils ne sont pas sophismes « pour elle », en tant qu'elle est *puissance-impuissante* (1); car, en tant qu'elle est cela, elle se trouve là, au contraire, à son aise et comme dans son propre élément.

« ... et la conscience, qui les tourne,.. » — Disons plutôt qu'elle les ignore; et c'est à son honneur.

(1) Il faut reconnaître, en effet, une espèce de *dualisme intellectuel*, comme nous l'avons déjà fait implicitement et comme nous aurons l'occasion de le faire beaucoup plus explicitement dans notre deuxième partie.

« ... pour *aller à son objet malgré eux, c'est tout l'homme et non l'intelligence pure. Une force secrète un attrait puissant, fondus dans notre nature entière, nous attachent au sentiment de la réalité...* » — Très bien pensé et très bien écrit ! Renouvier, quand il est dans le vrai, est un penseur admirable et même, — quoi qu'en aient dit des gens qui l'ont peu lu ou qui l'ont mal jugé, — un admirable écrivain.

« ... et de l'ordre. » — Ah ! méfions-nous, cette fois : Il me semble flairer ici la chaîne déductive infinie. Nous sommes, si vous voulez, dans le puits, comme le bouc de La Fontaine ; et prenons garde à cette fameuse chaîne, qui toujours se déroule, sans vous mener jamais à la vraie lumière du jour.

« ... Sous cette impulsion, un irrésistible instinct nous porte, ensuite une volonté réfléchie et libre nous confirme dans cette croyance que notre vrai est le Vrai, notre bien le Bien. » — Très bien, toujours ! Seulement, après être sorti de ce pur « instinct » « irrésistible », il faut avoir bien soin de ne pas s'arrêter à mi-chemin mais d'aller jusqu'au bout de la réflexion. Car ici trouve son application la belle pensée de Pascal :

« Le monde [c'est-à-dire le vulgaire, les ignorants, ceux qui n'ont que le sens commun, « l'instinct », pour fonder leur opinion] juge bien des choses, car il est dans l'ignorance naturelle, qui est le vrai siège de l'homme. Les sciences ont deux extrémités qui se touchent. La première est la pure ignorance naturelle où se trouvent tous les hommes en naissant. L'autre extrémité est celle où arrivent les grandes âmes, qui, ayant parcouru tout ce que les hommes peuvent savoir, trouvent qu'ils ne savent rien, et se rencontrent en cette même ignorance d'où ils étaient partis. Mais c'est une ignorance savante qui se connaît. Ceux d'entre eux, qui sont sortis de l'ignorance naturelle, et n'ont pu arriver à l'autre, ont quelque teinture de cette science suffisante et font les entendus. Ceux-là troublent le monde, et jugent mal de tout. Le peuple et les habiles composent le train du monde. Ceux-là le méprisent, et sont méprisés. Ils jugent mal de toutes choses, et le monde en juge bien. »

Renouvier poursuit :
«... Voilà donc l'homme réduit à soi, car la croyance n'est que soi ; et la liberté, individuelle par essence, décide de la croyance ;... » — Est-ce bien sûr ? « Ne croit pas qui veut ! » dit-on cependant communément. Et au mot de V. Hugo : « Croire, mais pas en nous ! » on pourrait peut-être bien ajouter cet autre : Et pas *par* nous, du moins pas par nous seuls. N'est-ce pas ici surtout qu'il semble qu'une certaine grâce d'en haut soit indispensable, pour pouvoir nous écrier, nous aussi :

Je vois, je sais, je crois...?

Quoi qu'il en soit, ce passage est pour nous tout à fait suggestif. Il touche à tous nos points capitaux. Nous y trouvons, d'abord, un vif sentiment de la foi, de la croyance fondamentale, dont nous avons si souvent déjà signalé le rôle et l'importance dans notre philosophie ; en attendant que nous y revenions encore plus en détail, quand il faudra. Ensuite, nous y saluons cet individualisme élevé, ou mieux, ce personnalisme qui est tout le contraire du plat égoïsme. Enfin, il nous offre la première occasion de mentionner ce qui est, selon nous, la plus profonde des essences, l'essence essentielle, pour ainsi dire, que nous étudierons plus loin à fond et comme elle le mérite, la liberté.

«... et l'homme dispose de lui-même, jusqu'à ce point d'essayer son pouvoir sur les affirmations capitales et primitives qu'on a coutume d'appeler *nécessaires* ». — Mauvaise « coutume », veut insinuer sans doute Renouvier, puisque, selon lui, elles sont *libres*, au contraire. Ainsi, la liberté est à l'origine et au fond du connaître, aussi bien que de l'être. — En somme, c'est magnifique ! Comment donc Renouvier, ayant su parfois, comme ici, pénétrer si profondément dans le vrai, a-t-il pu ne pas s'y maintenir ? On lui en veut, en un sens, d'autant plus, de n'être pas — après avoir ainsi connu la vérité — demeuré dans cette vérité, et d'avoir mieux aimé les ténèbres que la lumière.

La meilleure preuve que nous sommes d'ailleurs tout disposé à lui rendre pleine justice, c'est que nous ne pouvons résister au plaisir de transcrire ici pour nos lecteurs quelques-unes des merveilleuses pages qui suivent, dans son ouvrage, le texte que nous venons de commenter —, ne serait-ce que pour achever de montrer l'erreur ou le parti-pris de ceux qui le traitent de méchant écrivain :

«... En présence d'une certitude ainsi réduite à l'individualité, on a tenté de corroborer la croyance et de l'élever à une sorte d'absolu, en la multipliant. On a cru que le consentement de tous pouvait faire foi pour chacun, et la foi commune tenir lieu d'irréfragabilité dans la certitude. Il faudrait au moins que le consentement universel existât ; or, on le chercherait vainement, passé ce peu d'affirmations que tout homme précisément embrasse d'un assez énergique instinct pour n'avoir nul besoin de s'y voir confirmer par autrui..... Le consentement du grand nombre remplacera-t-il pour nous celui de tous ? Peut-être, si le grand nombre n'est pas sujet à varier ; mais lisons l'histoire des sectes, des gouvernements et des écoles ! Il n'y sera besoin d'une longue étude. L'homme collectif change, comme l'homme individuel change, et qu'importe qu'il emploie un temps plus ou moins long à passer de la foi au doute, ou à quelque foi nouvelle ! c'est la vie des nations. Je suis donc dispensé de me demander et s'il est facile de tirer du grand nombre une réponse claire à une question bien posée, et si l'accumulation des unités ajoute quelque chose à la valeur morale de chacune.

« Encore une fois, l'homme est ramené à son for intérieur. Il supporterait difficilement cette condition, même si la conscience dans laquelle il est enfermé lui parlait hautement, irrécusablement. Mais plusieurs, après qu'ils sont descendus en eux-mêmes, n'y trouvent que le désert ou le chaos, le silence ou mille voix confuses, et dans leur effroi, pressés de se fuir, se donnent au premier système qui passe. L'ombre de la certitude, une autorité extérieure leur tient lieu de conscience, et souvent ils pensent croire encore plus qu'ils ne croient. D'autres, mais plus rares, en se sondant avec énergie et persistance, ont fait jaillir les sources vives de la certitude. Leurs âmes sont d'abord pénétrées de joie ; mais ensuite elles se sentent malheureuses jusqu'à ce qu'elles aient communiqué leur bien aux autres âmes.....

« ... Ceux-là mêmes qui possèdent la certitude intime et originale, se sachant faillibles et se voyant contredits, peuvent sentir leur volonté fléchir ou s'attiédir leur ardeur. C'est donc pour eux comme pour tous un inestimable bienfait d'échapper à la solitude et de partager la pensée avec l'humanité. L'accord des idées, la communion des cœurs, l'unité des pratiques, réalisent une manière d'existence visible de la certitude. L'esprit sait bien que le nombre et l'approbation sont des fondements incertainement posés et qui ne s'enfoncent pas très avant dans les régions du temps et de l'espace ; mais le cœur en juge autrement, et ses aspirations à l'identité, demi-satisfaites, simulent l'idéal atteint et se déguisent en preuves de fait....

« ... Quelle que soit la pensée du monde, s'il s'agit d'une de ces vérités où l'humanité, dans le cours du temps, varie et sur lesquelles on dispute, si ma conviction est entière, si je saisis de toute ma raison, si j'aime de tout mon cœur, si j'étreins de toute ma volonté l'objet de ma croyance, le plus haut degré de la certitude se trouve pour moi dans ce qui paraît extérieurement le moindre. Au milieu des dénégations et des fureurs, un homme peut posséder seul la vérité et s'y maintenir ; il peut protester contre l'habitude, entrer en lutte avec la nature, ou avec ce qui en usurpe le nom, braver le scandale, défier le présent, invoquer l'avenir. Les philosophes qui ont conquis le monde à une idée ont commencé par nier toute la philosophie acquise, et les révélateurs religieux se sont affirmés contre la religion. La conscience est au-dessus du monde : alors même qu'elle se rend au monde, elle le domine, puisque pour s'y soumettre elle l'a jugé. »

Les pages que nous venons de transcrire sont superbes, fond et forme. Cette dernière, en particulier, n'est-elle pas un éloquent et sublime *Impavidum ferient ruinae*, aussi supérieur à l'ancien que l'âme l'est au corps ?

⁂

Les deux philosophes anglais antiréalistes, Stuart-Mill et Bain, dont nous avons examiné la doctrine en elle-même, appuient quelquefois, incidemment, leur thèse négative sur l'autorité de Berkeley ; et cela, avec la même assurance que si l'évêque de Cloyne — dont nous sommes les premiers d'ailleurs à reconnaître dans une foule de détails toute la sagacité géniale de penseur — avait reçu directement du ciel le don d'infaillibilité, et qu'il n'eût fait toute sa vie que débiter dans ses écrits des oracles qu'on n'aurait qu'à recueillir. Voici deux passages, par exemple, des deux idéalistes anglais :

« .... L'ancienne notion populaire [Il s'agit d'un réalismo qui est à peu près le nôtre, sauf la « substance »] dont on ne parle plus depuis Berkeley.... » (Bain) « On peut donc définir la matière une possibilité permanente de sensation. Si l'on me demande si je crois à la matière, je demanderai à mon tour si l'on accepte cette définition ; si oui, je crois à la matière ; et toute l'école de Berkeley comme moi. Dans un autre sens que celui-ci, je n'y crois pas. » (Stuart-Mill).

Cela nous a inspiré l'idée de réviser un peu ce procès — depuis si longtemps jugé sans appel, selon les deux philosophes anglais — et, pour cela, d'examiner de très près les principaux arguments sur lesquels Berkeley a étayé son idéalisme, ou disons plutôt son immatérialisme. Si nous nous reprenons pour restreindre ainsi la portée négative de la doctrine de Berkeley, c'est que la chose a beaucoup d'importance. Ce philosophe en effet, malgré sa grande hardiesse, n'a été encore qu'un idéaliste partiel et timide. Il a tenu essentiellement, par exemple, à sauver l'esprit du naufrage. Il a même imaginé pour cela une distinction subtile et bizarre. Voici ce que disent à ce sujet, dans leur introduction, ses deux habiles et savants traducteurs français, MM. Beaulavon et Parodi :

« Par une sorte de pressentiment des théories de Hume, Berkeley s'inquiétait des critiques que l'on pourrait diriger contre l'existence de l'esprit.... C'est, disait-il, par *notion*, et non par idée ou sensation, que nous connaissons l'existence de l'esprit. Quelle que soit l'indécision de cette théorie, elle marque comme un effort de Berkeley pour échapper au pur phénoménisme idéaliste qui semble impliqué dans l'immatérialisme. »

Dialogues entre Hylas et Philonoüs, traduction Beaulavon et Parodi, premier dialogue, pp. 156-7:

«.... Les couleurs donc, au sens vulgaire, c'est-à-dire

prises comme les objets immédiats de la vue, ne peuvent se rencontrer que dans une substance douée de perception........ Ces qualités sensibles seules sont considérées comme couleurs par tout le genre humain. »

— Est-il bien sûr que les vraies couleurs sont ainsi purement subjectives? Est-il bien sûr qu'on peut « penser comme il plaira en ce qui concerne ces autres couleurs », objectives celles-là, et, selon vous, pur fruit de l'imagination « des philosophes » — vos adversaires réalistes, bien entendu? et que ces dernières sont « invisibles » au reste des hommes? Est-ce que vos « objets immédiats de la vue », à eux seuls, satisfont pleinement le vulgaire, le sens commun? Pour celui-ci, la perception n'est-elle pas l'œuvre combinée du percevant et du perçu? partant, n'y-a-t-il pas, à ses yeux, une des causes du phénomène qui est extérieure? et l'effet ne reproduit-il rien de chacune de ses causes, surtout quand celle-ci est même, plutôt, — comme ici — un de ses éléments?.... Voilà, je crois, un aperçu de ce que pense — implicitement du moins — le sens commun.

S'il y a là-dedans hallucination, c'est donc une hallucination vraie.

Sans doute l'effet produit là — pour un parfait réaliste, comme nous le sommes — est merveilleux. Mais à quoi bon, encore une fois, un appareil aussi délicat et aussi compliqué que celui des organes de nos sens sinon pour produire quelque effet extraordinaire? Et cet appareil n'est évidemment pas pour créer de toute pièce, chose d'ailleurs impossible dans la nature, quand même son exacte adaptation au milieu extérieur n'éclaterait pas aux regards de tout observateur impartial. Donc, il n'est là que pour *traduire*, sinon il n'y serait que pour *trahir* : ce qu'on ne saurait admettre sans que protestent la raison et le bon sens; car nous avouons franchement que nous avons recours, en fin de compte, à ce criterium ; et en cela, pouvons-nous ajouter, nous ne nous distinguons pas des philosophes les plus savants, les plus raffinés et les plus profonds (en même temps que les plus dédaigneux), si ce n'est par la parfaite simplicité et l'entière franchise que nous y apportons.

Ce réalisme n'est, du reste, pas en contradiction avec la notion du mouvement, à laquelle seule, au point de vue objectif, se ramène en dernier ressort toute perception, selon nos philosophes. Car sait-on, philosophiquement, ce que c'est au fond que le mouvement ? En a-t-on la moindre connaissance métaphysique ? Non, évidemment ; puisqu'on ne connaît même pas de cette sorte l'espace ni le temps, qu'il serait nécessaire de commencer par connaître, car on est forcé de faire entrer la notion de l'un et de l'autre dans la seule définition qu'on puisse donner du mouvement.

Peut-être, après tout, que les sens, en nous procurant les perceptions qu'ils nous procurent, nous font faire la plus profonde métaphysique sur les choses, et la seule à nous possible. Ils font miroiter, pour ainsi dire, aux regards de notre esprit, sous des aspects nombreux et variés, la chose en soi, quoique pas sous tous ses aspects à coup sûr, probablement même à beaucoup près, car nous n'avons pas tous les sens possibles correspondant à toutes ces faces de la réalité.

La nature toujours dépassera tant notre philosophie en richesse ! N'appauvrissons donc pas encore celle-ci, pour écouter de vains scrupules, ou pour contenter des goûts de subtilité qui ne peuvent nous conduire qu'à l'erreur.

La réalité est, donc, tout ce qui frappe nos divers

sens et ceux des divers animaux, et beaucoup d'autres choses encore (1). L'absolu est fait en soi de tous ces relatifs et d'une telle multitude d'autres que même

(1) N'a-t-on pas, depuis longtemps déjà, de tout temps peut-être, observé dans des circonstances plus ou moins extraordinaires certains phénomènes qui l'étaient également? N'a-t-on pas constaté, par exemple, des manifestations lumineuses ou autres que jusqu'à ce jour on n'a pas pu expliquer, c'est-à-dire qu'on a dû laisser, en quelque sorte, flotter dans l'esprit sans les rattacher — du moins sur une ligne suffisante — à des antécédents et à des conséquents soit de même nature soit pris dans le domaine courant des sciences constituées ? Le fait s'est produit si fréquemment et si authentiquement qu'à la fin les savants les plus sérieux et les académies en corps se sont vus dans la nécessité d'accepter et d'affirmer comme certaine l'existence, dans la nature, de forces et d'agents inconnus et mystérieux.

On doit même aller plus loin : les auteurs mystiques, chrétiens, musulmans, bouddhistes, brahmanistes, s'accordent avec les chercheurs spirites, théosophes et occultistes, pour admettre que nous avons des sens supérieurs qui viennent quelquefois compléter en partie nos sens ordinaires et nous procurer des espèces de sensations hyperphysiques correspondant, paraît-il, aux réalités du monde des esprits. De là les phénomènes de télépathie, les miracles de la téléboulie, les prémonitions, les matérialisations, les apports d'objets à grande distance, bref, tous les faits *préscientifiques*, c'est-à-dire qui, n'appartenant pas encore à la science positive, peuvent lui appartenir un jour : lorsque, dans ce domaine, des chaînes de causalités on tiendra un nombre d'anneaux suffisant.

On peut lire aux premières pages du livre de M. G. Le Bon sur « l'Évolution de la matière » ces lignes bien faites pour inciter à quelque réserve les esprits trop empressés à se féliciter de leur vague savoir : « Entre le monde du pondérable et celui de l'impondérable, considérés jusqu'ici comme profondément séparés, existe un monde intermédiaire. »

Aussi, les penseurs les plus graves et les plus profonds admettent-ils couramment aujourd'hui que l'homme possède un sens de la réalité autre que celui qui est contenu dans les sens ordinaires, porte ouverte ou du moins entrebâillée sur le vaste monde du mystère.

Lire ou consulter, entre autres, les ouvrages suivants : *Somme* de Saint-Thomas ; *La Mystique* de Goerres ; *La Mystique* du chanoine Ribet ; *La clef de la magie noire* et *Le temple de Satan*, de Stanislas de Guaïta ; *Essai sur la philosophie bouddhique* de Chaboseau ; *Les hallucinations télépathiques* de Gurney, Myers et Podmore ;

l'imagination et la raison, venant toutes les deux chacune à son tour suppléer les sens, sont loin de pouvoir compter les atteindre tous jusqu'au dernier. Il doit même être permis assez souvent d'accueillir des contradictions apparentes, que rien n'empêche d'aller se concilier à travers tant d'intervalles qui nous échappent.

Même œuvre, même traduction, pp. 162-3 :
Philonoüs a beau dire et Hylas laisser dire, ils n'empêcheront pas, encore une fois, que la perception ne soit le produit du perçu et du percevant qui combinent là leurs activités.

Or, le percevant, dans la perception, met et laisse de lui la traduction de l'être en connaître, qu'il est chargé de faire, c'est-à-dire la forme, l'image ; le perçu, de son côté, y met et laisse l'être, la chose, autrement dit la matière, la réalité.

L'être, pour *être* — une fois créé — n'a besoin que de lui ; pour *être connu,* il a besoin, en outre, du percevant qui le perçoive. S'il est perçu sous différents aspects par les différents percevants ou par le même selon la position et la disposition, cela ne prouve rien contre sa réalité à lui ni contre la fidélité du traducteur ; car l'être est, de son fond, si riche en aspects divers, tous également réels ! D'ailleurs, il peut y avoir un point de vue, « un point indivisible qui soit le véritable lieu », « point que la perspective assigne dans l'art de la peinture » (Pascal, *Pensées*). « Il faut avoir un point fixe pour juger. Le port juge ceux qui sont dans le vaisseau » (Ibid.).

L'inconnu et les problèmes psychiques de Flammarion ; *L'Hypnotisme et la Suggestion* ; *Hier et aujourd'hui ; le merveilleux préscientifique* par le Dr J. Grasset ; etc.

Ce « point indivisible », ce « véritable lieu », ce « port », c'est pour Kant le Noumène, et l'Inconnaissable pour H. Spencer. Pour nous, vrais réalistes, c'est mieux : c'est la chose en soi, c'est l'objet déployant aux regards du sujet un peu de sa richesse d'aspects, dans les différentes façons dont elle est perçue, — et n'en ayant pas moins une façon principale dont elle doit l'être, qui est proprement ce qui mérite d'être désigné par les termes cités de Pascal.

Sans doute — car nous voulons être, nous, au moins franc et sincère jusqu'au bout — notre réalisme peut trouver quelques difficultés et avoir ses points faibles(1); mais, si l'on refuse de l'accepter tel quel, on se heurte à des difficultés autrement graves. Alors, en effet, pour être logique, il faut aller jusqu'au scepticisme complet, et même jusqu'à une espèce de nihilisme. On croit se réserver le droit de croire au subjectif. Mais ce droit, on ne l'a plus. Oui, on a par le fait abdiqué le droit de croire même à l'esprit : puisqu'on suspecte son témoignage, qu'on refuse d'accepter le résultat de son élaboration propre. On le perd donc lui-même, pour avoir trop voulu le sauver seul. C'est le cas de rappeler le mot fameux : « On ne fait pas au scepticisme sa part.... » (Royer-Collard). Il faut croire; la foi s'impose : elle est l'âme de la philosophie, — comme le crédit l'est du commerce. Il faut s'ancrer de confiance à quelque absolu; sinon, fatalement, on deviendra le jouet des flots tourbillonnants du relatif.

Ibid., pp. 164-5 : « ..... Tout est relatif; toutes les étendues et tous les mouvements le sont entre eux.... »

---

(1) La faiblesse de l'esprit humain fait qu'il ne peut jamais porter toute la vérité ni la soutenir.

— Soit ! Mais pour que nous puissions dire que tout est relatif et savoir alors ce que nous disons, pour mettre quelque idée sous les mots, il faut que l'idée même d'absolu soit présente à notre esprit. C'est sans doute ce que veut faire entendre Hylas par « étendue abstraite » ou « étendue en général » et « mouvement » de même. Mais ce n'est là, dira-t-on qu'une ombre d'absolu ; et même, une ombre invisible directement — quoique présente et agissante dans notre esprit. C'est, en effet, tout ce qu'a paru concéder Philonoüs (p. 162), et ce que rappelle ici (p. 165) Hylas quand il dit : « ..... La rapidité ou la lenteur sont tout à fait relatives à la succession des idées dans notre propre esprit.... ». C'est donc l'absolu tout au plus dans le connaître, dira-t-on, et non pas dans l'être. Mais, pour qui n'admet que le connaître, le connaître n'est-il pas l'être, et même tout l'être (1)? Donc c'est bien là un véritable absolu. Voyez d'ailleurs dans l'histoire de la philosophie, où découlent à travers le temps les conséquences des principes une fois posés : après Kant, Hégel, c'est-à-dire, après l'idéalisme subjectif et relatif, l'idéalisme absolu.

Et encore, pour qui ne s'arrête pas là, il y a, nous le répétons, nécessité de chercher un autre absolu, qui soit le vrai, tout trouvé du reste, — connu ou non, mais, en tout cas, affirmé. — Sur quoi, dirons-nous, en effet, vous appuyez-vous, Philonoüs, pour traiter de lente ou de rapide telle ou telle succession d'idées dans notre esprit ? Où est votre point fixe ? votre parangon ? Si ce n'est ce phénomène même dans un esprit, c'est donc quelque autre chose..... Nous nous permettons de

---

(1) Surtout pour qui, avec le connaître pur et simple, tient essentiellement à sauver ce qui connaît, c'est-à-dire l'esprit, — comme Berkeley.

prendre un peu ici — comme il faudrait le faire bien souvent — le rôle d'Hylas, si mal rempli par lui-même; car il déploie beaucoup plus d'intelligence pour comprendre Philonoüs et entrer dans ses idées que pour voir le faible de ces mêmes idées, qui pourtant crève les yeux d'évidence; ou, peut-être, est-ce le courage et l'aplomb qui lui manquent pour dénoncer le point de vue étroit auquel s'est placé et se tient son interlocuteur.

Ibid. p. 182 :
« Philonoüs. — Pour ce qui est du raisonnement par lequel on tire les causes des effets, cela dépasse nos recherches. Et pour ce qui est des sens, on ne peut percevoir que ce qui est immédiatement perçu. Or, rien de perçu immédiatement en dehors de nos propres sensations ou idées... »

Répondons encore pour Hylas :
Un peu de science éloigne de la foi, et beaucoup de science y ramène, selon Bacon. Ici aussi, les extrêmes se touchent. On commence, dans la perception extérieure, par être naïvement croyant à l'objet étranger. La prétendue hallucination est parfaite. C'est la première étape. A la seconde, qui est celle jusqu'où va Berkeley mais où il s'arrête, l'on doute : on voit ou du moins l'on croit voir qu'on était halluciné. A la troisième, enfin, par réflexion approfondie, par raisonnements compliqués, poussés à la dernière limite, c'est-à-dire ne s'arrêtant qu'à l'abdication — car le raisonnement porte, à la fin, de quoi se confondre lui-même — nous revenons à la foi primitive, en d'autres termes, nous voyons que l'hallucination, s'il y en a, est vraie.

Ibid. pp. 182-5 :
Cette « association de perceptions » et « suggestion

de l'une par l'autre », qu'on nous présente ici comme explicative de ce qu'on traite de pure illusion, est loin de suffire à pouvoir nous donner la moindre idée de l'extériorité ou existence objective en dehors de l'esprit. Car celle-ci est de telle nature et de telle portée qu'elle ne saurait être suggérée que par la chose même. Cela ne s'invente pas, comme on dit, ne peut se créer de toutes pièces — par erreur hallucinatoire ou autrement ; pas plus, par exemple, que les notions d'âme, d'autre vie immortelle, de liberté morale, de Dieu ; car il faut — comme nous l'avons dit ailleurs (1) — pour que notre esprit les découvre en lui, qu'il ait, quelque part et de quelque façon, pris contact avec les choses mêmes dont elles ne sont que le reflet.

Ibid., p. 186 :
« Philonoüs. — Quoi ! en sommes-nous là, que vous ne fassiez plus que croire à l'existence des objets matériels, et que votre croyance ne se fonde uniquement que sur la possibilité de la chose ?.... »

Nous avons déjà vu tout ce qu'est la croyance entendue comme il faut, et combien elle est mieux fondée que cela, elle qui doit faire le fondement du reste dans toute bonne et solide philosophie, comme nous l'avons vu aussi, et comme nous l'avons pratiqué pour notre compte. Croire, alors, croire ainsi, — soit qu'on s'y laisse aller naïvement, soit, au contraire, qu'auparavant on réfléchisse et l'on raisonne jusqu'au bout, — croire ainsi, dis-je, c'est plus que voir et que savoir, c'en est le couronnement, comme chez le personnage de Corneille, quand il s'écrie :

Je vois, je sais, je crois !

(1) Voir la petite brochure *A la mémoire de ma mère*, page 21.

Je vois : c'est le premier mot de l'aveugle qui passe des ténèbres au grand jour. Pour le faire entendre, il suffit que la vue soit frappée. Pour dire : *je sais*, il faut que la vérité se révèle à l'esprit illuminé. Mais *je crois* annonce que cette vérité a pénétré dans le cœur et dans l'âme tout entière, au point de s'imposer, irrésistible.

Et croire, avant d'être le couronnement, a été — nous venons de l'affirmer, et nous tenons à insister — la base de tout ; car la science (que le savant lui-même en ait ou non conscience) s'appuie toujours sur de la foi, sur le « cœur », comme le dit Pascal, avec sa terminologie profonde qu'on a souvent prise pour de l'impropriété :

« On ne peut connaître Dieu que par le cœur. » « Le cœur a ses raisons que la raison ne connait pas... » « Cœur, instinct, principes. » « Nous connaissons la vérité par le cœur ; c'est de cette sorte que nous connaissons les premiers principes. » « Le cœur sent qu'il y a trois dimensions dans l'espace. » « La connaissance des premiers principes, comme qu'il y a espace, temps, mouvement, nombres, vient du cœur et de l'instinct, et c'est sur elle qu'il faut que la raison s'appuie, et qu'elle y fonde tout son discours. » « Il est inutile et ridicule que la raison demande au cœur des preuves de ses premiers principes. » « Plût à Dieu que nous connussions toutes choses par instinct et par sentiment !... » « Ceux à qui Dieu a donné la religion par sentiment du cœur sont bien heureux et bien légitimement persuadés. Mais ceux qui ne l'ont pas, nous ne pouvons la leur donner que par raisonnement, en attendant que Dieu la leur donne par sentiment de cœur, sans quoi la foi n'est qu'humaine et inutile pour le salut. » Etc., etc.

Pascal malheureusement n'avait pas toujours professé là-dessus une aussi saine doctrine. Il lui était même arrivé jadis de sacrifier « l'esprit de finesse » à

« l'esprit de géométrie. » Ebloui par le prestige du raisonnement et de la démonstration, où il remportait de si brillants triomphes, il était allé jusqu'à exprimer vivement le regret de ne pas pouvoir raisonner et démontrer sans cesse, mais d'en être quelquefois réduit à ce « sentiment du cœur », à cet « instinct », à cette « intuition » qu'il vient, là, pourtant de nous vanter si exclusivement et avec raison. Ce double fait est d'autant plus étrange dans la courte existence de Pascal qu'il lui a fallu ainsi, à peu d'années de distance, se contredire lui-même, en d'autres termes, se montrer infidèle avec éclat à cette même dialectique, précisément, qu'il avait commencé par vouloir placer si haut dans son estime et son admiration.

Voici le passage en question, emprunté à l'opuscule classique intitulé : *De l'esprit géométrique*.

« ... Il faut que je donne l'idée d'une méthode encore plus éminente et plus accomplie, mais où les hommes ne sauraient jamais arriver ; car ce qui passe la géométrie nous surpasse (1).... Cette véritable méthode, qui formerait les démonstrations dans la plus haute excellence, s'il était possible d'y arriver, consisterait à n'avancer jamais aucune proposition qu'on ne démontrât par des vérités déjà connues, c'est-à-dire à prouver toutes les propositions.... Oui, le véritable ordre consiste à tout prouver. Certainement cette méthode serait belle, mais elle est absolument impossible ; car il est évident que les premières propositions qu'on voudrait prouver en supposeraient d'autres qui les précédassent ; et ainsi il est clair qu'on n'arriverait jamais aux premières. Aussi, en poussant les recherches de plus en plus, on arrive nécessairement à des principes si clairs qu'on n'en trouve plus

---

(1) Il dit ailleurs, au contraire, avec beaucoup plus de justesse : « La géométrie est bonne pour faire l'essai, mais non pas l'emploi de nos forces. »

qui le soient davantage pour servir à leur preuve. D'où il paraît que les hommes sont dans une impuissance naturelle et immuable de traiter quelque science que ce soit dans un ordre absolument accompli. »

La méthode que Pascal croit ici concevoir et faire concevoir, loin d'être si « belle », d'être « un ordre absolument accompli », n'est pas seulement « impossible », « absolument impossible », ainsi qu'il l'avoue lui-même, mais elle est aussi, et avant tout, chimérique, absurde, tout à fait inconcevable. Car, prouver ou démontrer, c'est tout simplement faire voir qu'une proposition qui paraît douteuse est par le fait contenue dans une autre dont on ne peut pas douter. Dès lors, il n'est possible de démontrer quoi que ce soit qu'autant qu'il y a, pour appuyer sa démonstration, des propositions indubitables par elles-mêmes, et qui ne se prouvent pas; et, d'un autre côté, il n'y a lieu de démontrer que ce qui n'est pas tout d'abord évident par soi-même. Le raisonnement, loin d'être quelque chose de supérieur, n'est qu'une triste nécessité de notre intelligence — créée, imparfaite et moyenne. Il est comme l'apanage de l'humanité. Car, s'il est vrai, d'une part, que les animaux ne peuvent pas s'élever jusqu'à lui, Dieu, d'autre part, est au-dessus : l'intelligence souveraine, voyant tout intuitivement et d'une intuition unique, n'a nul besoin de raisonner (1).

On est même surpris et presque effrayé pour soi, qu'un Pascal ait pu s'égarer d'abord jusqu'à une pareille opinion, c'est-à-dire une pareille erreur — pour ne

---

(1) Dieu ne raisonne pas, n'a que faire du raisonnement; et cependant, c'est sur lui que s'appuie ce dernier, dont il est comme le garant : *ratiocinandi fiducia*. En lui apparait la tête vivante de cette longue ligne inerte d'elle-même, l'intuitive intelligence qui éclaire de son resplendissant rayon — unique mais universel — toute cette aveugle machine déductive.

pas dire insanité (1) —, lui qui devait plus tard exprimer si bien l'opinion contraire, c'est-à-dire la vérité.

Faut-il attribuer tout ce changement au seul progrès de sa pensée dans l'intervalle ? Non, croyons-nous : un génie si précoce, de bonne heure si rigoureux, si exact, si ami du vrai, n'aurait pas, du premier coup, manqué à un tel degré celui-ci. C'est que, dans ce que nous avons cité en dernier, il ne s'agissait que de pure spéculation, de cette « géométrie » dont il était à cette époque entiché ; tandis que, dans les divers passages cités avant, le cœur, l'âme tout entière, ainsi que la conduite et l'issue de la vie, en un mot, tout l'homme est intéressé ; et c'est alors que le génie est bien lui.

Mais revenons aux *Dialogues entre Hylas et Philonoüs*, pp. 188-9 :

« .... Les choses matérielles ne peuvent pas en elles-mêmes être senties et c'est seulement grâce à nos idées qu'elles peuvent être perçues.... Mais comment se peut-il que ce qui est capable d'être senti soit semblable à ce qui ne peut l'être ? Une chose peut-elle être semblable à une sensation ou à une idée, tout en étant elle-même autre chose qu'une sensation ou une idée ?...... Il est impossible de concevoir ou de comprendre comment quelque chose d'autre qu'une idée peut être semblable à une idée ; et il est tout à fait évident qu'aucune idée ne peut exister en dehors de l'esprit..... Ainsi, nous sommes forcés de nier la réalité des choses sensibles, puisqu'on la fait consister dans une existence absolue extérieure à l'esprit..... »

On ne voit pas pourquoi « une chose » ne pourrait

---

(1) C'est comme si un architecte, parce qu'il excelle à la construction des escaliers, s'avisait de regretter qu'il y ait des rez-de-chaussée, auxquels on accède de plain-pied.

pas « être semblable à une sensation ou à une idée, tout en étant elle-même autre chose qu'une sensation ou une idée »; et il est très possible, nous semble-t-il, « de concevoir ou de comprendre comment quelque chose d'autre qu'une idée peut être semblable à une idée » : puisqu' « une idée », d'après l'acception première et la plus simple du mot, est un reflet, une image d' « autre chose ». Un portrait bien fait, quoiqu'en lui-même il soit « quelque chose de tout autre » que l'original, ne reproduit-il pas néanmoins fidèlement les traits de celui-ci ? Il est même indispensable, pour mériter son nom, qu'une image, si ressemblante d'ailleurs qu'elle puisse être, soit « autre chose » que ce dont elle est l'image. Nous aussi, réaliste, nous nous gardons bien de confondre l'idée d'une chose avec cette chose, la première n'étant à nos yeux que le sosie de la seconde, mais le sosie le plus parfait possible dans la mesure où cette seconde est connue.

On ne comprend pas, au contraire, pourquoi une idée, si cette idée n'est parfaitement « semblable à quelque chose d'autre »; à moins que l'idée ne soit tout, qu'en dehors d'elle il n'y ait rien ni ne puisse rien y avoir.

L'on ne saurait donc s'arrêter à Berkeley : avec lui, on se sent sur une pente qui, par les intermédiaires voulus, doit vous faire glisser fatalement jusqu'à Hégel.

Ibid. Dialogue 2ᵉ, p. 218 :

« Philonoüs à Hylas : — ... C'est une licence inacceptable que vous prenez en prétendant soutenir *vous* ne savez quoi, pour vous ne savez quelle raison, et dans vous ne savez quel dessein... Dans quelle conversation, même la plus humble et la plus vulgaire, entendez-vous des propositions si en l'air, si déraisonnables, que vous les puissiez comparer à la vôtre ? »

Nous « soutenons », nous savons toujours « quoi », nous, réaliste ; et pour cela, nous n'avons qu'à reconnaître la chose, à la constater ; et pour communiquer notre science, une fois acquise de la sorte, nous n'avons qu'à dire à ceux que nous voulons éclairer ou plutôt que nous voulons voir s'éclairer eux-mêmes, nous n'avons qu'à leur dire : la chose est ce que vous savez, vous aussi, tout autant que nous, si vous consentez seulement à la voir et à la reconnaître, ainsi que nous avons fait. C'est ainsi que nous avons constaté, par exemple, l'existence de l'étendue et de l'espace, choses cependant dont l'être est bien moins saisissable que celui de la matière proprement dite (1), car elles sont bien plus près de n'être rien, elles sont même aussi près que possible de cela, en un certain sens n'étant rien effectivement.

Quand nous affirmons une existence extérieure, quand dans ce sens nous « soutenons » quelque chose, nous savons donc toujours, nous, positivement et nettement « quoi ». Quant à savoir « pour quelle raison » et « dans quel dessein », notre science est ici, nous devons l'avouer, moins positive, moins nette, moins sûre, plus conjecturale. C'est la partie explicative de notre philosophie, la métaphysique proprement dite, c'est-à-dire le vaste domaine de la simple probabilité. Nous espérons néanmoins, même dans cette partie, — après avoir longtemps et mûrement réfléchi sur ces problèmes si importants et si captivants, — nous espé-

---

(1) Descartes a eu grand tort de faire de l'étendue l'étoffe même, en quelque sorte, de la matière. Pour nous, au contraire, ainsi que nous l'expliquerons amplement en temps et lieu, elle est tout le non-être de l'être matériel — si imparfait par essence —, toute l'eau du néant mêlée, là, au vin de l'être. *Elle est* donc, puisque nous commençons à la définir en disant : *Elle est*. Mais l'attribut de la proposition nous fait bien voir ensuite le peu et même, pour ainsi dire, le *rien* qu'elle *est*.

rons n'avancer rien que de très vraisemblable et de tout à fait acceptable. Le lecteur jugera si notre espoir n'a été qu'une illusion.

Ibid., pp. 224-29 :
(Dans le passage suivant, Hylas veut faire de la métaphysique, tandis que Philonoüs s'enferme obstinément dans la pure psychologie : si bien qu'ils ne peuvent s'entendre).

« Hylas. — .... Tout ce que vous savez, c'est que vous avez telle ou telle apparence, dans votre esprit, mais qu'est cela par rapport à la réalité?..... Vous ne percevez pas la nature réelle des choses.... Les qualités sensibles sont seulement relatives à nos sens et n'ont aucune existence absolue dans la nature. Et, en prétendant distinguer les espèces des choses réelles d'après les apparences qui sont dans votre esprit, vous agissez sans doute aussi sagement que celui qui conclurait que deux hommes sont d'espèce différente, parce que leurs habits ne sont pas de la même couleur...... Et, ce qui va plus loin, nous sommes dans l'ignorance, non seulement de la nature véritable et réelle des choses, mais même de leur existence. Bien plus, il faut déclarer.... qu'il est impossible qu'aucune chose corporelle existe réellement dans la nature.

Philonoüs. — Y eut-il jamais quelque chose de plus étrange et de plus extravagant que les théories que vous soutenez à présent? Et n'est-il pas évident que ce qui vous a fait tomber dans toutes ces extravagances, c'est la croyance à une *substance matérielle ?* C'est ce qui fait que vous rêvez de ces natures inconnues dans chaque chose. Voilà ce qui amène votre distinction entre la réalité des choses et leurs apparences sensibles.... »

Nous avons bien, nous, cependant, affirmé la « distinction entre la réalité des choses et leurs apparences sensibles », tout en refusant d'admettre la

« substance matérielle. » Nous avons même constaté (1), après Voltaire, que c'est parce qu'il avait eu lui-même le cerveau hanté par ce vieux fantôme de la « substance » que Berkeley avait été entraîné à son scepticisme partiel, à son « immatérialisme ».

« ..... C'est à cela que vous êtes redevable d'ignorer ce que tout homme connaît parfaitement bien..... » — Nous avons assez vu que, ce que « tout homme », c'est-à-dire le sens commun, « connaît », reconnaît, admet et affirme « parfaitement bien », c'est non pas seulement les simples « apparences sensibles », comme le veut dire ici Berkeley, mais aussi « la réalité des choses », distinctes de ces apparences et qui leur correspondent.

« C'est que vous attribuez à vos êtres matériels une existence absolue ou extérieure, en quoi vous supposez que consiste leur réalité... » — Et il a raison, Hylas. Son grand tort, c'est de soutenir très mal son opinion, qui est la bonne. Mais cela est fait exprès, bien entendu : il faut qu'il fasse le jeu de Philonoüs, qui est le personnage « raisonnable », qui est Berkeley lui-même.

« ..... Et, comme vous êtes forcé à la fin de reconnaître qu'une telle existence revient à une contradiction interne (2),... » — C'est bien là déjà tout l'idéalisme subjectif ou criticisme, mais en germe seulement, enveloppé encore et implicite. Nous verrons en détail plus tard comment Renouvier, par exemple, développe tout cela dans le premier volume de son premier

---

(1) Pages 24-5.
(2) Philonoüs sera un peu plus explicite sur ce point quand il dira (pp. 251-2) : «... Que la plus petite parcelle d'un corps extérieur contienne un nombre infini de parties étendues : voilà une opinion étrange, une contradiction qui choque le jugement naturel... »

Essai ou *Logique*. Nous ne pouvons donner ici, en attendant, qu'une rapide indication. C'est d'abord « quant à l'espace » qu'il prétend prouver qu'il n'y a « pas de chose en soi pour la connaissance » (1ᵉʳ *Essai*, t. I, pp. 50-7....). Il s'appuie, lui aussi, sur la « contradiction interne », mais en précisant, lui, en *mathématisant* la chose, en quelque sorte : il invoque l'absurdité de l'infini actuel, du nombre innombrable. Dans notre seconde partie, nous exposerons tout au long cette curieuse doctrine critique, de façon à la bien faire comprendre. Pour le moment, contentons-nous de résumer aussi notre réponse, comme il suit : Cette *chose en soi* est indivisible précisément en tant qu'*en soi*. Elle n'est divisible, et divisible alors à l'infini, que dans la représentation, et par la *puissance-impuissante* correspondant au *non-réel*, ou, si l'on veut, par le *non-connaître* correspondant au *non-être* (1). Et justement, comme il s'agit ici de l'espace, — où, nous venons de le voir il y a un instant, le *non-réel* ou *non-être* domine, et même règne presque exclusivement, — la *puissance-impuissante* ou *non-connaître* a donc ici une belle carrière, la carrière à la fois infinie et vide qu'il lui faut.....

« ..... ainsi, vous êtes plongé dans le plus profond et le plus déplorable scepticisme où jamais homme soit tombé... » — Le scepticisme de Hylas ne saurait être plus profond — et, par le fait, il l'est moins — que celui de Philonoüs. Seulement, celui-ci se croit assez dogmatique en se contentant d'affirmer ses idées des choses; tandis que l'autre désirerait, avec assez de raison, pouvoir affirmer quelque autre

(1) Dans la terminologie courante, — que nous n'employons pas ici parce que nous la trouvons en partie impropre et inexacte, — on dirait qu'elle est divisible *potentiellement* et non pas *actuellement.* »

chose correspondant extérieurement aux idées intérieures...

« ... Je ne prétends bâtir aucune espèce d'hypothèse... » — Pardon, Philonoüs, vous bâtissez une hypothèse négative, et une hypothèse hardie, révoltante, sous cette forme.

« ... Je suis un homme du commun,... » ... — Pas du sens « commun » au moins, certes.

« ... assez simple pour croire à mes sens... » — Comment pouvez-vous croire que vous y croyez, en voyant les choses de la sorte, en vous enfermant obstinément dans votre point de vue subjectif pendant que, par l' « hallucination vraie » qu'ils produisent en vous, ces sens appellent et réclament votre foi au dehors ?...

« ... et laisser les choses comme je les trouve... » — Non : en réalité — sans en avoir conscience peut-être — vous bouleversez tout....

« ... Pour parler clairement,... » — A la bonne heure ! voyons un peu :

« ... je suis d'avis que les choses réelles, ce sont les choses mêmes que je vois, que je touche, que je perçois par mes sens... » — Eh bien, vous êtes loin de « parler clairement ». Vous tombez même dans une grossière équivoque. Il y a, en effet, « choses » et « choses » : il y a les choses-idées, qui seules sont les vôtres ; et il y a les choses-choses, en quelque sorte, ou choses-objets, dont nous affirmons, avec le sens commun, l'existence en face des premières (1) et que vous laissez vous-même entendre — par votre façon

---

(1) On a souvent fortement envie de poser à Berkeley, et à tous ceux qui professent les mêmes opinions négatives, la petite question suivante : Mais pourquoi donc les sens sont-ils ainsi braqués sur l'extérieur si ce qu'ils visent, si les choses qui sont leur objet se trouvent confinées à l'intérieur ?

amphibologique de vous exprimer — mais dont en réalité vous ne voulez pas.....

« ... Celles-là, je les reconnais,... » — Oui, les choses-idées, encore une fois, mais pas les vraies choses...

« ... et, trouvant qu'elles répondent à toutes les nécessités et à tous les besoins de la vie,... » — Oui, d'une ombre de vie, de même qu'elles ne sont que des ombres de choses !...

« ... je n'ai aucune raison pour m'inquiéter de je ne sais quels êtres inconnus..... » — Mais précisément ils sont connus, ces « êtres ». Nos sensations, perceptions, idées ou notions (comme vous voudrez les appeler — car vous vous servez tour à tour de chacun de ces termes), sont là exprès pour nous les faire connaître...

« .... Je suis également d'avis que les couleurs et les autres qualités sensibles sont sur les objets.... » — « Les objets » : équivoque toujours...

« Je ne puis pas (car il le faut bien pour vivre) m'empêcher de penser que la neige est blanche et que le feu est chaud..... » — Soit! mais tout cela est pour vous, encore une fois, purement idéal, subjectif.....

« Moi, qui entends par ces mots les choses que je vois et que je touche, je suis obligé de penser comme les autres hommes... » — « Comme les autres hommes »? Ah! cela, non, par exemple; mille fois non. Votre pensée là-dessus est aux antipodes de la pensée courante. Si donc vous vous croyez « obligé de penser » comme tout le monde, vous êtes loin de remplir votre obligation....

« .... Et comme je ne suis pas sceptique en ce qui regarde la nature des choses, ainsi ne le suis-je pas pour ce qui est de leur existence... » — Oui, mais nous savons assez maintenant quelles sont ces « choses » sur l' « existence » desquelles vous n'êtes « pas sceptique ». Leur « nature » consiste à être purement idéales. Et c'est en cela que vous êtes réellement « sceptique. »

« ... Les choses perçues par les sens sont perçues immédiatement ;... » — Il ne s'agit plus ici, bien entendu, de la « perception immédiate » de Reid, dont nous avons fait voir l'impossibilité et l'absurdité. L'immédiation de Berkeley est beaucoup plus parfaite : le percevant et le perçu n'y font qu'un, comme nous allons voir :

« .... et les choses perçues immédiatement sont des idées, et les idées ne peuvent exister en dehors de l'esprit : leur existence consiste donc dans la perception qu'on en a ; quand donc elles sont perçues actuellement, il n'y a pas moyen de douter de leur existence.... » — Non, en effet, « il n'y a pas moyen d'en douter », dans ce cas, à moins d'être fou...

« .... Adieu alors à tout ce scepticisme, à tous ces doutes ridicules de la philosophie... » — Reste à savoir si ne croire qu'à cela, — c'est-à-dire s'arrêter, en somme, au pur et simple *cogito* de Descartes, sans vouloir aller plus loin, — ce n'est pas, justement, verser dans le plus parfait « scepticisme », et l'embrasser, mais pas précisément pour lui dire « adieu », au contraire. Nous croyons bien que si, pour notre compte ; et c'est aussi l'opinion de Renouvier, parfaitement exprimée dans le passage que voici :

« ... Mais enfin n'existe-t-il pas une vérité, une seule, qui puisse être immédiatement saisie, et dont l'objet et le sujet, s'identifiant dans la conscience, posent ainsi le fondement d'une certitude plus rigoureuse et plus simple? Demander une vérité de cette sorte, c'est la définir et la reconnaître. Elle nous est donnée dans le phénomène comme tel, et au moment même où il s'aperçoit,

Là, point de doute possible ; c'est le φαίνεται des pyrrhoniens ; toute incertitude serait contradictoire, car il faudrait penser que peut-être on ne pense pas ce qu'on pense : ce qui est précisément le penser. Si jusqu'ici je n'ai pas fait mention de ce type premier et irréfragable de l'évidence, je l'ai constamment supposé ; mais je ne devais pas lui donner le nom de certitude, car il est le refuge de ceux qui n'en admettent aucune : les sceptiques. » (*2ᵉ Essai*, t. II, pp. 154-5).

Descartes rend, plus brièvement, la même pensée dans les lignes suivantes :

« Celui qui dit que nous pouvons douter si nous pensons ou non, aussi bien que toute autre chose, choque si fort la lumière naturelle, que je m'assure que personne qui pense à ce qu'il dit ne sera de son opinion. »

Ainsi, Berkeley n'a pas le droit de dire « adieu à tout scepticisme » parce qu'il admet ce qu'admettent, selon Renouvier, les philosophes les plus « sceptiques », la seule vérité qu'ils soient forcés d'admettre avec tout le monde ; ou, en d'autres termes, parce qu'il ne ferme pas tout à fait les yeux à ce que Descartes appelle « la lumière naturelle ».

Ibid., p. 256.
« Philonoüs. — ... Le parti le plus sage n'est-il pas de suivre la nature, de se fier aux sens,... d'admettre avec le vulgaire pour choses réelles ce qui est perçu par les sens ? » — C'est bien là, en effet, le meilleur parti, mais à condition de bien s'entendre quand on parle de « suivre la nature », de « se fier aux sens. » Pour Philonoüs, c'est nier toute existence autre que celle de l'idée, dans le phénomène de la perception externe, en un mot c'est s'arrêter au subjectif ; pour nous, au contraire, c'est affirmer des existences absolues et externes, c'est-à-dire passer à l'objectif, et

même, mieux que cela, en réalité c'est s'y trouver et s'y sentir d'emblée, si bien qu'il faut un second moment — moment de réflexion, mais insuffisante encore, et qui, par là, gâte tout — pour quitter cette première position naturelle, excellente et à laquelle il faudra revenir après avoir suffisamment réfléchi.

Ibid., pp. 277-83 :

Hylas, en disciple docile, finit par acquiescer, bien entendu, à l'opinion de son maître, Philonoüs ; et même, il le fait en ces termes dithyrambiques :

« ... Je suis tout à fait d'accord avec vous maintenant. Comme on simplifie grandement notre connaissance en supposant qu'il n'existe que des esprits et des idées ! Que de doutes, que d'hypothèses, quels labyrinthes où l'homme amuse sa raison, quels champs ouverts à la dispute, quel océan de fausse science l'on peut éviter, grâce à cette simple notion de l'*immatérialisme* !.... J'ai été longtemps sans croire à mes sens : je ne voyais les choses que comme dans une demi-obscurité et à travers des verres trompeurs. Maintenant les verres ont disparu, et une nouvelle lumière pénètre dans mon intelligence ! »

Ah ! complaisant Hylas ! beaucoup plus complaisant que celui d'Hercule, est-on tenté de s'écrier làdessus. Et cependant, Philonoüs, de son côté, quoique fort, n'est pas Hercule, bien loin de là. Car l'idéalisme, comme nous l'avons assez vu — de même que l'athéisme, selon Pascal — marque sans doute force d'esprit, mais jusqu'à un certain point seulement ; nous avons vu qu'il s'arrêtait à moitié chemin, entre la simple lumière naturelle du sens commun et la réflexion parfaite de la véritable philosophie, c'està-dire dans un mauvais milieu, domaine propre de la demi-science et de l'erreur.

L'*Harmonie préétablie* et notre *Réalisme*.

Il nous semble que notre *Réalisme* est par rapport à l'*Harmonie préétablie* de Leibniz ce que celle-ci est par rapport aux *Causes occasionnelles* de Malebranche. Et voici comment :

De même qu'il ne conviendrait pas à Dieu d'avoir besoin d'intervenir chaque fois pour faire communiquer entre elles les « substances »; ainsi, il lui serait malséant d'avoir été imaginer et monter d'avance toutes ces séries d'apparences et de correspondances, au lieu de s'être contenté de créer, d'une part, les réalités mêmes et, d'autre part, les sens et facultés aptes à percevoir, à l'occasion, ces réalités. Pour généraliser notre pensée, il est beaucoup plus simple et plus digne de la toute-puissance aussi bien que de la véracité divines d'avoir fait les choses de telle façon, en créant les êtres, que ceux-ci puissent effectivement se transmettre à mesure leurs impressions et mouvements, que d'avoir en eux tout agencé dès l'abord, si bien qu'ils aient seulement l'air de le faire — lorsque ce serait lui seul qui aurait tout fait d'avance une fois pour toutes. Le cas est beaucoup plus étendu ici, mais il est analogue, en somme, à celui de la liberté morale (1).

---

(1) Aussi, Leibniz n'a-t-il pas eu davantage la vraie notion de la liberté morale, qui n'est pour lui que la « spontanéité individuelle intelligente », à laquelle ne vient pas nettement se joindre le libre choix, l'absolue détermination par soi-même. Celle-ci est plutôt niée, les monades ne pouvant changer selon lui le principe de leurs résolutions ou leur caractère propre. Il n'a pas compris que l'être qui est doué d'une faculté pareille cesse d'*être* simplement, mais en partie *se fait lui-même*, et qu'à l'avènement dans la création d'une chose d'un genre si nouveau on peut dire qu'une nature se produit par-dessus la nature.

Dans les deux, c'est une sublime abdication du Créateur en faveur de ses créatures ; c'est une marge d'initiative qu'il a dû et voulu leur laisser le plus large possible pour qu'elles puissent vraiment mériter, c'est-à-dire achever, en quelque sorte, de se créer elles-mêmes. Abdiquer ainsi, est le fait de la plus grande puissance, de la puissance souveraine.

Notes et éclaircissements à ce que nous avons dit touchant la substance :

La *substance* est-elle, comme le veulent ce qu'on appelle quelquefois les philosophies de la raison, est-elle quelque chose de réel, distinct et différent des qualités ? Est-ce une sorte de siège ou d'appui sur lequel celles-ci viendraient se poser ?

Ou bien, la substance n'est-elle, comme l'affirment les philosophies positives, rien en dehors des qualités ? n'est-elle que ces qualités mêmes réunies et faisant corps ?

Voici notre réponse :

Sans doute les partisans de la vieille substance se font illusion et prêtent vie à un pur fantôme de leur imagination. Il n'y a certainement rien dans la réalité extérieure qui ressemble à leur idée de la substance, ou plutôt à l'idée qu'en peuvent suggérer les expressions dont ils se servent pour essayer de faire entendre aux autres ce qu'ils entendent eux-mêmes par là.

Mais, d'un autre côté, est-il permis, surtout à de soi-disant *positivistes*, de négliger un *fait* patent, comme l'existence d'un pareil fantôme dans le cerveau de tant de bons esprits (jadis surtout) et de pareilles expressions sous la plume de tant d'écrivains, quelquefois supérieurs, qui ont trouvé souvent d'heureuses formules pour tâcher de donner corps à ce fantôme ? D'autant plus que le sens commun, — qui, après tout, n'est pas à mépriser si radicalement dans de semblables spéculations, — a l'air souvent d'être plutôt, par suite de quelque confusion sans doute, du parti de ceux-ci.

Aussi, pour nous, le mot de substance ne désigne, il est vrai, et ne saurait désigner autre chose que les qualités mêmes, mais il est commode à employer, avec discernement et discrétion, pour faire nettement la distinction des qualités considérées dans l'être, par opposition à ces mêmes qualités considérées dans le connaître seulement.

L'illusion des philosophes de la raison part donc d'un sentiment, vague mais profond, du réel en soi ; lequel réel en soi il faut bien se garder, en effet, de confondre avec son simple reflet à faces diverses dans les perceptions de nos différents sens et dans notre faculté de connaître.

Les positivistes, ces hommes du fait (comme ils se flattent de ne cesser de l'être), ne voient pas, n'ont pas même l'air le plus souvent de soupçonner ce fait-là, qui est pourtant si capital !

*
**

La *substance*, ce cauchemar de la philosophie, qui l'a tant tourmentée durant toute sa longue nuit, n'est pas autre chose, en somme, que le *quid proprium* de l'être en face du connaître, *quid proprium* qui n'est donc pas représenté en celui-ci par de la lumière mais bien comme par une tache d'ombre, le connaître ayant toujours plus ou moins conscience vaguement de ne pas interpréter l'être avec une fidélité qui aille jusqu'à l'identification impossible des deux. Tout effort, quel qu'il soit, pour vaincre cette invincible difficulté, pour franchir cette barrière infranchissable, ne serait pas seulement vain, mais encore, croyons-nous (et cela, parce que nous *croyons* — au sens absolu du mot), il serait, — fût-il d'ailleurs, par un miracle inconcevable et absurde, heureux et couronné du plus parfait succès, — il serait inutile et stérile, car il ne pourrait rien ajouter au connaître en tant que tel.

*
* *

On peut comparer avec Renouvier :

2ᵉ *Essai*, t. II, p. 255 : « Nous entendons par *groupes de phénomènes pour soi* des existences relatives..... qui se développent sans notre existence propre, et se développeraient quand même telle conscience individuelle (1), soit la mienne, ne serait point. C'est tout ce que nous leur reconnaîtrons de commun avec la substance ou *chose en soi* des métaphysiciens..... »

— Pour nous aussi, pas de substance en dehors de ce qui, quand nous percevons, répond au *en nous* dans le *en soi*..... On peut, toutefois, désigner en outre, par ce mot de substance, ce qui nécessairement échappe au connaître dans l'être, les deux n'étant pas ni ne pouvant être identiques, ni même le premier adéquat au second.

(1) Renouvier pouvait, ce semble, s'exprimer ici plus heureusement et avec plus de précision pour distinguer parfaitement sa doctrine de celle de Stuart Mill, comme il avait envie cependant de le faire, ainsi que le montre son « *pour soi* » au moins.

⁂

Substance spirituelle et substance matérielle. — Descartes affirme que nous connaissons mieux l'âme que le corps. Son disciple Malebranche, au contraire, a écrit un long chapitre pour prouver que nous ne connaissons notre âme que par *conscience* ou par *sentiment intérieur*, sans en avoir aucune connaissance *objective* ou par *idées claires*, comme nous en avons de notre corps et même des corps en général ; et c'est à cette dernière manière de connaître qu'il accorde une grande supériorité. D'où vient donc cette curieuse dissidence entre le maître et le disciple, sur un point à la fois si important et si élémentaire? C'est que Descartes, en affirmant que nous connaissons mieux l'âme, n'a en vue que le *moi phénoménal*; tandis que Malebranche, en disant que nous la connaissons moins bien, songe à l'*âme substantielle*. Et l'opinion de ce dernier, au sens où il entend la chose, se trouve être, malgré qu'elle semble d'abord tout à fait paradoxale, parfaitement juste. Selon notre propre notion de la substance, en effet, il ne saurait y avoir proprement de *substance spirituelle* : à cause, ici, de la perception directe et par sentiment immédiat. Il n'y a de substance que la *substance matérielle* : parce que, dans ce cas, la perception est indirecte, et que le connaissant y est autre que le connu. Cela ne pouvait échapper à la brillante imagination métaphysique de Malebranche, faculté qui constitue la meilleure part de son talent, en face de la réflexion — plus profonde et géniale — de son maître. Car, en somme, comme nous l'avons vu, la substance n'a pas de corps, est un pur fantôme, mis au monde par « la folle du logis », prédominante précisément chez le philosophe oratorien (qui ne l'en a pas moins baptisée et flétrie de la sorte!) Quant à nous donc, convaincu que tout est ou peut être ainsi dans le phénomène, nous sommes plutôt, au fond et en réalité, de l'avis de Descartes ; et nous allons plus loin ; car nous croyons que l'âme même est atteinte par la conscience ou sentiment immédiat, — sans être d'ailleurs le plus souvent, il faut l'avouer, vue et pénétrée dans toute son étendue et toute sa profondeur.

Nous avons une idée claire, selon Malebranche, de la *substance matérielle*, surtout envisagée comme *substance étendue* (1). Oui, ferons-nous observer là-dessus, de même qu'on a une perception claire, par exemple, d'un pan de ténèbres qui se détache sur un fond lumineux. Car l'étendue n'est que le non-être, la face-néant de l'être.

.·.

Dans le cas précieux du moi ou connaissance directe de l'être par lui-même, comme il n'y a pas seulement similitude parfaite mais identité entre ce qui connaît et ce qui est connu, que ce n'est plus là un simple face à face mais une transparence intime de l'être à ses propres yeux, on est alors dans le plein jour intellectuel et il n'y a plus place à ce fantôme de la substance. Comme, toutefois, on a l'habitude de le trouver dans tous les autres cas, il vous manque dans ce cas singulier, et l'on en est pour ainsi dire tout égaré et tout ébloui, si bien qu'on se figure volontiers être moins éclairé ici sur le fond même de l'être...

(1) Pour Malebranche, comme pour Descartes, les deux expressions sont à peu près synonymes, l'étendue étant à leurs yeux l'étoffe, pour ainsi dire, de la matière : idée très bizarre, en un sens ; mais nous expliquerons à fond tout cela plus loin.

Une nouvelle réflexion, la dernière pour le moment, sur et contre la substance. — Un philosophe contemporain a dit, avec raison :

« Il ne faut pas demander de pénétrer par la pensée jusqu'à ce qui, par hypothèse, serait au delà de la pensée, à une *res* inconnue et inconnaissable qui d'abord *serait* et ensuite *penserait*, ce qui, en dernière analyse, ferait de l'âme une *pierre pensante*, selon le mot d'Aristote. Il ne faut pas chercher indiscrètement ce qui pourrait bien exister au delà de la *pensée* cartésienne ou de l'*effort* biranien : on peut être sûr de ne rien trouver, car on se met d'avance dans la situation d'un homme qui voudrait se soulever soi-même en soulevant son point d'appui. »

Et nous ajoutons :

D'abord, pour ce qui est des modes inférieurs de l'être, la substance n'y est rien, nous l'avons vu, si ce n'est uniquement le fait qu'ils sont autre chose que leur simple idée — entrée en nous par la perception. Ensuite, quant aux modes supérieurs, voici ce qu'il en est :

Etre, c'est agir (1). Or, *penser* ou faire *effort* — surtout volontairement, librement — est le *culmen* de

---

(1) Le mot de *substance* est très mal fait, ou très mal appliqué : le fond, le *dessous* de l'être, loin d'être INERTE, IMMOBILE (quod *subest*, non STAT), est essentiellement actif et agissant ; et il a fallu, vraiment, emprunter toute la lumière aveuglante et troublante de la pure imagination pour voir ce fond de l'être sous la première de ces deux formes ; car, par le fait, nous ne l'avons jamais saisi et n'avons pu le saisir dans le monde réel qu'en pleine activité. Il est donc essentiellement force, et force active, et force agissante. Et il tend à s'élever de plus en plus dans ce domaine de son être : jusqu'à l'activité libre. — Nous nous proposons de donner, en temps et lieu, à ces idées tout le développement qu'elles méritent.

l'activité. Penser ou faire effort ainsi, est donc le fin fond de l'être : loin qu'il soit besoin de chercher (comme on le fait) et possible de trouver (comme on l'espère) à ces choses, à ces actes — au delà et plus profondément — un appui *substantiel*.

APPENDICE A LA PREMIÈRE PARTIE

Voir Renouvier, 2º *Essai*, t. II, pp. 257-60.

Au sujet de l'étendue, de la « loi d'étendue », Renouvier affirme là un faux réalisme, une fausse « harmonie », du point de vue de la « raison », de la « science », en un mot, du subjectivisme. Vive, par contre, ce que notre auteur traite d'*idolomorphisme*, tout en avouant que cela est « naturel à la spontanéité humaine ».

« L'harmonie de la conscience et du monde exige la réalité de la loi d'étendue... » — Drôle d'harmonie, drôle de réalité ! à moins que le « monde » se confonde avec la « conscience »...

« ... et nous croyons à cette harmonie. » — Drôle de croyance aussi, alors !

« Mais ce serait précisément confondre le réel avec l'imaginé, ou avec le senti comme tel,... » — Mais au contraire, c'est vraiment distinguer, c'est faire les distinctions qui s'imposent. Et la faculté qui « imagine », qui « sent », la faculté de « spontanéité » ne manque pas de les faire. C'est la « réflexion », la « raison », la « science » qui « confond ».

« ... que de fixer, de concréter par la pensée une étendue en soi, hors de toute conscience, sans rien de commun avec quelque conscience que ce pût être. » — Non, rien, de « commun », si par là on entend rien d'*identique*, mais tout est commun entre les deux si c'est — comme on doit le faire — *semblable* qu'on entend. Et, au lieu de traduire cette conscience, vous la trahissez — et ce qu'il y a en elle de plus primitif et de plus profond —, en identifiant les deux, en mettant l'un dans l'autre et en confondant, comme vous faites. Sous prétexte de l'enrichir, vous taxez de mensonge son plus curieux et plus précieux instinct, ce mystérieux instinct d'objectivation, qui est le frère psychologique de ce qu'il y a de plus haut dans le domaine moral, de l'altruisme, ou, disons mieux (laissant ce vilain mot pour désigner une chose si belle), du dévouement et de la charité. L' « hallucination vraie » de Taine, ne serait donc plus, à vous en croire, qu'une pure hallucination, qu'une hallucination tout court. C'est comme si La Rochefoucauld avait tout à fait raison en morale...

« ... Il ne faut pas nier cette conformité de la raison et de l'univers, qui est un des points de notre croyance... En abolissant toute différence entre l'étendue représentative et l'étendue représentée (ou entre l'étendue intelligible et l'étendue sensible, comme on parlait autrefois), nous suivons la véritable conformité,... » — Mais d'abord, cette « raison » qu'on invoque ici n'est pas la nôtre, n'est pas la vraie, c'est la raison raisonnante, la puissance-impuissante, toute subjective, qui n'a rien à démêler avec ce qu'on peut désigner proprement par « croyance », ensuite, il ne faut plus parler, alors, de simple « conformité », puisque c'est d'une véritable *identification* qu'il s'agit...

« ... celle qui ressort de la réflexion, et nous n'avons contre nous que cet *idolomorphisme*, naturel à la spontanéité humaine sans doute... » — Et n'est-ce donc rien que cela, s'il vous plaît ? C'est ce qu'il y a de plus précieux, de plus infaillible, de plus fécond. Renan est beaucoup plus dans le vrai quand il parle quelque part d'un âge primitif, âge de synthèse confuse encore, mais âge d'intuition et d'inspiration fertiles et inventives, qu'il oppose à celui de l'analyse et de la réflexion stériles.

« ... mais dont les progrès de la science, ceux de l'humanité (comme de chaque homme entre l'enfance et l'âge mûr) détachent, entraînent tous les jours quelque chose... » — Eh bien, tant pis, dirons-nous. Car, dans la naïve enfance de l'humanité, comme dans celle de chaque homme, la nature intérieure est exubérante d'originalité simple...

« La fausse conformité qu'on nous oppose... » — Pardon, c'est la vôtre qui est fausse, nous venons de le voir, puisqu'elle n'est même pas proprement une « conformité », ou plutôt elle ne se contente pas d'être cela, mais elle est une confusion, une identification de la raison et de l'univers.

« ... est une confusion grossière entre le sujet externe et la forme générale de l'intuition des rapports d'extériorité... » — Double critique :

D'abord, Renouvier nous reproche une « confusion grossière... »; et toute la confusion — grossière ou raffinée — est chez lui, nous venons de le voir et de le dire. Il va d'ailleurs le reconnaître lui-même, implicitement tout au moins, dans la phrase qui suit, quand il nous reprochera de trop « distinguer », au contraire, de « saisir » ou de prétendre que nous saisissons « une étendue autre que l'étendue de toutes les représentations ». Voilà donc ces logiciens et dialecticiens avant tout qui — ô scandale ! — tombent dans la contradiction !...

Ensuite, Renouvier ici combine, semble-t-il, la terminologie de Kant (« forme générale de l'intuition ») et celle de Leibniz (« rapports d'extériorité »). Nous aimons encore mieux le Kant (1) tout pur, non-seulement parce que le noumène y est toujours réservé, mais aussi parce qu'il prend synthétiquement et *in concreto* le représenté au moins dans le représentatif, ou, si l'on veut, l'objet au moins dans le sujet, tandis que Renouvier, — de même que Leibniz (pour l'étendue, comme pour le temps), — lui fait subir son analyse qui le réduit à une pure abstrac-

---

(1) Nous ferons seulement observer qu'il paraît tout simple et tout naturel que « la *forme* de l'intuition sensible » soit précisément de se *conformer* au réel.

tion, si bien qu'il détruit le représenté jusque dans le représentatif, l'objet jusque dans le sujet....

« Plus je fixe ma pensée sur cette question étrange, plus je me convaincs de l'impossibilité de distinguer (1) par un caractère, quel qu'il soit, les deux genres d'espace, moins aussi je comprends l'illusion de ces philosophes qui se flattent de voir, de toucher, ou de saisir enfin de quelque manière une étendue autre que l'étendue de toutes les représentations, une étendue que nulle conscience n'aborde et que nulle relation ne définit, parce qu'elle est en soi. » — Mais c'est la relation, — mystérieuse en soi sans doute, comme tout ce qui est premier et fondamental, mais relation qu'on trouve toujours la même quand ce qui connait est autre que ce qui est connu, — c'est la relation du connaître et de l'être. L'être fournit, de son côté, tout l'être ; et le connaître, du sien, tout le connaître — en sus de cet être, et de cet être singulier et supérieur, qu'est aussi le connaître; et il se produit une synthèse et comme une combinaison des deux. Peut-on voir les choses autrement, même avec le plus simple bon sens ? Le connaître n'est-il pas fait pour connaître l'être ? N'est-ce point là la grande « conformité » de l'esprit avec le monde, la grande « harmonie », surtout pour le genre de musicien qu'est le philosophe ?...

« N'est-ce pas une prétention bien incompréhensible ? » — La chose la plus « incompréhensible » de toutes pour nous, c'est de voir, dans de si puissantes intelligences, un tel degré d'opiniâtreté, d'entêtement, d'aveuglement, qui les empêche ainsi de comprendre ou au moins d'admettre ce qu'il est sans doute fort difficile d'expliquer à fond mais ce qu'il est simple, en somme, et aisé de constater et de reconnaître, comme nous nous contentons de

---

(1) Comme nous faisons, pour notre compte, et trouvons qu'il est très possible de faire, ou plutôt nous croyons et sommes convaincu qu'il est impossible de faire autrement.

Pour le surplus, revoir la première partie de notre critique précédente du grand criticiste.

le faire pour le moment et comme ne cesse de le faire le sens commun avec nous....

« On est en présence d'une loi universelle des êtres tant représentés (1) que représentatifs ; on constate une forme (2) de toute sensibilité et de tout phénomène sensible, un système de rapports hors duquel le monde entier s'évanouit, ... » — Il ne s'évanouit, dans tous les cas, que pour le *connaître*. Il n'en *est* pas moins. Quelle bizarre idée, tout de même ! S'imaginer qu'il faille l'*esprit* et le *monde*, combinant leur activité, pour *faire être* celui-ci, — et pas seulement pour le faire connaître ! Ainsi, le monde serait fait de deux pièces rapportées et ajustées on ne sait comment : l'esprit et le monde. Mais n'est-ce pas là ouvrir une carrière vague et comme indéfinie — qui ne saurait se refermer — à la faculté des conjectures aventureuses et folles ? N'est-ce pas tenter quelque autre (3) — qui va venir, et qui sera plus hardi ou plus conséquent (4) — de supprimer purement et simplement un des deux termes du rapport, le monde, terme oiseux déjà chez vous, du reste, et de pure superfétation, « le représenté dans le représentatif », où il est enfermé avec défense expresse d'en sortir et où cependant il n'a pas de raison d'être s'il n'est pas ailleurs ou plutôt s'il n'y a rien ailleurs qui lui corresponde et dont il ne soit que l'écho ou le reflet ? Ce terme, cet élément, sans rien dans le réel, est même — à bien juger la chose — fort au-dessous de l'inutile ; c'est le mensonge, le leurre,

---

(1) On pourrait arrêter — à ce mot déjà — Renouvier, pour lui dire : Mais ces « représentés », ne les supprimez-vous pas, en réalité et par le fait, c'est-à-dire chez eux, ailleurs que dans le « représentatif », où ils sont tout au plus un élément de celui-ci, et un élément qui ne répond à rien, pure ombre sans corps ?...

(2) Nous n'avons qu'à rappeler ici ce que nous avons déjà dit un peu plus haut : Ce qui parait être encore le plus simple et le plus naturel, c'est que « la *forme* de l'intuition sensible » soit précisément de se *conformer* au réel. Mais cela n'est pas assez recherché. C'est le pont aux ânes, ou, si l'on veut, l'œuf de Christophe Colomb !

(3) Hégel.

(4) Il ne fera, même, que trancher une question laissée en suspens.

l'illusion ; et cela, au cœur de la faculté de vérité ! Quel loup on introduit là, et dans quelle bergerie !...

« ... et l'on demande une réalité supérieure à cette réalité ! » — Je crois bien, qu'on la demande ! Et au moins pour deux raisons : On la demande, d'abord, pour avoir une vraie réalité et non pas seulement la vaine ombre — l'ombre sans corps y correspondant — de réalité qu'est une pure abstraction, si alambiquée soit-elle, comme votre « forme », votre « système de rapports » se suffisant à eux-mêmes. On la demande, ensuite, même simplement pour pouvoir comprendre un peu et légèrement expliquer ce qui pour vous est toute la réalité...

∴

Voir Malebranche, *Recherches de la vérité*, I, x.

Nous acceptons volontiers l'explication de la chaleur donnée là par Malebranche, avec seulement la restriction suivante :

Comment se fait-il qu'à une différence « du plus au moins » dans l'objet corresponde une différence « essentielle » (1) dans le sujet, ou, en d'autres termes, à une différence de degré une de nature ?

Voici la réponse de notre réalisme :

C'est que, jusqu'à un certain degré, ce mouvement communiqué par la chaleur favorise le travail de la vie dans notre main ; partant, notre être physique se sent être mieux qu'auparavant, et nous éprouvons du plaisir ; tandis que, passé un certain degré, ce mouvement tend à devenir trop violent, à amener entre les molécules un écart tel qu'il menace d'occasionner une séparation défi-

---

(1) Voici, sur ce point, le texte même de Malebranche : ... « Ainsi, quoique les mouvements qui se passent dans le corps ne diffèrent que du plus et du moins en eux-mêmes, si néanmoins on les considère par rapport à la conservation de notre vie, on peut dire qu'ils diffèrent essentiellement. »

nitive, de produire la décomposition, la dissociation, la destruction.

Il y a donc bien dans l'objet aussi, à ce degré, différence essentielle, différence de nature. Et nous ne sommes — au fond — pas trompés, même pour notre bien ou pour nous éviter du mal. Mais nous recevons, avec le plaisir ou la douleur, un utile et prompt avertissement, qui est en même temps un trait de lumière pour le vrai savant, pour celui qui sait et veut voir la vérité, c'est-à-dire pour le métaphysicien réaliste.

Pourquoi imaginer tant d'artifices, de *ficelles* dans la nature, surtout quand on admet, quand on affirme — comme Malebranche, et nous-même — qu'elle est l'œuvre d'un être tout-puissant, tout bon, tout vrai?

Le plaisir et la douleur ne sont donc qu'un connaître rapide, ramassé, concentré, en même temps qu'urgent, infiniment près de l'être, d'un côté, comme de l'agir, de l'autre. (C'est la fameuse *pointe d'aiguille* de Leibniz, dont nous parlons ailleurs en détail).

.ˆ.

Voir Malebranche, ibid., à la suite :

Tout cela est, dans son genre, fort ingénieux sans doute. Il est même tout à fait suggestif; puisqu'il est pour nous l'occasion de faire l'importante observation suivante, sous forme de réponse ou objection à l'auteur :

Le connaître dont parle ici Malebranche est bien vague et bien imparfait, ainsi analysé ou plutôt dilué en « idées claires », j'allais dire en eau claire. Aussi ne répand-il qu'une faible lueur sur ce qu'est au fond en elle-même cette séparation des parties produite par la chaleur excessive, une encore plus faible sur les conséquences qu'elle peut avoir, enfin, une presque nulle sur ceci, qui est pourtant si capital, à savoir que cet événement intéresse tout notre moi, ces parties étant nôtres.

Quoi donc d'étonnant si le connaître, en chacun de ces

trois points — tout épars d'ailleurs et comme dispersés —, se trouvant ainsi d'un côté, très loin de l'être, se trouve également, d'un autre côté, très loin de l'agir?

Mais quand, au contraire, les trois points du connaître se trouvent joints ensemble et joints à l'être, de sorte qu'il n'y ait plus qu'un seul point au lieu de quatre, alors ce point unifié verse une lumière intense, éblouissante ; et il coïncide aussi, par cela même, avec l'agir, dont il presse à peu près invinciblement et instantanément la détente.

Nous saisissons ainsi la chose d'une façon immédiate, actuelle, et sous une forme concentrée — comme une liqueur, et non plus de l'eau claire — qui nous saisit nous-mêmes, en quelque sorte; et nous la saisissons dans le réel, nous la prenons sur le vif, quoiqu'à un état enveloppé, implicite; si bien qu'elle nous frappe et nous pousse aussitôt à l'action dans le sens voulu.

Nous voyons maintenant combien est inacceptable la restriction, et surtout la négation par laquelle Malebranche croit pouvoir conclure tout ce développement : « Il est donc évident que les sens ne nous sont donnés que pour la conservation de notre corps, et non pour nous apprendre la vérité. »

Quelques ébauches d'objections à Kant.

1º Comment ce dont les choses ont besoin pour *paraître* (Voir les formes *a priori* de l'intuition : Espace, temps), n'en auraient-elles pas, à plus forte raison, besoin pour *être* ?.....

2º Accorder à l'esprit la puissance de créer, c'est lui accorder beaucoup, c'est lui accorder trop. Mais comme, dans l'espèce, il ne peut créer que des erreurs, c'est, en même temps, lui accorder bien peu, ne pas lui accorder assez. C'est, en somme, d'un côté, lui faire faire ce qu'il n'est pas fait pour faire, et, d'un autre côté, ne pas lui laisser faire ce qu'il est fait pour faire, ce qu'il doit sûrement être fait pour faire, car s'il n'était pas fait pour faire cela, il faudrait renoncer complètement à s'en servir, renoncer à penser, et ce serait là, alors, la seule attitude logique et la seule sensée.....

3° Pourquoi ce tiers personnage inutile, ce voile d'apparence entre la réalité et l'esprit? N'y a-t-il pas suffisamment d'être dans la nature, sans que nous ayons besoin encore de nous évertuer à en imaginer?.....

4° L'esprit est un, d'une unité rigoureuse; et c'est là ce qu'il y a de plus profond et d'essentiel dans sa nature. Il y a donc hétérogénéité absolue entre lui et ces prétendues formes de l'intuition qui lui apparaissent comme foncièrement multiples, comme s'évanouissant, mathématiquement, en poussière infiniment ténue et impalpable. Le vide et l'épars a l'air d'être l'étoffe même de ces choses; tandis que lui se sent essentiellement plein et ramassé.......

DEUXIÈME PARTIE

L'ÊTRE

Nous allons, dans notre exposé philosophique, après cette première partie — de pure constatation —, aborder la seconde, qui sera explicative. Nous devrons souvent y recourir au raisonnement; et là, non plus seulement pour réfuter et démolir, comme nous avons fait jusqu'ici, mais pour construire à notre tour. Il nous faudra aussi procéder à grand renfort d'hypothèses. C'est une double nécessité à laquelle nul ne saurait se soustraire, en pareille matière. Nous ajouterons que, pour notre compte, nous sentons beaucoup plus le poids de la première. Car, pour faire nos hypothèses, nous nous laisserons tout bonnement guider par ce tact, cette intuition métaphysique, dont nous avons déjà parlé et même fait usage, et qui, à coup sûr, saura nous inspirer toujours les plus vraisemblables. Quant au raisonnement, nous ne l'estimons guère : entre n'importe quelles mains, c'est un outil bien dangereux. Aussi, nous ne nous en servirons que par contrainte; et nous ne l'emploierons volontiers jamais, si ce n'est quand nous pourrons le tourner contre lui-même. Cette résolution parfaitement arrêtée de notre part, nous rassure déjà un peu ; et ce qui achève de nous donner confiance, c'est que nous nous promettons, n'oubliant pas notre première partie, d'appuyer à chaque instant « la raison », cette chose si peu solide et si « ployable en tous sens », sur des faits reconnus et bien constatés. Il est d'ailleurs plus aisé d'interpréter les choses comme réelles que comme simplement apparentes. Les existences une fois admises, le rôle naturel de toute métaphysique bien entendue n'est-il pas d'essayer de les expliquer?

Ainsi, notre système ne sera pas en l'air, comme un ballon — plus ou moins mal dirigeable —, œuvre artificielle ; il ressemblera plutôt à un arbre, produit de la nature, et qui, tout en élevant ses rameaux vers le ciel, tient à la terre par de solides racines.

.˙.

Notre plan :
Sachant que nous avons laissé, forcément, beaucoup de lacunes dans notre doctrine jusqu'ici, et que nous devrons en laisser davantage encore dans ce qu'il nous reste à traiter, sachant surtout que nous n'avons pas pu suivre un ordre parfait et que nous le pourrons encore moins à l'avenir, car chaque point en philosophie — et en métaphysique principalement — a des liens étroits avec tous les autres, fait corps avec eux, semblable à chacune des monades de Leibniz qui est à sa façon un miroir ou mieux, même, un raccourci de l'univers entier : ce qui oblige un auteur qui a le souci d'être exact et fidèle à se répéter souvent comme aussi à mêler un peu tout, vu que dans la réalité tout s'entre-tient ; sachant donc cela, nous avons jugé, en

conséquence, très utile de tracer ici, une bonne fois, notre plan d'ensemble, le plus régulier et le plus rigoureux possible. Ce plan, le voici :

Les différents êtres ou différentes choses, dont, si nous avions voulu être complet, nous aurions pu successivement dans notre première partie — de la manière et par les moyens que nous avons indiqués — constater l'existence, avant d'essayer de les expliquer dans la seconde, ces êtres ou ces choses pourraient s'énumérer et se classer comme il suit :

D'abord, si l'on veut, l'être que nous sommes ;

Puis, les autres êtres, plus ou moins parfaits que nous mais analogues à nous, forces individuelles, comme nous ;

En troisième lieu, les nombreuses qualités aux mille degrés et aux mille nuances diverses, — entrant, d'une part, chez nous par des portes différentes pour s'offrir à notre connaissance, et, d'autre part, ouvrant comme autant de fenêtres jusque sur le fond de l'être ;

Nous pouvons, après, placer l'idée que nous avons eu besoin d'invoquer pour appuyer notre croyance à l'existence réelle de toutes ces formes de l'être, c'est à savoir l'idée de véracité, ce qui revient à dire de bonté, de bien moral, de bonne volonté de la part d'un être suprême. Et cette chose aussi curieuse qu'élevée dans le Créateur déjà où nous l'avons d'abord considérée, nous en poursuivrons l'étude dans les créatures de choix où elle se trouve aussi et où elle est plus curieuse encore et presque étrange, faisant d'elles — bien mieux que tout ce qui a été signalé par Pascal — des « monstres incompréhensibles » : des relatifs absolus, des dérivés primitifs..... A cette chose se rattache toute l'éthique ;

Ensuite, arrive — tout naturellement — ce dont nous avons également invoqué l'idée à l'appui de notre réalisme : le beau dans la nature et dans les arts..... Ici est la place de l'esthétique;

Il faut parler, après, de deux choses, dont le rôle dans le créé est universel mais particulièrement important peut-être en éthique et en esthétique. Ces deux choses étonnantes sont l'espace et le temps, qui, d'une certaine façon, chacune la sienne — profondément distincte —, contiennent toutes les autres ; et pas seulement les choses, mais, en un certain sens, les personnes aussi ;

Sauf la grande personne, l'être immense et éternel, à la fois universel et absolument un,..... dont nous avons eu besoin, dès le début, d'invoquer l'existence, ainsi que la puissance et la bonté, pour faire notre hypothèse fondamentale.

Voilà désignés, et dans leur ordre naturel, les différents objets de notre première partie, celle du *comment*. Si nous avions voulu qu'elle fût tout à fait complète et parfaitement régulière, il nous aurait fallu développer tout cela et dans cet ordre.

Notre deuxième partie, celle du *par quoi*, ou mieux du *par qui*, et du *pourquoi*, ou mieux du *pour qui*, c'est-à-dire celle où, après avoir simplement constaté l'existence de tous ces êtres, de toutes ces choses ou personnes, nous tâcherons de les *expliquer* en indiquant leur *origine* et leur *fin*, devra commencer, elle aussi, — commencer et finir — par l'Etre qui est la grande origine et la grande fin, à la fois faîte et base de tout le reste, du grand Tout.

C'est Lui, toujours Lui, désespoir et rassurance du penseur, qui s'y perd pour s'y retrouver. Il *est* même tellement (1), que certains philosophes ont voulu faire

---

(1) « Il est, il est, il est, il est éperdument. » (V. Hugo) Le premier hémistiche de ce vers est d'ailleurs reproduit textuellement de Fénelon, *Traité de l'existence et des attributs de Dieu*, II⁰ partie, chap. V, article IV et vers la fin.

absorber par son être tous les autres êtres. Pourquoi, en effet, ne serait-il pas seul, étant à ce degré? Ne serait-ce pas là le meilleur moyen d'être le plus, d'effacer toute ombre, de supprimer toute tache au soleil de son existence? Pourquoi donc toutes ces ombres et toutes ces taches, pourquoi — au-dessous de Lui, parfait et absolu, — tous ces autres êtres, imparfaits et relatifs, dont nous avons pu constater l'existence? En un mot, pourquoi dans la réalité à côté de l'Un le plusieurs ou multiple, à côté du même le divers, et comment les concilier?

Un essai de réponse à cette question capitale constituera dans notre deuxième partie le chapitre le plus étendu et peut-être le plus important.

Tous ces intéressants problèmes, nous tenterons de les résoudre, encore une fois, par le tact et l'intuition métaphysiques, plutôt que par le raisonnement et toutes les méthodes dites scientifiques. Nous consacrerons, même, un chapitre à la critique de ces méthodes mal entendues.

CHAPITRE PREMIER

DIEU ET RELIGION (1).

Notre première partie est tout entière fondée, comme on a pu voir, sur la croyance à l'existence de Dieu et à sa véracité. C'est là, en effet, la grande hypothèse qui seule, une fois admise, nous a permis d'en faire une nouvelle — notre affirmation de l'être — et seule l'a légitimée.

C'est encore par Lui qu'il nous faut commencer notre seconde partie. Car nous ne saurions espérer trouver ailleurs le grand principe sur lequel doivent s'appuyer solidement toutes nos autres explications.

---

(1) Nous tenons à prévenir encore une fois le lecteur que, tout s'enchainant et « s'entre-tenant » aux yeux du vrai philosophe, nous serons naturellement amené à parler un peu de tout à propos de chaque objet : celui désigné dans le titre n'aura de plus pour lui que de faire le centre de la suite des considérations composant chacun de nos chapitres successifs.

Nous n'avons pas, d'ailleurs, — après avoir soigneusement, comme nous venons de le faire dans notre plan, indiqué le fil conducteur à travers l'ensemble de notre œuvre, — nous n'avons pas à nous astreindre à suivre cet ordre prétendu rigoureux mais qui présente toujours à l'esprit quelque chose de purement artificiel, ne répondant à rien dans la réalité vraie, et qui par conséquent convient très peu, surtout à nous philosophe réaliste, dont le premier but et le premier devoir est de faire de notre philosophie l'image aussi fidèle que possible des choses mêmes.

∴

Est-il vrai que l'homme ne contient dans son composé aucune parcelle de souffle divin, rien d'en haut? et même, qu'il n'y a pas d'en haut? Un grand nombre d'ignorants, et même des savants, ou prétendus tels, l'affirment, et d'un air de triomphe — les sots! — car ils sont si fiers de la chose, dirait-on, qu'ils l'affirment bien plutôt qu'ils n'en sont convaincus foncièrement, incapables d'ailleurs qu'ils sont d'avoir de vraies convictions, n'ayant jamais pensé ni réfléchi. Et nous ajoutons cela moins pour les condamner, pour les critiquer, que pour les excuser, pour les expliquer, du moins dans la mesure du possible.

Mais, quoi qu'il en soit, prenons un instant pour exacte leur affirmation, cette affirmation qui est une négation au fond : il faut avouer, alors, que la nature a rencontré là (ou bien, si l'on veut, y est arrivé fatalement — en vertu du développement des choses selon des lois nécessaires et inflexibles), avec l'homme, quelque chose de bien bizarre et complexe, et quelque chose en même temps de bien horrible, de bien odieux surtout, et encore plus horrible et plus odieux précisément quand il aura enfin abouti où nos gens veulent qu'il aboutisse, où ils le poussent tant qu'ils peuvent,... bref quand il sera suffisamment développé lui-même pour comprendre ce qu'il est, d'où il vient, où il va, et pour avoir de cela une conscience nette. Oh! alors, à cet épouvantable sommet de l'être, le néant l'attend. Car tout ce qui nous voile encore cet abîme, cet abîme si voisin de cette cime, et qui même nous le couvre de fleurs, ne fût-ce que des fleurs de rhétorique de l'humanitarisme, tout cela n'est que certains restes non pas de croyance à quelque chose d'en haut mais de léger doute touchant la basse origine et la fin aussi basse pour le moins, doute qui flotte inconsciemment jusque dans les âmes les plus grossièrement raffinées au contact de notre moderne progrès. Mais, quand il ne subsistera plus rien de cela, quand les hommes des théories, des phrases de nos athées matérialistes, seront nés, alors on verra des choses dont les gestes les plus beaux de nos anarchistes, de nos nihilistes mêmes peuvent à peine aujourd'hui nous donner une faible idée,... ou plutôt, l'on verra... RIEN! Et la conclusion sera logique, fatale, comme tout le développement antérieur qui aura conduit l'humanité jusque-là, jusqu'au bout de cette impasse, jusqu'à cet *in-pace*.... Mais, coupons court à cet effrayant cauchemar : On saura s'arrêter à temps, sur les bords du précipice. On trouvera où se cramponner de désespoir. Et même, de là sortira peut-être une rénovation. La fleur de vie poussera vigoureuse et belle sur cet abondant fumier...

D'ailleurs, pour que vînt ainsi contre ce rocher, contre cet écueil de néant, se briser et faire naufrage l'humanité, il faudrait que nos tristes théoriciens eussent raison. Car *on* — c'est-à-dire l'humanité tout entière — peut aller jusqu'aux dernières conséquences de la vérité ; mais, de l'erreur, non. Or, nous croyons fermement qu'ils se trompent, et que ce ne sont que des années, des siècles, tout au plus, d'épreuve que nous subissons. Nous entrevoyons, même, déjà comme une aurore blanchoyer derrière les grandes roues du coche noir de la Mort qui passe. Et cependant, l'autre côté, le côté du crépuscule, n'est pas encore veuf de tout rayon : on y aperçoit quelques lueurs sauvées, échappées à l'invasion des ténèbres montantes.

Mais nous commençons à enfoncer en masse dans

cette nuit morale (1). Il est temps de faire un vigoureux effort pour nous redresser, pour relever la tête là-haut, vers la vraie lumière. Car ce ne sont pas les vagues feux follets des théories humanitaires — que dis-je, des théories? le plus souvent des phrases creuses, des mots ronflants — qui peuvent lutter victorieusement contre le flot ténébreux sans cesse envahissant des bas intérêts, des grossières passions. Mais il nous faut là tout près un phare éclatant.

Nous croyons devoir illustrer les réflexions qui précèdent par quelques vers du début de *Rolla*, accompagnés d'un commentaire approprié. Et la fameuse tirade est plus que jamais, hélas! de circonstance aujourd'hui :

> ... Maintenant le hasard promène au sein des ombres
> De leurs illusions les mondes réveillés.....
> .... Sous ton divin tombeau le sol s'est dérobé :
> Ta gloire est morte, ô Christ!....
> Ton cadavre céleste en poussière est tombé.....

Oui, c'est de nos jours surtout qu'on est tenté, à certains moments, de ne trouver dans un pareil langage que l'exacte constatation d'une triste vérité.

Espérons, quand même, que le pessimisme du poète exagère; espérons qu'il se trompe. Espérons que ce n'est pas l'aveugle « hasard » qui « promène » ainsi « les mondes au sein des ombres »; pas plus que la

---

(1) Les incrédules eux-mêmes, s'ils ne sont pas systématiquement hostiles à toute religion, poussent parfois le cri d'alarme. Voici, par exemple, ce qu'a écrit P. Loti, dans *La Galilée* :

« En nous s'est affirmé d'une façon plus dominante le sentiment que tout chancelle comme jamais, que les dieux brisés, le Christ parti, rien n'éclairera notre abîme........

« Et nous entrevoyons bien les lugubres avenues, les âges noirs qui vont commencer après la mort des grands rêves célestes, les démocraties tyranniques et effroyables, où les désolés ne sauront même plus ce que c'était que la Prière..... »

brutale nécessité qui les pousse tout droit jusqu'au bout, jusqu'à la grande nuit finale ;

Espérons que ce prétendu « réveil des mondes » n'est, au contraire, qu'un sommeil, qu'un assoupissement et que ce n'est que dans un mauvais rêve que « les mondes » se sentent ainsi « promenés par le hasard au sein des ombres », « par le hasard », sinistre compagnon, « au sein des ombres », région lugubre ;

Espérons que le « divin tombeau » n'a pas été englouti par le sol, qu'il est seulement voilé pour un temps à nos regards, inattentifs, occupés à d'autres spectacles, à des amusements qui les détournent de la grande et unique affaire sérieuse ;

Espérons que cette « gloire » n'est pas éteinte sans retour, mais que ses rayons peuvent, d'un instant à l'autre, se rallumer dans nos cœurs ;

Espérons que la féconde « poussière » du « céleste cadavre » n'est pas « tombée » toute sur le roc stérile, et que, si rien ne se perd des atomes les plus vils de l'humble matière (1), ce n'est pas sans doute pour que ces parcelles si précieuses de la vie d'en haut puissent jamais s'anéantir.

Musset poursuit :

> Eh bien ! qu'il soit permis....
> ..... de pleurer, ô Christ, sur cette froide terre
> Qui vivait de ta mort et qui mourra sans toi !

A coup sûr, elle n'aurait plus alors qu'à mourir. Car, au bout de l'absolue incroyance, on ne saurait trouver que le néant. Or, après la foi dans le Christ, il n'en faut pas chercher d'autre. Après cette chute,

---

(1) C'était là, du moins, la deuxième partie du grand axiome de la chimie, jusqu'à ces derniers temps.
Voir l'*Evolution de la matière*, par le Dr G. Le Bon, selon qui *Tout se perd*, au contraire. Mais la doctrine n'est pas encore classique.

nous devons renoncer à toute ascension et ne plus seulement regarder en haut. Si Lazare au tombeau est sourd désormais à cette voix, il ne faut plus compter sur sa résurrection, et il est bien mort pour toujours. C'est ce qu'a parfaitement senti et rendu Leconte de Lisle lui-même (quoique froid parnassien et partisan de « l'art pour l'art », comme poète, et, comme homme, enragé « libre-penseur »), dans le passage suivant :

>..... Le Nazaréen, pâle et baissant la tête,
> Pousse un cri de détresse une dernière fois.
> Figure....... d'ombre et de paix voilée,
> Errante au bord des lacs sous ton nimbe de feu,
> SALUT! L'HUMANITÉ, DANS TA TOMBE SCELLÉE,
> O jeune Essénien, GARDE SON DERNIER DIEU.

Touchant la croyance en Dieu, à l'âme, à l'immortalité, je n'admets guère, pour mon compte, qu'un homme tant soit peu intelligent et éclairé puisse être sincèrement et foncièrement convaincu de la négative. Un grand nombre, néanmoins, prêchent comme s'ils l'étaient ; et avec passion, comme s'ils soutenaient une belle et bonne cause, et avec haine et colère, comme s'ils savaient à n'en pas douter que tous ceux contre qui ils la soutiennent sont des fripons ou pour le moins des sots.

Le peuple, le vulgaire qui les écoute, jusqu'auquel ils veulent faire descendre...., que dis-je? vers lequel ils tiennent avant tout à faire arriver leurs paroles — sinon leurs idées et opinions, trop souvent absentes —, le peuple souvent se laisse convaincre par eux et beaucoup plus que ne sont convaincus ses prédicateurs. Et lui, alors, simpliste, inintelligent, inconscient même, si l'on veut, mais conséquent, et puissant, et agissant, et poussant les suites aussi loin que possible, fatal comme un élément soulevé, allant droit devant lui, brisant tout ce qu'il rencontre et qui lui fait obstacle, ne s'arrête pas avant d'être arrivé au bout, à l'anarchie, au nihilisme, toute position moyenne étant à ses yeux intenable et, pour ainsi dire, pratiquement absurde.

Aussi, supposé que je fusse un homme du peuple et venant d'entendre un de ces humanitaires matérialistes, imbu d'ailleurs moi-même depuis longtemps des doctrines de la non croyance, mais parfaitement logique, je me contenterais de lui répliquer :

A quoi donc voulez-vous me faire sacrifier, là, le seul bien que je trouve évident, sensible, le plaisir et l'avantage de mon moi, de cette résultante d'atomes, réussite merveilleuse, extraordinaire, inouïe, du hasard ou de la nécessité, peu m'importe? Ou à quoi? à quelle abstraction, à quel fantôme insaisissable?

A une autre résultante, dites-vous, beaucoup plus générale celle-là et plus étendue, résultante de ces premières résultantes qui me constituent moi et d'autres êtres analogues, qui sommes particuliers et purement individuels, tandis qu'elle est, elle, un certain ensemble, un certain tout, très vaste, l'humanité de tous les pays et de tous les siècles, dont l'intérêt et le bien doivent m'être sacrés au nom de la solidarité universelle.

Et pourquoi, s'il vous plaît? Je ne vois là-dedans que des mots vides et de vaines formules. Tout cela ne me dit rien. Je ne sens pas ce nouveau bien, que vous voulez faire surgir en face du mien, comme un rival. Quand même vous arriveriez enfin, par tous les prestiges de votre dialectique, à me convaincre que je dois le poursuivre, ce fameux bien qui m'est étranger, vous ne réussiriez jamais, — ce qui pourtant serait précisément l'essentiel, étant donné surtout que je suis un esprit simpliste et fais partie du vulgaire, du peuple, — non, vous ne réussiriez pas à m'en persuader; car, ainsi que l'a très bien dit un moraliste dont par hasard j'ai lu et retenu la maxime, si l'on peut convaincre les autres par ses propres raisons, on ne les persuade que par les leurs. Or, vous ne me persuaderez jamais de lâcher ainsi la proie pour l'ombre. Ignorance, Monsieur, n'est pas sottise.

Et d'ailleurs, non seulement je ne le sens pas, moi, ce bien supérieur que vous me vantez tant, mais vous avouez vous-même que vous ne le sentez pas davantage et que personne ne le sent. Bref, il n'est pas seulement en dehors de *ma* conscience mais de *toute* conscience. Bien mieux : il est proprement l'Inconscient, l'Inconscient-principe; et qui doit être, par conséquent, l'Inconscient-fin; comme j'ai entendu dire que certains philosophes allemands l'ont affirmé de façon très explicite.

Comment pouvez-vous donc espérer que je m'intéresse jamais à un pareil être, — brute inerte, si même ce n'est pas plutôt une simple abstraction? En tout cas, il ne saurait me toucher. Je ne saurais d'ailleurs rien faire pour lui; et il n'a nul besoin de moi. Laissons-le tout seul; et qu'il s'en tire comme il pourra. Pour mon compte, du moins, encore une fois, je ne vois que ceci :

Je veux jouir le plus et souffrir le moins possible, moi, réussite bizarre, sans doute, mais précieuse pour moi-même, petite perle à mes yeux dans ce vaste fumier de « tout le monde », moi, en un mot, seule chose qui m'intéresse, que je fais le centre de tout, à laquelle tout aboutit. Et à cette chose je sacrifie, au besoin, sans remords tout le reste, tous les autres, que je supprime si je peux et lorsqu'ils me gênent. Voilà l'anarchie, mais voilà la logique; voilà la conclusion qui sera tirée par le peuple, pas le moins du monde sophiste, lui, ni phraseur creux et rhéteur, mais solide tireur de conséquences — non théoriques mais pratiques — et allant sans obliquer aux solutions nettes et franches.

Ainsi, ces fameux « rationalistes », qui ne sont que des raisonneurs, des raisonneurs à outrance, jusqu'à faire bannir la raison par le raisonnement, n'ont pas même été conséquents, n'ont pas vu les conséquences fatales de leurs principes, ou plutôt de leur absence de vrais principes. Il a fallu que la droite, l'infaillible réalité, l'expérience, la conduite de leurs nombreux disciples, la foule — stylée par eux et agissante — les dégageât à leur place, ces funestes conséquences.

Cantonnés dans la théorie, les voilà battus. Ils ne sont que logiciens, et ils sont mauvais logiciens. Mais ceci, précisément, n'est-il pas la suite naturelle de cela? C'est le cas, en effet, de le rappeler : on doit dominer sa tâche, pour la bien remplir, on doit tenir « son âme au-dessus du sillon », pour tracer droit ce sillon.

Les intuitifs, les voyants, les *visionnaires*, comme ils disent dans une intention marquée de critique et de flétrissure, sont donc plus forts qu'eux, même en logique, — quoique simples rats, en quelque sorte, dans cet élément des grenouilles qui traîtreusement les ont entraînés là pour qu'ils s'y noient.

Proclamons-le bien haut, d'ailleurs, une fois de plus : oui, nous sommes des intuitifs ; et nous pouvons nous en glorifier : puisque Spinoza lui-même, par exemple, Spinoza le philosophe à l'appareil tout déductif et tout géométrique, n'en préconise pas moins avant tout la divine intuition, le raisonnement n'étant à ses yeux qu'un pis aller humain.

*
* *

Quand on y songe bien, quand on concentre toute sa pensée recueillie, pour la laisser absorber par ceci :

L'ensemble des choses et nous parmi, alors, quel étonnement, quel effroi !

C'est une rude devinette qui nous est là proposée par la mystérieuse puissance infinie, c'est-à-dire nous ne savons trop quoi par nous ne savons guère qui.

Combien, en somme, est sérieuse et grave la chose ! ou combien formidablement ironique !

Combien donc devrions-nous, si nous étions, je ne dis pas même bons et généreux, mais rien qu'un peu sensés, combien devrions-nous, — au moins tous les êtres pensants, tous les hommes ici-bas — pauvres éprouvés, pauvres égarés, qui regardent sans voir ou tout au moins voient sans comprendre, oui, combien nous devrions nous unir, nous serrer les uns contre les autres, dans notre commune épouvante, dans notre détresse commune ! Et, au lieu de cela, le plus souvent nous nous séparons, nous nous dispersons, nous nous haïssons, ajoutant ce nouveau mal à tous les autres, dont il est le comble, avec tant de plaisir, avec tant de passion, avec tant de fureur qu'on dirait que nous y cherchons une diversion de désespérés.

Que cela est mauvais déjà et insensé ! Mais ce n'est pas tout : de plus, nous nous moquons quelquefois du grand problème lui-même, du problème monstrueux qui nous tient comme dans sa gueule, les mâchoires tout ouvertes et prêtes à chaque instant à se refermer. Et nous poussons des éclats de rire et faisons des gambades là-dedans ! Et nous traitons de mélancoliques, sinon de malades et de déments, ceux qui sont plus sérieux, ceux qui comprennent ou qui du moins sentent la situation. Nous poussons souvent jusqu'au paroxysme notre dureté et notre haine contre ces grands frères, plus clairvoyants et plus prudents que nous. Nous leur en voulons de ne pas nous laisser tranquilles dans notre aveuglement, de nous secouer pour essayer de nous réveiller de notre assoupissement de brute. Nous cherchons à leur conduite, à leur état d'âme, des causes, des intentions viles et basses, pour les faire tomber au-dessous de nous, au-dessous de tout.

Cela est, évidemment, d'une sotte méchanceté, d'une injustice folle, cela passe la mesure, passe la nature, est incompréhensible : à tel point qu'on sent bien qu'il y a là-dessous quelque diable.

*
* *

Il n'est peut-être pas un seul objet, si humble et si simple soit-il, que nous puissions parfaitement connaître. Très probablement notre intelligence n'embrasse rien d'ensemble, ne pénètre rien à fond. Combien donc Dieu doit-il la dépasser ! Mais il ne faut pas que cette pensée nous décourage de l'étudier, comme si le labeur devait être vain. Car, s'il est vrai qu'il ne soit caché pour nous que dans sa lumière, en le regardant, le seul éblouissement de nos yeux nous en dira déjà quelque chose, et même beaucoup. Et, s'il n'est pas vrai, si même le contraire est plutôt la vérité, ne sait-on pas que des plus profondes ténèbres et des objets les plus effrayants de mystère sortent quelquefois, par subites fulgurations, les rayons les plus éclatants, de même que des entrailles de la terre et du sein de la noire houille, qui y est recelée, on tire de quoi nous éclairer et illuminer nos cités ?

Il faut remarquer toujours la même antinomie fondamentale — plantée à nos yeux au cœur même de l'Être —, apparaissant seulement sous des aspects différents. Il faut bien voir les deux faces opposées, creuser chacune d'elles en particulier le plus profondément qu'il nous est possible, et toutes les deux ensemble, sans jamais laisser l'une ou l'autre nous échapper, l'étendue aidant à la pénétration et la pénétration à l'étendue de la vision :

Dieu est partout ; et d'autre part, il est hors et au-dessus de l'espace, en lui-même affranchi de l'étendue.

Il est toujours, embrassant tous les temps ; et d'autre part, il est hors et au-dessus du temps, avec lequel il n'a rien de commun, étant immuable dans son éternité.

Il comprend, dans toute la force du terme, c'est-à-dire qu'il saisit tout l'ensemble par son intelligence ; et d'autre part, il tient enfermé en un point la connaissance de tout, connaissance essentiellement intuitive, de voyant.

Il est le tout-être du panthéisme ; et d'autre part, il est l'Être, l'Un par excellence, la personne parfaite, celle qui se distingue le mieux de toute autre, la plus vraiment et exclusivement elle.

Spinoza, le juif panthéiste, est l'incarnation de cette dernière antinomie. Il la porte vivante en lui. Car, en tant que Juif, il serait aux antipodes du panthéisme, le dieu des Juifs étant ce qu'il y a de plus personnel, la conception la plus sinistrement (1) nette et vive de la toute-puissance, de l'absolutisme volontaire, étant impitoyablement lui, trié de tout non-lui-même, étant « le Dieu jaloux ».

A Platon aussi Dieu apparaît comme une personne, mais saisie par un aspect tout différent : la bonté.

Là-dessus, se produit la conciliation profonde et

---

(1) « Le sinistre Iahvé » (Leconte de Lisle).

large des deux, leur fusion au creuset de l'ardent sentiment, au foyer de l'amour, par le Christianisme. De là le Bon Dieu. Le Sinistre devient le Droit.

.˙.

Le Créateur a dû créer tout à son image, c'est-à-dire simple et un, comme lui : soit que l'on considère chaque être à part, l'individu, même au plus bas degré, la monade inférieure ; soit qu'on envisage le tout, l'ensemble, l'Univers. Mais, en même temps, quelle complexité, quelle riche variété et multiplicité dans la Création, comme dans le Créateur !

Quoique tout-puissant, n'ayant pu — parce qu'il y avait en soi impossibilité absolue — faire que le créé fût d'emblée parfait et semblable à lui-même, Dieu a multiplié l'être et l'a diversifié dans le détail, en même temps que dans l'ensemble il l'a soumis à l'ordre, qui unifie, mais surtout il l'a créé tel qu'il puisse progresser toujours, indéfiniment, dans le temps mobile, tandis que lui l'attend et l'attire dans son immobile éternité.

La thèse pose l'importance de l'unité substantielle, soit dans l'élément matériel, soit dans l'âme, c'est-à-dire dans la monade en général ;

L'antithèse oppose l'importance égale de la multiplicité, dans les manifestations de cette monade et dans ses relations avec tout le reste ;

La synthèse concilie très bien les deux ; car, plus on se répand, plus on se concentre. Bonté égale puissance, égale perfection. L' « altruisme » n'est que l'égoïsme le plus subtil, le plus profond, le mieux entendu, — si toutefois celui-ci pouvait conserver encore ce vilain nom, ayant ainsi changé de nature.

Et l'harmonie de l'ensemble est aisée à produire, se fait toute seule, chacun étant ce qu'il doit être — et en lui-même et par rapport à autrui. Cet ensemble mérite donc bien, alors, le nom d'*Univers*. « Tout ce qui nous unit est divin », a dit Gœthe. Nous voyons que ce mot est vrai au pied de la lettre, puisque ce qui nous unit répond aux intentions de Dieu. Unissons-nous donc. Soyons tous frères ; et pas seulement les hommes, mais tous les êtres entre eux, autant que possible. Car l'union fait la force, fait la vertu, fait la perfection de l'être, la perfection de l'ensemble du créé, et le rapproche par là de son Créateur, qui l'appelle à lui.

Dieu, dans l'acte de la création, peut paraître, d'abord, sortir de lui, mais il ne fait en réalité qu'y rentrer davantage ; car c'est là qu'il se montre le plus lui, et que sa puissance propre s'affirme au plus haut degré. L'acte par excellence des êtres créés ne saurait être qu'une pâle copie de celui-là. Ils accomplissent cet acte en luttant contre l'intérêt et l'égoïsme, en s'inspirant de l'esprit de dévouement et de sacrifice à autrui, en s'unissant et s'unifiant. Car c'est ainsi qu'ils arrivent à faire un tout, image de l'Un, c'est-à-dire à refléter Dieu même dans ses créatures.

Nous trouvons dans les mathématiques un symbole grossier de cette imitation de l'Un par les chacuns : c'est le discontinu cherchant vainement à atteindre le continu, à combler l'intervalle. Dieu le Créateur ressemble à la quantité géométrique, espèce de quantité qualité, relativement concrète, qui *est* réellement, qui est en acte ; tandis que les créatures sont la quantité pure, quantité arithmétique, plus abstraite, qui n'est qu'en puissance, puissance indéfinie, qui au fond est impuissance, l'impuissance de l'être imparfait, de l'être dérivé. Qu'on ajoute un élément de plus, une concrétion nouvelle, le mouvement, alors on a le truc de la *fluante*, par lequel le discontinu peut atteindre le continu ; mais il ne le fait que fictivement ; car ce n'est là qu'un simple truc : comme au fond toute science, ainsi que nous le verrons.

.·.

L'être dérivé, créé, durable, en tant qu'il est dans l'instant, dans un élément du temps, dans ce grain de poussière du bloc éternité, *est* réellement, mais il est sous la dépendance et comme dans le domaine de Celui qui seul EST, de Dieu, son Créateur. D'autre part, en tant qu'il passe d'un instant à un autre, il échappe à Dieu, il est hors du domaine de l'Être immuable ; mais là, il n'*est* plus — n'étant que chez lui, c'est-à-dire en quelque sorte où il n'*est* pas, car il n'a pas proprement de chez soi, semblable à un enfant qui ne possède encore ni habitation ni rien qui soit vraiment à lui, et à qui l'on peut dire avec autant de justesse que d'énergique familiarité : chez toi, c'est dehors !

De lui-même, il *est* si peu alors, que la mort, le néant peut le happer au passage, et que, pour continuer d'être, pour rattacher ce qu'il va être à ce qu'il était, pour franchir à chaque fois cet abîme, il a besoin d'avoir reçu comme une provision d'être. De là, précisément, l'usure, c'est-à-dire la mort partielle à chaque instant de la vie. Les grands penseurs, poètes ou moralistes, de tous les pays et de tous les temps, ont été frappés de cette vérité et l'ont exprimée en la revêtant d'une forme plus ou moins vive et saisissante : marchant à la mort, nous mourons à chaque pas.

Dieu est immobile au centre ; nous circulons tout autour. Il est, en ce sens, comme le soleil ; tandis que les créatures seraient les planètes. En outre, celles-ci subissent à chaque instant l'attraction de celui-là :

nouvelle analogie. A ces différents points de vue, la comparaison est donc juste. Mais les planètes ne doivent pas au soleil l'impulsion initiale : « Quelle main les a lancées sur la tangente de leurs orbites? » Partant, la comparaison cesse ici d'être juste. Cette main est celle même de Dieu. C'est elle toujours, et elle seule qui saisit tout ce qui dure — à sa sortie d'un instant, d'un point du temps, — pour le faire passer *à* et entrer *dans* l'instant suivant. Mais, à ce passage, durant cet intervalle, on échappe à Dieu. On va, en quelque sorte, prendre barre au néant, jusqu'où l'Être ne peut aller, lui, du moins directement. Son impulsion seule nous suit. C'est comme le tisserand qui, ayant lancé d'une main sa navette, de l'autre côté l'attend avec son autre main.

Ce mouvement, cette sortie de la grande main (1) suffit à différencier profondément l'être créé de son Créateur, et par là même à réfuter le panthéisme. Car, ainsi, par une expérience directe et continuelle, nous sentons que nous ne sommes pas éternels, contrairement à la fameuse affirmation de Spinoza (2).

Voilà ce qu'on peut dire contre la confusion de l'être avec l'Être. Il faut établir également une distinction entre l'être et l'être. C'est le monadisme qui est le vrai. Le multiple *peut* être, *doit* être, *est*. L'un n'empêche pas l'autre d'être. Car pourquoi l'un plutôt que l'autre? Et, si ce n'est pas l'un ou l'autre qui accapare tout l'être, ce ne peut être, alors, qu'une abstraction qui prend pour elle tout cet être. C'est du Platon, mais beaucoup plus absurde encore, l'Être ou Dieu étant supprimé cette fois, Dieu qui du moins, — au bout, au sommet —, concrétait tout cet abstrait, vivifiait tout

---

(1) « Magna manus Jovis », dit Horace.
(2) « Experimur nos æternos esse. »

ce mort. Ici, au contraire, tout est et reste inanimé ; que dis-je ? les faîtes les plus hauts y sont les plus glacés : *caput, mortuum.* La tête étant morte, le reste du corps que pourra-t-il donc être ? Aucune vie, désormais, aucun être ne saurait y descendre.

.·.

Le temps présent est une espèce d'éternel, au point de vue qualitatif ; mais, quantitativement, il est le contraire de l'éternel ; car celui-ci est supra-durable, tandis que le présent est infra-durable. Le créé ne s'y arrête pas, ne saurait s'arrêter là : chez son Créateur, l'Éternel ; quoiqu'il ne soit, proprement, que là : *par* Celui qui est ; et il serait, aussi, vraiment *en* Lui, s'il s'y arrêtait. Il n'y est que juste le temps qu'il faut au Tout-Puissant — à la *magna manus* qui lança les planètes sur la tangente de leurs orbites — pour lui donner une nouvelle chiquenaude, temps qui quantitativement est égal à zéro ; c'est-à-dire que, par Lui, il ne fait que passer à un autre instant, à l'instant qui suit ; et toujours ainsi..... Marche, marche, Juif-errant de l'être, sans feu ni lieu, n'ayant pas de chez toi, n'ayant que dehors pour foyer. Et c'est de la sorte qu'il est lui, qu'il se distingue de son Créateur, que nous évitons le panthéisme, que nous sauvons le monadisme, l'individualisme, en l'arrachant jusqu'à Dieu même. Oui, c'est ainsi seulement qu'il est lui, par Lui sans doute et non par lui-même, mais chez lui du moins, c'est-à-dire nulle part, n'ayant nulle fixité, car, s'il en avait, il serait en Lui, encore une fois, et non plus en lui-même, c'est-à-dire qu'il ne *serait* plus, tout court, en tant qu'être distinct.

L'espace, le temps et le mouvement sont autant de faces de l'imperfection de l'être, de traces du non-être dans l'être. Mais c'est là précisément ce qui sauve l'être imparfait et tous les êtres imparfaits, en leur donnant le seul asile possible, le seul qui leur convienne, asile errant, contre l'engloutissement par l'Être parfait, éternel, immuable.

*
* *

Si Dieu était ce mauvais génie (1), ce puissant et sinistre farceur, cet odieux « fumiste » (2), ce muet impassible (3), comme sa Nature (4), ce cachotier à plaisir — lorsqu'il pourrait, qu'il devrait être et faire le contraire, c'est-à-dire se montrer et se faire connaître (5) —; s'il s'était absenté de son œuvre après l'avoir formée et créée (6), l'ayant subitement plantée là ou s'étant caché derrière pour voir l'ébahissement de la partie la plus élevée de cette œuvre même, des yeux et du front de l'homme, et en jouir avec méchanceté ; alors, oui, l'homme vaudrait mieux que Lui (7), l'homme qui, dans ce cas, aurait imaginé, créé de lui-même tant de bonté : Dieu le Père, le Christ, la Vierge, les Saints, les Martyrs, tous les désintéressés, les dévoués, les charitables, les altruistes, tous les êtres de sacrifice. Oui, l'homme alors vaudrait mieux, aurait été plus puissant que le prétendu Tout-Puissant, plus créateur. Il serait plus parfait, il *serait* davantage; seul, il *serait*; bref, il serait Lui, il serait

(1) Voir la supposition de Descartes — purement provisoire d'ailleurs et méthodique, et, même ainsi, fort dangereuse.
(2) « Dieu, c'est le mal » (Proudhon). Etc., etc.
(3) Voir *Le Jardin des Oliviers* de Vigny...
(4) Voir la fin de *La Maison du berger* du même.
(5) Voir la dernière partie de l'*Espoir en Dieu* de Musset.
(6) Voir la septième des *Premières Méditations* de Lamartine, intitulée : *Le désespoir*.
(7) Voir encore *La maison du Berger*, *Le jardin des Oliviers* de Vigny.

Dieu ! Or, est-ce possible ? Nous sentons-nous être jusque-là ? Sommes-nous tant ? Sommes-nous source ? Non : ce n'est pas en nous qu'elle éclôt, mais bien du « firmament » qu'elle « tombe, cette immense bonté ! » Il faut « croire, mais pas en nous ». Nous ne sommes pas des dieux. Bossuet, s'adressant non à des hommes ordinaires mais bien aux rois, a osé leur dire, avec plus encore de vérité profonde que de haute éloquence : « Vous êtes des dieux... Mais, ô dieux de boue et de sang !..... » Sans doute, « l'homme, dans sa forme parfaite, est ciel (1) ». Mais cette forme parfaite, hélas ! est chez nous idéale et non réelle. Or, le réel ne doit pas être vaincu par l'idéal. Car, vive toujours le réalisme !

To be or not to be, that's the question.

Être ou n'être pas, c'est la grande question,

dirons-nous, en détournant un peu le mot de son sens véritable ou du moins courant.

Il faut le reconnaître, sans exagération pessimiste mais avec entière franchise : en tant que la perfection, quelque degré de perfection est réel dans l'homme, ce n'est qu'un peu de crème qui monte quelquefois à la surface, à la cime, — comme compensation, et pour nous consoler de tant d'écume qu'on y voit le plus souvent —; c'est, alors, en lui, l'être créé, l'être *parti* de la main de Dieu, qui, de toutes ses forces, toujours faibles, aspire au *retour*.

*
* *

A l'origine, est-ce l'œuf qui a fait la poule, ou bien, au contraire, la poule qui a fait l'œuf ? Le choix est d'importance, et les conséquences sont des plus gra-

(1) Cette sentence est du fameux théosophe Swedenborg.

ves. De la première affirmation, en effet, s'en suit le matérialisme et l'athéisme ; de la seconde, le spiritualisme et le déisme. Dans le premier cas, l'on monte ; l'on descend, dans le second.

En fin de compte, évidemment, on doit monter ; mais, pour cela, il faut que l'on soit d'abord descendu, c'est-à-dire issu de haut, qu'on ait de qui tenir. Voici, à ce sujet, une hypothèse :

Dieu étant tout-puissant, n'aurait-il pas pu faire ceci :

Après avoir créé l'être à son plus bas degré, disparaître lui-même volontairement, pour ne plus subsister qu'en devenir, en devoir être ? L'être réel, soumis ainsi à l'attraction puissante de ce devoir être ou perfection idéale, créerait peu à peu de lui-même, — j'entends de lui comme matière, comme point de départ, — créerait donc, à son tour, celui qui l'a créé à l'origine. Le cercle se refermerait. La Création évoluerait, et l'évolution serait création, création tendant à la perfection. Tout le réel serait suspendu à un idéal parfait aspirant à se réaliser, y aspirant d'autant plus énergiquement qu'il fut le premier grand et unique réel, et qu'il ne cessa de l'être que pour atteindre le sommet de la perfection par le sacrifice de soi-même à autrui, du Créateur à sa créature, sacrifice absolu de l'Absolu. De la sorte, tout ce qui se meut serait mû par le grand moteur immobile.

On pourrait peut-être par là, dans une certaine mesure, concilier le matérialisme et le spiritualisme, l'athéisme et le déisme. Ajoutons à cela que Dieu serait ainsi le mieux le *Deus absconditus* qu'il faut qu'il soit pour que le croyant mérite, c'est-à-dire pour qu'il soit vraiment croyant, ayant acquis la foi à la sueur de son front. Alors, en effet, le Bon, le Juste aurait à le deviner dessous, à l'aller chercher derrière ces voiles, les plus épais de tous — surtout pour nous, croyants réalistes, — à le poursuivre jusque dans ces limbes du non-être où il se serait spontanément plongé. Voilà, j'espère, un champ vraiment vaste pour l'exercice de la libre et bonne volonté, une digne carrière pour la haute et profonde initiative morale, un but magnifique à se proposer quand on veut faire un aventureux voyage de découverte dans ces régions supérieures.

Cette espèce de suicide provisoire de Dieu pourrait donc être séduisant et commode pour expliquer pas mal de choses, s'il n'était pas si bizarre, et, en même temps, si l'on ne pouvait pas lui faire plusieurs graves objections ; d'abord, celle-ci :

Comment cet être, qui, alors, n'en serait même pas un, puisque par le fait il n'existerait plus, pourrait-il produire un effet quelconque et surtout un si puissant effet d'attraction universelle?

Ensuite, si l'on a pu dire avec justesse : qu'une fois rien ne soit, éternellement rien ne sera ; à plus forte raison pourra-t-on dire : qu'une fois nul ne soit, éternellement nul ne sera ; et à plus forte raison encore : qu'une fois la grande personne, la personne par excellence ne soit pas, éternellement elle ne saurait être.........

Peut-être donc vaudrait-il mieux réduire à ceci l'hypothèse : Dieu enveloppant (1) une partie de son être, mais après lui avoir donné, lui avoir mis au sein une vertu, une puissance de développement et d'épanouissement sans fin.

D'abord, Lui seul était. Il était la grande unité exclusive.

---

(1) Dans tous les cas, évidemment, il ne saurait envelopper cette parcelle, si petite qu'elle soit d'abord, au point de la réduire proprement à *rien*. *Ex nihilo* ne serait donc là que par figure, par hyperbole.

Il crée l'être autre que lui, c'est-à-dire — dans notre seconde hypothèse — ayant pris quelque chose de son être, il le ramène, le fait descendre, l'amortit jusqu'à l'être embryonnaire, initial, point de départ.

De là, le lien entre tout ce qui est, lien se retrouvant partout et qui se retrouvera toujours, jusqu'au bout, au bout surtout.

Mais, d'autre part, dans l'ensemble, chacun doit être un écho affaibli de ce qu'Il est, c'est-à-dire qu'il doit être, sinon seul comme Lui est — ce qui n'est pas possible —, du moins autre, isolé dans son être; et cet isolement ne peut, en un sens, qu'aller s'accentuant, semble-t-il, par le fait de l'initiative laissée à chacun, de plus en plus grande avec le progrès et le perfectionnement, spontanéité d'abord, liberté ensuite. On dirait des coureurs, qui, la barrière ouverte, partis tous de front, vont augmentant entre eux l'intervalle.

Il faut éviter avec soin le panthéisme. Car il n'accroît pas Dieu, comme il peut d'abord sembler le faire; bien loin de là : il le diminue, au contraire; quand même il lui laisserait la personnalité, qu'il lui ravit forcément. Ainsi, l'âme humaine serait diminuée et non pas accrue par le fait de ne pouvoir sortir d'elle-même, c'est-à-dire être désintéressée : comme La Rochefoucauld, par exemple, croyait qu'en effet elle ne le pouvait. De même encore la puissance de l'esprit doit être moindre aux yeux de qui l'enferme en lui-même et le réduit au subjectif : comme le font les idéalistes.

Telle est donc la faiblesse irrémédiable du panthéisme, selon nous. Aussi, nous avons bien garde de verser dans ce système, même avec notre deuxième hypothèse. Car nous supposons, alors, que Dieu aliène totalement ce dont il tire l'Univers. Et ne semble-t-il pas en effet qu'il y ait nécessité morale pour l'Un à l'origine d'éteindre un peu de son être pour mieux l'allumer, de reculer légèrement pour mieux sauter? Ne faut-il pas aussi qu'il fasse sortir l'être de son unité première? Grâce à cette partielle déchéance volontaire de l'Un, à cette aliénation avec enveloppement provisoire, surgit l'altruisme, qui compense cette perte d'être par un profit singulier, par un *quid novi* moral apparaissant alors pour la première fois. Cette distinction entre les êtres, faisant son entrée, amène sans doute avec elle le chacun en soi et chacun pour soi; mais elle engendre, en même temps, la possibilité du sacrifice, du dévouement à autrui, en engendrant la matière même ou objet de ce sacrifice, de ce dévouement; et c'est là Dieu en tous et pour tous.

Ainsi, le panthéisme retarde. Il remonte à l'ère primitive, à l'époque de l'immoralisme absolu, et s'y arrête. L'Un était tout à l'origine, il est vrai, mais il était tout ce qui était et non pas tout ce qui pouvait être. Depuis, en effet, la puissance s'épanouissant en acte, l'un s'est donné à l'autre, l'a fait être. Alors, l'altruisme est venu au monde. Et là, précisément, c'est-à-dire dans le sacrifice de l'un à l'autre, réside pour chacun la plus grande source d'être, de perfection.

Mieux vaut cent fois faire ainsi l'Un se sacrifier en partie que de le laisser moisir dans le *statu quo* primitif, dans sa misérable, immorale — ou du moins amorale —, perfection absolue solitaire. Ce chêne, même chargé de la plus belle frondaison d'attributs et de modes que l'on puisse imaginer, ne saurait faire une forêt. Car, en somme, c'est toujours lui, et lui seul.

Avant l'acte du Créateur, hors de lui n'existait que l'espace, le vide immense, la capacité sans bornes, mais ne contenant rien encore. Après l'acte, ce vide s'est rempli — du moins en partie — de l'*autre* et du

L'ÊTRE. — DIEU ET RELIGION   169

multiple : en quoi le créé s'est, dès l'abord, distingué profondément et doublement de son Créateur, c'est-à-dire de l'*Un*.

————

Il faut bien entendre ceci : « Dieu a tout créé de rien. » Il serait absurde de comprendre que c'est en se servant de « rien » comme un ouvrier se sert d'une matière première quelconque pour faire son œuvre. Alors, en effet, on pourrait, indifféremment, dire que tout le monde en ferait bien autant, et que personne ne serait capable de le faire. Car, d'un côté, « rien » est à la portée de chacun, et, de l'autre, « de rien » faire « quelque chose » est impossible à tout le monde et même impossible en soi.

A prendre la chose dans ce sens, Dieu est si loin de créer quoi que ce soit de rien, qu'au contraire c'est ici le cas où l'effet existe au préalable le plus éminemment dans sa cause, puisque celle-ci n'est autre (même sans faire intervenir, dans la circonstance, notre deuxième hypothèse) que la toute-puissance du créateur.

Entendue de la sorte, l'opération reste mystérieuse, sans doute, mais cesse d'être absurde (1).

(1) Quelques-uns de ceux qui n'admettent pas notre hypothèse ni aucune autre analogue, mais qui veulent que Dieu ait, en un certain sens, tout créé de rien, pour essayer de rendre un peu intelligible un pareil acte, ont emprunté aux mathématiques supérieures un symbole curieux. Indiquons ici la chose brièvement. Nous ne la donnerons que pour ce qu'elle vaut. Selon ces philosophes mathématiciens, disciples des Gratry, Boussinesq, Delbœuf, etc., etc., la limite du rapport d'une fonction peut être une valeur déterminée et unique, suivant la fonction première d'où elle dérive : $\frac{dy}{dx} = \frac{0}{0} = K$. Ainsi, étant données certaines conditions, le mathématicien peut, en heurtant des zéros l'un contre l'autre, former un nombre déterminé ; comme de deux froids cailloux entrechoqués on fait jaillir du feu ! Partant de là, pourquoi Dieu ne pourrait-il pas,

En créant, l'Un infini ne peut produire hors de lui que le fini, plusieurs finis. Il produit, même, ceux-ci en nombre indéfini ; et ils sont, par là, l'écho le plus fidèle possible du Créateur dans le créé.

dans la réalité concrète et vivante, faire d'une façon analogue de l'être avec du néant?

Ces tours de force de la mathématique pour résoudre des problèmes de pure métaphysique ne nous séduisent guère, quant à nous, et, loin de nous persuader, ne réussissent même pas à nous convaincre. Les domaines sont, à nos yeux, trop profondément distincts. C'est aussi l'opinion que F. Ravaisson exprime et appuie de bonnes raisons, à propos de la philosophie du père Gratry :

« ... Mais l'infinitésimal n'est qu'une entité logique... La méthode qui nous y conduit, comme à la limite idéale de la décroissance graduelle et continue des grandeurs, est-elle bien celle même par laquelle on s'élève à cet absolu de la réalité, qui est l'infini que considèrent la métaphysique et la théologie ?

« D'une manière générale, si les choses inférieures peuvent servir à nous faire apercevoir des supérieures,... elles ne nous servent pas proprement à les comprendre et à les prouver, mais c'est par le supérieur au contraire que se comprend et se démontre l'inférieur. Ainsi, ce n'est pas ce qu'on nomme dans les mathématiques l'infini, et qui n'en est qu'une ombre, qui peut servir à la démonstration scientifique de l'infini véritable, objet de la métaphysique ; c'est plutôt par l'infini véritable qu'est intelligible l'infinitésimal des mathématiciens ». Mais il faut voir tout le morceau dans le *Rapport de la philosophie en France au XIXe siècle*.

Là-dessus, un de mes amis, très versé à la fois dans les sciences et dans la théologie, — c'est lui, précisément, qui a imaginé, touchant la création, l'*analogie* mathématique de la dérivée $\frac{dy}{dx} = \frac{0}{0} = \frac{\infty}{\infty} = k$,

— me fait observer que l'infini des sciences abstraites, appelé quelquefois *syncatégorématique*, autrement dit *en puissance* d'infinité, ou indéfini, suppose — et prouve, par là même, — l'*Infini actuel* (non point le prétendu infini actuel des mathématiques, qui est contradictoire, mais le véritable, c'est-à-dire l'*Infini actuel* en tout genre de perfections, c'est-à-dire Dieu, d'où peut sortir *sans fin* toute réalité finie). Car, ajoute-t-il, *modus essendi sequitur esse* (= la manière d'être suit la nature de l'être) ; ce qui est infini dans un sens doit l'être dans tous ; une quantité infiniment grande ou infiniment petite n'est plus une quantité, n'étant plus susceptible d'augmentation ou de diminution. Plusieurs infinis actuels sont *en soi* pure absurdité. C'est par rapport à notre faible esprit que l'on

On peut encore observer ceci : Après l'acte de la création, il n'y a, en somme, pas plus d'être qu'auparavant, mais il y a, en plus, des êtres divers à côté et au-dessous de l'Être primitif, qui d'abord était seul.

compte plusieurs *ordres* d'infinis (a)..... Il ajoute encore : *Tout est dans tout*, en un certain sens. Toutes les connaissances se donnent la main. A bien considérer les choses, l'on peut aller de l'une à l'autre, même de plain-pied, *positis ponendis* : par exemple, le *lumen gloriæ* dans le ciel fera voir la liaison des vérités surnaturelles et des vérités naturelles, quoique l'esprit fini ne puisse jamais comprendre adéquatement l'infini..... Il y a une science unique et infinie, la science divine, que notre infirmité est réduite à dépecer..... Il parle, enfin, d'une sorte de *syllepse originelle* (contemporaine, pour chaque homme, de la création de son âme dès la conception), dont il ne doit, dit-il, qu'à lui-même l'idée première mais dont il a été très heureux, ajoute-t-il, d'avoir trouvé, depuis, la confirmation dans Tertullien, se référant à Sénèque sur ce point: bref, d'après cette « syllepse », il estime que la science infinie est, en quelque sorte, *confusissimo modo*, dans l'inconscient, d'où elle monte par degrés dans le conscient, où, marquée par la raison, elle est ensuite refoulée dans l'inconscient sous forme d'habitude..... Cette science infinie, seul le Créateur, en son *acte* éternel, la possède pleinement et la communique — avec l'être, et dans la mesure que celui-ci comporte en ses divers états.....

A cette objection, si riche d'indications et si savante, voici — le plus possible simplifiée et condensée — ma réplique, acceptée d'ailleurs volontiers par mon honorable contradicteur, pouvant donc servir de conclusion à cette longue note :

La façon de voir qui précède est loin d'être inconciliable au fond avec la nôtre. Tout se ramène ici, en somme, à cette question : L'acte n'a-t-il pas dû, forcément, précéder la *puissance*? Or, la réponse n'est pas douteuse, et elle ne saurait être que la suivante : Évidemment si, dans la réalité. Et nous pouvons ajouter, sans nulle crainte d'erreur, qu'il en est de même dans notre esprit; car celui-ci comprend aussitôt et accepte volontiers, lui aussi, cet ordre naturel et profond, cette légitime préséance de l'acte, comme seule apte à expliquer à ses yeux les choses de façon satisfaisante.

(a) Ces divers ordres d'infinis existent bien *réellement* mais ce ne sont que des indéfinis ou infinis *syncatégorématiques* et non pas *actuels* ou *catégorématiques*.

.˙.

Voltaire n'a jamais nié Dieu. Certains voltairiens l'ont fait, depuis, hardiment. Mais Voltaire n'était pas voltairien. Le philosophe de Ferney a pris, sur ce point, une position bizarre : Croyant en Dieu et en la sanction d'outre-tombe, il ne veut en ce monde ni culte, ni religion proprement dite, ni prière, et surtout point de prêtres ;..... quoiqu'il se soit contredit et qu'il ait varié là-dessus, comme sur tant d'autres questions. Mais enfin, le plus souvent il affirme qu'en deçà l'on ne doit pas s'occuper de l'au-delà : pas plus, par exemple, qu'une mouche ne se tourmente de l'araignée tant qu'elle vole libre, mais seulement quand elle est tombée dans sa toile..... On peut objecter, assez raisonnablement, qu'alors il est un peu tard. Oui, Voltaire, ce grand moqueur, ce grand rieur, est ici au plus haut degré naïf et ridicule. Il rappelle tout à fait celui qui disait : « Laissez : j'apprendrai bien à nager quand je tomberai à l'eau ! » (1)

Auguste Comte, avec sa religion sans Dieu, est tout l'opposé de Voltaire qui veut un Dieu mais pas de religion (2).

Proudhon fut, en réalité, un grand rhéteur plutôt qu'un fort dialecticien et surtout qu'un véritable philosophe. D'ailleurs, en supposant qu'ils soient profonds et sincères, peuvent-ils être bien réellement athées ces grands emballés contre Dieu, qui vont clamant : « Dieu, c'est le mal » ? Non, évidemment ;

---

(1) *Serum est cavendi tempus in mediis malis*
  (= Précaution vient tard au milieu du péril)
dit un vers de Sénèque.

(2) Que ces deux écrivains français sont opposés aussi par la langue et le style !

car ils ne s'emporteraient pas ainsi contre ce qu'ils prendraient pour un pur rien. Ce qu'ils veulent, dirait-on, ou plutôt, ce que veut pour eux leur colère, c'est, par des mots violents, « anéantir le Dieu qu'ils ont quitté » !

Renan, ce bonhomme souriant, a bien plus le tempérament d'un athée. Enfin, il y a moyen d'expliquer, d'accepter même le mot fameux : « Dieu, c'est le mal », tout en restant déiste, sinon croyant. Le tout est de bien l'interpréter. Dieu, c'est le mal, quand c'est un dieu imaginaire, une fausse croyance qu'on veut m'imposer injustement, tyranniquement. Mais ne disputons pas sur des mots : Dieu, alors, c'est le diable, « le premier digne de l'enfer », dit ailleurs Proudhon lui-même. Celui-ci donc, en somme, dans ce blasphème retentissant, ne fait qu'affirmer l'existence du diable, en niant celle de Dieu : tout l'opposé, en cela, de beaucoup d'autres qui disent qu'ils croient en Dieu mais non au diable. Il y a enfin ceux qui, comme on dit, ne croient ni à Dieu ni à diable. Ils croient seulement s'être mis bien au-dessus des autres parce qu'ils ont dépouillé ces vieilles croyances. Bizarre ! C'est précisément par prétention exagérée qu'ils aspirent ainsi à descendre, « ces rares esprits », et convoitent « ce misérable partage » de l'anéantissement final, « qui, d'ailleurs, ne leur est même pas assuré » ! Dans leur sot orgueil, ils aiment mieux cette triste perspective, de l'aboutissement à rien, que de devoir quelque reconnaissance à qui que ce soit. Ils sont heureux, disent-ils, de venir de rien, quittes à retourner là d'où ils sont venus. Ils jugent — eux, pourtant, si prétentieux — qu'ils ont ainsi tout ce qu'ils méritent. Ils sont fiers de ce lot, comme si par là ils devenaient créateurs d'eux-mêmes. S'ils doivent encore à *quelque chose* d'être ce qu'ils sont, du moins ils ne le doivent plus, pensent-ils, à *personne*. Et c'est ce qui fait la joie de leur orgueil.

Avec ces mêmes sentiments ils concilient aussi leurs fameux *Droits de l'homme*. Mais quels droits peut avoir, proprement, un être venu de si bas et qui doit retourner à son point de départ?

Non, ne parlons plus de droits, ne parlons plus de lois. Il n'y a de logiques, il n'y a de sensés que les croyants, ou bien, au pôle opposé, les anarchistes (1) et nihilistes. Tout le reste, tout l'entre-deux, radote plus ou moins piteusement.

Une espèce de néo-bouddhiste a écrit les lignes suivantes :

« ... Cette religion sans Dieu, toute de résignation, de piété, de justice,..... et n'attendant du devoir accompli d'autre récompense que la joie, la sérénité qu'il procure, pourrait donner à chacun pour devise la parole modifiée à peine de la Bhagavad-gita : « Rapporte à l'Idéal, rap-
« porte au Bien toutes tes œuvres, et sans espérance,
« comme sans souci de toi-même, combats et n'aie point
« de tristesse »; cette religion qui, partie de l'idée du néant, nous ferait patients et purs, nous communiquerait la douceur ou l'ivresse de la charité, de l'amour infini pendant notre court passage entre deux ténèbres, n'est-ce pas celle du Bouddha, plus ou moins transformée par la pensée moderne ?..... Ce qui fait l'originalité de cette religion, c'est qu'elle tend à sauver l'âme humaine par les seules énergies de cette âme..... Le nihilisme a reçu du bouddhisme sa première formule philosophique, et sa première et unique formule religieuse.... Or, du nihilisme même peut sortir la morale la plus haute;... et la morale ainsi peut être indépendante de toute croyance en un premier Principe..... »

---

(1) « Ni Dieu ni maître ». « Pas d'autre droit, individuel ou social, que celui du plus fort »......

Nous ne ferons qu'indiquer, dans ce qui suit, nos principales objections :

Mais comment se justifieraient et s'expliqueraient ici cette joie, cette sérénité, cette espérance, cet orgueil, puisqu'on ne serait sorti des ténèbres que pour y rentrer presque aussitôt ? N'est-ce pas purement insensé ?

Peut-on appeler cela « sauver » et même « tendre à sauver l'âme humaine », qu'alors « le désespoir habite et le néant attend », comme dit avec angoisse et raison le poète ?

Décidément, il faut avouer que, réduites à elles-mêmes, « les seules énergies de cette âme » sont bien faibles.

Est-il juste en soi que, parce qu'on n'aura pas eu en vue la récompense en faisant bien, on ne soit pas récompensé d'avoir bien fait ? On doit d'autant plus l'être, au contraire. Car, moins on l'attend, plus on en est digne, comme d'une agréable et sublime surprise. C'est l'indispensable couronnement du bien moral.

Quelle confiance mérite donc une doctrine qui veut asseoir de la sorte sur le néant la plus haute perfection, la perfection morale ? et quel respect une religion qui ne réalise ainsi que le comble de l'injustice ?

La morale qu'on nous prêche là ne saurait, évidemment, être raisonnée jusqu'au bout, ni même fort loin. Il vaudrait donc mieux qu'elle ne le fût pas du tout, c'est-à-dire moins encore qu'on ne le fait ici ou qu'on ne cherche à le faire, et que la chose fût, franchement, abandonnée au pur instinct. Car — nous l'avons dit ailleurs, il y a déjà bien des années, et nous croyons l'occasion excellente pour le répéter ici — : « Soyons tout à fait philosophes, ou bêtes tout à fait, pas de milieu. »

On a vu ce qu'il est sorti jusqu'ici et l'on prévoit ce qu'il ne peut que de plus en plus sortir — en fait de « morale la plus haute » et d'actes d'une vertu héroïque — du nihilisme moderne, issu de l'ancien bouddhisme, selon l'auteur, et professant, comme son ancêtre philosophique et religieux, « la morale indépendante de toute croyance en un premier Principe. » Qu'on juge l'arbre à ses fruits.

.˙.

Ζεύς, εἴτ' ἀνάγκη φύσεως εἴτε νοῦς βροτῶν.....
(Euripide, *Troyennes*, v. 886.)

Prenons, d'abord, la première de ces deux alternatives (εἴτ' ἀνάγκη φύσεως), et voyons ce qu'elle peut contenir de vérité. Pour que cette hypothèse, — suivant laquelle, la divinité serait l'ensemble des lois nécessaires et immuables de la nature, — fût fondée, il faudrait d'abord que cette nécessité inhérente à la nature fût elle-même bien établie. Or, M. Em. Boutroux, entre autres, dans sa thèse *De la contingence des lois de la nature*, nous fait voir, avec tous les détails, toute la précision voulue, que c'est plutôt le contraire qui l'est. Contentons-nous de citer d'abord deux courts passages empruntés au chapitre V (*Des corps*) de cette œuvre si remarquable :

« ... En ce qui concerne les choses réelles, la nécessité mécanique n'est pas certaine ; et rien ne prouve que la réalisation des conditions mécaniques des phénomènes physiques ne soit pas précisément l'un des cas où se manifeste la contingence du mouvement.......... Tandis que, dans le cas des phénomènes mécaniques ordinaires, le mouvement, manifestation d'une résultante, est purement et simplement un changement survenu dans les rapports de position de plusieurs masses étendues ; dans le cas des phénomènes physiques, le mouvement, caché dans les replis de la matière, demeure sans résultante, mais supporte des propriétés nouvelles et supérieures. Relativement simple dans le premier cas, il est, dans le second, d'une complication comme infinie. On ne peut d'ailleurs concevoir comment un mouvement quelconque aurait dans un autre mouvement sa raison *suffisante*; et il peut suffire d'une variation extrêmement faible dans les mouvements élémentaires pour entraîner, dans les conséquences éloignées, des changements considérables. S'il en est ainsi, n'est-il pas vraisemblable qu'il y a une part de contingence dans la production des conditions mécaniques des phénomènes physiques, et que l'apparition de ces derniers, encore qu'ils puissent être liés uniformément à leurs conditions mécaniques, est contingente elle-même ? »

« En elle-même, la loi de la conservation de l'action physique se prête mal à la vérification expérimentale. Elle implique une unité de mesure de l'ordre physique proprement dit. Or, l'hétérogénéité réciproque des états physiques met obstacle à la comparaison quantitative. La part du changement l'emporte déjà sur la part de la permanence, parce que l'élément qualitatif joue déjà un rôle considérable. Les lois physiques et chimiques les plus élémentaires et les plus générales énoncent des rapports entre des choses tellement hétérogènes, qu'il est impossible de dire que le conséquent soit *proportionnel* à l'antécédent, et en résulte, à ce titre, comme l'*effet* résulte de sa *cause*. L'élément fondamental commun entre l'antécédent et le conséquent, condition de la liaison nécessaire, nous échappe presque complètement. Il n'y a là, pour nous, que des liaisons données dans l'expérience et contingentes comme elle. »

Bref, l'enchaînement des phénomènes physiques ne serait pas d'une rigueur absolue, mais le tissu des conditions serait — déjà dans le monde matériel, et même inorganique — doué d'une certaine « élasticité ».

Partant de là, n'est-il pas admissible que « le monde vivant profite de cette indétermination » ? C'est ce que l'auteur s'efforce d'établir, au chapitre suivant (*Des êtres vivants*) :

« Les éléments, la matière de la vie sont, il est vrai, exclusivement des forces physiques et chimiques ; mais ces matériaux ne restent pas bruts : ils sont ordonnés, harmonisés, disciplinés en quelque sorte par une intervention supérieure. La vie est, en ce sens, une véritable création. »

« ... S'il est vrai que l'enchaînement des phénomènes physiques proprement dits, conditions des phénomènes physiologiques, ne soit pas fatal, est-il inadmissible que le monde vivant profite de cette indétermination ? que les êtres organisés, doués par eux-mêmes d'une certaine mobilité, d'une faculté de développement et de progrès (1), parviennent à profiter de ces dons de la nature et à se déployer en tous sens, grâce à l'élasticité même du tissu des conditions physiques ? »

Ainsi, loin que Dieu puisse être « la nécessité de la nature », cette nécessité n'est pas réelle, à la prendre dans toute la rigueur du terme. Au lieu qu'elle puisse appuyer l'existence de l'Être Suprême, c'est au contraire l'existence de celui-ci qui doit l'appuyer, bien mieux, la suppléer elle-même (2). Cette nécessité

---

(1) L'auteur vient de dire, en effet, au paragraphe précédent, en résumant tout son chapitre VI (*Des êtres vivants*) : « Ainsi, le mode de l'organisation semble varier, non seulement chez l'individu, mais même, jusqu'à un certain point, dans l'espèce ; et ces variations ne sont pas indifférentes, mais constituent, soit une décadence, soit, plus souvent peut-être, un perfectionnement. On peut donc penser que la quantité de vie ne demeure pas constante dans l'univers ; et que la nature des phénomènes physiologiques n'est pas entièrement déterminée par les lois qui lui sont propres. »

(2) Εἶναι καὶ ἐνταῦθα θεούς (= là aussi apparaît le doigt de la divinité), dit Aristote, contemporain et compatriote d'Euripide. Et M. Boutroux a eu, précisément, l'heureuse et ingénieuse idée de prendre ce mot profond pour le mettre en épigraphe à son livre.

physique, quoique brutale et grossière, n'est donc en fin de compte qu'un vain fantôme, qu'une simple apparence, derrière laquelle se meut la liberté de l'Être moralement nécessaire, qui, seul, peut tout faire être de même que tout expliquer.

Quant à la deuxième alternative (Ζεύς..... νοῦς βροτῶν), nous ne saurions l'accepter davantage, bien entendu. Mais, pour le moment, nous nous contenterons, sur ce point, de quelques brèves indications :

Descartes, en particulier, malgré la haute idée qu'il avait de la raison humaine, a parfaitement compris et fait comprendre notre essentielle imperfection, quand nous nous comparons à Dieu, d'après la notion que nous en avons. Il a même tiré de là une preuve nouvelle de l'existence de cet être accompli.

Et son disciple indépendant, Spinoza, tout panthéiste qu'il est, affirme qu'il n'y a pas plus de rapport entre l'intelligence divine et la nôtre qu'entre le Chien, constellation céleste, et le chien, animal aboyant.

On trouve, même, des penseurs qui, tout athées qu'ils sont au fond, ont cependant, en un certain sens, fait nettement la distinction. Ainsi, pour Hégel, Dieu, loin d'être réalisé en nous, est purement idéal. Il n'*est*, proprement, nulle part : il *devient*. Vacherot et Renan ont reproduit cette opinion, quand ils ont fait de Dieu « la catégorie de l'idéal ». Renan dit encore quelquefois que Dieu est peu à peu « organisé par la science ». Pour d'autres, qui sont des espèces de néo-mystiques, Dieu est « l'intégration des âmes dans l'absolu ».

Euripide n'est donc là que l'écho de l'orgueil de la pensée grecque, orgueil qui venait de se déployer en acte dans l'œuvre puissante d'abord d'un Thucydide, puis d'un Platon et d'un Aristote, par exemple. Elle aussi, à cette époque, dans son enivrement de vertigineuse grandeur, semblait avoir pris pour devise : *Quo non ascendam?* (= jusqu'où ne m'élèverai-je pas dans mon ascension?), et elle avait cru ne devoir s'arrêter qu'au bout, au point où là-haut, au plus haut, se referme le cercle infini, à la « Pensée de la pensée », à Dieu.

*
* *

L'araignée au centre de sa toile, — présente sur tous les points à la fois, en quelque sorte, par le contre-coup qu'elle reçoit immédiatement de tout ce qui s'y passe, et aussi parce qu'elle peut se rendre rapidement à n'importe quel point pour y exercer sa propre activité, — n'est qu'une faible image de notre âme dans notre corps ; et celle-ci, à son tour, n'en est qu'une très faible de Dieu dans l'univers. Car Dieu non seulement connait tout l'être jusqu'au fond, mais encore tous les possibles et il voit l'excellence relative de l'un ou de l'autre. De plus, il choisit librement le meilleur et exerce sa libre activité sur l'ensemble comme sur le détail de ce qui est à créer aussi bien que de ce qui est créé, sans froisser les libres volontés dérivées de la sienne, sans entraver les initiatives particulières des personnes, sans remplir lui-même les marges qu'il a bien voulu leur laisser. De même que l'araignée, — comparaison des plus lointaines, bien entendu, — tout en étant la maîtresse absolue des nombreux et divers petits êtres qui peuvent se trouver sur les fils de sa toile, n'empêche pas cependant d'être et même d'être libres tous les animalcules qui doivent certainement s'y trouver ; seulement, elle, c'est parce qu'elle ignore ces petits êtres, ou, tout au moins, qu'elle les dédaigne, ou bien ne peut pas les saisir. Dieu, au contraire, voit tout, atteint partout et ne méprise rien. A ses yeux, l'insecte, et même le microbe vaut un monde : ils lui ont autant coûté, c'est-à-dire pas davantage l'un que l'autre. Ses concessions à l'être créé ne viennent donc pas chez lui de l'ignorance, de l'impuissance ou d'une imperfection quelconque, mais bien, au contraire, de ce qu'il *est* et de ce qu'il *connaît* surabondamment.

Nous croyons être à nous et aller où nous voulons. Et Dieu nous a, Dieu nous mène. Il nous mène au grand but final que nous ne connaissons pas, que nous pouvons tout au plus soupçonner; et il nous y mène chacun en particulier et tous de front. Mais son vrai tour de force n'est pas encore celui-là peut-être ; c'est plutôt celui qui consiste — mystérieusement et presque miraculeusement — à nous y mener lui-même, en somme, tout en nous laissant cependant suffisamment libres, dans le détail, d'aller où nous voulons.

*
* *

Dieu et la matière.

L'opinion qui affirme l'existence d'un principe du mal aussi puissant que Dieu, principe du bien, et se dressant en face de celui-ci aussi haut que lui, pourrait se concilier avec cette autre — fort embarrassée, d'ailleurs — de certains anciens sur le compte de la matière, et qui en fait une espèce d'être non-être. La conciliation pourrait se faire dans les termes suivants, par exemple :

La matière est la résistance — réelle et vive — du néant à être. Elle était pure et triomphante au commencement, avant la création, et se dressait devant la souveraine puissance, qui l'a en partie terrassée et vaincue en créant. Mais cet archange Saint-Michel de suprême envergure n'a pas réussi, — ne pouvait, quoique tout-puissant, réussir, la chose étant impossible en soi, — à venir à bout d'un pareil démon, de ce premier coup direct. Il s'est donc ravisé, et voici comment : par un coup détourné, il le fait périr à petit feu. Grâce à l'évolution, au progrès, il le fait se dévorer lui-même. Car c'est précisément ce qui, dans l'être, n'est pas, qui sert à faire être davantage ce qui est déjà, en fournissant *matière* à son développement. Et ainsi, ce qui n'*était* pas arrive à l'être; le vide d'être se comble; et cela, par l'être créé seul, par sa propre initiative, ce qui est le grand point, la créature se perfectionnant, s'achevant de la sorte elle-même, se faisant donc réellement être spontanément, c'est-à-dire imitant son Créateur. Cela est vrai surtout, vrai dans toute la profondeur de la chose, pour l'être personnel et dans le domaine moral, — ainsi que nous le précisons ailleurs.

Les deux principes se ramènent donc, au fond et finalement, à un seul; et Dieu triomphe avec éclat de la matière, qu'il fait même servir à ses fins : puisque c'est en s'appuyant, en quelque sorte, sur elle, sur ce point de résistance du néant, qu'il soulève ce néant même jusqu'à l'être; c'est par elle qu'il fait être *l'autre*, qui, sans elle, n'était pas *capable* d'être. Et précisément cette immense *capacité*, l'espace, n'est qu'une forme sensible qui nous représente, comme par une espèce de métaphore de la nature, cet étrange être non-être.

Du fait énoncé plus haut, à savoir que c'est grâce à la matière que l'être créé est réellement existant, parce que par elle, et par elle seule, il peut spontanément augmenter son être, ayant — à cause d'elle, à cause de ce vide d'être qu'elle est — de la marge laissée pour le faire, de cela donc on peut tirer l'intéressante déduction suivante : C'est justement à l'occasion de la matière — qui cependant *est* si peu qu'elle n'est, pour ainsi dire, rien — que nous atteignons, comme par une vaste trouée, le fin fond de l'être réel, ce noyau par lui-même obscur, opaque, mais solide, et foyer de toute lumière, de tout connaître aussi bien que de tout être ; et c'est, essentiellement, la spontanéité : laquelle, à sa plus haute cime, fleurit et s'épanouit en libre volonté ! Oui, voilà l'essence de ce qui est appelé à remplir, à peupler l'immensité ! Mais cette essence, ce fin fond de l'être est caché dans sa lumière même ; l'intuition seule, par subites échappées, par éclairs, pénètre jusque-là.

Descartes, avec son imagination géométrique, et faisant géométriquement de la métaphysique, avait entrevu juste quand il avait dit que l'étendue est essentielle à la matière, qu'elle en est comme l'étoffe. Il faut ajouter seulement qu'elle ne lui est essentielle que par le côté non-être de la matière, que nous venons de considérer.

Pour avoir des lumières sur le côté être, il faut recourir à Leibniz, au contraire, et à ses monades. En revanche, celui-ci n'a pas eu l'intuition nette, exacte et profonde de ce côté non-être et de toute son importance. Par ce côté-là, la création n'a pas été achevée et elle n'est pas continuée par le Créateur lui-même, mais se continue toute seule, spontanément, Dieu n'ayant, pour ainsi dire, rien de commun avec l'étendue ou avec l'espace, étant aux antipodes de cela, — puisqu'il est parfait et que son être est plein.

Par un côté tout autre, par le côté durée, au contraire, la création est continuée par le Créateur, ou tout au moins elle est par lui maintenue. Ce côté, c'est la main-mise de Dieu sur elle, c'est comme l'anse par laquelle il la tient. C'est que Dieu, par sa nature, est beaucoup moins étranger au temps qu'à l'espace (1) : il est éternel, c'est-à-dire qu'il dure éminemment, qu'il échappe, dans sa durée, au changement, dont il n'a pas besoin et auquel il n'est pas soumis. On a dit, avec poésie et non sans quelque vérité, quoique vaguement : « Le temps est l'image mobile de l'immobile éternité. » On peut ajouter, pour préciser un peu : Il est l'éternité adaptée à ce monde, qui doit évoluer et aller toujours au mieux. Dieu met de l'eau dans son vin éternité et offre ce mélange à ses créatures, qui y puisent, en durant, le moyen de faire passer à chaque instant quelque chose de plus de leur non-être à l'être, c'est-à-dire de se perfectionner sans cesse, et, par là, de se rapprocher toujours de lui. Mais il se garde bien de leur présenter la liqueur toute pure. Ce n'était que sous l'empire de l'esprit de système que Spinoza (2), illusionné, se figurait en boire, et qu'à certains moments il allait même jusqu'à en être ivre par persuasion. Nous sommes si loin d'être éternels qu'à peine sommes-nous capables de comprendre un tant soit peu ce que c'est que l'éternité. Nous pouvons seulement en entrevoir parfois comme un reflet qui passe dans un éclair d'intuition, ou bien de loin en loin l'apercevoir ainsi qu'une vague aurore qui point là-bas à l'infini au bout de notre marche en avant vers la perfection. Réduits le plus souvent à nous en faire une idée d'après le temps, nous altérons profondément sa nature et la voyons tout autre qu'elle n'est, dans cette image trompeuse. Car chez elle est absent cet écoulement sans fin qui caractérise le temps,

(1) *Dieu garde la durée et nous laisse l'espace*, dit V. Hugo.
(2) « Nous sentons que nous sommes éternels », dit-il quelque part. Mais ce n'est là qu'une opinion et un langage de panthéiste, qui se prend pour une partie intégrante de la divinité.

et qui a été peint en termes si saisissants par les grands poètes — en vers ou en prose —, les meilleurs métaphysiciens, les plus profonds, les plus suggestifs, les plus près de la chose — en intuitifs, en voyants qu'ils sont (1).

.˙.

Sans doute elle est absurde la pensée de ceux qui, diminuant Dieu et le mettant presque au-dessous de l'homme, veulent que, dans l'acte de la création, il ait travaillé, sinon dans son intérêt matériel, pour ainsi dire, du moins pour je ne sais quel luxe, quel pompon de gloire. Mais cependant, qu'il le cherche et le poursuive ou non, et d'autant plus s'il ne le cherche ni ne le poursuit, n'est-il pas, précisément, glorieux alors pour lui au suprême degré, de créer ainsi non par besoin et par manque mais par excès, par trop-plein d'être, par amour gratuit, parce qu'il est bon ? Et, d'autre part, peut-il ignorer que cela lui est glorieux et met à son être comme un couronnement magnifique dont il serait privé autrement ? Mais, pour qu'il l'ignorât, il faudrait qu'il fût inintelligent, inconscient. Or, bien loin de là : il est, au contraire, l'intelligence et la conscience de l'être dépourvu par lui-même de ces attributs. Et c'est justement pour cela que ce dernier être a l'air le plus souvent si intelligent, si conscient, si sûr de lui, quant il agit. Nous-mêmes sommes dans ce cas lorsque nos actions sont guidées

---

(1) Qu'on relise, par exemple, un passage de saint Augustin dans la dernière partie de ses *Confessions*, — plusieurs de Bossuet (sermon *Sur la mort* : « ..... Maintenant nous en tenons un ; maintenant il périt..... » ; le fragment : « ..... Marche, marche !........ », etc.), — un grand nombre de V. Hugo (la tirade qui se termine par ce vers : « Pas du temps qui s'enfuit » ; dans Napoléon II : « L'avenir, l'avenir... », « Oh ! demain... » ; etc.), — etc., etc.

par l'instinct ou par cette seconde nature, par cette nature acquise qu'on nomme l'habitude. Tant de promptitude et de sûreté éclatent alors qu'il faut bien qu'il y ait là-dedans quelque chose de divin. A plus forte raison, quand il agit lui-même, Dieu ne peut ignorer pourquoi il agit et les conséquences de ses actions. Il était donc fort difficile à Dieu, du moins aux regards de notre faible intelligence, d'éviter l'égoïsme dans la création. La chose était même impossible en soi, à suivre toujours la droite voie. Car, avec son omniscience, la fin, la fin des fins de sa conduite ne pouvant lui échapper, il se fût mis au rouet : sa toute-puissance n'aurait pu le faire sortir du cercle vicieux dans cette fuite — impossible en soi — de l'égoïsme. Et même, en fuyant de la sorte, il fût tombé dans un égoïsme de plus en plus subtil et raffiné. Les arguments de La Rochefoucauld valent aussi bien, au fond, contre lui que contre nous. Mais alors il fallait donc qu'il se résignât à être moralement au niveau — sinon au-dessous — de l'homme, sa créature. Etait-ce possible, cela aussi ?

Comment s'y est-il donc pris? A quel subterfuge a-t-il eu recours? A un très simple, si simple qu'à peine il en est un. Par une espèce de coup de génie dont seul il était capable, il se l'est fait fournir précisément par cette créature supérieure, par l'homme, qui, ainsi, au lieu de vaincre son Créateur, ne fait qu'user du merveilleux moyen que celui-ci met, là, à sa disposition pour préparer son propre triomphe, un parfait triomphe, du moins à sa mesure d'être créé ; et voici de quelle manière : Dieu a bien voulu, dans ce cas singulier, limiter sa puissance créatrice, ou plutôt la communiquer ; il a créé, c'est-à-dire laissé à remplir — à remplacer par un réel — un pur possible, un absolu, indépendant de lui en tant qu'absolu ; et il l'a mis au faîte du faîte de la Création, au plus haut de l'homme : c'est la libre volonté, qui transporte à des hauteurs sublimes notre front éclairé par un rayon du ciel.

Ainsi, Dieu nous a cédé quelque chose de sa puissance souveraine, quelque chose de douteux selon l'usage que nous choisirons d'en faire, arme à double tranchant entre nos mains, présent dont il nous a honorés de façon insigne mais sans savoir lui-même s'il tournerait bien ou mal pour nous en fin de compte. Abdication sublime en notre faveur, quoique dangereuse et obscure. C'est Dédale passant les rênes à Icare.

Quoi qu'il en soit, Dieu se rendait ainsi capable de désintéressement véritable, ne sachant pas au juste ce qu'il donnait, ne devant ni ne voulant le savoir, s'étant là-dessus bouché, en quelque sorte, toute ouverture sur l'avenir, sur cet avenir qui, sauf ce point, lui est tout entier toujours présent dans son éternité. La chose est sans doute merveilleuse et mystérieuse ; mais c'est précisément par le moyen de ce mystère que se débrouille l'autre. C'est dans le second que le premier prend ses plis et replis. Un mystère ne va jamais seul.

Si l'on ne trouve pas satisfaisant ce que nous venons de dire pour tâcher de sauver la perfection morale de Dieu, voici ce que nous pouvons ajouter :

Qui ne veut pas s'arrêter au panthéisme ou tout au moins à la notion d'un Dieu égoïste, ramenant tout à soi, doit bien concevoir ceci : Il faut que Dieu soit parfait avant et sans la création, il faut que déjà il soit le Tout-Puissant et le Bon-Dieu. Il ne doit même pas se trouver dans la nécessité d'exercer et, en quelque sorte, d'objectiver toutes les qualités qui sont en lui pour s'en donner le spectacle à lui-même (espèce de presbyte, alors, qui aurait besoin de mettre les choses à une certaine distance, afin qu'elles soient à son point de vue), encore moins pour le donner à quelque autre, comme s'il pouvait être sensible à quelque satisfaction d'amour-propre et de vanité. En créant, il fait un don d'être, don qui ne lui coûte rien, de même qu'il est entièrement gratuit. Son acte est de pur luxe, de superfétation, du moins quant à lui, quant à sa propre perfection. A nos yeux seulement cet acte apparaît comme la belle et féconde efflorescence de sa bonté servie par sa toute-puissance.

Nous ne saurions pénétrer à fond ce mystère, bien entendu ; mais, sans ce mystère, tout inintelligible qu'il est pour nous, nous ne saurions comprendre assez Dieu pour l'admettre. Nous ne pouvons le saisir, en effet, que par sa bonté désintéressée. Or, c'est là qu'elle éclate pleinement. Pourquoi Dieu aurait-il créé par intérêt personnel ? Il ne pouvait avoir besoin de ce qui n'était pas, lui qui n'a nul besoin même de ce qui est, de ce qu'il a fait être. « L'insensible néant t'a-t-il demandé l'être ? » Non, évidemment ; mais allons plus loin : rien en ce néant ne le rendait digne d'être, ni désirable pour personne, et encore moins pour Dieu, qui *était* déjà parfaitement, sans aucun vide d'être.

S'il a créé, c'est donc par pure bonté, par bonne volonté. Et comme la Création doit forcément porter sa marque, le sceau de l'ouvrier, il faudra qu'on y trouve partout quelque trace de volonté. Seulement, en bas de l'échelle des êtres, il n'est laissé que très peu d'initiative, sous forme d'abord de simple contingence, ensuite de spontanéité. Elle accroît en montant, jusqu'à l'être doué de vraie volonté, de volonté libre, pour qu'elle puisse être bonne en lui comme en Dieu.

Toutefois, cette liberté n'est jamais complète dans le créé ; ce n'est jamais qu'un rayon dans les ténèbres. C'est qu'il faut aussi que la Création reste un κόσμος, c'est-à-dire traduise, au moins dans son tout, cet autre caractère essentiel du Créateur, l'unité. Aussi, même aux actes libres de l'homme il n'est pas permis de déranger le monde, de troubler l'harmonie de l'ensemble. La statistique et la loi des grands nombres sont là pour le prouver. Sur les individus mêmes, pris en particulier, pèsent les habitudes, de plus en plus tyranniques, et qui tendent à nous remettre sous le joug de la primitive nature. Ainsi, Dieu laisse flotter, dans l'homme — avec une certaine liberté, jamais complète — les rênes de l'être de plus en plus jusqu'à ce milieu, l'acte libre ; mais il les relève aux deux extrémités, où elles vont finalement s'attacher d'un côté à la nature et de l'autre aux habitudes : il le fallait sous peine de dispersion de l'être et d'anarchie, en quelque sorte, dans la Création. Et d'ailleurs, la liberté morale en nous ne peut être fondée que sur la liberté — absolument absolue celle-là — du Créateur, sans laquelle elle ne saurait être, pas plus que le reste.

Nous sommes ainsi amenés à relâcher quelque chose de notre indépendance par rapport à Dieu, et nous nous rapprochons sur ce point de la doctrine de saint Thomas et de Bossuet.

A ces trois doctrines, le panthéisme, le dualisme et la création *ex nihilo*, touchant l'origine de l'univers, nous pouvons emprunter ce que chacune a de bon, selon nous, pour en former la nôtre par synthèse. Voici comment :

Avant que l'univers fût, en dehors de Dieu, il n'y avait rien ; en d'autres termes, l'*autre* était le néant. Et cela n'est pas un pur truisme, comme nous allons voir.

Quand Dieu, concevant cet *autre* qui n'était pas encore, a voulu qu'il soit, son infinie puissance s'est heurtée à la résistance, également infinie, du néant à être (1). C'est la part du dualisme (2).

La toute-puissance de Dieu a triomphé de cette résistance. Voilà la création *ex nihilo*. Toutefois, son triomphe en un sens n'a pas été parfait : non pas précisément par la moindre impuissance — soit, par exemple, défaite partielle dans ce duel, soit concession faite quand même, n'importe pourquoi, au néant vaincu —, mais parce qu'il fallait bien que l'*autre* fût autre que l'Un : pour être réellement, à côté et au-dessous de lui. Et voilà, chemin faisant et par surcroît, la meilleure explication du mal, de l'imperfection inévitable, du non-être dans l'être créé.

Car il faut bien comprendre tout ce qu'est cette victoire sur le néant : faire être ce qui n'était pas est un tour de force bien supérieur à celui d'augmenter cet être, de le faire devenir davantage, une fois qu'il est. Aussi, cette dernière partie de l'étape, moins difficile, il la laisse à faire en partie à l'être lui-même; d'autant

---

(1) Il faut, seulement, à cette dernière infinitude ajouter une légère restriction, dans la mesure où il y a du réel, ou plutôt, — avant l'acte créateur — d'aspiration à la réalité dans les simples possibles.

(2) V. Hugo fait dire par Satan à Dieu :

> Toi le bien, moi le mal ! Est-ce que c'est possible ?
> Le monde gouverné par un double invisible.

Pour nous, ce deuxième invisible serait le non-être, le néant d'avant la création, résistant à être, et qui échappe à nos yeux et à nos sens en général, ainsi qu'à notre intelligence, à force de ne rien être; tandis que le premier invisible, Dieu, leur échappe, au contraire, à force d'être. Toutefois, de même qu'il nous arrive d'apercevoir quelque chose de ce dernier par éclairs, ainsi l'autre nous apparait sous l'aspect du grand espace vide, de ce trou béant au flanc de l'être.

plus que, pour être complètement achevé, il faut que ce soit lui-même qui s'achève.

L'*autre*, que le Créateur a ainsi fait être, reste toujours, en un certain sens, quelque chose de lui, comme produit de son intelligence, de sa bonté, de sa puissance. Voilà pour le panthéisme. Mais, pour qu'il soit proprement un produit, une création, il faut qu'il soit réellement autre. Vouloir ajouter l'être de *l'autre* à l'Un pour augmenter celui-ci, c'est faire le contraire de ce qu'on se propose ; c'est le diminuer. Et voilà l'erreur et le tort du panthéisme.

L'*autre* restera-t-il toujours autre ? L'Un ne l'attend-il pas au bout du perfectionnement, pour le recevoir dans son ample sein, où il irait s'engloutir et se perdre ? Nouvel abîme du panthéisme, qui s'ouvre encore ici, à l'autre extrémité, et qu'il faut aussi combler.

∴

Selon Leibniz, il y a en Dieu même une matière idéale. Nous pouvons bien l'affirmer avec lui ; mais expliquons-nous : pour nous, cette matière idéale en Dieu, c'est simplement l'idée du néant à faire *être* et à faire *autre*. Cette idée tout d'abord n'est qu'une pure idée, puisqu'elle n'a d'*être* dans son objet qu'autant que le néant peut en avoir, c'est-à-dire point du tout ; et, après l'acte de la création, même tout l'être possible du créé étant développé, elle reste *autre*, à moins qu'on n'admette le panthéisme à ce bout, auquel cas toute matière cesserait d'être en Dieu — ou mieux, disons : *cesserait d'être* tout court, Dieu alors étant tout —; et ce serait le parfait triomphe du monisme panthéistique. Mais ce serait, en même temps, diminuer Dieu et, en lui faisant ainsi forcément tout ramener à lui-même, lui fermer toute porte au désintéressement dans son intention dernière.

On nous objecte : Dieu n'a pu avoir en vue que lui-même en créant le monde. Car, comment aurait-il pu créer pour ce qui n'était rien encore ? Et d'ailleurs, qu'est-ce qui, à côté de lui, aurait pu avoir de la valeur ?

Nous avons vu, nous aussi, que l'égoïsme est le vrai, même pour l'homme. Il y a, seulement, égoïsme et égoïsme. On n'atteint jamais que son propre bien, même quand on ne le poursuit pas, et alors surtout. Mais il ne conviendrait pas que le désintéressement fût toujours et partout une pure illusion, comme il l'est ici-bas, quand nous visons le bien d'autrui et que, par cela même, nous atteignons le vrai nôtre. Il faut qu'il y ait un monde de lumière dans le désintéressement, d'absence de besoin, d'abondance, le monde triomphant, monde divin par excellence.

Le dieu de Hartmann.

Quelle pauvre brute douloureusement et bêtement féconde que ce Dieu, cet Inconscient ! Il fait le monde, les êtres individuels, sans le sentir ; et cependant, cela le soulage.

Comparez, si vous ne craignez pas de commettre une profanation, un pareil Dieu à celui de Platon et du Christianisme, qui crée parce qu'il est bon, qui donne l'être à autrui par perfection, exubérance, trop-plein d'être propre.

Le dieu de Hartmann ne donne rien qu'à lui-même ; et encore, ce qu'il donne ainsi est purement négatif ; et encore, ce don négatif, il ne peut pas se le faire directement, et c'est pour se le faire faire qu'il fait les êtres individuels ; et il les fait pour atteindre ce but sans cependant savoir ni seulement pouvoir soupçonner ce qu'il fait ni pourquoi il le fait. Et quelques-uns des individus ainsi créés, ou du moins formés, sortent conscients de l'Inconscient. Et leur devoir essentiel est de se dévouer pour cette pauvre brute d'Inconscient, de « collaborer à l'abréviation de cette voie de souffrance et de rédemption », en d'autres termes, de s'administrer et de lui administrer par cela même, en leur propre personne, la plus forte dose possible de morphine morale, afin de calmer sa souffrance, de le mortifier, de l'anéantir, et cela, pour la plus grande satisfaction de la logique, de la raison, qui survivra seule, régnant sur l'univers détruit, et triomphant à juste titre d'une pareille brute, ainsi que de toute sa progéniture — qui, alors, par le fait, ne méritait pas de vivre.

De tout ce riche tissu d'absurdités, détachons seulement celle-ci, par exemple, pour la mettre un peu en relief : la conscience ne serait donc en nous qu'un feu follet qui s'allume par hasard au milieu des éternelles ténèbres, pour s'éteindre presque aussitôt ! Quelle réussite prodigieuse pour n'avoir ainsi que la destinée d'une bulle de savon !

Ne vaut-il pas mieux, cent fois, la bonne vieille tradition ? Comme elle semble belle encore, à côté de pareilles insanités, d'inventions si hideuses ! Allons l'admirer un peu dans la sobre et sévère — mais quand même superbe — toilette que sait lui faire la langue d'un Bossuet. Voici deux passages classiques du *Traité de la connaissance de Dieu et de soi-même* (vers la fin du dernier, on dirait même que celui qu'on a nommé « le prophète du passé » l'a été — pour une fois — de l'avenir, et qu'il a pressenti Schopenhauer et Hartmann) :

« L'homme voit tout soumis à des lois certaines et aux règles immuables de la vérité. Il voit qu'il entend ces lois du moins en partie, lui qui n'a fait ni lui-même ni aucune autre partie de l'univers pour petite qu'elle soit ; et il voit bien que rien n'aurait été fait, si ces lois n'étaient ailleurs parfaitement entendues ; et il voit qu'il faut reconnaître une sagesse éternelle, où toute loi, tout ordre, toute proportion ait sa raison primitive. Car il est absurde que cette suite, cette proportion, cette économie ne soit nulle part bien entendue. »

« Il est naturel que l'imparfait suppose le parfait, dont il est pour ainsi dire déchu : et si une sagesse imparfaite telle que la nôtre, qui peut douter, ignorer, se tromper, ne laisse pas d'être, à plus forte raison devons-nous croire que la sagesse parfaite est et subsiste, et que la nôtre n'en est qu'une étincelle. Car si nous étions tout seuls intelligents dans le monde, nous seuls vaudrions mieux, avec notre intelligence imparfaite, que tout le reste qui serait tout à fait brute et stupide ; et on ne pourrait comprendre d'où viendrait dans ce tout qui n'entend pas, cette partie qui entend, l'intelligence ne pouvant pas naître d'une chose brute et insensée. »

Un philosophe français contemporain qui a étudié sur ce point la philosophie de Hartmann, s'est demandé « quelle est la nature de cette souffrance transcendante de Dieu antérieure au monde » ; mais il n'a certainement pas bien saisi la pensée sous-entendue du fameux auteur allemand quand il conjecture que « le mal de l'absolu consiste en la dualité de ses attributs, représentation ou attribut logique et volonté ou attribut illogique » ; car ce dieu bizarre ne possède, par donnée, à aucun degré le premier de ces deux attributs. Non, ce n'est pas la « représentation ou attribut logique » qui peut le gêner en quoi que ce soit, puisqu'il est aveugle et inconscient par essence, si bien que c'est même de là qu'il tire son nom et son plus beau titre.

L'auteur français, en l'espèce, n'est donc pas bon vétérinaire : il a très mal ausculté cette grande bête, puisqu'il trouve que sa souffrance, sa maladie a pour siège un organe, qui est totalement absent chez elle, et qu'elle vient de l'opposition, de la lutte entre deux principes dont l'un au moins lui est tout à fait étranger. Ce principe qu'elle ne saurait avoir par elle-même ni en elle-même, ne surgit précisément que *par* et *dans* une partie remarquable et inexplicable de ce qu'elle fait pour se soulager. Ainsi, « l'effort divin a pour fin », nécessairement, avant « la réconciliation des deux termes » la production de l'un des deux, de celui qui n'existait pas d'abord, — production, d'ailleurs, nous l'accordons volontiers, non seulement mystérieuse mais parfaitement absurde, vu que c'est une création *ex nihilo* opérée par un être qui n'a pas en lui-même la moindre trace de ce qu'il crée.

L'absolu ne saurait donc souffrir d'une opposition de ce genre, dans un pareil système. Quelle que soit, d'ailleurs, la cause de sa souffrance, cette souffrance ne peut être qu'obscure, vague, « infinie », au sens de l'ἄπειρον grec, c'est-à-dire indéterminée ; et si, en un certain sens, elle est « vive », elle ne saurait l'être que très grossièrement. L'homme parmi les animaux souffre davantage, à cause de la délicatesse de ses organes, de la perfection relative de son être. L'Inconscient ne peut souffrir qu'en brute, tout au plus ; et encore faut-il alors prendre le mot *inconscient* au sens le plus large et éviter de faire des chicanes, qui même, en réalité, n'en seraient pas mais seraient bien plutôt de très sérieuses objections.

Si d'ailleurs l'auteur français a commis cette méprise dans son interprétation conjecturale, il est fort excusable, tellement est propre à dérouter toute logique et tout bon sens le fond d'une pareille doctrine.

.·.

Dieu est le point, le riche point métaphysique, où coïncident la vraie volonté — parfaitement libre — et la nécessité, nécessité purement morale, bien entendu. Là, dans sa perfection, Dieu se tient; et il nous y attend, en nous faisant signe de venir. Mais il veut nous laisser — et il faut, dans l'intérêt même de notre perfectionnement moral, qu'il nous le laisse — le mérite de nous y rendre de nous-mêmes. Il nous fait donc seulement signe. L'attrait est bien lointain; tandis que d'autres sont là, plus prochains, pour nous détourner, si nous les écoutons, si nous nous écoutons nous-mêmes — du moins la partie basse en nous — et que nous nous laissions faire. Dieu ne se lasse pas cependant d'entretenir en nous le phare intérieur, c'est-à-dire de nous montrer par la conscience la ligne droite, que nous avons à suivre pour nous rendre au but, nous les errants, nous qui n'avons pas notre siège fait, comme lui, mais qui sommes encore dans le monde de l'évolution et de la lutte.

Ainsi que la mère, ainsi que la nourrice, qui, après avoir lâché son nourrisson qui se tient encore à peine sur ses jambes, l'attend à quelques pas en lui faisant signe de venir. — Mais pourquoi donc, l'imprudente, l'a-t-elle ainsi abandonné? — C'est que, pour apprendre à marcher tout seul, ce qui est le but, il faut bien qu'il commence à marcher de lui-même et sans secours étranger. Ah! si ce but pouvait être atteint sans qu'un être à ce degré cher et faible courût ce danger, la nourrice, bien sûr, ne l'y exposerait pas et n'irait pas se jeter elle-même en proie à de pareilles transes. De même Dieu, s'il pouvait, d'emblée, seul et sans nous, nous créer parfaits, ne manquerait certainement pas de le faire. Mais il ne peut, après nous avoir fourni la matière première et tous les moyens, que nous aider — par des secours purement extérieurs ou accessoires — à nous perfectionner nous-mêmes. Si sa puissance allait au-delà, sa bonté ne resterait pas en route. Il nous épargnerait tous ces misérables détours, et les souffrances, et les fatigues, et les lenteurs, et les dangers, et les échecs. Mais c'est que la puissance du Tout-Puissant lui-même ne saurait aller jusque-là, qu'il serait contradictoire et absurde qu'elle y allât. De là l'imperfection, le mal moral. De même que, par exemple, dans le domaine intellectuel, nous avons le pis aller des méthodes indirectes, dites « scientifiques », la déduction au lieu de l'intuition.

S'il laissait subsister tout cela, toutes ces lacunes dans son œuvre, pouvant faire autrement, c'est qu'il ne serait point parfaitement bon, qu'il ne serait pas le Bon Dieu, mais quelque puissant génie plus ou moins mauvais ; et alors, il ne faudrait pas faire de lui le grand législateur moral ; nous lui serions supérieurs, ou tout au moins nous pourrions concevoir quelqu'un de supérieur à lui ; et ainsi, notre idéal serait au-dessus de la réalité qu'il serait lui-même : supposition qui équivaut à supprimer purement et simplement cette réalité.

Donc, — quoiqu'en dise Descartes, entre autres, — Dieu, le vrai Dieu n'est, en un sens, pas plus que Jupiter, supérieur au Styx, au Destin. Il est, lui aussi, obligé de se soumettre à la nécessité physique, de même qu'à la nécessité morale : en bas, l'espace et la matière sont en dehors — sinon au-dessus — de sa toute-puissance ; et, en haut, le bien moral est indépendant de lui, en ce sens qu'il ne saurait le décréter à sa fantaisie (1).

La puissance du Tout-Puissant lui-même est forcément limitée par l'impossible en soi. Or, il est impossible en soi que le divers soit le même, que l'autre soit l'Un ; et, le divers et l'autre étant — afin que tout ce qui peut être soit, pour que l'ensemble soit davantage et soit mieux, bref pour que le Tout soit plus digne de Lui —, il est impossible que l'espace, la matière, c'est-à-dire l'imparfait, une part de non-être dans l'être, ne soit pas.

D'ailleurs, si ce n'était sa puissance, ce serait sa bonté — la bonté du Bon Dieu ! — qui serait limitée : ce qui ne serait pas absurde à l'esprit seulement, mais aussi au cœur, en quelque sorte, c'est-à-dire que ce serait révoltant. Alors, le poète du *Désespoir* aurait raison de nous dire, dans la première partie de son poème :

Cherchez Dieu dans son œuvre, invoquez dans vos peines
   Ce grand consolateur :
Malheureux ! sa bonté de son œuvre est absente....

et aussi de l'interpeller Lui-même en ces termes :

 Créateur tout-puissant, principe de tout être,
Toi pour qui le possible existe avant de naître (2),
  Roi de l'immensité,
Tu pouvais cependant au gré de ton envie,
Puiser pour tes enfants le bonheur et la vie

---

(1) Nous avouons humblement que nous avons varié sur ce point capital et délicat. Nous nous sommes laissé longtemps séduire par ce qu'a d'imposant la doctrine de Descartes, au caractère généreux, héroïque, cornélien, et bien de l'époque et du pays. Nous avons, même, jadis versifié une pièce là-dessus.

Voir, en Appendice à la fin de ce chapitre, le morceau en vers intitulé *Primat de la volonté*.

(2) Soit ! mais pas l'impossible, en tout cas. Or, c'est précisément ce que vous exigez, ici, de Lui.

Dans ton éternité.
Sans t'épuiser jamais, sur toute la nature
Tu pouvais à longs flots répandre sans mesure
Un bonheur absolu :
L'espace, le pouvoir, le temps, rien ne te coûte (1).
Ah ! ma raison frémit, tu le pouvais sans doute,
Tu ne l'as pas voulu (2).

(1) Et qu'est-ce que c'est, précisément, que le temps et surtout l'espace, sinon quelque chose d'inévitable sans doute dans le créé, dans l'*autre*, mais d'essentiellement imparfait et qui y limite, en lui faisant comme obstacle (en sa qualité de néant partiel), le pouvoir de l'Un, — de l'Un qui est par essence, lui, éternel et omniprésent, c'est-à-dire supra-temporel et supra-spatial, en lui-même ? Seulement, hors de lui, pour qu'il restât tout-puissant, comme on se le figure, il faudrait qu'il sortît de lui-même tout en y restant : supposition absurde. Ne vaut-il donc pas mieux limiter son pouvoir, comme nous faisons (si même c'est le limiter que de l'arrêter ainsi en-deçà des bornes de l'impossible en soi), que de limiter sa bonté, la bonté qui *peut*, elle, ou plutôt qui *doit* en Dieu n'avoir aucune limite, étant chose essentiellement expansive, étant comme une exubérance, un débordement d'être : chose qui convient, par conséquent, parfaitement à Dieu, envisagé comme Créateur et comme Bon Dieu ?

(2) Nous pouvons répondre : Ne la laissez pas frémir, votre raison, M. de Lamartine, âme fondante : Dieu ne le pouvait pas. S'il l'avait pu, il l'aurait voulu certainement.

Nos poètes romantiques, sans être athées le plus souvent, ou du moins sans afficher l'athéisme, ont pris quelquefois d'étranges libertés avec Dieu. V. Hugo serait peut-être le plus curieux à étudier, à ce point de vue. Mais il y aurait trop à dire sur lui, pour en parler incidemment. Vigny trouve qu'il se tait trop (*Le jardin des Oliviers*); et Musset, qu'il ne se montre pas assez (*L'Espoir en Dieu*), qu'il devrait bien sortir de sa demi-cachette.

Pascal a réfuté tout cela d'avance, en faisant voir, dans ses *Pensées*, qu'il faut que Dieu soit, en partie au moins, le *deus absconditus*. — Ce sont là, au fond, d'ailleurs, de poétiques puérilités plutôt que des objections ou des difficultés sérieuses.

Voir, dans la grande édition des *Pensées* de Pascal par E. Havet, t. I, pp. 136-8 et p. 171; t. II pp. 47, 48-9, 51-52, 60-1, 329-30.

Détachons seulement, pour les citer ici, les lignes suivantes :

« Si Dieu eût voulu surmonter l'obstination des plus endurcis, il l'eût pu, en se découvrant si manifestement à eux, qu'ils n'eussent pu douter de la vérité de son essence..... Mais, tant d'hommes se rendant indignes de sa clémence, il a voulu les laisser dans la pri-

* *

Même les incrédules peuvent, sans absurdité, chercher à inspirer la foi aux autres : par leurs paroles, sinon par leur exemple. Car, ne croit pas qui veut. Et l'on peut fort bien comprendre l'utilité de croire sans

vation du bien qu'ils ne veulent pas. Il n'était donc pas juste qu'il parût d'une manière manifestement divine, et absolument capable de convaincre tous les hommes ; mais il n'était pas juste aussi qu'il vint d'une manière si cachée, qu'il ne pût être reconnu de ceux qui le chercheraient sincèrement.... Il tempère sa connaissance, en sorte qu'il a donné des marques de soi visibles à ceux qui le cherchent, et obscures à ceux qui ne le cherchent pas. Il y a assez de lumière pour ceux qui ne désirent que de voir, et assez d'obscurité pour ceux qui ont une disposition contraire. Il y a assez de clarté pour éclairer les élus, et assez d'obscurité pour les humilier. Il y a assez d'obscurité pour aveugler les réprouvés, et assez de clarté pour les condamner, et les rendre inexcusables... »

« Dieu veut plus disposer la volonté que l'esprit. La clarté parfaite servirait à l'esprit et nuirait à la volonté. Abaisser la superbe ».

— Si c'était ici le lieu, qu'il y aurait à dire sur cette curieuse « volonté » janséniste, qui ne saurait être la vraie volonté, la volonté libre! Pascal, en effet, dit ailleurs : «.. Il n'est pas vrai que tout découvre Dieu, et il n'est pas vrai que tout cache Dieu. Mais il est vrai tout ensemble qu'il se cache à ceux qui le tentent, et qu'il se découvre à ceux qui le cherchent.... » — Mais, ferons-nous observer, ceux qui le cherchent ainsi, l'ont déjà trouvé, par le fait : « Tu ne me chercherais pas, si tu ne m'avais trouvé! » — Oui, il faut avoir la grâce déjà pour chercher, dans le rigoureux jansénisme. Pascal ne s'y tient peut-être pas toujours, il est vrai : tellement la chose est difficile!

« Tout tourne en bien pour les élus, jusqu'aux obscurités de l'Ecriture, car ils les honorent, à cause des clartés divines ; et tout tourne en mal pour les autres, jusqu'aux clartés ; car ils les blasphèment, à cause des obscurités qu'ils n'entendent pas. »

« On n'entend rien aux ouvrages de Dieu, si on ne prend pour principe qu'il a voulu aveugler les uns et éclairer les autres. »

« Si Dieu se découvrait continuellement aux hommes, il n'y aurait pas de mérite à le croire ; et s'il ne se découvrait jamais, il y aurait peu de foi. » — La première partie de la phrase qui précède est ce que Pascal a écrit de plus fort, en même temps que de plus simple et de plus net, sur ce point capital. Mais, là, précisément, il laisse à l'homme son légitime degré d'initiative et cesse d'être parfait jan-

pouvoir croire. On peut, même, travailler vainement à reconquérir la foi perdue. Qu'y a-t-il donc d'étrange à ce qu'on fasse pour les autres ce qu'on a fait et ce qu'on fait encore pour soi? D'autant plus qu'on espère — et avec raison quelquefois peut-être — mieux réussir pour les autres que pour soi. Il est donc facile de répondre à la question suivante, posée souvent par certains philosophes à d'autres qui là-dessus ne pensent pas comme eux : « Au nom de quelle étrange morale demanderait-on au philosophe d'encourager chez les autres une foi qu'il ne possède plus? » — Comment, au nom de quelle étrange morale ? Mais au nom de la plus belle et de la plus noble morale, au nom de la morale qui ne s'arrête pas au précepte : « Aime les autres comme toi-même », ou : « Ne fais pas à autrui ce que tu ne voudrais pas qu'on te fît à toi-même », mais qui va plus loin : jusqu'à ne pas envier au prochain un avantage qu'on ne peut pas, pour le moment, qu'on ne pourra jamais peut-être se procurer à soi-même ; qui va, même, plus loin encore : jusqu'à travailler à les doter de cet avantage. Et une pareille conduite n'est pas d'un désintéressement insensé, comme elle peut paraître d'abord ; car, en travaillant ainsi généreusement pour les autres, on se perfectionne moralement soi-même au plus haut degré ; en attendant que cela vous amène, vous aussi, à croire. C'est là, en effet, un des meilleurs chemins pour y arriver ; surtout quand on le prend sans arrière-pensée d'intérêt propre.

Allons plus loin. Car nous pouvons, au risque de

---

séniste. Ce n'est plus « le cœur incliné » par faveur spéciale : ce qui, d'ailleurs, serait peu propre à « abaisser la superbe », car l'homme est si absurde qu'il s'enorgueillit plus d'être ainsi distingué — même sans juste raison — par le Maître, que de « mériter », grâce à l'effort de sa propre et libre volonté !

scandaliser davantage encore nos contradicteurs, ajouter ceci : Lors même que, pour son compte, on ne voudrait pas croire, parce qu'on jugerait — non du reste sans beaucoup d'orgueil — sa philosophie supérieure à la foi, eh bien, même dans ce cas, on devrait encourager cette foi chez les autres qui sont moins « avancés », et qui, à l'étape où ils se trouvent, n'ont rien pour mettre à sa place et remplir ainsi un peu le vide horrible causé par son absence. Ce serait de la charité, ou — si ce mot offusque trop nos gens — de la solidarité, de l'altruisme bien entendu. Mais le zèle ne se déploie guère de ce côté. Ah! s'il s'agissait seulement de les tromper par de belles paroles vides, de les étourdir et de les abêtir pour les mener politiquement, pour les faire « bien » voter, ou pour les pousser aux grèves, aux émeutes, — funestes à eux-mêmes, mais fructueuses pour les meneurs —, comme on se plairait à souffler l'erreur et la fureur dans leur imbécillité!

Nouvelle objection qui nous est faite : « Comment lutter d'ailleurs contre l'œuvre de deux siècles? » — Et n'y en a-t-il pas qui, par le fait, ont lutté contre cette prétendue œuvre, lutté victorieusement, et pas des premiers venus mais de puissantes intelligences? Et d'ailleurs, n'a-t-on pas vu — de tout temps et dans toutes les branches des connaissances et de l'activité humaines — les plus grands génies, ces hommes qui portent l'avenir tout entier comme enveloppé dans leur vaste cerveau, croire naïvement? Qui est plus fort, aujourd'hui même, après ces deux fameux siècles, qui est plus fort, du moins dans ce domaine moral encore livré sans réserve — et heureusement, nous ajouterons — à l'intuition divinatoire du génie, oui, qui est plus fort qu'un Pascal, par exemple?

L'humanité, prise en bloc, ne s'y est pas trompée dès l'abord. Son instinct a été pour elle un guide infaillible et l'a entraînée malgré toutes les résistances de la raison : la parfaite bonté, sans retour sur soi, sans orgueil, sans folie — sauf celle de la croix — décèle un Dieu, *patet dea*.

Oui, l'humanité a eu ce même instinct naïf et merveilleux qui fait reconnaître, par exemple, aux petits enfants ceux qui les aiment réellement et qui les aiment bien, instinct qui les fait voler à l'amour comme les papillons à la lumière, qui leur fait sentir l'amour sincère, pur, désintéressé, et distinguer cet amour de ce qui n'est pas lui. Aussi, s'est-elle précipitée en masse dans ces bras grands ouverts. Voilà qui suffirait à empêcher de désespérer d'elle, si pessimiste et si sévère qu'on soit. Voilà qui l'a rachetée déjà et qui — espérons-le du moins — la rachètera encore.

Croire peut n'être pas rationnel — nous croyons qu'il ne l'est pas en effet, et pour son plus grand honneur, croyons-nous — mais il est tenu d'être raisonnable. Tout ce que nous consentons à admettre, c'est que cette raison n'est pas vue par tout le monde, pas même par tous les croyants, qui peuvent — surtout les primitifs, les simples — croire pour des motifs inférieurs, peu ou point raisonnables; mais cela n'empêche pas cette raison d'exister et d'en faire croire d'autres, les éclairés, les philosophes croyants, ceux qui sont comme tous devraient être et comme il faut espérer que le progrès les fera être un jour — au bout de l'évolution morale et sociale de l'humanité.

Car enfin, si cette religion ordonne d'agir et fait agir contrairement aux motifs ou mobiles intéressés et égoïstes, qui sont si rationnels, il faut bien que ce soit pour quelque raison, au moins « de derrière la tête »; ce n'est sans doute pas dans le simple but de faire pièce à la faculté rationnelle ou de nous faire faire des tours de force moraux, mais Dieu doit vouloir faire aboutir là quelque grande œuvre où le sacrifice des égoïsmes individuels a besoin d'entrer comme élément; autrement, ce ne serait qu'un leurre d'un méchant démon qui s'amuserait de nous, de notre intelligence et de notre activité, et qui, par là, mériterait doublement d'être déjoué, car c'est double plaisir de tromper un trompeur. La « folie de la croix » n'est donc folie qu'aux yeux d'une raison inférieure, mais elle recèle une raison supérieure : « le cœur a ses raisons que la raison ne connaît pas ».

Et même, à regarder un peu le dessous des cartes, comme nous essayons si souvent de le faire, nous l'entrevoyons, cette raison — aussi profonde que haute — du désintéressement : c'est afin que chacun travaille pour le tout et l'un pour l'autre, si bien que les unités du multiple s'harmonisent entre elles, que de la sorte soit corrigée, autant que possible, l'imperfection de la multiplicité dans la Création et que celle-ci — dans sa courbe d'évolution indéfinie — se rapproche le plus possible, et de plus en plus, du grand Un, du Créateur, son éternelle asymptote. On fait ce qu'on peut : le néant, vu sa résistance à être, ne saurait devenir parfait; la Toute-Puissance elle-même ne pouvait faire mieux, se heurtant ici à une nécessité inhérente à la nature des choses, base sur laquelle tout repose, elle comme le reste.

Ce sacrifice de l'individu à autrui, à l'ensemble, ne doit d'ailleurs pas être sans retour. Il faut même qu'à se sacrifier ainsi l'on trouve, finalement, plus de gain que de perte. Il faut que, chacun ayant travaillé pour le tout, réciproquement, le tout travaille pour chacun.

Et, aux yeux de qui sait bien comprendre, pas n'est besoin de recourir à l'espoir d'une sanction supranaturelle, pour justifier ce sacrifice de l'individu. La sanction est des plus naturelles, immanente au sacrifice même, qui n'est que provisoire, qui n'est qu'apparent, qui n'est au fond que la meilleure entente de son intérêt propre. Se perdre ainsi, ce n'est qu'en avoir l'air; en réalité, c'est se trouver, trouver son vrai soi. Maintenant, nous voulons bien admettre qu'au moment où l'*on croit* se sacrifier, dans le feu de l'acte même, il est plus grand, plus noble, il est indispensable, si l'on veut, que ce ne soit pas là une vaine formule qui ne passe pas les lèvres, mais qu'on le croie en effet de cœur, et que Dieu nous fasse, après, une juste et sublime surprise, pour ainsi dire, en nous rendant à nous-mêmes au centuple, nous qui nous étions d'abord donnés sans arrière-pensée.

Chacun, chaque être moral, chaque personne se perfectionnant — par ces divers moyens, directs ou indirects, — voilà bien quel doit être le grand but, le but final; et non pas la construction de je ne sais quel vague bloc, quelle confuse Babel de société, d'humanité. C'est ainsi seulement, d'ailleurs, qu'on peut retourner à Dieu, à Dieu qui apparaît de mieux en mieux sous l'aspect du grand Un moral, parfaitement bon.

.'.

« L'intelligence subordonnée à la foi devient pour elle un puissant auxiliaire », peut-on lire dans une *Revue* de philosophie qui est loin, généralement, d'être favorable à la religion. Mais cela a besoin d'explication. Ce n'est pas toute l'intelligence qui doit se subordonner ainsi. Ce n'est même, à vrai dire, aucune des deux grandes parties — déduction et intuition —

qui en elle s'opposent. Car, d'une part, la déduction, notre *puissance-impuissante*, ne saurait être que tout le contraire d'un puissant auxiliaire pour la foi. Et, d'autre part, la partie intuitive, le « cœur » (Pascal), est moins « subordonnée à cette foi » qu'elle ne se confond, pour ainsi dire, avec elle ; car elle est, sinon proprement une faculté de *croire*, au moins la faculté de *voir* (au sens d'*être voyant*). Or, qui voit ainsi, croit. Il croit même d'emblée, de prime-saut, sans passer par le doute et la critique. Car, « du jour où l'intelligence essaie la critique des croyances, en montre la faiblesse scientifique, elle ruine la confiance en elles. » Notre auteur ajoute même cet aveu précieux : « Et de là date la décadence sociale ».

Oui, qui voit croit. Mais voir, au sens où nous l'entendons, c'est exercer la partie la plus élevée de son intelligence, celle qui s'oppose à la partie discursive, à la puissance-impuissante, à cette partie qui ne fait que tirer des conséquences et conclure, c'est-à-dire saisir par le dehors, par le lien avec autre chose de saisi déjà de la même façon, et ainsi de suite, jusqu'à ce qu'on remonte à quelque chose de *vu*, qui seul peut tout appuyer solidement, peut empêcher de s'effondrer toute la prestigieuse mais frêle construction.

Par conséquent, croire n'est pas exclusif de l'intelligence — entendue comme il faut — ; au contraire. Croire, c'est *voir* ; et *voir* comme nous voulons dire, c'est savoir, au sens profond du mot. Les anciens, qui étaient de grands enfants, des poètes, des voyants, l'ont bien compris ; et d'instinct ils l'ont traduit dans certaines formes de langage. Prenons parmi ces peuples antiques le plus fin, le mieux doué pour la philosophie comme nous l'entendons, celui chez qui se sont rencontrés merveilleusement combinés, dès les premiers temps, la naïveté féconde et simplement originale de l'enfance avec la subtilité, le raffinement, en même temps que toute la robustesse de l'âge mûr. On a déjà compris que nous voulons parler des Grecs. Eh bien, dans leur langue, εἶδον (= *je vis* ou *j'ai vu*) est le même mot à l'origine que οἶδα (= je sais).

D'un autre côté, pas d'erreur ni de confusion : avoir besoin de *voir* de cette sorte, ce n'est pas le moins du monde ne croire qu'à la saint Thomas. Mais c'est croire, au contraire, en intelligence vraiment philosophique et à la fois en cœur vraiment religieux.

Si — comme nous en sommes convaincu — savoir vraiment, c'est *voir*, c'est-à-dire c'est croire, les savants incroyants, non seulement pèchent par le terre à terre de leur morale, mais encore ne sont guère, en réalité, et ne peuvent guère être que des ânes « savants ».

*
* *

Vous êtes intellectualiste, rationaliste, M. X..., vous devriez donc au moins être parfaitement clair, alors, et donner des raisons péremptoires, c'est-à-dire satisfaire, sinon l'âme tout entière, au moins l'intelligence et la raison. Or, ce que vous dites là ne fait pas comprendre, n'éclaire pas la question, ne donne aucune explication un tant soit peu satisfaisante. Serait-ce ceci, par exemple, qui pourrait satisfaire : « Les lois des choses deviennent intelligibles dès qu'on les regarde comme les lois du développement d'une pensée immanente à l'Univers qui cherche à prendre de plus en plus conscience d'elle-même et à passer par conséquent de l'indéfini au défini » ?

Non, mille fois non : c'est là une affirmation purement gratuite, une conception obscure et bizarre qui ne saurait seulement entrer dans une intelligence droite et amie du jour ; bref, c'est un chaînon dans une chaîne d'abstractions qui a l'air, elle, d'aller plutôt, au contraire, du défini à l'indéfini, de la lumière aux ténèbres, de la poulie au fond du puits, comme tant d'autres de ces chaînes déductives. Pour vraiment expliquer, c'est la voie inverse qu'il faut suivre : il faut concevoir, entrevoir au moins, à la base et à l'origine, un être, un être véritable, concret, complexe, vivant, conscient et pleinement conscient, en un mot une personne, la grande personne, Dieu. Oui, pour finir par y voir clair, il faut commencer par *aller* s'éblouir à cette grande source de lumière, ou plutôt, *sans changer de place*, il faut simplement la regarder, vouloir la voir d'où l'on est.

Et cette flagrante contradiction, ô rationaliste, ô raisonneur à outrance, qu'en dirons-nous? Vous écrivez, en effet, d'une part :

« Ce respect des institutions établies devient singulièrement plus profond lorsqu'on leur attribue un caractère religieux... L'esprit d'abnégation devient plus aisé lorsqu'on y attache l'idée de récompenses surnaturelles (1) »... « Le christianisme a été singulièrement favorable au progrès de la moralité... Élévation en même temps que simplicité de sa morale... Petit nombre, largeur de vues de ses préceptes fondamentaux. »... « A mesure que l'influence chrétienne a cessé de se faire sentir, n'y a-t-il pas eu un affaissement des volontés, une décadence des qualités sociales telles que le respect et l'abnégation?... »... « Ce n'est pas au peuple seulement qu'il faut une religion, mais aux classes dirigeantes elles-mêmes... »

Voilà, d'une part, ce que vous dites.

---

(1) Quoique nous fassions, en passant, des restrictions à ce qu'exprime la fin de cette dernière phrase. Voir un peu plus haut, pp. 204-5.

Et d'autre part, vous prétendez que « la religion » ne serait qu' « un moyen provisoire, en attendant l'avènement du règne de l'*esprit* [???] » ; et vous vous écriez : « Comment chercher un remède dans un retour aux croyances religieuses ?... »

Si c'était nous qui nous contredisions de la sorte, on ne manquerait pas de faire observer que nous abusons un peu, tout de même, de la permission que nous nous sommes octroyée de déraisonner.

Nous nous contenterons de faire, là-dessus, ce raisonnement bien simple : Si les fruits de la religion ont été bons jusqu'à ce jour, — comme vous ne le niez pas, comme vous l'affirmez vous-même —, pourquoi ne le seraient-ils plus à l'avenir ? La plante puise dans la terre les mêmes sucs par les mêmes racines ; et l'humanité a les mêmes besoins. Dans tous les cas, on reconnaît la valeur de l'arbre à la qualité de ses fruits. Si donc ceux de la religion ont été bons jusqu'ici, c'est qu'elle est elle-même chose essentiellement bonne. Et si, au contraire, ceux de la « libre-pensée » sont aujourd'hui si amers et si vénéneux, c'est qu'elle est foncièrement mauvaise ; et il ne faut pas s'asseoir à l'ombre de ce mancenillier, encore moins y planter sa tente.

* *

On a souvent reproché à la foi d'être inintelligente. Platon avait signalé déjà une folie divine (θεία μανία), une céleste absence de raison, supérieure (1) à

---

(1) C'est du moins sa première opinion, exprimée dans le *Phèdre*. Mais on ne doit guère en tenir compte. Car il ne s'y est pas arrêté, et il s'est hâté de passer à l'opinion contraire, qu'on trouve dans toutes ses œuvres postérieures. On n'a qu'à consulter, par exemple, le *Timée*, l'*Ion* et le *Banquet*.

la raison (σωφροσύνη ἀνθρωπίνη), qui est purement humaine et terrestre.

On peut comparer la « folie de la croix » chrétienne à cette μανία platonicienne. Seulement la première est essentiellement morale et intéresse avant tout la vie pratique ; tandis que la seconde est enfermée dans la pure spéculation intellectuelle. Ajoutons que les croyants n'ont pas assez d'éloges et d'admiration pour la folie de la croix. Ils n'ont jamais, eux, varié sur ce point. Il faut entendre Bossuet lui-même, par exemple, malgré son robuste bon sens, exaltant ce qu'il appelle les « glorieuses bassesses du Christianisme » ; et, en parlant de saint Paul dans le *Panégyrique* de ce saint : « Il ne sait, dit-il, autre chose que son maître crucifié : c'est-à-dire qu'il ne sait rien que ce qui choque, que ce qui scandalise, que ce qui paraît folie et extravagance... » ; et il raconte, là-dessus, toutes les merveilles accomplies par ce « fou » aux yeux du monde. L'extrême folie devient la sagesse au plus haut degré. Pour Platon, au contraire, la μανία, ou inspiration enthousiaste, est inférieure à la réflexion et à la raison, et considérée par lui comme une espèce de démence, dont il faut se garder. Il condamne les poètes et les exclut de sa république. Leur intuition n'est pas intelligente. Elle est grosse de vérités qu'elle porte dans son sein fécond, mais sans les connaître. Ces vérités seraient là comme n'étant pas, enfouies dans les ténèbres, sans l'interprète, esprit de sang-froid, qui va les puiser pour les porter à la lumière.

Ce point si curieux de la doctrine platonicienne mérite plutôt d'être rapproché d'une philosophie que nous avons déjà examinée un peu plus haut. Cet inspiré qui ne sait pas ce qu'il fait, qui ne comprend pas ce qu'il trouve, et qui a besoin d'un interprète, contient en germe, selon nous, l'Inconscient de Hartmann, cette puissante et féconde brute, cet Allah qui est grand mais dont il faut que l'homme soit le prophète, l'homme qui, lui, est petit, faible, stérile, mais qui seul est intelligent, seul conscient. Il est vrai que celui-ci ne doit aspirer qu'à se replonger lui-même le plus tôt possible dans ce gouffre de l'Inconscient dont il est sorti un beau jour par on ne sait quel hasard — pour le moins incompréhensible. Mais comment essayer, sans une témérité absurde, de comprendre à fond quoi que ce soit là où l'Inconscient est à la base même de l'être ? Nous comprenons seulement que nous ne pouvons pas comprendre. En réalité, loin d'être ainsi inintelligente et inconsciente, la féconde inspiration ne doit-elle pas être considérée comme la fleur même de l'intelligence et de la conscience, fleur sans doute enveloppée d'abord mais qui ne demande qu'à s'épanouir ?

*
* *

Pascal a écrit dans une de ses *Pensées* : « Il est impossible que Dieu soit jamais la fin, s'il n'est le principe. On dirige sa vue en haut, mais on s'appuie sur le sable ; et la terre fondra, et on tombera en regardant le ciel (1). » Sans doute, il faut entendre par là que Dieu doit être — dans l'intention de Pascal — le principe, au sens janséniste, c'est-à-dire que la

---

(1) Cette dernière phrase, par l'image qu'elle contient, rappelle tout à fait l'astrologue qui se laisse tomber dans un puits.
Pascal tenait beaucoup à cette idée de l'inséparabilité du *principe* et de la *fin*. Il y est revenu à plusieurs reprises, même en dehors de ses *Pensées*, dans une lettre, par exemple : « Il n'y a que Dieu qui est la dernière fin comme lui seul est le vrai principe. » Seulement, ici, l'ordre des deux termes est renversé.

grâce seule donne la charité ou amour de Dieu. Mais nous aimerions à infuser à cette formule nette et précise un sens nouveau (1), plus large et surtout plus acceptable et plus vrai, en l'appliquant, pour les condamner, à certains penseurs (Hégel, Renan, Vacherot,..) qui voient Dieu sous la forme d'un idéal qui n'est proprement pas réel, d'un devenir qui n'*est* pas mais qui *se fait*.

Au singulier Dieu de ces philosophes il ne faut pas dire seulement, avec le *Pater* : « Que votre règne arrive », mais aussi, et avant tout : « Puissiez-vous devenir, vous-même. Que, pour mon compte, je vous fasse être, dans la mesure de mes forces; et les autres de même; travaillons-y tous, avec ensemble : jusqu'à ce que vous soyez, et que la grande fin soit atteinte. »

Cette fin sans principe, ou du moins sans principe suffisant, approprié, est si peu intelligible et si absurde que Schopenhauer et de Hartmann sont certainement beaucoup plus sensés et surtout plus conséquents, en ramenant, comme ils font, la fin à être de même nature et au même niveau que le principe : au bout, l'Inconscient, — le Nirvâna, même, — tout comme au début. Le cercle se referme au point où il s'était ouvert. C'est le fameux serpent qui se mord la queue. Et l'esprit se trouve satisfait, autant qu'il saurait l'être en dehors de la vérité vraie. Car si l'on n'a pas Dieu, ici non plus, si même, en un sens, on en est encore plus éloigné, on a au moins un diable bien déduit et bon logicien — comme il doit être et comme il affirme lui-même qu'il est, nous l'avons vu précédemment.

---

(1) En puisant dans un grand arsenal, n'y trouve-t-on pas quelquefois de ces armes excellentes qu'on peut appliquer à des usages nouveaux, non prévus par celui qui les a fabriquées ?

.·.

Comment se fait-il que la Cause finale dernière ne soit pas assez puissante pour tout réaliser directement, par un *fiat* souverain, sans passer par des moyens intermédiaires? Ou bien pourquoi ces moyens, qui sont ainsi les causes efficientes indispensables, ne sont-ils pas suffisants et aptes à se déployer tout seuls pour — en se ramassant et se concentrant — finalement aboutir au résultat, qui serait alors atteint sans avoir été visé, sans qu'il soit besoin qu'il ait été un but pensé et voulu par quelqu'un? Car si les éléments de la matière et de l'être en général, ainsi que les lois qui en régissent la composition, ou même ces dernières seulement, sont sous la volonté de Dieu, on ne comprend plus les purs moyens, mais il faut dans ce cas que tout soit fin pour que tout ait sa vraie raison d'être.

Si l'on considère le monde simplement comme une série indéfinie de causes et effets, d'antécédents et conséquents, domaine de la pure efficience, on peut se le représenter sous la figure d'une ligne droite aux deux extrémités plus ou moins éloignées. Alors, les phénomènes s'entre-suivant et s'enchaînant sont comme lancés sans retour sur cette ligne droite indéfinie.

Si, au contraire, on considère le monde avant tout comme ayant pour principe une intelligence et une volonté, ou, en d'autres termes, qu'on y fasse régner souverainement la cause finale, on doit se le figurer comme une circonférence ou ligne dont les extrémités sont infiniment rapprochées, quelle que soit d'ailleurs sa longueur. Dans ce cas, tout fait retour au point de départ, et la force intelligente et volontaire qui a lancé les phénomènes les ramène à elle.

Cette curieuse considération nous aide à entrevoir comme quoi, dans l'Infini, la finalité s'impose jusqu'à éliminer entièrement le matérialisme et le fatalisme, les chassant non seulement du principe mais de la série même des antécédents et conséquents, qui s'imprègne tout entière — du moins à son retour — de pensée et de liberté. La chaîne sans fin devient donc souple et flexible. Ses anneaux ne sont plus de simples pièces d'un tout mais des êtres distincts, existant pour eux, capables d'initiative propre, aptes à se perfectionner moralement, à augmenter méritoirement leur propre être ; si bien que nous voyons ici, avec la personnalité et le devoir, apparaître d'abord un vrai but à cette vie, ensuite et enfin, pour tout couronner dignement, une espérance éternelle après la mort...

*
* *

Les abstractions ne peuvent pas, sans doute, sortir du monde intérieur pour faire irruption dans le réel, du moins telles quelles et toutes crues, en quelque sorte. Mais, néanmoins, quelque chose d'elles en sort, forcément, et s'objective. Et comment, en effet, sans cela revêtiraient-elles parfois cette forme de nécessité sous laquelle elles se présentent ? Du nécessaire qui ne serait pas réel ! peut-on admettre, peut-on concevoir pareille absurdité ? Ainsi, l'idée de nécessité et celle même du réel sont comme la porte et la fenêtre par lesquelles nos représentations s'échappent, fût-ce malgré nous, du pur subjectif. Oui, criticistes, ergoteurs, chicaneurs, vous avez beau faire, ce sont là deux voies d'eau que vous ne pourrez jamais aveugler et par lesquelles entrera toujours à flots le réel dans notre esprit, voire même dans le vôtre.

Or, précisément, Dieu est par excellence l'être que la nécessité de certaines abstractions nécessite. Il est le grand corps qui projette ces ombres, quoiqu'il soit en lui-même tout lumière.

.•.

V. Hugo, loin d'être un penseur profond, comme quelquefois il laisse voir qu'il en avait l'ambition, n'est même pas penseur du tout, le plus souvent. Mais, en revanche, fréquemment il lui arrive d'être mieux que cela, d'être un voyant. Alors, avec sa magique virtuosité verbale, il dit de bien belles choses et des choses bien suggestives, qui donnent longtemps à penser aux autres, celle-ci, par exemple :

« L'affinité de Dieu avec mon âme se manifeste quand je m'approche de lui. Je pense, je le sens près de moi; j'aime, je le sens plus près; je me dévoue, je le sens plus près encore. Ceci n'est pas de l'imagination, car la vertu serait imaginaire alors; c'est de l'intuition. Quiconque se dévoue prouve l'éternité. Aucune chose finie n'a en elle l'explication du sacrifice. »

Non, en effet, il n'est pas possible

> Qu'amour et dévouement ne soient que duperie,
> Que de la sotte foi là-bas le Néant rie!

Comment ne nous approcherions-nous pas de Dieu, en nous donnant, puisque, par là, nous devenons, nous aussi, créateurs? et c'est nous-mêmes que nous réalisons, ou du moins le meilleur de nous ; oui, nous mettons alors le faîte à l'édifice de notre être. Plus, dans notre intention, nous nous dévouons à autrui, mieux, en réalité, nous nous vouons à cette noble tâche de nous achever nous-mêmes. Mais aussi, c'est que, au fond, nous ne sommes pas étrangers les uns aux autres. V. Hugo encore a présenté cette pensée sous la forme expressive et simplement sublime des vrais maîtres de l'art d'écrire, quant il a dit : « Insensé qui crois que je ne suis pas toi ! » Dieu étant le grand *Un*, tout ce qui nous *unit* est divin, puisqu'il nous fait ressembler à lui et nous en approche.

*
* *

Pour Kant, comme le lien du bonheur et de la vertu, garant du souverain bien, est inconcevable *dans le monde sensible et phénoménal*, ce lien moralement indispensable postule nécessairement un *ordre de choses différent*.

Renouvier, au contraire, phénoméniste jusqu'au bout, prétend que c'est là « perdre la morale dans les chimères d'une métaphysique dont Kant lui-même nous apprit jadis à reconnaître la vacuité », et il ajoute que, pour que le grand criticiste dont il est le disciple indépendant ait pu verser dans une pareille erreur, « il ne fallait pas moins que l'accumulation des préjugés théologiques de tant de siècles, pendant lesquels la négation aveugle avait seule répondu à l'affirmation éblouie ». Selon lui, donc, il ne faut pas se représenter *l'âme immortelle* comme « l'essence purement intelligible et en soi des métaphysiciens », « hypothèse arbitraire, bizarre, grossière à sa façon, des abstracteurs de substances », mais il faut se représenter « l'immortalité comme donnée par le développement des phénomènes, sous des lois générales aujourd'hui inconnues ».

Avouons, quant à nous, qu'avec toute la bonne volonté du monde, cette conception ne nous paraît pas fort lumineuse, et nous semble, même, dans la faible mesure où nous réussissons à la comprendre, en contradiction flagrante avec l'affirmation qui suit et que nous acceptons volontiers, à savoir « *la continuation personnellement identique du même être raisonnable.* » N'admet-on là rien qu'un « fait »? et n'y a-t-il pas, malgré qu'on en ait, un peu d' « ontologie » « impliquée »? Quoi qu'il en soit, Renouvier a beau dire, la répugnance que nous éprouvons avec lui pour l'inerte et démodée substance des scolastiques ne pourra jamais faire que nous nous contentions, pour notre *âme immortelle*, de son vague et à la fois abstrait « développement des phénomènes sous des lois générales aujourd'hui inconnues. »

Cette importante restriction une fois faite, nous n'en sommes que mieux à notre aise pour admirer des passages comme le suivant, par exemple, non moins bien écrits que pensés, en dépit des critiques adressées, à tout hasard, au style du criticiste français par des gens qui certainement l'ont peu lu :

« L'homme n'a pas seulement comme les animaux un instinct de conservation borné à l'enceinte d'un moi presque tout actuel et irréfléchi. Son imagination et sa raison projettent sa conscience individuelle dans les régions du temps ; et un sentiment très puissant, le sentiment même de la vie, l'oblige à se représenter la pérennité de cette conscience..... A l'âge des grandes aspirations du cœur, le transport des passions nobles est accompagné d'une conviction d'immortalité, pleine de mépris pour la nature caduque et ses tristes accidents. C'est la vie à son apogée, plus individuelle, plus personnelle que jamais, qui proteste, en vertu d'elle-même, au nom des profondeurs de sa puissance encore plus que de l'actualité de son énergie, contre toute menace d'anéantissement. C'est l'indomptable élan de la pensée à l'heure de sa suprême éclosion, lorsque, concentrée dans une âme humaine, elle s'affirme réfléchie, puis se projette en embrassant le temps. C'est la liberté, la création de soi témoignée à soi; .....s'élevant à l'espérance d'une victoire future sur les phénomènes ennemis au travers desquels elle a su naître. C'est enfin l'amour *plus fort que la mort.....*

Qu'importe qu'un affaiblissement sensible de l'amour, de la volonté, de la pensée, attende souvent l'homme à la fin de sa carrière? que dans sa jeunesse même il puisse être atteint d'une sorte de désenchantement vital et d'un besoin de tout oublier et de ne rien sentir? qu'il s'éprenne d'un goût raisonné pour le néant? plus que cela, qu'il se trouve capable de l'envisager en face, chose difficile et rare plus qu'on ne croit, et qu'en le contemplant il l'appelle? Ni la passion lasse, ni la passion désespérée, ni les intermittences de la vie morale, ni sa décadence ne sont des objections contre l'instinct de l'immortalité. La lassitude conclut au sommeil, non pas au néant; elle conclut à la mort quand les organes ruinés, le cœur trompé ou flétri, l'intelligence épuisée, la volonté vaincue par l'habitude, et l'habitude elle-même odieuse frappent d'impuissance les instruments de la vie présente; mais le néant qui s'offre alors sous les voiles de la mort n'est que la négation de choses connues et méprisées, non de tout désir et de toute conscience..... Si l'espérance est au chevet, le dernier jour, telle à peu près qu'elle fut à l'expiration de chaque veille, l'instinct de l'immortalité s'y tient avec elle et la soutient. Si elle n'y est point, mais que le regret amer en occupe la place, ce même instinct se fait sentir, tout combattu qu'il puisse être par une réflexion dont les motifs ne sont pas infaillibles sans doute. S'il n'y a ni espérance ni regret, mais paix, repos, inertie croissante, l'absence des passions est un sommeil anticipé qui ne prouve rien contre le réveil. Enfin, voulons-nous supposer la joie désespérée d'en finir, si peu commune chez les mourants et chez les suicidés eux-mêmes (les sentiments contradictoires de ces derniers sont connus et instructifs)? alors, de même que la haine vient en témoignage de l'amour dont elle est la perversion, l'instinct renversé démontre l'instinct... »

Il définit bien, encore, l'athéisme quand il dit ceci :

« L'athée, au sens moderne, serait celui qui n'admet point un ordre général de finalité, une présence extérieure du bien, une loi de conservation et de développement des personnes dans la nature,... qui nie la moralité dans l'ordre externe et naturel des choses......... S'il fallait en étendre la signification, c'est le matérialisme, c'est le panthéisme, c'est le fatalisme, j'entends les doctrines qui détruisent la conscience et la personnalité, qui seraient justement nommées des doctrines athées : l'instinct des masses ne s'y est pas trompé ».

Il faut lire, en effet, ce que Voltaire — qui est, chez nous, sur cette question au moins autant que sur beaucoup d'autres, l'écho assez fidèle de cet instinct — a écrit contre Spinoza dans son *Dictionnaire philosophique* à l'article *Dieu*, ainsi que dans son épître intitulée : *Les systèmes*.

Renouvier a raison encore, en partie du moins, contre ce qu'il appelle « une théorie vague... », dans le passage suivant :

« Appeler Dieu la loi des lois ou l'ensemble des lois, d'un nom qui convient indifféremment à tant de doctrines, matérialistes ou panthéistes, d'un nom que repoussent les partisans d'une personnalité suprême, et qui ne dit rien aux autres, n'exprime rien, n'apprend rien, si ce n'est la tendance du philosophe à résoudre nominalement les multitudes dans l'un (1), ce serait adopter un théisme vague, honteux de lui-même et dont l'intérêt est nul pour la conscience, une autre forme de l'athéisme, en un mot. Mais laisser là le Tout et l'Un (2), dont la conception réelle est impossible, la

---

(1) Et cet *un* n'est pas l'*Un*. Il n'est même pas vraiment un. Il n'est, en réalité, qu'une totalité ou ensemble dont on a montré l'union plus ou moins étroite des différentes parties composantes. Nous étudierons de près la question dans le chapitre sur l'Un et le Multiple.

(2) Nous ne sommes pas d'accord ici avec Renouvier. Nous signalons, même, une véritable contradiction. Car, si peu que l'on puisse

définition illusoire, et, quelle que soit la fonction totale des lois de l'univers, s'attacher par la croyance à l'existence d'un ordre de Bonté qui sauve la personne et assure la victoire au Juste, c'est affirmer Dieu, sans autre chose en connaître. »

Si nous n'admettons pas sans quelque restriction ce qui précède, nous trouvons purement admirable ce qui suit :

« En fondant l'immortalité sur le désir, a dit l'école hégélienne, et répète-t-on maintenant de tous côtés, vous donnez comme vrai ce que vous désirez tel, et par cela seul ; et en réclamant la perpétuité de la vie pour vos progrès personnels, dont le monde n'a cure, vous substituez la satisfaction d'une passion à l'ordre éternel de la nature. — Ici la loi morale et sa grandeur, les harmonies qu'elle entraîne sont oubliées. Mais supposons que tout roule en effet sur une passion humaine : j'ai répondu d'avance à l'objection, en établissant la signification et les conséquences des faits de finalité dont la nature est pleine, ou plutôt qui sont la nature même et les seuls points connus de son *ordre éternel* dans le règne de la vie (1). Avouons donc le raisonnement : nous affirmons ce que nous désirons. Vaut-il mieux désirer ce

---

« concevoir et définir » l' Un, on ne saurait le « laisser là », si l'on ne veut pas abandonner du même coup cette « personnalité suprême » à laquelle notre auteur tient tant et avec juste raison.

(1) Non seulement nous admettons cela volontiers, mais nous l'entendons en un sens beaucoup plus étendu, plus radical et plus profond. Pour nous, en effet, l'ordre d'efficience ne fait rien connaître, rien *comprendre* : puisque, les phénomènes, les choses à expliquer, il ne fait que les étaler en longueur, les enchaîner d'antécédent à conséquent ; tandis que la finalité les *comprend* vraiment, bien mieux, elle les tient vraiment unies, unifiées même et comme en un seul point, ou, tout au moins, en une circonférence, qui s'ouvre à l'idée d'une chose, pour se refermer à la réalisation de cette même chose. Dans tous les cas, aux regards de Dieu tout tient bien effectivement en un point : puisque par lui la réalisation s'opère d'emblée.

que nous affirmons, chaque fois qu'il nous a plu de faire un système et puis un autre (1)? Les passions ne changent pas au gré des systèmes [si, quelquefois : s'il est vrai qu'aisément le cœur suive l'esprit] ; on ne se donne pas celles que l'on veut. Et de là vient précisément qu'en leur qualité de faits naturels incoercibles, elles font parler la nature et révèlent ses vues. Nous connaissons nos fins et l'avenir par nos passions, parce que ce sont les passions qui mènent les êtres à leurs fins, et du passé tirent l'avenir. »

Nous remplacerions volontiers le mot de « passions » par celui de *sentiments*, et nous ajouterions : *instincts révélateurs* de la nature dans ses plus grandes profondeurs ; mais « faits naturels incoercibles » nous plaît beaucoup. En somme, après quelques légers amendements ou compléments, tout cela concorde bien avec nos propres idées là-dessus. Voilà, sous la plume d'un fort dialecticien, de l'excellent *instinctivisme* et réalisme, contre le *raisonnantisme* à outrance et le scepticisme. En un mot, c'est la foi naturelle contre le doute qui ergote. Pascal aussi parle de cet « instinct qui nous fait croire », malgré la faiblesse de notre « raison », instinct frère de cet autre « qui nous élève », en dépit de toutes « nos misères ». Si « la raison confond les dogmatiques », « la nature confond les pyrrhoniens ». Nous avons « une impuissance de prouver, insurmontable à tout le dogmatisme » ; mais

(1) Les deux propositions réciproques sont, par le fait, à peu près également vraies : nous affirmons ce que nous désirons, de même que nous désirons ce que nous affirmons. Deux grands observateurs de l'âme humaine, contemporains et amis, La Rochefoucauld et La Fontaine, ont parfaitement saisi et rendu parfaitement chacune de ces deux vérités. Si, en effet, on lit dans La Rochefoucauld : « L'esprit est la dupe du cœur », La Fontaine, de son côté, a dit — dans une de ses fables (IX, 6) qu'on fera même bien de relire tout entière à cette occasion — : « Le cœur suit aisément l'esprit. »

nous avons, d'autre part, « une idée de la vérité, invincible à tout le pyrrhonisme. » Pour lui, la preuve de l'existence de Dieu est moins confiée à la faculté de comprendre qu'à celle de sentir, à l'intuition du cœur, à un acte de foi ; ou plutôt, dans ce domaine, l'on ne saurait dire si l'on pense ou si l'on sent : l'un ne se distingue pas de l'autre. Aussi, Pascal ne craint-il pas d'appliquer le mot de *cœur* à l'intelligence intuitive. L'évidence qu'elle nous procure ne peut pas plus être illusoire que les affections sensibles, le plaisir ou la douleur, la joie ou la peine, le doux ou l'amer : « Le cœur a son ordre ; l'esprit a le sien, qui est par principes et démonstrations : le cœur en a un autre. On ne prouve pas qu'on doit être aimé en exposant d'ordre les causes de l'amour : cela serait ridicule. Jésus-Christ, saint Paul ont l'ordre de la charité, non pas de l'esprit ; car ils voulaient échauffer, non instruire. » « C'est le cœur qui sent Dieu, et non pas la raison. »

Il faut voir d'un bout à l'autre et d'ensemble, dans le deuxième *Essai de critique générale* de Renouvier, t. I, pp. 63-6 et t. III, p. 197-268, la suite d'hypothèses gigantesques que l'auteur fait exprès d'entasser pour « enseigner à l'esprit humain la modestie et la retenue en matière de négations ». Les vrais grands penseurs sont, en effet, ceux que l'inconnu n'étonne point mais qui plutôt s'étonneraient si rien d'inconnu n'était, la raison et surtout le sentiment libre devant toujours et naturellement dépasser l'observation en tant de choses. Il n'y a, au contraire, que de pauvres esprits pour se figurer « que notre science est la toute science, que nos sens épuisent les possibles de la sensibilité », et pour faire leur une sentence comme celle-ci : « *Rien n'est et ne sera sensible que ce que nous sentons, rien n'est ou ne deviendra intelligible, hors ce que nous pensons* ».

Car, s'il est quelque chose de probable et même de certain, c'est l'inadéquation du connaître et de l'être. Et de quel droit, par hasard, le connaître dirait-il à l'être : « Tu ne viendras que jusqu'ici. Que mes bornes soient les tiennes »? Qu'on nous objecte : Voilà qui est, ou qui semble être, en contradiction avec le franc réalisme que vous professez avant tout. Aussitôt, nous répondrons : Mais c'est précisément notre réalisme qui fait que nous nous prononçons dans ce sens et que nous ne craignons pas d'insister. Pour un vrai réaliste, encore plus que pour tout autre, *être connu* est un fait essentiellement décomposable en deux faits bien distincts. On peut couper par le milieu. On peut s'arrêter après *être*; et l'on a déjà quelque chose; que dis-je? on a la chose par excellence, la *chose en soi* (entendue comme nous l'entendons, c'est-à-dire sans « substance » scolastique et inerte).

Renouvier a donc raison de faire cet « appel du connu à l'inconnu, et de ce qui est actuellement observable et observé à ce qui serait tel en d'autres circonstances, après d'autres recherches, avec d'autres instruments d'exploration, ou même enfin avec d'autres organes », et d'ajouter : « Ici, la part de l'arbitraire dans la spéculation est grande. On n'est en peine que de choisir parmi les conjectures. Mais autant cet excès de richesse nous éloigne de la science, autant il dépose en faveur de la consistance générale d'une hypothèse dont l'objet pourrait se réaliser de plusieurs manières (1) », et de conclure : « Ceci soit dit sans

---

(1) On peut comparer, sur ce point, notre auteur au poëte Lucrèce accumulant, lui aussi, les hypothèses de valeurs très diverses — et

choisir et nous prononcer, car la thèse que nous défendons n'exige de nous aucun parti-pris, ou plutôt nous les interdit tous, et se trouve d'autant plus forte. »

En effet, à celui qui croirait pouvoir établir avec certitude quoi que ce soit là-dessus, surtout négativement, on n'aurait qu'à opposer, comme fin de non-recevoir, l'opinion du bon sens le plus courant, formulée avec autant de netteté que de vivacité dans les lignes suivantes de Voltaire :

« Nous osons mettre en question si l'âme intelligente est créée avant nous ; si elle sort du néant à notre naissance ; si, après nous avoir animés un jour sur la terre, elle vit après nous dans l'éternité. Ces questions paraissent sublimes. Que sont-elles ? Des questions d'aveugles qui disent à d'autres aveugles : Qu'est-ce que la lumière ? » (*Dictionnaire philosophique*, article *âme*, p. 2).

Sans doute, dans un pareil domaine, nous ne pourrons jamais faire que des hypothèses. Ne faisons du moins, alors, que les plus vraisemblables, surtout quand celles-ci se trouvent être en même temps les plus encourageantes. A ce compte, la suivante ne saurait nous révolter ni nous déplaire :

« On trouve naturel que les lois de la chaleur, de l'électricité ou de la lumière s'étendent entre les mondes possibles, les dominent par leur universalité ; la loi de personnalité serait-elle seule à n'avoir pas satisfaction ? Doit-on bannir de l'univers la conscience qui le comprend, exclure du progrès les personnes qui seules le découvrent, le connaissent et l'exigent ? Il est vrai qu'on ne saurait nier l'action dissolvante des forces les plus géné-

---

quelques-unes presque ridicules —, mais dans un but tout différent de celui qui est visé ici : pour mieux faire voir que tout peut s'expliquer sans invoquer le surnaturel et qu'on n'a que l'embarras du choix parmi les explications.

rales de la nature appliquées aux individualités organiques, intellectuelles et morales, mais niera-t-on davantage l'action composante ou favorable des mêmes forces, quand c'est manifestement sous leur empire que les individualités naissent et se développent ? Elles naissent et se développent pour périr. Elles périssent pour renaître et continuer leur progrès. »

Après cette hypothèse, Renouvier passe à une autre, « encore plus aventurée », pour expliquer l'absence totale des morts à l'égard des survivants. Il fait un appel très légitime à « la loi générale d'intermittence. » Il faut voir tout cela dans le texte. C'est aussi ingénieux que hardi. Nous n'avons nulle répugnance, pour notre compte, à envisager de pareilles possibilités. Au contraire. Ce que nous rejetons, par exemple, c'est la partie négative (de négation purement gratuite d'ailleurs, car cette partie peut se détacher du reste), qui est du philosophe anti-réaliste, criticiste et subjectiviste. Non, nous n'admettons point (1) que les sens, et notamment le toucher, « ne nous révèlent rien de la nature propre des corps. » Ce que nous admettons, c'est que chaque sens nous révèle une face de la nature. D'autres sens nous révèleraient probablement des choses dont nous ne pouvons pas avoir l'idée; de même que, si nous étions privés du toucher, par exemple, nous serions privés aussi des sensations et perceptions qui ressortissent à ce sens (2). La réalité est,

---

(1) Tout en avouant, si l'on veut, que ce n'est là qu'une hypothèse, opposée par nous à n'importe quelle autre du genre de celle que fait ici Renouvier; nous croyons seulement la nôtre, l'hypothèse affirmative, de croyance et de confiance, beaucoup plus simple et plus vraisemblable, voilà tout.

(2) Et qui sont d'autant plus importantes que c'est là un sens type, un sens auquel tous les autres se ramènent, même les plus délicats ; bien qu'il semble, lui, relativement grossier. Ainsi, la vue n'est qu'un toucher qui s'étend jusqu'aux cieux, comme le dit Voltaire; et Des-

sans nul doute, beaucoup plus riche que la perception que nous en avons. Et, d'un autre côté, notre perception pouvait l'être bien davantage tout en étant dépourvue de certaines données qu'elle nous fournit. Nous sommes si loin de connaître tous les moyens possibles de connaître! Il reste donc bien de la marge pour exercer « les organes des morts », qui, « radicalement différents des nôtres », « ne pourraient les toucher » ni avoir des sensations et perceptions de même espèce. Mais, précisément, plus nous avons une haute idée de la vaste portée de la connaissance possible, plus nous devons tenir au peu de réel que nous possédons dans les conditions actuelles de la vie de ce monde, plus il est naturel que nous en fassions cas et tâchions, par ce que nous avons, de suppléer, dans une certaine mesure, à tout ce qui nous manque.

Il nous reste encore une grave objection à faire à Renouvier sur un autre point. A propos de la « condition des morts », il écrit ce qui suit :

« ..... L'hypothèse à laquelle nous soumettons l'avenir n'embrasse pas nécessairement le passé. Certains philosophes ont un intérêt spéculatif à envisager une suite de vies antécédentes, et y sont même contraints. Ce sont ceux qui croient que rien ne commence, et qui, pour toute solution de la question des origines, vont se perdre résolument dans la contradiction du *procès à l'infini* et de la perpétuité éternelle des phénomènes *a parte ante*. Nous, dans notre ignorance avouée des origines premières, nous les posons cependant en vertu d'une nécessité logique (1), et, nous trouvant impuissants à fixer le

cartes compare, avec non moins de raison que d'imagination, le clairvoyant à un aveugle qui serait armé de deux longs bâtons avec lesquels il tâterait à distance les objets.

(1) C'est « la nécessité logique » dont il a parlé plus en détail dans un autre passage, et qui fait qu'un infini actualisé, comme le serait

début des phénomènes personnels, nous ne voyons aucun moyen de prouver que leur série remonte plus haut que la vie actuelle. Au contraire, nous voyons des motifs moraux pour la prolonger, et cela indéfiniment [dans l'avenir]; et c'est de la question la seule partie qui nous occupe. »

C'est là, si l'on veut, l'immortalité, distincte de l'éternité. Quoique la thèse de ceux auxquels fait allusion Renouvier dans ce passage, de « ceux qui croient que rien ne commence », soit malaisée à soutenir, nous l'avouons, la sienne est bien difficile aussi, sinon impossible, à accepter et même à comprendre. En effet, c'est comme un bâton qui aurait un bout et qui n'en aurait qu'un, ne finissant pas de l'autre côté! Si l'on ne peut pas donner d'explication plus satisfaisante, ne vaudrait-il pas mieux reconnaître franchement le mystère, s'incliner et passer outre? Le bon La Fontaine, dans la dernière de ses fables du livre IX (1), ayant occasion vers la fin d'effleurer cette grave question, a l'air de se prononcer, il est vrai, dans le même sens que Renouvier, mais il laisse voir naïvement, aussitôt après, que la chose l'étonne bien, quand même; et, tout en affirmant sa « réalité », il la trouve, dit-il, « étrange ». Voici, du reste, le morceau :

Après avoir essayé de définir une première âme (2) —

---

le temps révolu s'il était infini, est chose impossible et contradictoire, comme « le nombre innombrable ». L'avenir, au contraire, n'étant qu'en puissance, on peut le concevoir infini ou du moins indéfini.

(1) C'est peut-être la plus philosophique de tout le recueil. Il y défend l'honneur intellectuel de ses chers héros, les bêtes, contre le fameux « automatisme » de Descartes. La thèse lui tient à cœur. Il s'applique. Et l'on peut bien dire que son bon sens, aiguisé de finesse et de subtilité, triomphe facilement de la théorie du puissant mais étroit philosophe systématique.

(2) Ce passage déjà est curieux et admirable en son genre. C'est un vrai tour de force, et simple et naturel — ce qui est d'autant

inférieure et qui nous serait commune avec les bêtes (car il « en donnerait » à elles aussi, et même de l' « esprit », « s'il en était le maître ») — il parle de l'âme qui nous est propre :

> A l'égard de nous autres hommes,
> Je ferais notre lot infiniment plus fort ;
> Nous aurions un double trésor :
> L'un, cette âme pareille en tous tant que nous sommes,
> Sages, fous, enfants, idiots,
> Hôtes de l'univers sous le nom d'animaux ;
> L'autre, encore une autre âme, entre nous et les anges
> Commune en un certain degré ;
> Et ce trésor à part créé
> Suivrait parmi les airs les célestes phalanges,
> Entrerait dans un point sans en être pressé (1),
> *Ne finirait jamais, quoique ayant commencé :*
> *Choses réelles, quoique étranges* ».

C'est surtout pour ces deux derniers vers que nous avons tenu à citer tout le morceau. Car eux seuls se rapportent à la question présente. Mais on ne peut guère les séparer de ce qui précède.

.•.

Ce qui fait la grande imperfection, et, par cela même, la grande résistance à être de l'être créé, c'est la multiplicité, l'exclusivité — l'un n'étant pas l'autre,

---

plus fort — pour « subtiliser un morceau de matière, que l'on ne peut plus concevoir sans effort, quintessence d'atome, extrait de la lumière, je ne sais quoi plus vif et plus mobile encore que le feu... » Ne dirait-on pas qu'il a pressenti cette « dissociation de la matière » dont il est question, par exemple, dans le livre — si curieux — du Dr Le Bon : *Évolution de la matière ?*

(1) Il s'agit d'un point de l'étendue ou point géométrique. Evidemment qu'elle y entrerait, notre âme, puisqu'elle est « une monade » ou « un point métaphysique », dirait Leibniz.

étant en dehors de l'autre et ne laissant pas l'autre être en lui. Ce vide, ce trou, cette plaie incurable au flanc de la Création, se présente à notre perception sous forme d'étendue et d'espace. La durée et le temps, champs de l'évolution, aident à suppléer de plus en plus à ce manque d'être.

La perfection relative de l'intelligence consiste en ce que cette grande imperfection y est corrigée en partie, en partie ce vide y est comblé, cette plaie y est pansée : par son être-connaître, elle est un reflet, un miroir du tout, quoique simple partie de ce tout. L'univers venant s'y peindre en raccourci, plus ou moins nettement, plus ou moins complètement, il y corrige sa grande imperfection, c'est-à-dire y ramasse son être épars, l'y concentre, s'y unifie, bref, y devient vraiment l'UNIVERS, à son tour reflet de l'Un. Aussi, là, Dieu se complaît, se recueille, se retrouve.

Il faut ajouter, maintenant, le point de vue moral, encore plus profond, plus fécond, plus divin. La personne a une valeur absolue. Kant vient ici couronner Leibniz.

Faut-il regretter qu'il y ait du non-être dans l'être ? Non ; car il est utile, il est nécessaire : c'est le *lieu* des êtres, du mouvement, du progrès, du perfectionnement du créé multiple dont Dieu attend le retour à lui dans son unité immobile.

Ainsi, le Créateur lance et ramène la Création, comme le pêcheur son filet, dans le vaste Océan du Vide.

Le *lieu* est, en un sens, un *lien* ; car, par lui, en lui, communiquent entre eux les corps. Mais ce lien est imparfait et purement extérieur ; car, entre les corps, règne une essentielle impénétrabilité réciproque.

Dieu, au contraire, est le lien parfait, intime, le grand rendez-vous des êtres.

Comme Dieu et l'espace sont aux deux antipodes de l'être, le contraste même nous les fait rapprocher; et nous disons : espaces infinis, aussi bien que : Dieu infini.

La volonté de l'Un a fait l'autre, a fait le plusieurs, sans en prendre en lui-même la matière, par sa mystérieuse toute-puissance. Il a voulu qu'il soit en dehors et indépendant de lui dès l'origine. Et il a voulu, il veut toujours que ce plusieurs revienne à l'Un, qu'il y revienne d'une façon de plus en plus parfaite, jusqu'à ce qu'il puisse y revenir comme lui-même à créé, c'est-à-dire spontanément, volontairement, librement. Et même miracle ici que dans l'acte de la création, ou miracle analogue, miracle qui fait pendant au premier, où la créature vient refermer le cercle ouvert par le Créateur; retour de l'autre et du plusieurs à l'Un par chacun, qui n'en reste pas moins chacun, qui même se différencie de plus en plus, à mesure qu'il s'intègre davantage, puisqu'ainsi il se perfectionne et par là devient, en quelque sorte, de plus en plus lui-même.

Qu'on se garde bien de se figurer que l'unification ou retour à l'unité puisse se faire par le dehors, comme dans une gerbe ou un faisceau. Nous savons, nous sentons qu'elle doit se faire par le dedans, par la partie la plus intime, la plus profonde et la plus haute de nous, de chacun de nous. Et nous sentons, en même temps, que pour être vraiment nous, pour être le plus parfaits possible, nous avons besoin d'autrui, de nous dévouer à autrui.

Ainsi, en nous, au cœur de chacun de nous, nous trouvons les autres. Mais il ne faut pas s'arrêter là. Il faut ajouter aussitôt qu'au centre de ces autres en nous ou, si l'on aime mieux, de cet altruisme, nous nous retrouvons nous-mêmes, et nous au plus haut degré d'être, de perfection morale (1).

*
* *

Derrière cette magnifique trame déployée de l'Univers, on sent quelqu'un qui en ramasse et en tient unis tous les fils. Autrement, ces fils, lors même qu'ils pourraient exister, ne composeraient pas de trame, mais seraient tout au plus chacun pour soi, épars et flottant chacun de son côté.

Chaque fil ne se sent lui-même, ne se sent un et ne sent l'unité de la trame dans laquelle il entre, que par la présence, l'omniprésence — sentie, elle aussi, plus ou moins nettement — du grand tisserand, de l'Un fondamental et suprême. Il sent aussi que c'est par la toute-puissante vertu unifiante de l'Un, que tout devient un, même l'autre, même le multiple; bien mieux encore, il sent que chaque un doit se sentir être, et partant être un, surtout quand — et dans la mesure où — il sort volontairement de lui pour entrer dans cet autre et ce multiple ; car, plus on sort ainsi de soi, plus au retour on s'apporte à soi-même d'être sous forme d'unité condensée.

(1) « ... La société ne peut pas prospérer sans que les associés y gagnent, mais il faut que chacun d'eux renonce à une part de son intérêt propre *avant* de le recouvrer plus large au fond de l'intérêt commun ; et sans être sûr que lui individuellement il la recouvrera, il faut qu'il *sacrifie avant de bénéficier*. Il y a donc privation d'abord, et c'est dans cette privation préalable et acceptée que consiste le désintéressement; l'action désintéressée est une trajectoire circulaire qui commence par s'éloigner de son origine : le moi, et n'y revient qu'après avoir compris autrui dans son parcours. » (Sully-Prud'homme, *Que sais-je ?* p. 221).

« On se demande si Saint François d'Assise ou Sainte Catherine de Sienne n'ont point rencontré le secret du bonheur véritable, et s'ils ne l'ont point trouvé dans le renoncement et dans l'abnégation... » (*Ames païennes, âmes chrétiennes*, par Mme Goyau).

Chaque fil dans la trame est donc dans et par cette trame, c'est-à-dire au fond par l'Un qui est derrière et qui l'a tissée.

La présence de ce Grand Un derrière la trame, sert aussi et surtout à empêcher chaque un, chaque fil, de se noyer, en quelque sorte, dans cette trame, qui, à côté de cela, lui est si utile, si indispensable même, pour sa parfaite mise en valeur métaphysique et morale. C'est que le Grand Un est là toujours, comme parangon d'être individuel, personnel, proposé à chaque un, pour qu'il n'oublie jamais sa propre individualité, sa personnalité.

*
* *

A Malebranche :

Ainsi, à votre avis, noble et subtil penseur de l'Oratoire, Dieu, après nous avoir inclinés à vouloir, agit selon que nous voulons ; et il fait tout cela pour lui seul. Il est premier principe et dernière fin ; que dis-je ? seul, il est vrai principe et fin véritable. Mais alors, à quoi sert tout le reste, nous avec ? C'est au moins inutile. Et même, Dieu serait bien plus glorieux encore — puisque c'est là le grand but, le seul objectif — s'il n'avait pas besoin de ce reste pour sa gloire, s'il trouvait tout en lui-même, en lui seul, les autres êtres étant des êtres en apparence mais en réalité n'étant que le simple épanouissement du seul Être, de Celui qui a dit : Je suis Celui qui suis ! Comment cela, donc, a-t-il pu vous échapper ? Car c'est ce qu'a vu et compris admirablement Spinoza, « le monstre » !

*
**

La communication des substances ou êtres, soit dans le connaître, soit dans l'agir, se ramène, au fond, à un seul et même mystère que l'accord de l'Un et du Multiple, que l'existence simultanée des deux : si bien qu'il n'y a pas de raison pour s'arrêter à Malebranche, mais il faut, une fois embarqué dans cette direction, aller jusqu'à Spinoza, si l'on ne veut pas admettre de mystère — et même disons : d'absurdité, — si l'on veut introduire l'évidence, la raison claire partout. Quant à nous, nous ne nous embarquons pas ; mais nous voyons, nous sentons et nous respectons le mystère.

L'Un, n'ayant pas envié l'existence au Multiple, lui a donné, lui a passé, afin de le faire autant que possible à son image, ce singulier pouvoir de communication *naturelle*, dont il venait d'user lui-même — mais *miraculeusement*, lui : pour communiquer l'être à ce qui auparavant n'était pas —, pouvoir donc qui est le sceau de l'ouvrier sur son œuvre, le reflet de l'Un dans le Multiple. Ce reflet, il l'est d'ailleurs encore à un autre point de vue, que voici : plusieurs, en communiquant entre eux, *s'unifient* d'une certaine façon et jusqu'à un certain degré.

APPENDICE

Nous avons réveillé deux pièces de vers qui dormaient dans nos cartons, pour les donner ici à la fin de ce chapitre auquel elles peuvent se rattacher.

L'homme seul peut, proprement, mériter.

      Dieu, que la gloire suit
      Et le mérite fuit,
      Laisse à l'homme la marge
      Le plus possible large :
      Si bien qu'est triomphant
      Plus que Lui son enfant,
      Usant de la puissance
      Qu'il n'a point par essence.
Mériter autrement, c'est ne mériter rien :
Comme Lui, qui, par poids naturel, tombe au bien,
Qui possède sans peine en leur infinitude
Et la perfection et la béatitude.
Jamais Il ne goûta la piquante saveur
Que nous trouvons au fruit acquis par la sueur.
C'est notre joie à nous, c'est le sel de la terre,
Le plaisir de la soif qu'un flot pur désaltère,
Le bonheur qu'on savoure au sortir des douleurs,
Le miel qu'on trouve au fond de la coupe des pleurs.
Oui, certe, elle a — pour qui ne craint pas d'être en butte
Aux peines, aux dangers, renaissants, de la lutte —
Son charme, cette vie où fleurit la vertu,
Plante forte et vivace, au feuillage battu,
En nos rudes climats, par le vent des tempêtes
Qui grondent dans les cœurs, qui fondent sur les têtes,
Mais plante dont se tresse une belle couronne
Qu'on mérite ici-bas et que là-haut l'on donne.

Primat de la Volonté en l'homme et en Dieu.

On vaut selon qu'on veut. Volonté forte et bonne,
En toi seule on atteint le fond de la personne.
Même avec l'intellect — si haut, si beau — d'Hamlet,
Sans plus de caractère, au moral on est laid ;
Et l'amour — quand il faut, pour remplir son office —
Doit agir, doit aller jusques au sacrifice.

Sans amour, le penser est impuissant; l'amour,
Sans l'agissant vouloir, est stérile à son tour.
De ce don merveilleux tu vois, lecteur, qu'en somme
La souveraineté, sans ombre, éclate en l'homme.
Et pas en lui seul. Monte, oui, monte au plus haut lieu
De l'être : tu verras la même chose en Dieu.
Et si du droit chemin là-dessus tu t'écartes,
Je t'y ramènerai, renforcé par Descartes,
Dont le Dieu, vraiment Maître, absolu, sans lien
En voulant, fait le beau, fait le vrai, fait le bien (1).
A cet ardent foyer du grand Corneille l'âme
S'est allumée un jour et nous passe sa flamme
De génération en génération,
Héritage sacré pour notre nation.
Kant le Teuton n'en sut ravir qu'une étincelle,
Et l'on crut voir alors l'aurore universelle
Surgir — par on ne sait quel bouleversement —
Au milieu de la nuit du brouillard allemand !
Mais bientôt, ce soleil, si hors de son domaine,
Il fut le remiser dans l'ombre du « noumène. »
Ressortons-le de là, pour le mettre en plein ciel :
Puisque notre génie est « superficiel »
Et ne raffole pas de profondeur abstruse :
Comme le fait le leur, moins par goût que par ruse,
Enveloppant ainsi le mal avec le bien,
Dissimulant — surtout — lorsqu'il ne pense rien,
Donnant même pour belle et puissante pensée
Ce qui n'est que sa nue un peu plus condensée.
Français, le nôtre est franc, et toute obscurité
Déshonore à ses yeux la pure vérité;
Et bien plus haut encore il proteste et réclame
Quand on veut lui voiler ces grands soleils de l'âme,
Qui, sitôt apparus au moral horizon,
Font le jour tout à coup dans l'humaine raison.
Plaçons donc bien en vue, à la plus haute cime,
Le primat du vouloir, ce principe sublime. —
   On vaut selon qu'on veut! Et vous pensez qu'il faut
Réciproquement dire : On veut selon qu'on vaut? —
   Non, car ce serait là sous le joug nous remettre,

(1) Aujourd'hui nous n'accepterions pas, sans faire des restrictions, une pareille doctrine.

Aussitôt délivrés, nous imposant pour maître
Le naturel tout fait, cette fatalité,
Qui viendrait remplacer en nous la liberté,
La liberté, puissance étonnante et sacrée,
Puisque l'homme, par elle, en agissant se crée !
Il nous faut dans la lutte ou plus ou moins de cœur,
Mais le plus faible en peut, s'il veut, sortir vainqueur :
Plus en effort aura coûté cher la victoire,
Mieux du victorieux resplendira la gloire.

———

Suit une note qu'on a oublié d'insérer en son lieu, page 149 :

Ce qui fait qu'on se sent incliné plutôt quelquefois à désespérer, c'est de voir combien gravement ont erré certains grands hommes en se mêlant, comme ils ont fait, de prédire — et avec une précision malencontreuse — un avenir religioso-politico-moral selon les illusions de leur incurable optimisme de rêveurs humanitaires.

Voici, par exemple, ce qu'on lit dans une *Contemplation* de V. Hugo (*A propos d'Horace*, vers la fin) :

> Un jour,................................
> Lorsque le plein midi rayonnera pour tous,
> ....
> Chaque village aura, dans un temple rustique,
> Dans la lumière, au lieu du magister antique,
> Trop noir pour que le jour jamais y pénétrât,
> L'INSTITUTEUR LUCIDE ET GRAVE, MAGISTRAT
> DU PROGRÈS, MÉDECIN DE L'IGNORANCE, ET PRÊTRE
> DE L'IDÉE ; et dans l'ombre on verra disparaître
> L'éternel écolier et l'éternel pédant.
> ....
> Alors, le jeune esprit et le jeune regard
> Se lèveront avec une clarté sereine
> Vers la science auguste, aimable et souveraine ;
> Alors, plus de grimoire obscur, fade, étouffant ;
> LE MAÎTRE, DOUX APÔTRE INCLINÉ SUR L'ENFANT,
> FERA, LUI VERSANT DIEU, L'AZUR ET L'HARMONIE,
> BOIRE LA PETITE ÂME A LA COUPE INFINIE !
> ....

Voilà certes de la belle grandiloquence! Mais c'est là aussi qu'éclate à merveille — en dépit du *vates* des anciens, qui voulait confondre en lui les deux — toute la différence entre un *poète* et un *prophète*. L'on est même étonné (disons-le franchement, — et je pense bien que nous en avons le droit, car on a vu que nous ne marchandons pas à cet auteur, quand il y a lieu, notre admiration), oui, l'on est stupéfait qu'on puisse, de la sorte, tout ensemble être si grand et si petit, si grand par l'imagination et si petit par le jugement, qu'on réussisse à concilier tant de génie sublime et un tel degré de plate niaiserie!

Mesurons un peu la distance entre le superbe idéal que cette tirade poétique nous présente et la triste réalité. Dans celle-ci — que nous avons déjà suffisamment sous les yeux aujourd'hui —, « l'instituteur lucide et grave, magistrat du progrès, médecin de l'ignorance, et prêtre de l'idée », n'est plus, hélas! trop souvent, qu'un étroit « primaire », que le fameux « Maître Aliboron » de Maurice Barrès! et le « doux apôtre incliné sur l'enfant et lui versant Dieu........ », se trouve métamorphosé en prédicateur officiel de matérialisme et d'athéisme!

CHAPITRE II

L'ÉTENDUE ET L'ESPACE, LA DURÉE ET LE TEMPS.

Tous les corps sont étendus, et tous les êtres durent : voilà, proprement, l'étendue et la durée. En tant qu'ils sont étendus ou qu'ils durent, les êtres se taillent comme un vêtement à leur mesure dans l'une de ces deux étoffes immenses : l'espace et le temps (1). On peut dire encore, pour faire nettement une bonne fois cette double distinction (qu'on ne fait guère dans le langage ordinaire, et qu'il est difficile d'observer toujours même dans le langage plus précis de la philosophie), que l'espace est le lieu des corps en tant qu'ils ont de l'étendue, et le temps, le lieu des événements en tant qu'ils ont de la durée. L'étendue et la durée sont indéfiniment divisibles ; tandis que l'espace et le temps doivent être pris en bloc.

L'étendue est le vide d'être dans les corps, peut-on dire. Néanmoins, elle n'est pas pour cela un pur néant, un parfait non-être. Car, d'abord, cette défini-

---

(1) Il faut seulement avoir soin d'ajouter ceci : en cela faisant (chose bizarre et pour nous mystérieuse!) ils ne prennent rien à ces étoffes, ne les diminuent pas, n'y introduisent nulle division.

tion même (l'étendue *est*....) commence par affirmer de l'être. C'est encore une certaine façon d'être, après tout, que d'être ainsi. Puis, nous pouvons ajouter, nous, réalistes : tant que notre esprit peut définir, peut saisir quelque chose, il faut qu'il y ait quelque chose par le fait. Rien de définissable, rien de saisissable à l'intelligence dans le pur non-être.

On peut dire encore que l'étendue est l'aspect sous lequel nous percevons l'universel exclusivisme réciproque des différents corps et des divers éléments qui composent chacun d'eux ; c'est leur façon d'exister en dehors l'un de l'autre. C'est ce qui fait l'infériorité, l'imperfection, le non-être relatif de ce genre d'être quand on le compare non seulement à l'Être, à l'Un absolu, mais même à un esprit créé quelconque.

L'espace, par opposition à l'Un, peut être envisagé comme un absolu dans son genre. Il s'oppose, d'ailleurs, même à la matière proprement dite, dont les éléments ne sont pas étendus, mais sont des forces simples, inétendues. C'est l'intervalle entre ces unités, entre ces monades qui, seul, est étendu, en ce sens. Et l'esprit est étendu, en un autre : parce qu'il est apte à franchir ces intervalles, à étendre son activité à travers, à en triompher. A l'entendre ainsi, Dieu même est étendu ; il est l'être étendu par excellence ; ou plutôt, il est supra-étendu, de même que supra-temporel : il est immense, aussi bien qu'éternel.

Comment peut se justifier à nos yeux, du moins en partie, l'opinion des philosophes selon lesquels l'espace est un attribut de Dieu même? Doublement ;

D'abord, c'est grâce à Dieu que l'être créé, jusqu'au plus imparfait, celui qui est dans l'espace, l'être matériel, est — quoique étant si peu, si exclusivement, si circonscriptivement en quelque sorte. Oui, que ce qui est si peu, n'en soit pas moins, Dieu seul peut faire cette étonnante merveille; et il la fait sur toute la ligne, sur toute la surface, dans tout le volume;

Ensuite, par contraste avec cette façon si imparfaite et si relative d'être, l'être parfait et absolu de Dieu ressort d'autant mieux. C'est un tour de force antithétique du grand artiste souverain (1). Ainsi, le Néant sert comme de repoussoir à l'Être.

L'être matériel, cet être dans l'étendue, échappe en partie au non-être par l'organisation de ses éléments. Quoique relatif toujours, de la sorte il imite l'absolu. Les créés se groupent, pour se rendre dans leur ensemble, le plus semblables possible à leur Créateur, qui est un, qui est l'Un. Ainsi se comblent, autant que faire se peut, les vides, les intervalles entre les individus composants : par l'ordre et l'harmonie entre eux. Le plusieurs, par là, devient un, à sa façon et dans une certaine mesure.

Il se pourrait, d'un autre côté, que chaque individu ait pour organe le Tout infini. Alors, à ce Tout, il y aurait autant de centres que d'individus, et pas de circonférence; et chacun des composants imiterait parfaitement l'Un. Cette dernière hypothèse, inacceptable évidemment sans restriction, n'en est pas moins très utile à faire pour bien séparer chaque un, l'absolutiser, autant que possible, et nous faire voir que c'est moins chaque un qui est pour le Tout, que le Tout qui est organisé pour chaque un.

Selon Descartes, l'étendue est la qualité essentielle, l'étoffe même de la matière. On ne peut admettre cette opinion qu'à condition d'entendre par « matière » exclusivement le « corps » ou la « masse » de Leibniz.

---

(1) Comme se plaisent à en faire — en petit, à côté — dans leurs œuvres certains artistes humains; par exemple, deux poètes français, Pierre Corneille et surtout Victor Hugo.

Mais Descartes y comprend aussi et y enveloppe ce que Leibniz a bien soin de distinguer et de mettre à part, avec tant de raison, sous le nom de « monades ». Et là réside sa grave erreur. Il attribue beaucoup trop d'être à l'étendue, qui n'est en réalité que la face non-être de l'être matériel. C'est par suite de cette erreur, sans doute, que Descartes n'avait aucun goût pour la géométrie ordinaire, intuitive. Celle-ci, en effet, considère l'étendue ou du moins l'espace concret. Or, Descartes, par l'idée qu'il se faisait de l'étendue ou espace, aurait dû réserver cet objet, je ne dis pas même à la physique — car sa physique n'est, en somme, qu'une branche de sa mathématique purement abstraite, de sa géométrie analytique, qui réduit tout à l'état de pur symbole — mais à la seule métaphysique. La géométrie ordinaire devait donc lui paraître avoir un objet faux, illusoire, emprunté à un domaine qu'il s'était, lui, fermé à lui-même et qui se trouvait situé dans le vaste milieu, vide à ses yeux, compris entre les seuls domaines qu'il connût, qu'il voulût reconnaître.

Leibniz, de son côté, qui a si bien distingué, dans la matière, la « masse » ou « corps » de la « monade », n'a pas compris, n'a pas sauvé le *sui generis* de l'étendue (pas plus que celui du temps, d'ailleurs). Pour redresser son erreur, nous n'avons qu'à recourir à notre simple et franche constatation, à notre foi et croyance absolue en la fidélité de la reproduction de tout être par le connaître, même de cet être singulier, de cet être non-être, ou, si l'on veut, de cette face non-être de l'être qu'est l'étendue.

L'étendue de Leibniz, au contraire, n'étant qu'un pur rapport, il n'avait pas besoin d'en sortir, comme Descartes, pour trouver un digne objet aux mathématiques les plus abstraites. Il pouvait là-dessus symboliser à son aise et sans être gêné par la moindre bribe d'intuition. Aussi, s'en est-il payé..... jusqu'à inventer le calcul infinitésimal (1). Antée, dans sa lutte avec Hercule, était affranchi de plus en plus du primitif contact avec sa mère, la terre, mais en même temps il venait de moins en moins prendre sur elle un point d'appui secourable, utile, fécond.

Nous n'avons qu'à regarder en nous-mêmes (*intuitio*), pour y trouver réalité et fécondité. Nous nous tiendrons ainsi dans un juste milieu ; c'est-à-dire que nous éviterons, d'une part, le vide absolu de la mathématique pure, dans lequel il n'y a pas de mouvement possible ou, du moins, de mouvement qui vous fasse avancer, et que, d'autre part, nous n'irons pas briser nos efforts stériles contre quelque objet trop résistant, — comme Descartes a senti qu'il était sur le point de le faire, avec son étendue-matière, ce qui l'a poussé trop loin du côté opposé, afin d'éviter ce dangereux heurt.

*
* *

On entend dire quelquefois — ce qui est assez juste, en un certain sens — : « La réalité de l'étendue est antérieure et supérieure à la réalité de la résis-

---

(1) A peu près à la même date, Newton avait l'idée de sa *Méthode des fluxions*, avec laquelle on obtient des résultats analogues. Voici, selon A. A. Cournot, ce qui amena Newton à imaginer cette méthode : « Le temps, tel que nous le concevons, s'écoule uniformément et indépendamment de tous les phénomènes qui s'accomplissent en lui. De là l'idée qu'a eue Newton de comparer le changement, ou pour employer son langage, l'écoulement (*fluxio*) de toutes les grandeurs à l'écoulement du temps et de considérer toutes les grandeurs variables comme des fonctions du temps. Ce n'est point là, comme des esprits éminents l'ont pensé, une comparaison artificielle ; elle tient au contraire à l'essence des choses, autant qu'il nous est possible d'en juger... » (A. A. Cournot, *Traité de l'enchaînement des idées fondamentales dans les sciences et dans l'histoire*).

tance. Ce qu'il y a de plus fondamental dans un corps c'est ce sans quoi ce corps ne peut être ni perçu ni conçu. Or, nous ne pouvons pas faire évanouir par la pensée l'étendue d'un corps sans anéantir le corps lui-même. Il faut donc reconnaître en l'étendue le principe d'unité de toutes les propriétés corporelles. A des points de vue différents, Descartes et Kant ont eu raison quand ils ont soutenu, l'un que l'étendue est l'essence des corps, l'autre que l'espace est la forme universelle et nécessaire des phénomènes du sens externe ». Mais voici, selon nous, le bon et le mauvais dans chacun de ces deux philosophes sur cette question :

Kant constate parfaitement ce qui apparaît. Il aurait dû seulement montrer plus de foi, conclure à l'être d'après ce paraître, et calquer le plus exactement possible une métaphysique, une ontologie, sur son excellente psychologie.

Descartes, de son côté, a raison de pousser hardiment jusqu'à l'être, mais il aurait dû commencer par constater exactement le paraître, dont l'être n'est que le reflet ou l'écho en nous. Ensuite, il n'aurait pas dû, dans l'être, prendre le négatif pour le positif, le vide entre les fils de la trame pour la trame et l'étoffe même.

Donnons, en quelques mots, notre avis sur ce point.

L'étendue dans les corps est ce qu'elle nous apparaît : le non-être de l'être ; c'est-à-dire à la fois l'imperfection du chacun et celle qui vient de la multiplicité du plusieurs. En d'autres termes, elle est ce qui, dans la nature des choses, empêche chaque un d'être l'Un, et aussi ce qui, dans le multiple, empêche l'un et l'autre d'être le seul et unique.

Comme l'être créé est multiple, et que — pour que soit comblée, dans la mesure du possible, cette lacune d'être produite par la multiplicité dans l'être créé — l'un doit communiquer avec l'autre soit en percevant soit en agissant, et qu'enfin cette perception et cette action ne peuvent avoir lieu que dans l'espace, on dit que l'ensemble est étendu. Cela tient donc, tout à fait au fond, à l'imperfection de l'être créé, sans doute ; mais, cependant, cela corrige légèrement cette imperfection — en faisant qu'en un certain sens l'être est un peu, de la sorte, même là ou il n'est pas, puisqu'il est un peu (plus ou moins, selon son degré d'étroitesse de rapport avec cet autre être) dans l'être d'un autre, sans que, toutefois, l'être des deux puisse jamais se brouiller ni se confondre. L'individualité de chacun est toujours respectée, inviolable. C'est même là ce qui se présente, dans le monde matériel, sous l'aspect d'impénétrabilité réciproque des êtres entre eux. Leibniz est allé jusqu'à dire que les monades n'ont point de fenêtre ouverte pour communiquer entre elles : ce qui est une exagération manifeste. Quoi qu'il en soit, chaque monade en elle-même est inétendue ; et un ensemble de monades n'est et ne paraît étendu qu'en tant qu'il n'est pas, c'est-à-dire qu'il est imparfait, étant plusieurs et plusieurs vus du dehors dans leur rapport réciproque. Ainsi, Descartes, en se figurant que l'étendue est l'essence de l'être matériel, n'a saisi celui-ci que par son vide d'être, qui peut en effet le caractériser, parce que cet être est très imparfait, mais qui en soi n'est pas de l'être. Sa métaphysique, sur ce point, prend donc l'ombre pour le corps, et n'est pas du tout exacte : pas plus, par exemple, qu'il ne serait pratique et sensé de vouloir saisir une coupe par son vide, qui constitue pourtant la capacité de cette coupe, qualité essentielle dans un récipient.

Quoique l'espace vide ne soit pas proprement de l'être, il n'est pas non plus le pur néant. C'est une certaine possibilité d'être. On peut dire que cela attend de l'être, que cela en attire même. Car il y a une part de vrai, au fond, dans le principe qu'invoque, chez les anciens, Héron d'Alexandrie (prolégomènes des Πνευματικά) pour expliquer la succion et le fonctionnement du siphon. Selon ce principe, en aspirant l'air on fait un vide, et, comme ce vide est *contre nature* (παρὰ φύσιν) et ne peut absolument subsister, le liquide s'élève aussitôt pour le remplir. La scolastique, au moyen âge, n'a fait que vêtir la chose d'une métaphore, quand elle a dit que *la nature avait horreur du vide*.

L'espace plein n'est plus du simple possible, c'est déjà de l'actuel, d'une actualité fort incomplète, il est vrai, car c'est de l'être matériel, être très imparfait. Que cet être soit étendu, cela ne fait que marquer son très bas degré d'être, que montrer qu'il traîne encore à son flanc cette trace du vide, du néant de réalité vraie, qu'il n'est qu'un amas, qu'un composé de plusieurs, ayant chacun de l'en-dehors, l'un ne pouvant pas être l'autre ni être où est l'autre.

L'affranchissement de l'imperfection d'être s'opère par le rapprochement et la cohésion, par le mouvement, etc. Les degrés sont très nombreux, les formes très variées de cet affranchissement, même dès le monde matériel. Mais il est une forme et un degré particulièrement remarquable. C'est l'être spirituel (1). Déjà dans l'être vivant et organisé apparaît cette

---

(1) Les *machines* et les *organismes* — ces « machines jusque dans leurs plus petites parties » (Leibniz) — sont comme deux échelons, déjà très distants entre eux, pour atteindre le troisième, qui est à une distance incommensurable du second et qui est constitué par les *consciences*, ces « parties-totales » (Leibniz).

Grâce à ces différents moyens, l'imperfection de l'être créé est en partie vaincue. Son néant se désanéantit, en quelque sorte, et son

union étroite, singulière, originale, des unités composantes. Les mouvements, soit de détail soit d'ensemble, — sans parler de la spontanéité, qui quelquefois

en-dehors s'en-dedantise; et de plus en plus, jusqu'au degré supérieur.

Le mouvement fait progresser l'être extérieurement. L'esprit opère ce progrès à l'intérieur. La vie participe de ces deux activités. Aussi, la biologie, dans ce vaste domaine intermédiaire, livrerait la clef de tout si elle pouvait pénétrer jusqu'au fond de son propre objet.

« Si l'on supprime ces unités réelles (les monades), il n'y aura plus que des êtres par agrégation, ou plutôt, ce qui en est la conséquence, il n'y aura plus d'être réel dans les corps. Car bien qu'il y ait des atomes de substance, c'est-à-dire nos monades sans parties, il n'y a pas d'atomes de masse ou de derniers éléments de la plus petite étendue, puisque des points ne peuvent former le continu.... » (Leibniz, Edit. P. Janet, t. II, p. 562).

— Par quoi donc est constitué ce continu, cet en-dehors de l'être, ce néant qui est? Est-ce que vous le constituez par l'infinitude en nombre des monades? Ce serait expliquer le mystère pas seulement par un nouveau mystère mais par une franche absurdité, ce qui est bien pire encore que *obscurum per obscurius*.

Selon nous, il est constitué par une sorte d'atmosphère de vide autour de chaque unité de substance ou monade, atmosphère qui lui est indispensable pour qu'elle puisse être et défendre son être propre contre tout autre être, car de là l'impénétrabilité — puisque, sans cela, deux points, se touchant, se confondraient — et de là aussi la résistance, la résistance du non-être à être, de ce non-être qui l'enveloppe et dans lequel il baigne, pour ainsi dire... Et c'est ce qui constitue le phénomène étendue, qu'il n'y a qu'à observer pour y trouver immédiatement la chose même ou noumène, car n'oublions pas notre réalisme.

Ces unités seraient de plus en plus libres, ayant de plus en plus d'atmosphère, depuis le platine jusqu'à l'éther. Les premières triompheraient partiellement de l'en-dehors ou néant par leur cohésion même (cf. par exemple le socialisme). Les autres, au contraire, par leur liberté de mouvement, leurs franches coudées individuelles (cf. l'anarchisme ou libertarisme). Les premières auraient la solidité. Les autres, la rapidité, l'activité indépendante. Mais en voici de troisièmes, qui ont les deux, et à un plus haut degré, et quelque chose de nouveau, de *sui generis*, résultat de cette synthèse des deux. La solidité y devient solidarité, et l'activité indépendante, liberté, initiative morale, personnalité. Ce sont, au-dessus des organismes, les esprits, consciences ou âmes......

y apparaît —, sont beaucoup plus prompts et plus compliqués. Mais dans l'être spirituel éclate quelque chose de bien supérieur : cette activité, cette rapidité de la pensée, qui revêt une forme et s'élève à un degré nouveaux et inouïs, même en ne considérant pas encore pour le moment la volonté, la libre initiative, dont elle est souvent accompagnée. Ce n'est pas seulement le degré, cette fois, c'est la nature qui change. Affranchissement à peu près complet de l'espace. Presque toute la puissance de l'être passe — ou tend à passer — en acte.

Dans l'être moral, l'amour, aussi bien que la pensée, et mieux quelquefois — bien rarement, il est vrai, — nous offre ce sublime spectacle. Mais, au point de vue physique, le triomphe n'est qu'illusoire, et même d'une illusion qui ne saurait durer longtemps. L'amour, au sens étroit et vulgaire du mot, ne saurait vaincre l'espace et la pluralité. Lucrèce nous peint, au livre IV de son poème, en termes pleins de relief et saisissants de réalisme, la tentative dramatique mais vaine des amants dans ce domaine (1). Les êtres restent donc,

(1) Si *plusieurs* pouvaient jamais devenir *un seul*, c'était bien là cependant le cas, ou jamais, de réussir et d'atteindre ce but poursuivi d'une pareille ardeur. Or, non seulement cela ne se produit pas, mais c'est le contraire qui arrive. Qu'on nous permette, à ce propos, de nous citer nous-même : « Aurait-on épuisé son étonnement sur tout le reste ici-bas, qu'on en trouverait encore pour l'amour. Cette passion semble vouloir, chose bien curieuse, pousser les deux êtres entre lesquels elle règne à s'abîmer l'un dans l'autre. Et, chose plus curieuse encore, pour leur faire atteindre ce degré inouï de désintéressement, leur faire embrasser cette complète abdication de soi, elle se sert d'une volupté égoïste. Quel petit moyen et peu approprié pour atteindre quel but téméraire! Cependant, la nature, elle, par le moyen puissant de cette passion insensée poursuit, avec le calme et la sérénité de la force bien employée et sûre d'elle-même, son propre but; et, si on la laisse faire, le plus souvent elle l'atteint. Et voilà qu'alors, comme par une cruelle ironie de la nature et de la raison dans leur commun triomphe sur la passion qui vient d'être

quoi qu'ils fassent, ici comme ailleurs, impénétrables l'un à l'autre. L'activité déployée alors par eux ne sert, tout au plus, qu'à perfectionner chacun d'eux (quand ce n'est pas, même, le contraire qui arrive; et c'est souvent), sans pouvoir jamais réussir à ne faire qu'*un* des *deux*. Et l'on comprend qu'il doive en être ainsi. Car la procréation ressemble à la création : de même que, dans le premier de ces actes, la fleur ou plaisir est pour le père, pour l'auteur, tandis que le fruit ou avantage de la vie est pour l'enfant à naître; ainsi, dans le second, la fleur ou gloire est pour Dieu, pour le Créateur, tandis que le fruit ou bien de l'être est pour la créature. Or, nous voyons toute cette riche multiplicité et variété de la nature. Se résoudre à créer, c'était de la part de Dieu se résoudre à l'existence de plusieurs, de l'autre à côté de l'un. Sinon, en

trompée et vaincue par ses propres armes, il arrive la plus curieuse des choses, d'autant plus curieuse qu'elle est en même temps naturelle et raisonnable, qu'ainsi elle ne dément pas son origine, et que l'ironie n'est là que le couronnement du sérieux; il arrive, dis-je, que, au lieu de deux êtres, de ces deux êtres qui voulaient si follement n'être qu'un et, qui, après n'avoir réussi qu'à s'égarer chacun de son côté l'un et l'autre un instant, ont vu qu'ils n'avaient cessé d'être deux, il y en a trois. » (*Réflexions et Consolations*, pp. 92-4.)

N'est-ce pas là une aussi profonde que fréquente leçon de métaphysique — et une leçon de choses — donnée par la nature même, et avec une clarté à éblouir, ce semble, les plus aveugles? Ce feu intérieur, ce soleil moral ne peut pas, en effet, tant chauffer — jusqu'à brûler — sans éclairer aussi. Et comment ne ferait-il pas *connaître*, puisqu'il fait *naître*? Ah! Socrate n'était pas, au fond, si modeste qu'il en avait l'air quand il allait disant qu'il ne savait que les choses de l'amour!

> L'amour fait comprendre à l'âme
> L'univers, sombre et béni;
> Et cette petite flamme
> Seule éclaire l'infini. (V. Hugo)

Nous aborderons de nouveau, et plus en détail, cette importante question de l'amour, à la suggestivité riche et profonde, de l'amour révélateur ailé. Voir l'appendice à la fin du chapitre qui suit celui-ci.

effet, il n'aurait pas créé, et il serait resté seul, lui l'Un. Mais il a préféré faire un don généreux et produire tout ce qui existe. Il faut donc, en cela aussi, faire comme lui et l'imiter autant que possible.

Ainsi, que chacun de nous, êtres créés, soit ce qu'il peut et ce qu'il doit être, à son rang, à son degré et selon sa forme; et que chacun soit de plus en plus; car immense est la carrière ouverte à l'être dans le temps comme dans l'espace. Surtout, que l'un, au lieu de contrarier l'autre, de le gêner, de lui voler de sa place au soleil de l'être, à ce soleil qui, comme l'autre, doit luire pour tous, que l'un aide l'autre; que tous s'entr'aident à être, excellents confrères en existence plutôt que rivaux, confrères souvent — sinon toujours — même quand ils paraissent et se croient rivaux, et peut-être quelquefois alors plus que jamais. En effet, prenons la circonstance la plus extraordinaire, l'exemple le plus frappant : la guerre. S'il est vrai qu'elle est salutaire à certains points de vue, n'est-ce pas parce qu'on trouve là une occasion unique de développer certaines vertus de courage, d'abnégation, de sacrifice? C'est ce qui a été bien compris et bien rendu par l'écrivain russe Dostoïevski dans le morceau suivant (que nous présentons, même, à nos antimilitaristes —, et ils n'oseront pas récuser une pareille autorité, un fougueux démocrate, comme eux) :

« Ce n'est pas dans la paix à tout prix que sera le salut. Il peut se trouver dans la guerre..... Il y a plus de hauteur morale dans le fait de sacrifier sa vie pour ce que l'on croit une chose sainte, que dans tout le catéchisme bourgeois..... Oui, la guerre est utile à quelque chose ; elle est bienfaisante ; elle fortifie l'humanité...... La paix, si belle, si féconde qu'elle paraisse, arrive à débiliter les nations..... Rien n'est si beau que de donner sa vie pour défendre ses frères et sa patrie..... L'humanité ne peut vivre sans idées généreuses, et c'est pour cela qu'elle aime la guerre. La guerre rajeunit, rafraîchit tout, donne de la force aux pensées..... Les plus belles pensées sont inspirées par des idées de lutte......La fraternité naît sur les champs de bataille. La guerre pousse bien moins à la méchanceté que la paix. »

Ce serait le lieu de placer, comme complément tout naturel à ce que nous venons de dire sur la *pensée* et l'*amour*, un développement sur la *volonté*. Mais nous ne ferons ici qu'indiquer la chose, nous proposant de la donner tout au long ailleurs. Voici donc, en quelques mots :

De même que la pensée et l'amour nous affranchit partiellement de l'espace, ainsi la volonté, faculté encore plus élevée, va jusqu'à nous affranchir du temps. Nous voulons, en effet, en dehors de lui. En outre, un premier vouloir, un vouloir initial, qui tient dans un indivisible, dans un instant, décide souvent de toute la suite (1). Par là, nous nous sentons presque éternels. Et si la pensée des motifs, qui précède la décision, pouvait être, elle aussi, instantanée, en même temps qu'infailliblement exacte, et surtout si nous avions en proportion du vouloir la puissance d'effectuer, si l'exécution suivait forcément et sans intervalle la détermination — pour nous comme pour Dieu —, alors, à chacun de nous dans tous nos actes on pourrait appliquer le sublime : « Il dit : que telle chose soit, et telle chose est », qui rend si bien l'instantanéité féconde du Verbe éternel. Mais, chez nous, cette éternité n'est que fragmentaire, en quelque sorte, et

---

(1) Cela éclate surtout dans le *péché originel*, auquel Pascal et Bossuet attribuent, avec raison et profondeur, tant de mystérieuse importance. C'est là qu'on voit une faute primitive, commise par le premier homme en un instant, souiller toute la série indéfinie des générations descendantes.

hachée menu, en fragments infiniment courts ; de plus, elle n'a pas, comme en Dieu, la lumière d'une pensée éternelle elle-même et omnisciente, qui marche devant pour guider, ni l'ardent aiguillon d'un amour sans bornes qui accompagne pour stimuler, ni une vertu de toute-puissance qui suit derrière pour réaliser. Et encore, ce n'est que par une nécessité indigente de notre intelligence et de notre langage que nous distinguons et divisons ainsi ; car, dans l'être éternel, tout est réuni et ramassé en un point.

Le temps est excellent pour y puiser un double exemple d'indéfini, et à la fois une image ou reflet d'infini. Car le présent, ce tranchant de rasoir idéal qui se promène sans relâche tout le long de son cours, ne cesse de le couper perpétuellement en deux parties distinctes, en deux tronçons, le passé et l'avenir, qui sont également indéfinis, c'est-à-dire qui vont se perdre pour nous dans des lointains de mirage. Et lui-même, quoique sans épaisseur, sans durée, est seul à nous offrir l'image, la forme et manière d'être de ce qui est réellement infini, de l'éternité. Celle-ci, en effet, ne saurait être, aux regards de notre esprit, qu'une espèce de présent, mais un présent qui, au lieu d'être instantané, sans cesse changeant de l'avenir au passé, resterait toujours le même, toujours présent :

> L'homme et Dieu sont parallèles :
> Dieu créant, l'homme inventant.
> Dieu donne à l'homme ses ailes.
> *L'éternité fait l'instant.*

*
* *

Royer-Collard a dit, en parlant du temps et de l'espace : « Chacun d'eux réside tout entier dans chaque partie de l'autre. » Là-dessus, Taine écrit, exagérant peut-être un peu l'éloge, comme pour acquérir ainsi le droit d'exagérer ensuite la critique : « Cette phrase est d'une énergie étonnante. Il faudrait remonter à Pascal pour trouver des vérités aussi vastes, concentrées dans un si petit espace, avec des termes aussi simples, par une métaphore aussi exacte. Cela est aussi beau qu'une formule de Newton. » — Soit, nous le voulons bien ; et nous ne ferons que cette petite observation : il faut seulement bien comprendre ce qu'on veut dire par « chaque partie ». Pour donner sa plus grande force à l'expression, on doit sans doute prendre la partie la plus petite possible. Or, cette partie fuit d'une fuite éternelle devant notre poursuite et ne peut jamais être atteinte par nos divisions et nos subdivisions sans cesse renouvelées (1). Cependant, elle est ; et, si nous avons commencé de la poursuivre, nous ne pouvons nous arrêter avant de l'avoir atteinte. Il faut pourtant bien s'arrêter. Il reste donc seulement qu'il ne faille pas commencer la poursuite, c'est-à-dire que cette partie soit d'abord atteinte, c'est-à-dire — encore et enfin — qu'il faille prendre en bloc chacune de ces deux choses, le temps et l'espace, n'en envisager que la qualité et non la quantité, être vraiment métaphysiciens et non mathématiciens, réalistes et non idéalistes.

---

(1) On n'a qu'à se souvenir, à ce propos, des fameux arguments de Zénon d'Élée (*Achille et la Tortue*, *la flèche qui vole*,...), qui sont, au fond, beaucoup moins sophistiques qu'on a bien voulu le dire quelquefois. Un esprit aussi sévère que Renouvier, par exemple, n'a pas dédaigné de les prendre tout à fait au sérieux et de les examiner de très près.

⁎

Ἄνευ τοῦ γίγνεσθαι γενέσθαι ἀδύνατον (Platon). Pour qu'une chose quelconque se trouve réalisée à un moment donné, il faut qu'elle se soit effectuée durant des moments successifs de la durée : de telle sorte qu'un spectateur parfaitement clairvoyant aurait pu assister à cette réalisation graduelle. En d'autres termes et en un mot, tout se fait par degrés progressifs, en suivant tout le détail et comme tous les points de la ligne. Exemple : une personne qu'on trouve très changée au bout d'un grand nombre d'années, a dû subir des petits changements à chaque instant, dans l'intervalle, entre les deux fois qu'on l'a vue..... Autre exemple, où le temps et l'espace se trouvent combinés : Prenons, si vous voulez, les deux aiguilles d'une montre (la grande alors étant Achille, et la petite la Tortue, — si l'on tient à dramatiser la chose, avec Zénon), et même une seule (car cela suffit parfaitement), de préférence la petite, qu'on ne voit pas marcher (γίγνεσθαι) mais qu'on trouve — au bout d'une heure, supposons, — très sensiblement déplacée (γενέσθαι). Si l'on n'a pas pu la voir opérer ce déplacement, la cause en est simplement dans le défaut de clairvoyance, de subtilité de la vue; autrement, on aurait pu assister à ce déplacement de détail, au déroulement de ce mouvement jusque dans ses parties élémentaires; mais, en dépit de l'imperfection et de l'insuffisance du sens, qui ne saurait aller à l'infini — naturellement —, comme il le faudrait ici pour suivre jusqu'au bout le phénomène, on peut du moins conclure (1) du γενέσθαι, perçu, le γίγνεσθαι, non perçu ni percevable.

(1) Je dis *conclure*, et rien que *conclure*, sans pouvoir *déduire* jusqu'au bout et épuiser ainsi tout cet intervalle par des divisions

Selon Renouvier, la durée est la synthèse du temps (qui est l'intervalle) et de l'instant (qui est la limite). Selon Bergson, au contraire, il n'y a pas d'intervalle et de limite dans le temps réel, non plus que dans le temps donné immédiatement par la conscience, mais le temps est chose qu'il faut prendre en bloc, synthétiquement, pour l'avoir et pour le voir tel qu'il est en soi. Une fois ce violent parti hardiment et nettement pris, on simplifie singulièrement, sans doute, les plus grands problèmes qui se rapportent au temps. Ainsi, l'on s'explique alors avec beaucoup plus de facilité la nature de l'élément ou instant, qui, tout en équivalant quantitativement à zéro, qualitativement n'en est pas moins quelque chose ; que dis-je ? à ce point de vue, il est déjà tout, ou du moins l'essentiel ; et il le faut bien, si l'on ne veut pas que tout échappe à nos prises et fuie irrévocablement, comme une vaine ombre de réalité (1). On s'explique mieux aussi l'éternité et les

---

et subdivisions qui, pour cela faire, devraient être sans fin. Seulement, la mathématique a ici imaginé la *fluxion* et l'*infinitésimale*, qui ne sont d'ailleurs que d'ingénieux trucs.

(1) C'est ce qui arrive, par exemple, avec la conception bizarre de M. Evellin. Ce philosophe — de tant de valeur du reste —, dans sa thèse *Infini et Quantité*, professe un réalisme inconséquent selon lequel il prétend faire engendrer l'étendue réelle par des éléments dont il ne sait rien sinon qu'ils sont inétendus eux-mêmes. Nous croyons, au contraire, — avec le plus vulgaire bon sens, — que, fût-on d'ailleurs dans l'ignorance la plus complète qui soit possible au sujet d'éléments quelconques, on doit toujours au moins savoir et pouvoir affirmer sans crainte que ces éléments sont de même nature que leur composé : puisqu'on ne les a imaginés, précisément, que pour expliquer ce composé.

Voici ce qu'on peut admettre, si l'on veut : la matière, tout en étant étendue, est composée d'éléments, d'unités, de monades inétendues, l'étendue dérivant de la composition même, de l'imperfection d'être inhérente à l'être composé, multiple. Mais ce n'est plus là l'opinion de M. Evellin.

Allons, maintenant, beaucoup plus loin. Quittons tout à fait le monde réel. Pénétrons au cœur même de l'abstraction. Si l'on con-

rapports qu'elle peut avoir avec le temps. Seulement, comme revers de la médaille, avec cette doctrine touchant le temps, que de belles figures on supprime ou l'on vide de tout sens acceptable ! Or, les figures ne servent pas uniquement à égayer et orner le discours ou bien amuser l'esprit, mais elles sont riches d'intuitions, de données immédiates et vivantes qu'elles fournissent d'emblée à l'analyse ou tout au moins qu'elles suggèrent.

sidère, dans le calcul différentiel, les accroissements infiniment petits qu'on fait subir à certaines grandeurs variables, faut-il prendre ces infiniment petits pour de vrais zéros, pour des zéros absolus? Non, évidemment, mais bien pour des zéros relatifs. En d'autres termes, on peut dire que ce sont des zéros de quantité, mais non de qualité (car, à cette extrémité, les mathématiques sont comme forcées d'abdiquer entre les mains de la métaphysique et de lui emprunter cette notion de qualité qui n'est pas la leur). Autrement, on ne pourrait plus opérer le retour aux grandeurs finies, c'est-à-dire intégrer : pas plus que nous ne pouvons créer, faire quelque chose de rien.

Mais sortons de ce parfait abstrait, pour revenir au concret, du moins à un concret relatif, et y prendre un double exemple :

La circonférence, comme grandeur possible, se développe entre le point et la ligne droite infinie, exclusivement, avec tout cet entre-deux pour vaste domaine.

De même le temps, comme durée possible, se développe entre l'instant et l'éternité, exclusivement.

Ainsi, la circonférence s'avance du point vers la ligne droite sans fin ; et le temps s'avance de l'instant vers l'éternité.

Le point, d'où part la circonférence, à le prendre à la rigueur, — tant qu'il y a immobilité, en quelque sorte, — est le 0 absolu de circonférence ; de même l'instant est le 0 absolu de temps.

Mais, dans le cas qui nous occupe, il faut prendre la circonférence et le temps dès qu'ils se mettent en mouvement, juste au premier moment de leur départ.

Alors, on a le 0 relatif, c'est-à-dire l'élément, avec lequel on peut composer quelque chose, composer le tout.

Point de quantité encore, si l'on veut ; mais déjà toute la qualité : circonférence et temps.

A considérer maintenant l'autre extrémité, la ligne droite infinie n'est plus la circonférence, et l'éternité n'est plus le temps.

Il faut prendre l'une et l'autre de ces deux choses avant l'arrêt, sans doute, mais juste au moment de l'arrivée au bout.

En outre, notre « temps » ne doit-il pas porter avec soi, lui aussi, quelque vide au flanc, dans ce monde de fantômes, d'être non-être, où nous vivons, domaine de la contradiction, de l'antinomie? Sans doute il est moins vide d'être véritable que l'espace en soi, mais il ne saurait être complètement plein, lui non plus.

On avait, il est vrai, exagéré son analogie avec l'espace : jusqu'à en faire deux notions et deux choses parallèles et comme sœurs. Mais M. Bergson, qui veut faire du temps quelque chose de tout à fait vivant, par opposition à l'espace qui est là, creux, béant, mort ; qui veut en faire un tout organisé, aux parties solidaires entre elles, va, croyons-nous, un peu trop loin à son tour. Il retranche ce qui, malheureusement, est au cœur de la vie d'ici-bas, de cette vie coupée de l'eau de la mort. Notre temps, de même que nous, ne saurait vivre qu'en mourant perpétuellement (1). L'être

(1) Nous avons déjà cité le passage du Sermon de Bossuet où est si dramatiquement dépeinte cette succession rapide des instants.
On peut se reporter aussi à une page hardie et subtile de Fénelon, une de ces pages comme on en trouve assez souvent chez cet écrivain à l'âme extrêmement complexe et sinueuse sous ses airs d'aimable simplicité. Cette curieuse page est d'ailleurs bien cachée, enfouie qu'elle est dans une œuvre tout à fait classique, *le Traité de l'existence et des attributs de Dieu*, II⁰ partie, chap. V, article 3. Voici donc ce qu'on y lit :
« La création de l'être qui n'est point par lui-même n'est pas absolue et permanente : l'être qui est par lui-même ne tire point du néant des êtres qui ensuite subsistent par eux-mêmes hors du néant d'une manière fixe ; ils ne peuvent continuer à exister qu'autant que l'être nécessaire les soutient hors du néant ; ils n'en sont jamais dehors par eux-mêmes, mais bien par un don actuel de l'être. » — Cela n'est-il pas, au fond, d'une témérité excessive? Car c'est ne plus laisser l'ombre de *chez soi* à l'être créé. L'auteur va encore plus loin peut-être ou du moins il s'exprime d'une manière plus nette et plus explicite quand il parle du « renouvellement continuel de toute existence bornée » et de ce qu'il appelle « un tissu de créations successives ». Enfin, il dépasse sur ce point toutes les limites de l'audace métaphysique — surtout tenu comme il est

qui vit dans le temps, par cela même, sort à chaque instant de ce qui est proprement *chez lui*, de son abri tutélaire, en quelque sorte ; si bien qu'il peut continuellement être pris en flagrant délit de rupture de ban, et partant être anéanti, dans ce domaine où il lui faut sans cesse passer et qui n'est pas le sien.

*
* *

Dieu garde la durée et vous laisse l'espace.
....
......Tu ne prendras pas demain à l'Éternel.
(V. Hugo, *Napoléon II.*)

A prendre ce qu'il dit au pied de la lettre, V. Hugo commet là, pour couronner un superbe morceau poétique, une double hérésie métaphysique — par trop forte, quand même. D'abord, si Dieu ne laissait proprement que l'espace, en laissât-il d'ailleurs tant qu'on voudra, il ne laisserait pas grand'chose, si peu de chose que cela aurait même l'air de sa part d'une moquerie plutôt que d'un présent. Si vain que soit l'homme, il n'oserait pas faire son Napoléon avec ce grand rien. Ensuite, Dieu, l'Éternel ne saurait garder ce qu'il ne peut pas avoir. Car il ne dure pas, à parler exactement, et « demain » n'a pas de sens pour lui. La durée, c'est-à-dire ici le temps, n'est que la mobile

---

par état, semble-t-il, à la prudence là-dessus et au respect des barrières de l'orthodoxie — lorsqu'il ajoute : « Quand même les êtres créés ne changeraient point de modifications, il ne laisserait pas d'y avoir, quant au fond de la substance, une mutation continuelle. » Tout libre et indépendant que nous sommes, nous, nous ne présentons que sous toute réserve une semblable doctrine à nos lecteurs, et nous en laissons la responsabilité à l'archevêque de Cambrai. Nous nous permettrons, même, de protester et de réclamer au nom de la personnalité humaine, de son identité ou conservation à travers le temps.

image de l'immobile éternité. Songeons à un portrait qui reproduirait parfaitement les traits d'une personne sauf le mouvement, la vie. Seulement, dans le cas présent, c'est au contraire l'image, le portrait, le temps, qui se meut; tandis que l'original, le modèle, l'éternité, ne bouge pas. Les extrêmes se rejoignent, ici encore : Dieu, le Dieu vivant, à force d'être vivant, redevient, en cela, semblable aux morts. Quoi qu'il en soit, il faut dire avec Leibniz : « L'immensité et l'éternité de Dieu sont quelque chose de plus éminent que la durée et l'étendue des créatures, non seulement par rapport à la grandeur, mais encore par rapport à la nature de la chose. » (*Réponse à Clarke*).

L'espace et le temps ne sont certes pas des conceptions sans réalité, de pures idéalités, ni même de simples rapports, comme l'affirment plusieurs grands philosophes; mais ils ne sont pas non plus, encore moins, des propriétés ou attributs de Dieu, ainsi que le voudraient d'autres. Ils sont, au contraire, comme réalités, aux antipodes de Dieu. Car, autant que nous pouvons le concevoir, son immensité et son éternité consistent en ce qu'il existe comme dans un point et dans un instant, mais de telle sorte qu'il n'a pas besoin de *s'étendre* pour être *partout* ni de *durer* pour être *toujours*; cela, bien entendu, d'une certaine façon qu'il nous est très difficile, impossible même, de bien comprendre, parce que cette plénitude d'être, sans mélange de non-être, n'est point notre manière d'être à nous, à nous qui sommes et qui, à la fois, ne sommes pas, qui n'avons à boire que quelques gouttes du vin de l'être, diluées dans toute l'eau de notre néant. Et il a fallu, en nous créant, couper avec cette grande quantité d'eau ce peu de vin, pour nous faire être autre chose que l'Être, pour nous distinguer de Lui, c'est-à-dire pour nous faire être réellement.

Le temps et l'espace ne font songer à Dieu que par contraste et parce qu'ils sont, jusque dans ce qui *est* déjà un peu, ce qui continue à faire encore le plus pressant appel à la main créatrice, à cette main qui fait être ce qui n'est pas.

« Pour moi j'ai marqué plus d'une fois que je tenais l'espace comme quelque chose de purement relatif, comme le temps ; pour *un ordre des coexistences*, comme le temps est *un ordre des successions*..... L'espace n'est autre chose que cet *ordre* ou *rapport*, et n'est rien du tout sans les corps, que *la possibilité d'en mettre*..... Il en est de même du temps..... Il n'est rien hors des choses *temporelles*....., et il ne consiste que dans *leur ordre successif*. » (Leibniz, *Réponse à Clarke*).

Mais, répliquerons-nous à Leibniz, les mots que nous avons soulignés dans votre texte qui précède, ne définiraient rien, ne montreraient rien, ne diraient rien à notre esprit, seraient pour nous lettre tout à fait morte, si nous n'avions eu préalablement la perception et la sensation de chacune de ces deux choses *sui generis* qui consistent l'une et l'autre non pas en un *ordre quelconque* mais bien d'une *nature toute particulière* (des *coexistences* et des *successions*) (1).

« L'espace n'est *rien* du tout sans les corps, que

(1) *Le quid proprium*, la qualité propre et concrète, voilà en effet l'essentiel dans ces deux choses — comme, du reste, dans toutes les autres. Et c'est ce que ne sent pas le mathématicien, qui est exclusivement l'homme de la quantité, abstraite et générale, et, partant, l'intelligence dépourvue de la vraie intuition métaphysique.

— « Le temps est l'ordre des successifs et l'espace celui des coexistants. » — Mais comment peut-on ne pas voir la tautologie qui est là-dedans ? Car, précisément, le temps, en ce qu'il a de propre et de caractéristique, est tout entier dans « successifs », de même que l'espace est dans « coexistants ». Le temps et l'espace ne sont donc, là aussi, — tout simplement — que reconnus et montrés, comme dans notre *Première partie* (pp. 27-28, et 31 en note), mais avec cette différence, si importante, qu'ici — chez nous — cela

la possibilité d'en mettre », dites-vous. Il est donc une espèce de *capacité*. C'est un rien, si l'on veut, mais un *rien* qui est *quelque chose*, en ce qu'il est *apte à recevoir ce qu'on y met*. Il est même plus saisissable, en ce sens, que le temps. Mais, en un autre sens, le temps paraît avoir plus d'être : par exemple, en ce qu'il sert lui-même très activement (grâce à l'évolution et au progrès, dont il est le vaste champ) à combler le vide d'être de l'espace, à panser, en quelque sorte, cette plaie béante de néant qui s'ouvre au flanc de l'être créé matériel.

Nous triomphons en partie de l'espace par notre corps, qui, même, grâce aux organes des sens (surtout pour nous, réalistes), est le lien qui rattache l'âme au reste du monde et fait que cette âme, jusqu'à un certain point, a pour lieu l'univers entier. Par là, les âmes communiquent aussi entre elles. Seulement, son corps est l'accessoire propre de chacun; tandis que le reste est le commun accessoire de tous.

Etres qui vivons dans le temps, c'est lui qui nous a bien plutôt que nous ne l'avons : Puisque le présent est le seul temps qui soit véritablement à nous, et qu'il ne dure pas. Ce que nous avons passé de temps, nous

---

est fait consciemment et franchement, sans qu'on prétende donner une définition précise, scientifique.

Selon le mathématicien, « le temps est l'ORDRE... », « l'espace est l'ORDRE... »; et voilà pour lui le plus, le seul intéressant dans la définition. Pour nous, au contraire, c'est la fin : « ... des SUCCESSIFS », « ... des COEXISTANTS », qui est de beaucoup plus intéressante. Et c'est là, tout bonnement, affaire d'intuition et de constatation : si bien que « le temps » et « l'espace » suffisaient déjà pour mettre parfaitement les deux choses sous les yeux de l'esprit, à vouloir seulement bien les ouvrir et bien s'en servir.

Cette idée d'ordre, qui revient — la même les deux fois — et qui pour le mathématicien est tout, pour nous est des plus accessoires : elle est l'abstraction, morte elle-même et qui tue la chose.

est bien désormais, en un sens, irrévocablement acquis, mais en ayant cela de la façon que nous l'avons, nous n'avons en réalité rien, du moins comme temps, car le temps passé est chose vaine, inerte, morte, en soi-même, et ne peut se survivre que par la trace laissée dans quelque œuvre accomplie pendant que ce temps passait et subsistante encore aujourd'hui. C'est l'avenir qu'il nous faudrait, lui seul étant et méritant d'être notre fin. Mais c'est précisément ce que nous avons avec le moins de certitude. Et d'ailleurs, quand nous l'avons, nous ne l'avons pas en bloc, ou plutôt en longueur; il faut que cette ligne passe par le présent, et, en passant, qu'elle s'émiette à mesure en points; et chacun de ces points, nous ne l'avons que l'un après l'autre, un seul à la fois, et avec la peur chaque fois que ce ne soit le dernier; et nous le tenons moins, qu'il ne nous tient : puisque nous tremblons ainsi qu'en passant il ne nous emporte.

Comment admettre que l'étendue qui nous apparaît comme une forme des choses matérielles, une façon qu'elles ont d'être imparfaites, ne soit en réalité qu'une forme de notre esprit ? Où le *moi*, qui s'aperçoit comme le type de l'unité, prendrait-il en lui-même ce type du multiple et du divisible qu'est l'étendue ? Mais surtout, celle-ci ne nous est-elle pas donnée comme le non-être de l'être, tandis que le *moi* est à ses propres yeux l'être par excellence, puisqu'il est l'être en contact immédiat avec le connaître (1)?

Voilà les contrastes, les oppositions que nous

---

(1) Enfin, l'espace — comme il sied à de l'être qui est si peu — est un simple réceptacle, purement passif, qui se contente de se laisser remplir; pendant que le moi est essentiellement actif et même agissant, ainsi qu'il convient — selon nous, dynamiste, monadiste — à un être qui *est* réellement.

voyons d'abord entre ces deux choses : l'étendue et le moi qui connaît ou esprit. Mais, d'un autre côté, n'y a-t-il pas quelque rapport entre ces deux êtres antinomiques ? Pour nous, parfait réaliste, l'étendue étant le non-être, est, par cela même, le domaine du non-connaître. Or, n'y a-t-il pas en nous une espèce de dualisme spirituel ? A côté de la vraie faculté de connaître, de la vraie puissance intellectuelle, n'en avons-nous pas une autre qui au fond est une impuissance intime, la puissance-impuissante, instrument de déduction, source d'idéalisme, d'irréalisme, de mathématisme, à laquelle précisément l'étendue ou espace offre un digne objet — ainsi que le temps, du reste, mais mieux que lui encore —, avec son continu et sa divisibilité à l'infini, mirage d'être, qui convient bien à ce faux connaître, ombre de proie livrée à la vaine poursuite éternelle de ce chasseur fantôme (1) ? Cette stérile travailleuse dans le pur subjectif, on peut encore la comparer, avec Bacon, à l'araignée filant et tissant sa toile de sa propre substance. Seulement, comme cette toile ici n'est jamais finie, on aurait affaire à une espèce d'araignée-Pénélope.

Voir le *Premier Essai* de Renouvier, t. I, pp. 1-57 et surtout pp. 40-57 : *Pas de chose en soi. — Preuve quant à l'espace......* Voici le résumé de notre réplique à Renouvier, sur ce point-là :

Cette *puissance* de la REPRÉSENTATION EN ELLE-MÊME, qui va à l'infini sans pouvoir arriver jamais, n'est donc, au fond et en réalité, qu'une *impuissance* ; tandis que LA CHOSE EN SOI est plus qu'en puissance, puisqu'elle est *actuellement réelle*. Par conséquent,

---

(1) Tout cela sera développé et précisé par nous dans notre chapitre sur la « Science ».

comment la première de ces deux choses pourrait-elle prévaloir contre la seconde, qui lui est ainsi à deux degrés supérieure? Les trois degrés, par ordre de valeur, sont : 1° impuissance ; 2° puissance ; 3° réalité. La chose en soi a bien garde, elle qui est le *réel*, de se soumettre à notre simple *puissance* — qui, même, au fond, n'est qu'une pure *impuissance*.

« La division de l'espace, dit Renouvier, est sans terme, et cela, soit qu'il s'agisse de l'espace total ou de ce qu'on appelle une étendue finie. Donc, tout nombre assigné ou assignable en fait de parties de l'espace est impropre à nous donner le nombre effectif de ces parties. Donc enfin, l'espace, chose en soi, se compose de choses sans nombre, et il existe des choses réelles, actuelles, qui ne sont pas en nombre déterminé, ce qui est absurde...... »

Mais pour nous, l'étendue est une chose, un *sui generis* si l'on veut, essentiellement indivisible. Il faut distinguer deux raisons, plus ou moins confondues ici : la raison raisonnante, divisant, nombrant sans fin possible un pur abstrait ; et la raison raisonnable, reconnaissant la chose dans le concret, accueillant hospitalièrement l'être en son connaître.

Que la matière, elle, soit divisible dans le concret, dans le réel, nous l'admettons ; mais, là, elle ne saurait l'être à l'infini. Elle ne l'est de la sorte, elle aussi, que dans l'abstrait et pour la raison raisonnante.

De notre point de vue, non seulement l'étendue (1)

---

(1) Puisqu'on a deux mots, étendue et espace, assignons une bonne fois nettement à chacun d'eux son emploi. On devrait toujours désigner par le premier le revers non-être de la médaille être des choses, c'est-à-dire un non-être relatif ; tandis que l'espace serait le non-être absolu de l'ensemble de la Création. Il y a de l'étendue, c'est-à-dire que tout l'être possible des êtres réels n'est pas réalisé. Il y a de l'espace, c'est-à-dire que tout l'être possible n'est pas réalisé dans l'ensemble des choses ou univers.

On a tellement tort d'employer indifféremment l'un ou l'autre de

n'est pas infinie, mais l'espace lui-même ne saurait l'être (c'est-à-dire ne saurait embrasser cet infini négatif qui seul convient à son genre d'essence), car la preuve irréfragable qu'il n'est pas tout, que le non-être dont il est un des aspects à nous saisissables n'englobe pas l'univers entier, c'est qu'il y a de l'être, en somme. Accordons seulement que ce non-être espace est immense, qu'il ne peut avoir d'égal aux yeux de parfaits réalistes, comme nous, que notre puissance-impuissante, faculté qui est là en plein dans son élément et peut se donner ample carrière : tel connaître, tel être, pour bien faire.

Selon Kant, considérer l'étendue comme une propriété et une détermination des choses contingentes, rend inexplicable le caractère absolu de la géométrie, science fondée sur la notion de l'étendue, et dont toutes les propositions ont le caractère de la nécessité.

---

ces deux mots (*espace* et *étendue*) qu'on pourrait se servir — d'une façon tout à fait neuve — de cette dualité de noms pour faire une autre distinction, plus profonde encore peut-être et plus importante, que voici :

De cet être non-être, l'*espace* pourrait désigner, par exemple, le non-être et l'*étendue* l'être.

L'ESPACE, d'une part, serait la forme de la multiplicité et du relativisme universel du créé, et partant celle de l'exclusivisme, de l'*endehorisme* mutuel du *plusieurs* : caractère qui le met en cas d'infériorité d'être, de non-être relatif, non seulement quand on le compare tout entier à l'Un absolu, mais déjà quand on compare l'être inférieur créé ou matière à l'être créé supérieur ou esprit.

Comme, d'autre part, l'être créé, même inférieur, *est*, après tout, et que précisément il le prouve en excluant tout autre être de même nature là où il est lui-même, — quoique cela prouve aussi bien, à envisager autrement la chose, qu'il est imparfaitement, *circonscriptivement*, — l'ÉTENDUE serait cette forme de l'être qui apparaît quand on considère, en chaque un et en tous ensemble, l'en dedans qui s'oppose à cet en-dehorisme universel de l'espace.

Certains philosophes ont cherché à dénouer cette difficulté imaginaire soulevée par Kant contre l'objectivité de l'étendue en faisant une distinction qu'ils trouvent fort simple entre l'étendue concrète et réelle perçue par les sens et l'étendue abstraite et idéale, qui est l'objet propre des géomètres.

Sans recourir à une distinction qui n'est pas si simple que cela, ne peut-on pas se contenter de faire observer que, sans doute, l'étendue est une propriété des choses *contingentes,* mais que c'est une propriété *nécessaire* de ces choses, puisqu'elles sont — nous l'avons vu et établi — nécessairement imparfaites, que leur être ne peut pas ne pas contenir du non-être, ce qui nous apparaît précisément sous forme d'étendue ou d'espace, digne objet de la mathématique? Cela est, d'ailleurs, parfaitement d'accord avec ce que perçoivent nos sens, c'est-à-dire avec l'espace réel, ce grand vide, ce grand trou au sein de la Création.

« Le monde extérieur que pose notre croyance est l'ensemble des phénomènes résultant de forces indépendantes de nous, et représentés dans la perception sous la loi de l'étendue. *L'extériorité* est le propre nom de cette dernière loi : mais, plus généralement, ce mot exprime l'indépendance et la diversité des choses par rapport à toute conscience qui se les reconnaît externes. Sous ce point de vue, on peut dire que l'extériorité d'espace est un symbole de l'extériorité de l'être, la seule essentielle et profonde... »

Pour nous, selon notre croyance, selon notre acte de foi initiale (acte de foi qui d'ailleurs, croyons-nous, s'impose à quiconque veut penser), ce prétendu « symbole » est la réalité même saisie par nous, prise sur le fait, parfaitement semblable dans le *en soi* à ce qu'elle apparaît dans la *conscience*, la connaissance spontanée reflétant l'être aussi fidèlement que possible. Quant au mot « extériorité », il n'ajoute rien ici à cette lumière naturelle. Toutes les explications qu'on peut donner par des moyens de ce genre sont même inférieures à celles que fournit la raison raisonnante, la puissance-impuissante. Car elles sont pure tautologie.

Le mot de « loi » (Renouvier), à propos de l'étendue, ne nous convient guère non plus, moins encore que le précédent, parce qu'il est pire qu'inutile, il est impropre et inexact. Celui de « forme » (Kant) nous semble préférable de beaucoup. Sous cette forme, en effet, nous apparaît une chose réelle *sui generis*, ou plutôt, si l'on veut, une face *sui generis* des choses, de certaines choses du moins, des choses matérielles.

Les mots d'étendue et d'espace ou celui d'extériorité (car tous ces mots réveillent ici la même idée et désignent la même chose) n'expriment pas seulement « l'indépendance et la diversité des choses », de certaines choses, « par rapport à toute conscience qui se les reconnaît externes » (cela va trop de soi pour nous, réaliste), mais encore et surtout l'indépendance et la diversité de ces choses entre elles. C'est ce que nous avons déjà amplement expliqué.

« Extériorité d'espace » est une expression mal faite et pléonastique. Sans doute, « l'extériorité d'être » est « seule essentielle et profonde », mais c'est elle, précisément, qui nous apparaît sous forme « d'espace », ainsi que nous l'avons suffisamment vu.

**

Inconcevabilité du *temps* et de l'*espace* du monde, selon Herbert Spencer.

Puisque Spencer marque si bien (*Les Premiers Principes*, traduction Cazelles, p. 49) l'originalité et l'existence absolue et indépendante de ces deux choses, il est bizarre qu'il se figure, avec cela, n'en rien concevoir du tout. Ne fait-il pas mieux, même, que de les concevoir ? Ne les perçoit-il pas, ne les sent-il pas, en quelque manière ? — comme tout le monde, d'ailleurs. Il avoue que leur existence objective, conforme à la croyance commune, exige que ce soient des entités. Mais comment un philosophe d'ordinaire si perspicace, et de plus ici armé des lunettes de l'esprit de parti, — car, après tout, il est, lui, réaliste, objectiviste, contrairement à Kant et Renouvier, par exemple, — comment ose-t-il prétendre ne pas voir ni concevoir ce qu'il affirme en même temps être un objet de croyance commune ? Ou comment ose-t-il seulement parler de cette croyance commune qui devrait alors faire rougir son propre peu de foi philosophique et son aveuglement volontaire ? — Mais, ajoute-t-il, comme entités, ces deux choses sont inconcevables, faute de posséder elles-mêmes des attributs ; c'est-à-dire que nous ne pouvons leur rapporter aucune autre affection produite sur notre conscience que celles que leurs noms mêmes expriment. — Eh bien, mais n'est-ce rien que cela ? Faut-il se plaindre inconsidérément de ne pas connaître le maître sous prétexte qu'on ne voit pas les valets, quand on a l'avantage de voir ce maître en personne ? Il ne s'agit ici, en effet, que de voir et de sentir, et, après, de montrer aux autres — pour qu'à leur tour ils voient et ils sentent, s'ils veulent bien ouvrir les yeux et les sens en général.

Spencer conclut que nous sommes forcés de penser ces deux choses comme des choses existantes, et que cependant nous ne pouvons les ramener aux conditions sous lesquelles les existences nous sont représentées. Nous lui répondrons : Mais précisément nous sommes d'autant plus forcés de les penser existantes que nous nous les représentons plus différentes des autres. C'est que ces choses sont si près de nous, font si bien partie intégrante, essentielle de notre monde d'imperfection, ou plutôt sont si étroitement mêlées à nous-mêmes, êtres imparfaits, nous en sommes si bien imprégnés, que nous ne les voyons pas, ne les sentons pas, ne les distinguons pas. Ainsi, le meunier n'entend plus le tic-tac de son moulin. Et nous n'entendons plus ce bruit harmonieux, cette divine musique des sphères célestes, dont parle Pythagore.

L'espace est là, essentiellement diffus, pour recevoir les corps, essentiellement composés et multiples ; et le temps, de son côté, ouvre à toutes les monades et surtout aux esprits, ces êtres uns et concentrés, la carrière illimitée qu'il leur faut pour évoluer vers le mieux. Ne sont-ce pas là comme les deux grandes choses communes dans le créé, comme les deux faces de ce créé, mais des *faces*, pour ainsi dire, *profondes* ?

S'il en est ainsi, la grande généralité des philosophes, mais surtout Hamilton et Spencer, par exemple, les *inconcevabilistes*, les inventeurs de *l'Inconnaissable*, se seraient promenés dans les régions les plus fréquentées de la pensée, avec une lanterne — plus ou moins allumée — à la main, en plein midi ; tandis, que d'autres, tout à côté, Kant et Renouvier, par exemple, auraient trouvé suffisante la lumière du jour aperçue au fond de l'étroite caverne de leur subjectivisme.

Contentons-nous donc simplement d'affirmer ce que nous voyons ou même ce que nous croyons bien voir. Est-ce que les criticistes tout les premiers peuvent, dans cet ordre de spéculations, chasser absolument la croyance et s'en passer ? Ils n'oseraient s'en flatter. On peut même surprendre chez eux, à leurs moments de parfaite sincérité, de précieux aveux en sens contraire (1). C'est ce que nous avons déjà fait quelquefois. Nous jugeons inutile d'y revenir.

Non, sans croyance, sans abandon à l'instinct — à un moment donné —, pas de spéculation possible, aussi bien que pas de vie pratique. Il n'y a que les philosophes, d'ailleurs, qui raffinent de la sorte et cherchent à brouiller la matière. Quand on lit leurs élucubrations, entre autres, sur le sujet qui nous occupe en ce moment, sur l'espace et sur le temps, en face de toutes ces théories alambiquées, on est tenté de s'écrier (pourvu toutefois qu'on ne se soit pas encore laissé aveugler totalement soi-même par la poussière de tant d'abstractions) : « Mais que m'ont-ils donc fait de mon bon grand espace et de mon bon vieux temps, tels que je croyais les connaître quand je ne les étudiais pas ? » (2) Seulement, on ne revient plus guère, hélas ! à cette fraîcheur de l'impression première, à cette naïveté féconde et inspiratrice, on n'y revient guère qu'après avoir passé par tous les degrés du raffinement ; et quand on la retrouve alors, on ne peut la cueillir que comme le fruit du suprême excès de subtilité. Une fois sorti du vrai, champ fertile de l'intelligence, on est condamné à n'y pouvoir plus rentrer qu'après avoir franchi tous les steppes de la fantaisie, les déserts du doute et les fossés de l'erreur. Et c'est le juste châtiment de cet animal dépravé qu'on appelle l'homme, qui pense et qui abuse de la pensée.

« Ce qui oblige M. H. Spencer à penser l'Espace et le Temps comme *choses existantes*, c'est le *critère de l'in-*

---

(1) On n'a, pour cela, qu'à lire — comme nous — attentivement d'un bout à l'autre les *Essais de critique générale* de Renouvier, surtout les Introductions et les Conclusions.

(2) Relire ce que dit saint Augustin, dans la dernière partie de ses *Confessions*, sur le temps précisément et sur la mémoire.

concevabilité : il faut admettre toute proposition dont la négative est inconcevable. Mais on peut trouver quelque peu bizarre une philosophie qui nous impose l'existence de deux inconcevables, l'Espace et le Temps, et celle d'un troisième, le Monde, sur ce principe que la négation de ces existences est inconcevable. Eh quoi ! leur existence est inconcevable aussi ! Ne vaudrait-il pas mieux se taire ? observera l'ignorant, quand il aura compris (1). »

Oui, mais l'ignorant, s'il est intelligent, c'est-à-dire s'il a l'esprit naturellement droit et juste, hâtons-nous de répliquer à Renouvier, aura bien garde de comprendre ; et pour cause : il ne comprendra pas, d'abord, que l'Espace et le Temps puissent paraître inconcevables ; et ensuite, il se moquera fort, lui ignorant, d'une prétendue science des sciences, qui, en plein midi, afin d'avoir quelque idée du jour et de pouvoir affirmer son existence, ne trouve ainsi rien de mieux que de fermer les yeux, ou bien de descendre dans une cave, ou enfin d'attendre la nuit, bref de chercher les ténèbres et de s'aveugler, et alors d'aller disant qu'elle voyait sans doute avant puisqu'elle ne voit plus rien maintenant....... ; ou plutôt (car le procédé de cette reine des sciences, de cette maîtresse de logique, est plus absurde encore), avec elle, on ne se sert pas des yeux du corps ni de ceux de l'esprit, que la nature vous a donnés comme à tout le monde, et l'on n'invoque jamais leur témoignage — même antérieur et mille fois acquis déjà —, mais on emploie des termes obscurs pour soi-même et pour les autres encore plus, afin de raisonner dans le vide et de tirer des conclusions à l'aveugle.

Ainsi, en résumé, 1° Chercher à concevoir, et croire qu'on n'y parvient pas, quand on n'a qu'à voir et pour

---

(1) Renouvier : *Premier essai de critique générale*, ou *Traité de logique générale et de logique formelle*, t. III, pp. 73-4.

cela qu'à ouvrir les yeux; 2° Tourner sa conception de l'autre côté; constater qu'elle ne trouve — comme la colombe de l'arche — nulle part où se poser par là; et, du même coup qu'on affirme — ce qui est vrai, cette fois — qu'on ne conçoit rien de ce côté, croire qu'on peut affirmer, par cela même, qu'il y a donc quelque chose à concevoir de cet autre côté où l'on n'a pourtant rien conçu non plus, à ce qu'on a dit, quand on y arrêtait d'abord sa conception; 3° Par conséquent, se décider — forcément, semble-t-il — à se servir de la conception d'autrui, et faire appel avec confiance à cette conception étrangère et d'emprunt dans une œuvre déjà si compliquée et si délicate lors même qu'on ferait usage de la sienne propre; 4° Enfin, être parfaitement tranquille sur le résultat d'une investigation si entortillée, et trouver ce résultat on ne peut plus clair et lumineux, après avoir été cependant assez sceptique pour refuser de croire à ce qui crevait les yeux d'évidence. Voilà ce qui s'appelle penser, que dis-je? faire de la pensée l'usage le plus élevé, le plus noble, en un mot philosopher! Vivent les brutes, alors!

Tournons-nous un peu, maintenant, du côté du criticisme. Écoutons-le parler de lui-même sur la question que nous traitons et à propos de la doctrine que nous venons d'examiner. Après la dernière phrase citée par nous («...... Eh quoi! leur existence est inconcevable, aussi bien que leur non-existence! Ne vaudrait-il donc pas mieux se taire? — observera l'ignorant... »), Renouvier ajoute : « Le criticisme a trop d'expérience des systèmes pour se permettre une semblable exclamation. » — Rien ne l'étonne, en effet, ce blasé de criticisme. Comment, d'ailleurs, se scandaliserait-il de quoi que ce soit, en fait de doute paradoxal? L'oserait-il, et en a-t-il le droit? Ce qu'il fait dans ce genre est au moins aussi fort que tout ce que peuvent faire les autres. Ces autres, qui sont Hamilton et H. Spencer en la circonstance, *croient*, il est vrai, contre toute vraisemblance comme sans aucune nécessité, quand il leur aurait suffi de voir par eux-mêmes ; mais, au moins, un certain instinct — qu'ils n'ont pas, eux, tout à fait réussi encore à étouffer en eux-mêmes — les avertit après coup et leur cause des remords au sujet d'un fait patent qu'ils viennent de nier ; et, s'ils affirment alors contre toute raison après avoir nié de même, si de plus ils se contentent d'une affirmation vague et indirecte, au moins ils affirment, en somme. Renouvier, au contraire, froisse, dénature, anéantit ce fait sous sa brutale analyse de criticiste et de subjectiviste. On ne retrouve dans son creuset, après l'opération, rien que de froid, de sec, de mort ; et de cela il n'ose pas moins faire la clef de la concevabilité de l'Univers : « Loin que l'Univers soit inconcevable à cause des propriétés d'Espace et de Temps, c'est l'application des lois d'Espace et de Temps, essentielles à la formation de nos concepts, qui rend l'Univers concevable. » Quant à nous, nous croyons que l'incertitude et le vague subtil et sophistique de Spencer, et même un scepticisme (1) franc et absolu qui

---

(1) Déjà nous avons apprécié ailleurs, il y a longtemps, cette doctrine d'apparence négative, dans les termes suivants :

« La plupart des prétendus sceptiques parmi les penseurs sont ceux qui méritent le moins cette qualification, entendue comme on l'entend d'ordinaire sinon comme on devrait l'entendre d'après l'origine du mot (a).

« D'abord, qu'on les observe de près, et l'on verra qu'ils ont presque toujours un sens très vif et très délicat des réalités (b).

« Puis, dans tous les cas, étant ceux non pas qui croient le moins,

(a) On sait, en effet, que, d'après son étymologie (σκέπτομαι), ce mot devrait désigner simplement un homme *qui regarde attentivement, qui examine de près*.

(b) Qu'il nous suffise ici de renvoyer à Montaigne, entre autres.

tient en suspicion l'intelligence humaine, déshonore beaucoup moins celle-ci qu'une pareille doctrine. Quoi donc ! — pouvons-nous réclamer et nous exclamer, là-dessus, — connaître, comprendre, ne serait donc rien que cela ! Selon nous, non-seulement l'Univers ne serait pas concevable sans l'Espace et le Temps, mais même il ne *serait* pas — tout court —, car alors il ne se distinguerait pas de Dieu. Le panthéisme, pour qui Renouvier montre avec raison fort peu de sympathie, serait le vrai et le seul vrai. Il n'y aurait que l'Un, immense et immuable.

L'Espace et le Temps sont donc ce qu'il y a de plus concevable, comme du reste de plus perceptible, dans l'Univers, dans le créé, par la raison qu'ils sont ce qui est le plus lui, tout en étant — et précisément parce qu'ils sont — ce qui, absolument, *est* le moins. Dans notre monde, en effet, qui est le domaine de l'imparfait et du relatif, ne peut-on pas dire que le non-être *est*, en quelque sorte, tout comme conséquemment on peut dire aussi — pourvu qu'on soit réaliste, avec nous, — que, de quelque manière, on voit la nuit et l'on entend le silence? pure question de contraste, parmi toutes les relativités qui nous entourent.

Nous pourrions adresser ici une autre critique au philosophe criticiste Renouvier. C'est qu'il assimile trop le Temps à l'Espace. Sans aller aussi loin peut-être que M. Bergson (1), nous admettons la profonde

---

mais bien qui croient le moins facilement croire, en d'autres termes, qui ont de la croyance l'idée la plus haute, ils sont aussi par là même ceux qui donnent le plus dans les occasions, si rares soient-elles, où ils consentent à donner la leur. Et remplir, par une connaissance assez étendue ou une réflexion assez profonde, l'idéal de ces difficiles, voilà qui doit être le but de tout savant sérieux et de tout vrai philosophe. » (*Réflexions et Consolations*, pp. 124-5).

(1) Voir, à ce sujet, le chapitre II principalement de sa belle thèse: *Essai sur les données immédiates de la conscience*. Sur quelques

différence des deux, que nous avons déjà signalée et tâché de définir. En somme, on peut dire que le temps est le domaine de la solidarité des faits, qu'en lui il y a pénétration réciproque, organisation de ces faits; tandis que dans l'espace, qui est au contraire le domaine de la distinction radicale, ces mêmes faits existent séparément, sous forme d'une multiplicité aux unités distinctes. Ainsi, l'étendue et la durée ne sont pas si sœurs qu'on l'a cru jusqu'ici. La deuxième *est* davantage; et partant, elle est donnée plus immédiatement. Seulement, il s'agit de bien l'observer en elle-même et de la distinguer parfaitement de la première. Et, pour cela, il faut la saisir dès cette donnée immédiate et profonde. Nous souscrivons volontiers à ce qui suit, par exemple :

« Au-dessous de la durée homogène, symbole extensif de la durée vraie, une psychologie attentive démêle une durée dont les moments hétérogènes se pénètrent ; au-dessous de la multiplicité numérique des états conscients, une multiplicité qualitative ; au-dessous du moi aux états bien définis, un moi où succession implique fusion et organisation. Mais nous nous contentons le plus souvent du premier, c'est-à-dire de l'ombre du moi projetée dans l'espace homogène. La conscience, tourmentée d'un insatiable désir de distinguer, substitue le symbole à la réalité, ou n'aperçoit la réalité qu'à travers le symbole. Comme le moi ainsi réfracté, et par là même subdivisé, se prête infiniment mieux aux exigences de la vie sociale en général et du langage en particulier, elle le préfère, et perd peu à peu de vue le moi fondamental. »
(Bergson, *ibid.*, pp. 96-7.)

Dans le même espace, il ne peut entrer qu'*un seul* être ; *plusieurs* sont tout au plus contigus dans l'es-

---

points, notre métaphysique s'ajuste assez bien à cette fine et neuve analyse psychologique.

pace. Dans le même temps, au contraire, sont tous les êtres contemporains. L'espace est donc le champ de la séparation universelle, du réciproque *en-dehorisme*, du chacun en soi et pour soi; tandis que le temps est celui de la communication universelle, du réciproque *en-dedantisme*, du chacun en tous et pour tous.

Voilà des données immédiates de la conscience.

Et de ce qui nous apparaît de la sorte psychologiquement, nous sommes en droit de déduire métaphysiquement ce qui suit :

L'être de l'espace, purement superficiel, est juste sur la limite de l'être et du non-être. Le temps, au contraire, a une certaine profondeur d'être. En lui s'organisent ensemble les différents êtres, les uns isolés, pour que chacun puisse se perfectionner par le moyen de tous unis et s'acheminer ainsi vers le grand Un. L'étendue est le nécessaire envers-néant de l'être créé. La durée et le mouvement sont des moyens pour remédier autant que possible à ce manque. Dieu n'en a pas besoin, n'ayant pas d'envers, étant parfait et absolu, c'est-à-dire n'ayant pas de vide d'être à l'intérieur et n'ayant rien à l'extérieur qui gêne son propre être : à ce dernier point de vue, il est comme s'il était seul. Nous, au contraire, nous sommes imparfaits et relatifs, ayant en nous-mêmes un vide d'être et chacun de nous n'étant pas tous les êtres, tous les *autres*.

Tout le possible n'est pas réalisé; et cela nous apparaît dans le monde matériel sous forme d'espace.

Voilà les faces externes de l'univers créé, ses vides métaphysiques. Et nous, réalistes, pouvons et même devons admettre que cette espèce de non-être est perçu, comme on admet, en un certain sens, la visibilité des ténèbres. On a dit que la matière était essentiellement étendue. Mais l'élément matériel, en tant que matériel, ne fait en réalité que subir l'étendue, dans laquelle il est plongé et comme perdu ; tandis que l'esprit — et l'être ou élément-force, en général, — agit dans l'étendue, et, par son activité, avec l'aide du temps, jusqu'à un certain point, s'affranchit de cette étendue et supprime partiellement ce côté néant du créé.

———

« La doctrine d'un espace réel, absolu, externe, a conduit quelques philosophes modernes (Spinoza, Clarke, Newton) à conclure que l'espace est une partie ou un attribut de Dieu, ou que Dieu lui-même est l'espace, ayant trouvé que les attributs incommunicables de la divinité paraissent convenir à cet espace : comme l'infinité, l'immutabilité, l'indivisibilité, d'être incorporel, incréé, impassible, sans commencement ni fin ; ne considérant pas que toutes ces propriétés, négatives, conviennent au néant. Car le néant n'a point de bornes, il ne peut être ni mû, ni changé, ni divisé ; il ne saurait être ni créé ni détruit. »

Berkeley a d'abord parfaitement raison contre ces philosophes, qui ont attaché un tel degré d'être, de perfection, à l'espace. Mais il a tort ensuite, quand il affirme que l'espace n'est rien, n'*est* pas : l'espace *est*, comme part de non-être, d'imperfection, dans l'être matériel créé. — « .... Le néant n'a point de bornes », ajoute-t-il. — Et l'être, donc ? oui, ce qu'il y a d'être, en somme, et qu'après tout il faut bien reconnaître, n'est-ce point là une borne au néant (même sans sortir du créé) ? Cette borne au néant est précisément la même qu'à l'*étendue* — en ce qu'il y a de l'être développé, ou perfection, dans les êtres créés —, et qu'à l'*espace* — en ce qu'il y a d'être dans l'ensemble du créé (1). N'est-ce pas, même, (car enfin il ne faut

———

(1) D'après la première distinction que nous avons, dans une note antérieure, proposé de faire entre l'*étendue* et l'*espace*.

jamais prêter à ses adversaires, quelles que puissent être leurs erreurs, d'absurdité pure et gratuite ; et, même quand ils froissent le plus violemment la raison, ils ne le font pas sans une secrète raison, qu'il est philosophique autant que charitable de chercher à découvrir) cette singulière et bizarre sorte d'être qu'il y a jusque dans le non-être, qui a ébloui les philosophes que réfute ici Berkeley ? Et elle les a portés à confondre ce non-être — qui lui-même *est* ! — avec l'Être des êtres, dont ils ont vu là (et bien fait d'y voir) comme un reflet mystérieux et révélateur.

*
* *

Par notre vraie faculté de connaître (qui nous vient de Dieu), ce qui est, ou du moins une partie de ce qui est — dès le monde matériel — nous apparaît tel qu'il est (1). Au contraire, par notre raison raisonnante ou puissance-impuissante (qui nous vient du diable, bon logicien — comme chacun sait et comme il se vante d'être — mais esprit de ténèbres), tout s'émiette, tout tombe en poussière, tout s'évanouit à nos yeux (2). Vue sous cet aspect, la matière, cet inerte continu

(1) C'est le fond même de notre doctrine réaliste, que nous avons essayé d'établir le plus solidement possible dans la première partie du présent travail.

(2) Il faut lire ce qu'a écrit là-dessus l'idéaliste-subjectiviste Renouvier, par exemple : *Premier essai.... ou Logique*, t. I, pp. 61-1 : *Conséquences de l'existence en soi de la matière*. Nous ne citerons ici que cette phrase, qui résume : « Si la chose en soi est conforme à la représentation, l'atome — forcément étendu — a donc des parties effectives, actuelles, quoique non divisées, et ces parties en contiennent d'autres, et nous arrivons à cette propriété impossible de la composition infinie qui nous a déjà fait rejeter l'espace et le temps comme choses en soi. » — Selon nous, c'est au contraire quand on n'admet pas la « matière en soi », comme le fait Renouvier, que la matière, pur produit alors de l'intime puissance-impuis-

dans l'espace, est du non-être comme l'espace lui-même ; et, partant, elle est un objet qui convient parfaitement à cette faculté stérile, elle est proprement « son gibier », dirait Montaigne. Mais la vraie matière, qui *est* réellement, le corps, n'est pas cela. Il est constitué par un ensemble d'unités-forces, chacune à un certain degré d'être ou de développement, et de forces en activité, c'est-à-dire en mouvement, car il n'y en a pas d'autres (1).

Ainsi, l'être — même matériel — étant essentiellement force, et force en activité (autant que possible, c'est-à-dire dans la mesure de son être), tandis que l'étendue est dans la matière quelque chose d'inerte, cette curieuse chose (l'étendue) est donc, tout à fait à l'opposé de l'opinion de Descartes, comme la partie ou plutôt l'envers non-être de l'être matériel, l'eau du néant, si l'on veut encore, mêlée au vin de cet être.

sante, enfermée dans « la représentation », nous échappe de la sorte, et, vain mirage, en ses éléments composants fuit devant notre esprit d'une fuite éternelle.

(1) Le mouvement est donc essentiel à la matière ainsi entendue. Elle n'a même guère d'autre moyen, elle (a), pour triompher en partie, comme elle fait, de ce vide d'être qu'est l'étendue ou l'espace. C'est bien compris. Mais qu'il soit compris aussi, d'un autre côté, qu'elle n'est et ne fait cela que partiellement, car elle est de l'être encore à l'état d'enveloppement quasi complet. Ainsi, le D^r Le Bon, dans un ouvrage récent (« *L'Evolution de la matière* »), nous la présente, avec raison, comme un simple réservoir d'énergie, presque inerte, tant que, par la « dissociation », cette énergie ne se déploie pas vraiment, intrinsèquement, en quelque sorte, c'est-à-dire dans ses ultimes éléments composants !

(a) L'âme ou esprit, au contraire, n'a pas que cette agilité à son service, mais, grâce à son degré et même à sa nature supérieure d'être dans un espace, elle n'a pas besoin d'aller de l'une à l'autre extrémité par un soudain mouvement, car elle touche les deux à la fois et remplit tout l'entre-deux. En ce sens, c'est donc elle — et non pas la matière — qui est étendue ; ou plutôt elle est supra-étendue, elle domine l'étendue et la dépasse, s'acheminant vers l'immensité de Dieu, c'est-à-dire par sa perfection relative vers l'absolue perfection.

CHAPITRE III

L'UN ET LE MULTIPLE

Le monde physique, en même temps qu'il existe pour lui-même, semble aussi être là comme pour nous aider à nous expliquer le monde moral, en nous servant de symbole palpable : à peu près de la même façon que « la vérité du messie a été reconnue par la religion des Juifs, qui en était la grossière figure » (Pascal).

Prenons de la chose un exemple vaste et frappant :

Par la loi de gravitation, d'une part, la matière obéit à une certaine impulsion qui — ne fût-elle d'ailleurs que purement métaphysique, comme nous le croyons — la fait aller au perfectionnement, à un plus haut degré d'être dans son ensemble et dans ses moindres parties, en lui fournissant ainsi le moyen de triompher du non-être de l'espace : puisqu'elle la fait se mouvoir pour rapprocher, grouper, serrer les uns contre les autres, unir, en un mot, ses éléments multiples et dispersés.

Par l'impénétrabilité, d'autre part, la nature maintient chaque atome, chaque individu matériel, chaque monade en elle-même; elle ferme portes et fenêtres sur le dehors.

Cette dernière (= l'impénétrabilité) n'est jamais violée et ne saurait l'être, quoique d'autres lois ou propriétés — qui sont, par exemple, l'affinité, la cohésion, la capillarité, la cristallisation, l'assimilation ou nutrition — viennent renforcer encore métaphysiquement la gravitation.

Eh bien, cela ne nous aide-t-il pas à comprendre, par analogie, ce qui se passe dans le domaine moral ? A la gravitation, etc..., correspond l'Etat, la société, la collectivité, le groupe quelconque; tandis qu'à l'impénétrabilité correspond, au contraire, l'individu, la personne avec son essentielle inviolabilité et la souplesse, l'élasticité relative du lien, — plus étroit cependant et plus intime, en un sens, — qui l'attache à l'ensemble dont elle fait partie.

Non-seulement, dans ce dernier cas, les unités composantes conservent de la sorte plus d'indépendance à l'égard des ensembles, mais encore et surtout, ces ensembles ne sont formés qu'en vue du perfectionnement de chacune d'elles, et non point elles pour eux qui ne sont rien que par elles et par conséquent pour elles. Cela, qui est ainsi rendu évident, au fond va tout à fait contre les absurdes doctrines collectivistes et communistes. L'occasion ne nous manquera pas de revenir plus en détail à un point si important et si actuel.

L'Un attend chaque un, après qu'il se sera perfectionné par tous les moyens, solitaires ou solidaires, l'attend dans son sein, quand il se sera rendu semblable à Lui, ayant effacé par l'effort méritoire, par la sueur de son front, la tache originelle d'imperfection. Alors, le contact sera parfait de l'être à l'Être, tout intervalle entre eux étant supprimé. Mais ils seront toujours deux. Qu'ils fussent identiques, ce serait pauvreté, et non pas richesse, comme on se le figure quelquefois. Puis, se produira le contact de tous les êtres successivement avec l'Être, jusqu'à ce que ce contact devenant universel, le grand vide, le grand non-être de l'être et des êtres, soit complètement résorbé. Mais cette résorption de l'espace en général, du véritable espace métaphysique, ne pourra se produire que lorsque chaque être en particulier aura supprimé en soi l'imperfection, le non-être. Car si le proverbe : *Dis-moi qui tu hantes, et je te dirai qui tu es*, est vrai, la réciproque : *Dis-moi qui tu es, quelles qualités tu as, et je te dirai qui tu peux, qui tu dois hanter*, l'est aussi, l'est même plus profondément encore ; c'est-à-dire, en d'autres termes, qu'il ne peut y avoir contact immédiat qu'entre les êtres tout à fait semblables. Et alors, la multiplicité n'est pas pour nuire. Au contraire : *Plus nous serons, plus nous rirons*, dit un autre proverbe (1). Eh bien, ici nous dirons, nous, avec plus de simplicité dans l'expression, quoique plus de subtilité dans la pensée :

Plus nous SERONS (au sens de : *plus nous* SERONS NOMBREUX), *plus nous* SERONS (au sens de : *plus nous* AURONS D'ÊTRE — *en somme, comme aussi plus en aura chacun de nous*).

On peut dire encore que l'Un attend dans son

---

(1) Ne craignons pas le ridicule d'être comparé par de mauvais plaisants à Sancho Pansa (qui est quelquefois un penseur, et même un fin). Faisons le plus possible usage des proverbes, en semblable matière. Car, d'une part, nous n'avons pas trop de tout l'esprit de celui (a) qui en a plus que Voltaire, pour atteindre par une formule assez aiguë et pénétrante des idées aussi abstruses, et, d'autre part, de toute sa largeur pour tout saisir, pour tout comprendre, ainsi que de toute sa limpide clarté pour que tous comprennent, vu que tous sont intéressés à la question.

(a) Selon lui-même, il est vrai, mais il s'y connaît, et il se connaît.

immuable éternité, tandis que l'autre s'achève soit en s'unissant (ce qu'il fait solidairement), soit en s'unifiant (ce qu'il fait solitairement).

Et quand ce dernier aura, dans tous ses membres, atteint son double but : que, d'un côté, chacun, tout en restant soi, en devenant encore plus soi, en devenant soi au suprême point, se sera uni à tous les autres ; et que, d'un autre côté, il se sera unifié, c'est-à-dire rendu intérieurement aussi parfait que l'Un lui-même, son créateur et son modèle, ayant développé complètement cette ample matière, rempli tout à fait ce riche canevas d'être que le Maître lui a présenté en le créant et en le portant d'emblée, lui homme, par le don de la pensée et surtout de la liberté morale, à un tel degré que là le degré change la nature même (1);

---

(1) Permettons-nous ici, encore une fois, de nous citer nous-même :

« Quoi qu'en disent parfois nos boutades, à parler dans le sérieux, l'homme est bien réellement l'œuvre la mieux réussie par le souverain ouvrier : et de beaucoup. Son excellence consiste moins en ce qu'il a été poussé plus près de la perfection qu'en ce qu'il a reçu dans la liberté un pouvoir singulièrement remarquable, pouvoir dont il peut se servir pour avancer ou reculer, pour monter ou descendre et même tomber, mais pouvoir de marcher tout seul : supériorité originale, qui le met hors ligne, faisant qu'il n'est pas seulement plus grand mais qu'il est autre.

« Quand il a eu porté ce chef-d'œuvre au degré de perfection où le degré change la nature, le Tout-Puissant s'est arrêté. Il était au bout de ce qu'il pouvait faire. Mais, au même instant, il s'est ravisé. Il lui restait de couronner le tout par une abdication sublime. Alors, statuaire prestigieux, il a mis son ciseau entre les mains de cette statue, sa plus belle mais qu'il ne trouvait pas assez belle encore, et il lui a dit de travailler à elle-même et de s'achever en faisant spontanément fleurir sur sa face l'expression de l'intelligence et le sourire de l'amour.

« Et nous sommes forcés, moralistes saugrenus, d'avouer le fait, du moins en gros, et d'affirmer la liberté (bien qu'elle soit chose singulière, mystérieuse et gênante pour quelques-unes de nos plus chères théories), ou bien de renoncer au métier, si nous voulons être au moins conséquents avec nous-mêmes. »

(*Réflexions et Consolations*).

alors, pour l'autre aussi, pour le créé, le temps s'arrêtera, ne sera plus, devenant inutile. Et précisément, ce qui est propre, en attendant, à nous donner bon courage, à faire que nous ne devons pas craindre de nous enchanter de ces belles espérances, c'est qu'à certains moments déjà nous voyons poindre l'aurore du grand jour, et nous savourons, comme par avant-goût, la joie de nous sentir éternels : aux rares moments où il peut nous arriver ici-bas d'être parfaitement bons et parfaitement heureux :

..... Et j'ai senti le temps s'arrêter dans mon cœur!
(MUSSET).

*
* *

Rendons pleine et entière justice au groupe et à la grande utilité qu'il peut avoir pour chacun des individus qui le composent, mais gardons-nous soigneusement de tomber dans le dangereux et bas fétichisme socialiste ou communiste.

Que trouve-t-on, en somme, derrière ce mot de *collectivité* quelconque ?

Ou bien une simple idée abstraite générale, sans aucun mode d'existence réelle, objective, bref d'existence proprement dite ;

Ou bien une véritable existence, une existence nette et définie celle-là, mais qui, tirée au clair, n'est qu'une certaine façon d'exister considérée chez les individus groupés, réunis en société, d'exister soit en eux-mêmes chacun en particulier soit par rapport les uns aux autres.

Il n'y faut pas chercher d'autre mystère. Il ne faut pas se faire un Dieu d'un rien, soit en prêtant une sorte d'existence éminente à ce qui ne saurait *être* à aucun degré, à une pure abstraction, soit en attribuant je ne sais quelle généralité vague — et d'autant plus imposante, aux regards des naïfs et des dupes — à ce qui *est*, il est vrai, mais qui n'est que particulier : comme tout ce qui est, du reste, comme tout ce qui fut ou sera jamais, comme tout ce qui peut être.

N'épargnons pas de pareils fétiches. Traitons-les ainsi que le renard de la fable traita jadis cet énorme buste creux dont l'aspect imposait au vulgaire idolâtre. Et n'y allons pas de main morte. D'autant plus que le danger ici est encore plus grand. Car de semblables idoles n'exigent pas seulement le respect et une adoration platonique, mais il leur faut des victimes et, sinon toujours du sang et des hécatombes, tout au moins le bonheur, la dignité et l'indépendance d'une multitude de personnes qui sont, elles, vraiment existantes, avec leur valeur morale absolue, et qu'on n'hésiterait pas, pour satisfaire une cruelle superstition ou — plus souvent — des égoïsmes hypocrites et inavouables, à immoler à ces monstrueux molochs.

Là-dessus, on va m'objecter sans doute ceci : La nature elle-même ne semble-t-elle pas, cependant, avoir pour but l'ensemble, le groupe? — Oui ; et même, non-seulement elle a l'air de sacrifier à ce but général l'être particulier, l'individu, mais encore de n'éprouver aucun scrupule à le tromper, à le mystifier, en quelque sorte, en lui faisant faire un faux calcul et en le poussant à travailler en réalité pour un ensemble, un groupe, pour l'espèce, par exemple, tandis qu'il se figure ne travailler que pour lui-même ; ou mieux, le plus souvent elle le porte à ce but, l'intérêt du groupe, de l'espèce surtout, en le prenant simplement par les anses égoïstes de ses bas instincts satisfaits, par l'appas grossier de la jouissance et du plaisir individuels (1).

(1) C'est là précisément une des idées les plus originales et les plus justes du philosophe allemand Schopenhauer dans sa fameuse et curieuse théorie de l'amour.

Mais cela n'est encore qu'une apparence. Le perfectionnement de l'ensemble, son embellissement, n'est, à son tour, qu'un but provisoire, qu'un échelon pour atteindre le but suprême. Plus au fond, le tout est pour chaque unité composante, ou disons en moins de mots — afin d'alléger une formule pour nous capitale — : le tout est pour le *chaque*, pour le chaque entendu cette fois comme il faut, c'est-à-dire considéré non plus dans ses intérêts inférieurs et ses bas instincts, mais dans ses hautes aspirations et sa plus grande perfection morale. D'ailleurs, n'est-ce pas là une vérité profonde amenée à la surface et rendue visible par la forme à laquelle tend ce tout en s'embellissant, par cette concordance des parties entre elles, cette unité dans le multiple, unité extérieure par laquelle le tout imite le chaque — qui seul, lui, est véritablement, intérieurement, un, reflet du grand Un, sa source première? Par là, en outre, le tout s'étale comme un vaste exemple aux yeux du chaque pour lui servir de modèle et l'inviter à mettre dans son microcosme le même ordre et la même harmonie qu'il met, lui, dans son macrocosme. Enfin, — dernière utilité — le tout donne ainsi, en lui-même, au chaque une matière à s'exercer à la plus haute vertu, au désintéressement, ou détachement de soi, lui donne une ample matière, digne symbole — par cette ampleur — de la magnificence morale du but à atteindre, qui est le suprême embellissement de son être intérieur, but souverain pour le chaque. Et pour atteindre ce but, il faut que le chaque soit précisément dans des dispositions contraires à celles où il se trouvait quand la nature trompait ses instincts égoïstes; car là, nous l'avons vu, il croyait et il se sentait travailler pour lui-même, tandis qu'il travaillait effectivement pour l'*autre*, pour le groupe; ici, au contraire, il croit travailler pour ce dernier, tandis que c'est pour lui-même, effectivement, et pour ce qu'il y a en lui de plus élevé, de plus lui, qu'il travaille (1).

Insistons sur ce point, qui est intéressant, profond, fécond : Si nous acceptons ainsi le sacrifice le plus complet, le plus absolu, est-ce pour que le plaisir qui en résulte — la satisfaction intime de notre conscience — soit le plus possible vif, exquis et délicat? Mais alors, la vue intéressée pénètre et gâte tout. Est-ce au moins pour nous perfectionner, pour nous pousser plus haut, plus près de ce que nous devons être, de notre parfait idéal? Mais, dans ce cas, c'est encore, c'est toujours pour nous que nous travaillons, notre sensibilité réussit-elle d'ailleurs à se désintéresser de

---

(1) « Le couronnement d'un édifice fait plus encore, en un certain sens, que tout le reste qui compose cet édifice partie de lui ; mais, en un autre sens, ne peut-on pas dire qu'il est, plutôt, au-dessus de lui ? Il est donc, en quelque sorte, de lui et de lui par excellence sans être précisément en lui.

« C'est ainsi que ce qui est le plus nous n'est pas non plus en nous, ou du moins n'est pas en nous pour nous. En effet, ce qui est le plus nous, n'est-ce pas ce qui nous élève le plus ? Or, ce qui nous élève le plus, c'est le dévouement, le sacrifice, c'est-à-dire ce qui n'est en nous que pour nous faire communiquer ce que nous avons ou même ce que nous sommes à ce qui n'est pas nous, ou mieux en d'autres termes, ce qui à notre propre faite est par nous surajouté pour ce qui est hors, pour autrui. Oui, levez la tête, regardez : voilà la flèche de l'âme. » (*Réflexions et Consolations.*)

Ainsi, se donner c'est se grandir. Un de nos hommes politiques de tout premier plan et qui a été ministre, n'a pu, récemment, s'empêcher — malgré les tendances réalistes et assez terre à terre de son tempérament — de s'écrier à la fin d'un discours : « Le dévouement, le don de soi, sont les vraies sources du bonheur individuel et, tout compte fait, le calcul le moins décevant est encore, pour développer et grandir sa personnalité, de sortir de soi et de vouer ses forces éphémères au service de ces immatérielles et immortelles puissances auxquelles est promis l'empire du monde : la justice et la bonté. »

Si c'est là de la véritable éloquence et si cela fait bien comme péroraison, c'est sans doute à cause de l'importante et profonde vérité qui s'y trouve exprimée.

la chose. Or, pour atteindre le but que nous visons, la première condition est précisément de ne pas songer à nous. Oui, pour nous être utiles au suprême degré à nous-mêmes, il faut commencer par nous détacher complètement de nous-mêmes. Mais ce degré souverain d'utilité pour nous, qui ne peut se réaliser qu'en n'étant pas dans notre propre intention, ne doit-il pas être au moins dans celle de la Nature, ou plutôt de Dieu ? On ne saurait le nier. Mais alors, il est bizarre que, pour nous faire aller vers cette fin des fins, connue et visée par lui, Dieu ait ainsi besoin de la voiler à nos regards. Ne serait-ce point que cela passe notre intelligence et qu'à cette hauteur un instinct sublime, seul, peut atteindre de notre part ? Ainsi, chez nous, instinct en haut, au plus haut, comme en bas. L'inconscient y tient les deux bouts ; la claire intelligence n'a pour elle que le milieu. Il faut que ce sommet moral reste, devant nos yeux, plongé dans la brume du mystère. Jéhovah était invisible sur la crête du Sinaï.

Nous devons donc aller à ce but suprême sans le voir. C'est là qu'éclate la supériorité de l'acte instinctif sur celui qui se raisonne et que l'esprit peut expliquer. Pour réfuter les mauvais et faux principes de l'égoïsme, de ce que La Rochefoucauld appelle « l'amour-propre », il ne faut qu'agir (1).

(1) « Il est des vérités que le sentiment seul peut démontrer. Et il est des erreurs que lui seul aussi peut réfuter. Ainsi, poursuivez, tant que vous voudrez, tant que vous pourrez, avec le raisonnement, La Rochefoucauld, de motif intéressé en motif intéressé. Sa course folle ne cessera de fournir à votre folle poursuite, éternellement. Vous l'atteindrez lorsque dans un char en marche, par exemple, les roues de derrière rattraperont celles de devant, c'est-à-dire jamais. Car, pour combler cet inépuisable intervalle, il faut l'instinct, il faut le cœur, il faut l'amour, et l'amour actif et fécond, l'amour qui conçoit et enfante l'acte désintéressé. C'est le cas de prouver le mouvement en marchant. » (*Réflexions et Consolations*.)

L'acte purement désintéressé, voilà le fond de l'être à la fois et la cime de la perfection.

L'homme dévoué, qui croit marcher au sacrifice volontaire et sans retour, se trompe — erreur sublime ! — et se trompe du tout au tout. Car, au contraire, il accroît au suprême degré son être et se rend immortel. Il allait — le sachant, le voulant — périr pour quelqu'un qui n'est pas lui, pour quelque chose qui n'est pas à lui : la souveraine et immanente justice survient alors qui arrête le couteau et présente la couronne, en disant : *sat voluisse*, et en répondant à ce noble cri résigné de la victime : « A la mort ! » par ce cri triomphant : « A la gloire ! » (1).

Mais, va-t-on me dire peut-être, comment, pour votre compte, arrivez-vous à faire un pareil tour de force, qui consiste à pénétrer jusqu'à un objet qui, selon vous-même, est couvert d'une voile non moins impénétrable que sacré, et à voir ce qui s'évanouit dès qu'on le voit et rien que parce qu'on le voit ? Je réponds : c'est qu'en ce moment je n'agis pas, je ne réalise pas la chose, je ne fais pas cette ascension morale, de toutes la plus haute et la plus ardue, mais je la considère d'en bas, ou plutôt je l'entrevois seulement dans un éclair, comme autrefois Moïse entrevit l'Eternel ; je la vois néanmoins assez pour comprendre qu'on ne saurait la voir quand on la fait, pas plus qu'on ne saurait la faire si l'on réfléchit et raisonne trop. On ne l'aperçoit que dans une position moyenne, où nous avons tâché de nous placer : entre l'acte, où l'on ne peut que la faire sans le voir, et le raisonnement, qui détourne de la faire, au point que par

---

(1) Ici nous renvoyons à une autre de nos *Réflexions* (pp. 111-7), que l'étendue de son développement nous empêche de reproduire.

lui on ne saurait même comprendre (1) qu'elle puisse être faite ou l'avoir été. Les actes de parfait dévouement, que nous voyons accomplir et surtout que nous pouvons nous souvenir d'avoir accomplis nous-mêmes, nous la dévoilent. Et aussi, les plus beaux traits de certains généreux poètes ; en première ligne, de notre Corneille, dont les héros sont de grands révélateurs dans ce domaine qui devient un champ de bataille où ils nous apprennent à vaincre rien qu'en les regardant faire. De là, précisément, tout l'effet qu'ils produisent sur nous, de là ce frisson de sublime qu'ils font courir au sommet de notre être, cette noble joie intime de sentir, à les entendre parler, à les voir agir, l'exhaussement de notre humaine nature ; de là cet émerveillement des yeux de notre âme, qui grâce à eux découvrent enfin, dans un milieu plus transparent et plus près de nous que le simple possible, en plein réel (un peu, il est vrai, comme on dirait : *en plein ciel*, car ce réel est azuré d'idéal), la flèche même de l'édifice moral.

* * *

L'*unité* (2) règne dans la nature, dans l'Univers, mais elle se concilie avec la *diversité* (3) des êtres.

Quoi d'étonnant ? L'œuvre ne doit-elle pas en tout porter l'empreinte de l'Ouvrier ?

Or l'Ouvrier est, d'une part, essentiellement Un ; mais d'autre part, il n'est vraiment Ouvrier que lorsqu'il crée, c'est-à-dire lorsqu'il fait être l'*autre* et qu'il produit la diversité.

---

(1) C'est ce qui a été définitivement établi par La Rochefoucauld dans ses *Maximes*, avec autant de claire évidence que de subtile profondeur.

(2) Voir Geoffroy Saint-Hilaire.

(3) Voir Cuvier.

L'univers sera donc *un* dès l'abord, quoique sous forme relativement dispersée et superficielle ; et il tendra à une unité de plus en plus ramassée et profonde, subissant l'attraction de son principe.

Mais, en même temps, il sera divers pour imiter la mystérieuse *altérité* de l'être, qui s'est produite dans l'acte créateur. Et ce caractère aussi, quoique opposé au premier, ira en lui s'accentuant.

Voilà donc l'évolution dans son double mouvement ; dont le premier, l'intégration, n'imite que l'essence concentrée et stérile, en quelque sorte, de Dieu ; tandis que le deuxième, la différenciation, imite son activité expansive et féconde.

L'autre dans l'un ou altérité, voilà à quoi se ramènent les trois plus grands problèmes métaphysiques, dont les solutions se résument pour nous dans les trois mots suivants : *Créationisme, Altruisme, Réalisme.*

Des trois celui qu'on est en train de chercher à résoudre emprunte aux deux autres comme un reflet de la lumière qu'on a pu déjà répandre sur eux ; et réciproquement, les deux autres sont éclairés de façon indirecte par celui qu'à l'instant on examine.

Aux yeux de notre réalisme, par exemple, il faut que l'autre, le divers, dans l'un, soit traduit, d'une certaine façon, d'être en connaître. Mais, quoique l'acte de l'un reflétant l'autre, le divers, le plusieurs, appartienne proprement à l'un et même soit son acte le plus curieux, le plus fort, le plus parfait (1), et pour lui le plus perfectionnant possible, il ne faut pas oublier que, pour que cet acte soit cela au plus

---

(1) C'est du moins ce qu'affirment les intellectualistes, au premier rang desquels Aristote, pour qui Dieu n'est que *la Pensée de la pensée.*

haut degré et réalise toute sa puissance, l'un doit se contenter d'être une image de l'autre aussi exacte que faire se peut.

De même en ce qui concerne l'altruisme, il faut que l'un s'oublie pour l'autre, et que le dévouement, le sacrifice soit sans aucune arrière-pensée intéressée, sans nul retour sur soi.

Dans le créationisme, enfin, il a fallu aussi que Dieu ait créé sans nul besoin pour lui, que l'Un n'ait eu en vue, là, que l'autre à faire être.

．
． ．

On ne saurait exagérer l'importance et l'universalité de la question de l'un et du plusieurs ou multiple dans la philosophie objective. Elle commande toutes les études qu'on peut faire dans ce vaste domaine, depuis la métaphysique la plus abstraite, la plus générale, qui est le point de départ, jusqu'à la science sociale la plus concrète, la plus pratique et appliquée, qui est le point d'arrivée et la dernière conséquence, le dernier fruit de ces études.

Et là-dedans, le moi, par les données qu'il fournit, est le grand inspirateur. Dans le moi, en effet, non seulement nous trouvons l'un et le multiple, comme l'entend Leibniz, par exemple, dans sa théorie de la monade, en un sens purement subjectif, mais nous y trouvons, nous, l'autre à côté de l'un, que dis-je? l'autre dans l'un, d'une certaine façon, grâce à la connaissance par le moi de ce qui est en dehors de lui, comme l'entend et l'affirme le réalisme. Sans doute nous admettons, d'ailleurs, que ce fait demeure encore, dans son explication dernière, enveloppé aux regards de notre esprit d'un profond mystère. Il rappelle celui de la création. Les deux sont analogues en ce que l'*autre* y est également distinct de l'*un* : puisqu'il est, dans un cas, la simple manifestation de sa puissance créatrice et, dans l'autre, de sa faculté de connaître. Toutefois, les deux sont inverses à un autre point de vue : dans la création, l'*autre* sort de l'*un*; dans la connaissance objective, au contraire, l'*autre* pénètre dans l'*un*.

∗
∗ ∗

Chacun pour soi, et Dieu pour tous. — On peut faire sortir de ce court proverbe toute une morale et toute une sociologie, tant est condensée la sagesse des nations. Voici, à ce sujet, quelques indications seulement :

Oui, si chacun est pour soi, pour son vrai soi, pour son soi supérieur, c'est-à-dire s'il s'applique à se parfaire selon sa nature et le rôle qu'il doit remplir, Dieu sera pour tous, se chargera d'agencer le tout, l'ensemble; ou plutôt, cet agencement se fera tout seul, alors; bien mieux encore, il sera fait par là même, parce que, pour nous parfaire chacun en particulier, il nous aura fallu nous pousser vers le bien, vers le haut, vers Dieu, et nous unir dans cette idée qui est le grand rendez-vous et le point culminant en morale et en sociologie comme en métaphysique.

C'est ainsi, au fond, que l'ont entendu ou sous-entendu les grands moralistes chrétiens du XVIIe siècle, individualistes au meilleur sens du mot, au sens où individualisme est tout l'opposé de grossier égoïsme.

Nos socialistes d'aujourd'hui, au contraire, même certains d'entre eux qui se disent chrétiens, grands faiseurs de miracles sans doute, veulent faire un tout parfait avec des unités vaille que vaille; car ce dernier point — la valeur individuelle de chacun —, si capital à nos yeux, est pour eux accessoire et presque négligeable. Nous croyons, quant à nous, qu'ainsi ils ne peuvent, quelle que soit leur adresse, nous fournir que des produits frelatés : comme ces industriels, si nombreux aujourd'hui, qui, par d'habiles manipulations, ont réussi à faire du vin qu'ils vendent comme excellent quoiqu'ils n'aient pas fait entrer dans sa fabrication une seule grappe ni même une graine de bon raisin. Eh bien, la *collectivité* de nos socialistes vaudra ce que peut valoir le vin de ces fabricants peu délicats.

Combien pernicieuses sont de pareilles théories, qu'on nous présente comme de sages, saines et nobles doctrines ! et qu'elles aident bien à expliquer notre rapide décadence morale ! Il y avait sans doute, du haut en bas de la société, beaucoup de mal déjà au XVIIe siècle. Mais au moins on était, à peu près partout, retenu sur la pente humaine par des principes solides et sensés. Aujourd'hui, qu'a besoin l'individu de s'appliquer à soi ? Tant de merveilleuses découvertes, qui ont révolutionné le monde matériel et facilité la vie, ont du même coup inspiré l'ambition de faire grand également dans le domaine moral et d'y agir par masses et ensembles. En vertu de je ne sais quels tours de passe-passe d'organisation générale, d'ingénieuses combinaisons, d'artifice de mécanisme social, on se promet et l'on nous promet d'aller même jusqu'à se passer de morale proprement dite et de moralité et de faire une excellente société avec n'importe quels membres, que dis-je? avec des membres, qu'on fait tout pour gâter ! Et si les escamoteurs ordinaires, ceux qui nous amusent quelquefois sur nos places publiques, sont fiers de dire avant leur travail : « Veuillez constater, MM., rien dans les mains, et encore moins dans les poches », nos escamoteurs politiques et sociaux sont non moins fiers de couronner leur boniment par ces paroles : « Rien en dehors, et surtout rien au-dessus ! »

On s'avisera peut-être de nous faire l'objection suivante : Comment ! diront les socialistes, voilà que pour nous réfuter, vous vous permettez, vous individualiste, d'invoquer, comme parole d'*Evangile* — ou plutôt d'*oracle*, diront-ils dans leur intransigeant anticléricalisme —, oui, vous osez invoquer le témoignage et l'autorité des proverbes, cette œuvre de tout le monde, c'est-à-dire de la plus vaste collectivité, de cette collectivité que vous méprisez et que nous déifions ?

Nous répondrons : Chacun voit en soi, au plus haut de soi en même temps qu'au plus profond de son être, du côté où nous devons nous continuer et nous achever nous-mêmes, de ce côté donc chacun voit en soi ces profondes et hautes vérités ; seulement elles sont confirmées en lui par chaque nouveau témoignage de quelque autre, et elles prennent ainsi de plus en plus de poids, jusqu'à ce que, la concentration devenant suffisante, elles se cristallisent en formules. Mais il faut que ces vérités générales soient à chaque instant vivifiées dans l'esprit et même dans la bouche de quelque personne en particulier.

*
* *

Absurdité, au fond, du désintéressement absolu ou pur amour, comme état. — Sainte Thérèse a bien pu dire en s'adressant à Dieu : « Mon Dieu, quand même vous me damneriez, quand vous m'enverriez au plus profond de l'Enfer, je vous aimerais encore, je vous aimerais toujours. » Mais ce n'était là qu'une façon vive et hyperbolique de faire entendre qu'elle aimait Dieu pour lui-même. Car s'il eût damné une personne qui était dans de pareilles dispositions à son égard, il eût cessé d'être aimable, il fût devenu odieux, et les saints eux-mêmes n'auraient pu que le haïr comme ils haïssent l'esprit du mal. En supposant, d'ailleurs, que sainte Thérèse ait parlé sincèrement et sans figure, on ne saurait voir là qu'un *acte* passager de sa part et non pas un *état* durable en elle.

Fénelon, de son côté, a bien dit : « Dieu jaloux veut purifier l'amour en ne lui faisant voir aucune ressource ni aucune espérance pour son intérêt propre même éternel. » Mais, là-dessus, on a fait observer avec raison que le mystique ne réussit de la sorte qu'à tourner le dos au but qu'il voudrait atteindre. Car le combat douloureux livré ainsi par l'être aimant contre lui-même afin d'apaiser la jalousie qu'il suppose dans l'être aimé, et le sacrifice qu'il impose à son égoïsme pour s'assurer de la pureté de son amour, accentuent en réalité la dualité des êtres, que le mysticisme avait pour objet de surmonter. L'aimant creuse donc, par là, de ses propres mains un abîme entre lui-même et l'aimé, au lieu d'aller le rejoindre, selon son désir.

L'amour, quand on l'entend bien, se réduit à un échange, un libre échange, qui est la vie normale et vraie, qui est chose très profonde, à la comprendre et la pénétrer à fond. Car il ne faut même pas s'arrêter définitivement au don de ce qu'on a, de ce qu'on est, en d'autres termes, au pur amour ; non, il faut recevoir, en retour, et recevoir tout ce qu'on mérite, le prix le plus beau, celui du perfectionnement moral ; il faut aspirer, quoique sans intention égoïste et seulement comme par un instinct sublime, à son propre salut, à sa vie éternelle. Les partisans du pur amour, même théistes, même chrétiens, sortent de l'orthodoxie, aussi bien au point de vue profane, purement moral et métaphysique, qu'au point de vue religieux et théologique; ils sont, eux aussi, — sans en avoir une conscience nette —, partisans de l'absorption de l'individu, de la personne humaine : non moins que nos collectivistes, athées et matérialistes. Seulement, les premiers font absorber tous les individus par un Individu Suprême. C'est moins absurde que de faire, comme les derniers, jouer ce rôle par la collectivité, qui n'est qu'une abstraction. Ceux-ci n'ont plus rien gardé de la donnée initiale, individualiste, personnelle, qui est l'étincelle précieuse, le feu de Vesta intérieur du penseur : avec eux, nous sommes donc plongés dans les plus profondes ténèbres inférieures ; tandis que les autres ont fait de cette étincelle un véritable incendie, en la projetant hors d'eux, un incendie, qui, ayant tout dévoré, vit et éclaire là-haut sinistrement sur le néant de tout le reste. Le moyen terme entre les deux serait, si l'on veut, le panthéisme, moyen terme vaste et vague, prenant mille formes pour peupler cette région moyenne et s'y mouvoir librement : jusqu'à se présenter à la fin, comme nous l'avons déjà vu (dans Schopenhauer et de Hartman), sous l'aspect d'un immense foyer qui chauffe sans éclairer (l'Inconscient, qui est tout volonté ou plutôt tout désir, énorme brute affamée, aux vastes appétits). Mais ce moyen terme ne concilie rien, supprime radicalement tout échange possible, tout désintéressement, retranchant la terre, la confondant avec le ciel — qui de la sorte d'ailleurs, au lieu d'être augmenté, est diminué et, par le fait, rendu moins beau.

Fénelon a bien été forcé, comme spiritualiste et chrétien, de poser — en principe, métaphysiquement — le véritable Un, l'Un personnel, la Grande Personne, et l'autre en face de cet Un. Et voilà que maintenant il formule un précepte de morale qui va, au fond, à nier ce principe, si l'on veut être conséquent avec soi-même. Car partout où il y a de l'être individuel, personnel, il y a forcément de l'absolu, du *pour soi*; et il est absurde de supposer que cet être doive et même puisse jamais se sacrifier — définitivement et sans retour — à ce qui n'est pas soi. En tant qu'il a de l'être, en effet, pourquoi préférerait-il à cet être qui est lui-même un autre être qui n'est pas lui? Et en tant qu'il lui en manque, doit-il, peut-il faire rien de mieux que de s'en donner et de s'achever, par un noble et généreux égoïsme (1)? D'autant plus qu'il ne peut tra-

(1) « Pourquoi le bien des autres, et même celui de la race humaine, aurait-il une valeur quelconque au cas où mon bien n'en aurait aucune ? Si je ne vaux rien pour moi, comment puis-je valoir quelque chose pour vous, *et invicem*? Suffit-il de déplacer un objet, de mettre à droite ce qui était à gauche, pour lui donner une valeur ?...... Avec des zéros de valeur multipliés à l'infini dans le temps et l'espace, vous ne constituerez pas une réelle valeur. Pour que je me sente obligé envers autrui, il faut qu'il y ait en autrui et en moi tout ensemble quelque chose envers quoi ou en raison de quoi je me sente obligé, quelque chose qui ait une dignité supérieure à tout le reste. Et cette chose est conçue en moi *avant* d'être conçue en autrui, tout au moins *en même temps* qu'elle est conçue chez les autres ; si je ne lui dois rien en moi-même, je ne lui dois rien en autrui.... Je ne puis vous *aimer* qu'en m'aimant moi-même, qu'en aimant en moi les caractères d'amabilité que je trouve en vous dignes d'amour. Ce n'est pas par pure condescendance pour les autres que je suis bon pour eux ; ce n'est pas une grâce que je daigne leur faire : je suis obligé *envers moi* à être bon *envers eux*.... Si je suis mauvais pour vous, je suis mauvais pour moi.... Tout ce que je vous dois, je me le dois ; ce que je fais pour vous, je le fais aussi pour moi.... Mon suprême désintéressement est mon suprême intérêt, le parfait amour de moi-même. Moralement, les autres hommes sont mes autres moi. S'il en est ainsi, pour être socialement unis et solidaires, il faut que nous soyons moralement indépendants : plus nous aurons d'existence individuelle, plus nous pourrons réaliser d'existence collective..... » (Fouillée, *La science des mœurs*).

Malgré la longueur, déjà, de l'extrait que nous venons de présenter au lecteur, nous ne pouvons nous empêcher d'y ajouter les lignes suivantes, prises un peu plus loin et qui expriment très heureusement une vérité capitale :

« *L'altruisme absolu* est une idée qui se perd dans un cercle

vailler à autrui que par soi, Dieu seul peut être pour l'autre — soit pour chacun, soit pour tous — sans aucun retour sur soi, car seul il n'a besoin de rien pour lui-même, étant parfait. C'est utopie, c'est folie à l'homme de viser jusque-là.

Kant, tout au contraire, — qui n'a pas cru pouvoir poser (en face, chez lui, non de l'*Un*, mais simplement de l'*un*, de *chacun* et du *moi en chacun*) l'*autre* métaphysiquement, théoriquement, — a bien senti, avec raison, qu'il fallait quand même, au risque de se contredire, le poser moralement, pratiquement. Ce qui est le plus moi en moi, en effet, m'oblige à poser l'autre; et c'est en posant cet autre et en me le proposant que je m'affirme le mieux et m'achève moi-même. Sans doute cette idée obsédante du moi, qui reparaît toujours à la fin, est pour déflorer, en quelque sorte, la virginité du pur amour, pour agacer les partisans et soi-disant pratiquants du sacrifice absolu. Mais leur façon de voir et d'agir n'est au fond que chimère. Car enfin, si nous *sommes* — si peu d'ailleurs que nous *soyons* —, notre premier et dernier devoir n'est-il pas de nous faire être davantage, le plus possible, de nous perfectionner nous-mêmes, de cultiver notre jardin, comme on dit? Notre propre être n'est-il pas le petit coin qui nous a été donné à défricher? N'est-ce pas là encore, si l'on veut, la drachme de l'Evangile à faire fructifier? Car enfin, c'est ce qui est le plus près de nous, le plus à notre portée, et même le seul qui y soit véritablement. Or, tout se tenant et « s'entre-tenant » — principalement au point de vue moral —, nous

vicieux, comme s'y perd d'ailleurs l'égoïsme absolu. Il y a une synthèse à chercher, et les éléments de cette synthèse sont à réaliser dans le *moi*.... Le devoir social, en définitive, ne peut provenir que de ce principe : la vraie nature ou activité de la *personne* trouve sa suprême et totale expression dans la *société*..... »

acquitter comme il faut de la tâche qui nous est propre, ne sera-ce pas travailler de notre mieux pour les touts, pour le Tout, et pour Dieu même, en quelque sorte ? Enfin, les instincts les plus clairs et les plus impérieux nous guident, ou mieux, nous poussent dans le même sens. Quoi de plus logique et de plus sensé que de nous laisser instruire par eux, puisqu'ils nous font agir ? Nous n'avons qu'à les bien interpréter et à les ennoblir. Il faut entretenir ce qui a été mis en nous — la lumière et le feu que nous avons trouvés tout allumés au centre, au foyer de notre être — et non pas souffler sur le souffle de Dieu.

L'individualisme, parfaitement entendu, est altruiste, et non pas égoïste. Ce n'est que dans l'unité, dans l'individualité réelle, vivante et libre, ou plutôt ayant seule vie, réalité et liberté, — et à ce qui, chez elle, est à la fois le fond et le sommet de l'être —, qu'on trouve la vraie générosité, le trésor moral à répandre, la richesse débordante qui se donne.

Au cœur du collectivisme, au contraire, qui d'abord a l'air d'être et qui voudrait se faire croire si altruiste, loge l'égoïsme — comme le ver dans un fruit malsain —; et on l'y trouve toujours, pourvu qu'on ne s'arrête pas avant la fin. Dans cette doctrine, en effet, pour atteindre les dernières conclusions, si l'on va droit, il faut creuser jusqu'au panthéisme. Or, arrivé là, on voit avec évidence que l'être n'y peut penser qu'à soi et agir que pour soi : puisqu'il ne reste plus qu'un seul être (1), qui envahit tout le réel et tout le possible. Sortons donc des vains jeux d'abstractions, comme aussi de la rhétorique creuse et emphatique de ces gens-là ; entrons en plein concret, dans le domaine des faits et de la vie. Nous verrons alors qu'au bout

---

(1) Et un être impersonnel, amoral.

ils retombent dans ce qu'ils voulaient tant fuir, à ce qu'ils disaient. Mais ne soyons pas dupes plus longtemps de la comédie qu'ils nous jouent pour tâcher de nous jouer nous-mêmes : ils faisaient semblant seulement de le vouloir. En réalité, c'est avant tout, c'est exclusivement, l'intérêt de quelques individus qu'ils poursuivent, et c'est le leur : nous aurons plus loin occasion de démasquer à loisir tant d'hypocrisie et de monstrueux égoïsme. Quelques-uns d'entre eux, à certains moments de franchise relative, en ont même laissé échapper l'aveu : socialistes dans les moyens, ils sont essentiellement et bassement individualistes dans la fin ; ils ne poursuivent, au fond, que l'enflure de l'individu, la législation de ses appétits, la divinisation de ses jouissances ; l'autorité collective ou contrainte sociale n'est pour eux que provisoire, et préconisée par eux seulement parce qu'ils la croient le plus propre à procurer tous ces vils avantages dont l'acquisition est à leurs yeux l'unique but de la vie (1).

(1) M. Fouillée a recueilli quelques-uns de ces aveux qu'il reproduit dans un article (*Revue des Deux-Mondes* — 1er août 1900) dont nous allons donner quelques extraits, auxquels nous joindrons nos propres observations :

« Engels réduit toute la morale socialiste à la lutte des classes : l'amour du prochain est pour lui une *vieillerie* (a). » « Karl Marx formule en ces termes la loi du matérialisme économique : Le mode de production de la vie matérielle domine le développement de la vie sociale, politique, intellectuelle et *ce qu'on appelle la morale.* » « Ce même grand maitre du socialisme dit ailleurs : Le collectivisme ne repose sur aucune idée de justice, de liberté, d'égalité ou de fraternité. Il ne se réclame pas davantage des sentiments généreux ou des aspirations vers *le bien-être* [!!!] qui sont de tous les temps sans avoir jamais abouti. » « Un de ses disciples, Loria de Padoue, a écrit quelque part : La religion, la morale et l'opinion publique sont, toutes les trois, un colossal guet-apens tendu aux hommes pour les pousser à sacrifier sottement leur égoïsme

(a) Jaurès s'est souvenu de ce mot, sans doute, quand il l'a répété presque textuellement, il y a quelques années, du haut de la tribune de la Chambre : « C'est la haine qu'il faut prêcher, et non pas l'amour ! »

La concurrence n'est, même dans la nature aveugle, qu'une simple et frêle apparence de la surface des choses, et c'est la solidarité qui est le fond réel et au bien commun. Dans le paradis socialiste, au contraire, chaque individu n'aura qu'à suivre son intérêt... » « Lafargue a écrit tout un traité sur *le droit à la paresse.* »

J. Guesde, l'apôtre ardent et sincère, l'idéaliste du parti, devant un nombreux auditoire d'ouvriers, a prononcé un jour cette parole : « Nous sommes le parti du ventre ! » Il n'a dit cela « que pour entraîner le peuple », selon son disciple G. Deville. Mais quelle noble idée ils se font alors du peuple, ces grands démocrates ! Saint Paul semble les avoir prévus quand il a écrit : ... *quorum deus venter est* (= Ces gens-là n'ont pas d'autre dieu que leur ventre). M. Fouillée a donc bien raison de conclure :

« Ils suppriment entièrement la question morale pour la remplacer par la question sociale, qu'ils réduisent elle-même à la question économique ou plus précisément à une question d'alimentation... Ainsi, ils espèrent rendre la morale elle-même inutile et comptent sur le mécanisme social pour produire comme du dehors la moralité, ou même pour la remplacer au cœur des hommes..... Le collectivisme, si dédaigneux des religions, est lui-même une nouvelle religion. Son dogme fondamental, c'est qu'il suffira à l'égoïste d'être transporté dans une société communiste pour que son vice devienne une vertu et son intérêt du désintéressement ! »

Disons plutôt, avec Mgr d'Hulst, par exemple : « L'individu est débiteur de la société, sans doute, mais il faut, avant tout, défendre l'intégrité de la personne humaine contre les empiètements de la collectivité... » « Si je n'ai pas d'autre raison d'agir que de chercher le bonheur, le plaisir, je le chercherai où il me plaira... Lorsque j'aurai opté pour le plus plat égoïsme, de quel droit viendra-t-on censurer mon choix ? » « Que vient-on nous parler d'une élaboration séculaire tendant à transformer l'amour de soi en amour des autres, le plomb en or, par je ne sais quelle alchimie morale ? Vive la libre et consciente coopération des bonnes volontés !.... »

La question a aujourd'hui une telle importance qu'il ne faut pas craindre d'y insister trop ni de trop prodiguer les formules pour la poser nettement et tâcher de bien la résoudre. Voici donc d'un autre auteur quelques lignes, qui nous ont particulièrement frappé à la lecture par leur justesse et clarté parfaites :

« Professez-vous que tout individu humain, par cela seul qu'il est une personne, c'est-à-dire un être libre, possède une valeur absolue

solide. — Soit, nous le voulons bien ; seulement, c'est toujours au profit de chaque individu, ou au moins du plus grand nombre possible d'individus, ou, en termes plus précis, c'est en vue de la plus grande quan-

et qu'il est une fin : que, par suite, il nait avec des droits sacrés, qui n'ont d'autre limite que les droits identiques de ses semblables ? Si vous pensez cela, vous êtes *individualiste*.

« Croyez-vous, au contraire, que l'individu n'a, pour ainsi dire, pas de valeur intrinsèque ; qu'il n'est que l'élément infime d'un grand organisme, appelé Etat ou Société, en qui réside toute réalité et tout droit ? En un mot, croyez-vous que l'individu n'est qu'un moyen dont la Société est la fin ? Vous êtes *socialiste*.

« Toute l'histoire des idées politiques de notre siècle se ramène, au fond, à un perpétuel conflit entre le socialisme et l'individualisme ; et ce conflit lui-même n'est que la forme sociale du grand débat métaphysique, entre la matière et l'esprit, entre la nécessité et la liberté..... » (*Thèse individualiste sur l'idée de l'Etat*, par M. Henry Michel).

« .... Répétons qu'un homme, qu'une unité vivante et libre, ne peut pas être subordonné à une collectivité, chose morte et abstraite ; que l'être ne peut pas se subordonner au néant. Répétons que la société n'a d'autre raison d'être que le renfort qu'elle donne à l'énergie individuelle ; qu'une collectivité d'individualités sans valeur, de zéros, ne vaudra jamais que zéro. Il n'y a, il ne peut y avoir qu'un seul but social : accroitre dans la *personne humaine*, avant tout, la liberté, c'est-à-dire l'essentiel de l'être. Tout le reste, bien-être, plaisir, bonheur, viendra par surcroit. Logiquement et moralement, le socialisme, entendu dans son acception stricte [comme ne l'entendent pas, ou rarement, — nous l'avons bien vu déjà et nous le verrons encore mieux — la plupart des soi-disant socialistes, qui ne sont que des comédiens roublards et des fumistes, quand ils ne sont pas des cyniques], c'est-à-dire la société annulant l'individu, dévorant l'homme, n'est qu'un non-sens, une contradiction.... » (Ibid.)

Ici s'offre l'occasion de faire observer ce qui suit : cette erreur — de la part de ceux chez qui ce n'est qu'une erreur, et non pas une hypocrisie et un mensonge —, cette erreur donc de « l'Individu pour la Société » est trop répandue, est trop forte et a trop de gravité pour n'être pas fondée sur quelque raison, pour n'avoir pas, au fond, sa raison d'être. Cette raison, la voici peut-être : A sa cime morale, l'individu, la personne, est pour quelque chose de si haut que cela en est froid et semble n'être plus elle et n'être plus pour elle ; et cependant, cela est éminemment elle et pour elle. Le véritable individualisme est altruiste, et réciproquement. L'être moral est

lité de perfectionnement individuel ; car, en somme, il n'y a que cela de vrai, il n'y a que cela de bon moralement.

L'individu doit travailler pour la collectivité, sans

une plante qui, pour s'achever, se couronne de cette fleur : le dévouement à autrui. Oui, Messieurs les individualistes étroits et bas, c'est-à-dire Messieurs les égoïstes, voilà l'individualisme bien entendu. Mais cela ne cesse pas d'être l'individualisme, Messieurs les socialistes ; c'est même l'individualisme par excellence, puisque c'est le vrai personnalisme.

Il est certain, d'ailleurs, qu'une société dans laquelle chaque individu entendrait ainsi l'individualisme, c'est-à-dire viserait à réaliser en lui-même la perfection morale, serait une société qui tendrait, elle aussi, à l'inaccessible perfection. Resterait à faire l'unité. Mais elle se ferait facilement, elle se ferait toute seule et par le dedans, chacun se sacrifiant à autrui, chaque membre n'étant que pour le corps.

Etat, société, collectivité, des mots, des mots, des mots, en dehors des particuliers qui les composent. Tout cela a encore moins d'être que, par exemple, le lien qui dans une gerbe attache les épis, ceux-ci étant seuls précieux, pouvant seuls faire du pain, seuls vivant et faisant vivre.

Il faut, tout de même, avoir un esprit drôlement bâti pour être imbu d'idées contraires. On a de la peine à croire sincères de pareilles gens (surtout quand ils ont l'air d'ailleurs de n'être pas dépourvus d'intelligence ni même d'un certain talent). Cependant, il faut bien qu'il y en ait quelques-uns qui le soient ; autrement, ils ne produiraient pas d'effet sur les masses ; car la sincérité seule est puissante ; seule elle peut, même à faible dose, servir de levain à toute cette pâte, à la pâte brassée par tant de sales pâtissiers, politiciens charlatans, exploiteurs de la bêtise publique. Comment donc s'expliquer cette part de sincérité pour soutenir une opinion si bizarre, si incapable, semble-t-il, d'entrer dans aucune tête bien faite, dans aucune tête non foncièrement déformée ?

Voici l'explication qu'on pourra nous présenter de la chose : Une certaine force occulte, mystérieuse, voilée aux regards les plus pénétrants, a l'air quelquefois, souvent même et régulièrement, de faire fi, de faire litière des individus — de ces seules réalités vraies et vivantes, — en faveur des ensembles, des touts, du Tout. Chaque année par exemple, en prenant un groupe assez vaste de population, on a la même somme à peu près d'homicides, de suicides, de morts violentes, etc. Peu importe à la statistique, à la loi des grands nombres, sur quels individus en particulier vient à tomber le malheureux sort. Il lui suffit qu'elle soit satisfaite, semblable en cela à ces

doute; mais à cela il y a une double raison. C'est —
d'abord, si l'on veut — afin de donner plus de puissance encore à ce puissant instrument de perfectionnement pour les individus, pour ces individus dont il

divinités cruelles à qui il fallait des hécatombes humaines bien comptées, sans qu'elles daignassent seulement spécifier les victimes.

Soit, dirons-nous. Mais, en admettant même qu'ici l'apparence est bien fondée, sommes-nous obligés de lui aider et de faire son jeu à une puissance si aveugle, si injuste, si brutale ? Il est étonnant, franchement, que des positivistes, des matérialistes soient assez follement mystiques pour sacrifier toutes les réalités, les seules vraies et tangibles, — et eux-mêmes avec —, à un fantôme aussi vain et aussi odieux, à ce hideux fétiche masqué et dont le masque est vide et creux !

Eussions-nous, d'ailleurs, affaire ici à une puissance véritable, et même à la plus réelle et la première de toutes, à Dieu (a) en personne, s'il sacrifiait de la sorte l'individu, l'être moral, à une abstraction, il serait injuste ; car, n'en déplaise à Pascal (« notre misérable justice »), il n'y a pas deux justices ni deux morales. Au contraire, si nous avons quelque point de contact avec Dieu, c'est par là surtout, c'est par là seulement qu'il nous est possible (Kant a bien vu cela, au moins). Et, si nous n'en avons pas, à quoi bon nous occuper de lui, chercher à faire croire en lui et à le faire aimer, Dieu alors n'étant plus une personne, n'étant plus rien, n'*étant* plus, tout court ? Car enfin, il n'*est* plus, à proprement parler, si l'on ne voit en lui, avec certains collectivistes matérialistes, que la grande brute inconsciente dont il a été question plus haut. Et pourquoi m'appliquerais-je, alors, à faire ses volontés, les volontés de cet être de pure nécessité ? Il y aurait à cela une double contradiction. D'abord en effet, lui n'a pas et ne saurait avoir de volonté; ensuite, moi comme tous les autres et tout le reste dans la nature, je suis bien forcé de suivre, bon gré, mal gré, cette pente universelle de fatalité : *volentem ducunt fata, nolentem trahunt* (b).

(a) Selon Bossuet, dans le *Discours sur l'histoire universelle*, Dieu considère presque exclusivement les vastes ensembles, les touts et le Tout; mais, dans les *Oraisons funèbres*, « il remue le monde *entier* pour enfanter *un seul* de ses élus. »

(b) Toute la morale des Stoïciens, dans l'antiquité, se ramenait précisément à choisir la première de ces deux alternatives (*volentem ducunt fata*). *Se plier volontairement à la nécessité*, voilà toute leur sagesse (Le grand précepte : *vivere convenienter naturæ*, revenait au même). C'est ce que Sénèque formule en ces termes : « *Nihil invitus facit Sapiens : necessitatem fugit quia vult quod coactura est.* » (*Lettres à Lucilius*, LIV.)

est lui-même un, mais dont il n'est qu'un, et à cette grave restriction se rattache précisément la seconde raison, que voici : Il doit travailler, avant tout (*avant* logiquement, sinon chronologiquement), à son propre

Mais j'ai une meilleure raison encore pour ne pas me soumettre à un semblable Dieu. C'est que je vaux mieux que lui. Car, en face de ce grand désir aveugle, je me sens être et je m'affirme une libre volonté, un être moral, une personne. Tous vos rêves, toutes vos phrases, et vos formules creuses et vos abstractions mortes ne sauraient étouffer en moi cette vive et pleine conscience, cette réalité saisie immédiatement.

Pour clore cette longue note, voici une belle page de Renouvier contre le socialisme :

« Le socialisme est une espèce de médecine sociale qui se flatte de guérir radicalement d'un trait les maladies constitutionnelles de l'humanité.

« Supposons un vulgaire médecin, faux savant, artiste sans génie, observateur sans précision, expérimentateur sans méthode (a), un de ces empiriques utopistes qui cherchent dans l'iatro-mécanique ou l'iatro-chimie un remède sûr et prompt pour une maladie quelconque. Il se fera cette illusion de pouvoir conduire tout malade à l'état sain, si seulement il dispose des éléments qui environnent le corps et peuvent agir sur ce corps (b).

« Tel est le socialiste. Il se propose de guérir les hommes de tous leurs vices en construisant extérieurement un milieu social tout nouveau pour les y placer (c). Il ne voit pas qu'une société quelconque est bonne pour des associés bons, et *vice versa* (d). Il ne voit pas non plus que le malade social, pour consentir à prendre le remède et se l'administrer en bonne règle a tout juste besoin d'autant de santé qu'on lui en promet après qu'il l'aura pris (e). » (Renouvier, *Science de la morale*, t. I, p. 314.)

(a) Voir au contraire, par exemple, Claude Bernard dans son *Introduction à la Médecine expérimentale*.

(b) C'est-à-dire qu'il se confine tranquillement dans les accessoires et les alentours, au lieu de s'efforcer de pénétrer jusqu'à l'essentiel et au cœur même du mal.

(c) Or, c'est là — précisément — ajouter à tous ces vices le plus grave de tous, par non adaptation.

(d) Car — ainsi que nous l'avons assez vu — les individus, en réalité, sont tout. Le restant n'est que le résultat ou résultante, tout au plus, sinon pure abstraction. Les individus sont principes et fins. La société est tout au plus un moyen, et elle devient, même, plutôt un obstacle lorsqu'on l'entend mal, comme font les socialistes.

(e) C'est-à-dire qu'il nous engage, en aveugle qu'il est, dans un cercle vicieux, une voie sans issue, et nous met « au rouet », dirait Montaigne.

perfectionnement moral ; or, le dévouement, le sacrifice de soi même à quelqu'un ou quelque chose qui n'est pas soi — mais qui est, par exemple, soit un seul, soit un groupe quelconque de ses semblables, la famille, la patrie, l'humanité,... ou même une simple mais noble idée, ou enfin le grand et suprême idéal qui est en même temps le grand et suprême réel, Dieu, — est ce qu'il y a de plus élevé et de plus profond dans le perfectionnement de soi-même.

Voici qui explique en partie, s'il ne justifie ni l'un ni l'autre, soit le plat égoïsme, soit le libertarisme forcené dont nous sommes souvent témoins aujourd'hui :

Les vastes collectivités, l'Etat, entre autres, finissant par menacer de dévorer et d'absorber toutes les autres associations, moins lointaines, plus vivantes et plus libres, un grand nombre d'individus, qui n'ont voulu voir désormais dans tout groupement qu'une abstraction tyrannique, se sont détournés avec horreur de cet aveugle et monstrueux ennemi, qu'ils n'avaient même pas la ressource et la consolation de pouvoir haïr — comme s'il eût été une personne —, et, dans leur amour naturel pour le concret, le vivant, le libre et le proche, ils se sont, d'un mouvement aisé, retournés vers le *Moi*, et laissés aller sans scrupules à l'adorer, en lui sacrifiant tout le reste plus ou moins violemment.

.

Est-ce que l'évolution, est-ce que le progrès intègre ou s'il différencie ? En d'autres termes, est-ce que l'être en général, en avançant vers le mieux, va du côté de l'un ou du multiple ?

Ce qui semblerait prouver, d'abord, qu'il marche vers l'un, c'est cette union, cette communion, cet amour, cette fraternité des individus, des peuples, des races, des animaux, de tous les êtres, que nous nous sentons imposée, malgré tout, comme le grand devoir. Car, dans toute la nature, la *restitutio in integrum* est l'universelle loi, selon les panthéistes.

Mais, d'un autre côté, ce qui montre, ensuite, que l'être se dirige au contraire vers le multiple, c'est une autre loi qui s'oppose à cette dernière et qui est beaucoup mieux obéie qu'elle, une loi d'égoïsme, de lutte pour la vie et pour le bonheur entre les individus, les peuples, les races, les espèces et tous les êtres. Réussirait-on, d'ailleurs, quelquefois à donner un héroïque démenti à cette loi brutale, ce serait précisément alors qu'on se différencierait le plus, qu'on se sentirait le plus soi, qu'on poserait en pleine lumière son existence personnelle, indépendante, maîtresse de soi, reine de ses instincts intéressés et bas. A la *restitutio in integrum* de la nature — fût-elle mieux constatée et plus authentique — nous pourrions, enfin, toujours opposer la dignité humaine qui se révolte, la valeur absolue de chaque personne, le sentiment de l'honneur dans le monde moral.

Il faut ajouter que, selon les biologistes et même les cosmologistes en général, il se fait de plus en plus, dans la nature, de l'hétérogène avec de l'homogène. Donc, à travers, bien entendu, des *corsi e ricorsi* de détail, l'être semble tendre, en somme, vers la différenciation. Telle une mer, qui aurait ses flux et reflux, mais dont, à la longue, le niveau irait montant ou baissant.

Les êtres peuvent, d'ailleurs, devenir de plus en plus semblables et de plus en plus unis sans cesser d'être foncièrement distincts et surtout en étant toujours aussi loin de se confondre. Similitude n'est pas et ne saurait être jamais identité, — n'en déplaise, par exemple, à Leibniz avec sa fameuse théorie des *Indiscernables*.

Au commencement donc, point de qualités distinctives, homogénéité presque absolue de l'être purement élémentaire, qui n'est encore guère au-dessus de l'espace, du pur possible. Puis, formation de noyaux différenciés, qui sont la partie de l'être qu'une sorte de mystérieuse manipulation fait monter, tandis que l'autre partie descend, servant ainsi à la première comme de marche-pied pour s'élever plus haut, ou bien encore, si l'on veut, lui faisant la courte-échelle.

On peut même tirer de là, chemin faisant, une preuve nouvelle et solide de l'indestructibilité de la monade et de l'immortalité de l'âme. Voici comment :

Si dans toute décomposition, dans tout dédoublement qui accompagne chaque phénomène important au sein de la nature — notamment de la nature vivante, des corps organisés —, une partie de l'être s'élève *par le moyen* et comme *sur les épaules* d'une autre qui en même temps et par le fait même s'abaisse, eh bien, alors, dans le phénomène — si remarquable, si saillant — de la mort d'un être vivant, surtout d'un être supérieur, toute la matière apparente de son corps ne peut pas ainsi tomber si bas et si vite sans qu'en même temps quelque partie — moins ou pas du tout apparente —, d'une matière beaucoup plus subtile, ou supra-matérielle, s'élève en revanche rapidement et très haut, comme par une sorte de compensation et d'équilibre.

Oui, d'après cette grande loi de transformation, de changement, ou, si l'on veut, de passage de l'homogène à l'hétérogène, lors même que tout dans l'homme avant la mort serait près d'être à l'état homogène.

c'est-à-dire quand même il n'y aurait que le corps et la matière, étant donné que d'un côté tout ce qui est visible et saisissable aux sens dans cette matière déchoit à ce point au moment de la mort, il devrait — d'un autre côté et comme contrepoids — se former au même moment, s'improviser tout d'un coup un pur esprit, une âme, partie éthérée de l'être ainsi renouvelé, échappant aux sens précisément par sa haute et subite promotion. C'est le coup de pouce, en quelque sorte, donné alors à l'être que nous sommes ; à peu près comme nous avançons l'aiguille d'une horloge. Ou s'il existait déjà, ainsi qu'on le croit généralement et qu'il faut plutôt le croire, s'il existait dès la vie d'ici-bas une partie indépendante du corps et qui lui était supérieure quoique étroitement jointe et attachée à lui, cette partie, à ce moment singulier, non seulement échappe à la décadence et à la ruine du reste, mais encore se sert de cette décadence et de cette ruine mêmes pour s'élever d'un rapide élan. C'est comme du lest qu'elle jette alors pour prendre son essor vers sa patrie d'en haut, vers ces régions célestes où depuis longtemps déjà auparavant l'appelait un mystérieux instinct, une espèce de regret nostalgique.

C'est le spontané, l'intuition, le sentiment — et non pas la connaissance réfléchie, analytique, scientifique — qui nous fait pénétrer au primitif, au profond et au pratique.

Dans le fait de conscience, nous sentons l'être jusqu'au fond et nous le saisissons tour à tour sous l'aspect de l'un et sous celui du multiple, de l'un d'abord, du multiple ensuite, et enfin de l'un derechef, dans les dernières profondeurs à la fois et aux suprêmes sommets. La connaissance analytique, au contraire, nous ferait arrêter à mi-chemin entre l'individualisme terre à terre et l'individualisme céleste, c'est-à-dire à la considération de ce qui est général. Or, il faut revenir au point de départ, refermer le cercle qu'on a ouvert (1); seulement, bien entendu, après évolution vers le mieux ou progrès.

Si nous ne percevions pas le fond même de l'être dans le fait de conscience, et si ce fond de l'être n'était essentiellement un, qu'est-ce donc qui nous pousserait ainsi dans deux sens opposés vers l'unité toujours, d'un côté, vers l'unité de l'élément premier, de l'élément composant — soit atome, soit monade, soit plutôt point géométrique —, bref, vers l'unité de l'infiniment petit, et, de l'autre, vers l'unité de l'ensemble harmonieux des différentes parties de l'univers, du *cosmos*, vers l'unité de l'infiniment grand, deux unités extrêmes, deux infinis entre lesquels nous nous sentons suspendus, suspendus avec effroi, ne voulant pas plus nous disperser dans le premier que nous abîmer dans le second?

Nous avons considéré ailleurs ces deux monstres antinomiques, tous les deux également ennemis dévorants de la vraie personnalité, morale, humaine.

---

(1) « Ayant longuement creusé l'idée du *Moi* avec la seule méthode des poètes et des romanciers, par l'observation intérieure, je descendis parmi les sables sans résistance jusqu'à trouver tout au fond et pour support la collectivité. » (Maurice Barrès.)

Eh bien, ne vous en déplaise, M. Barrès, de l'Académie française et de la Chambre des députés, vous n'avez creusé là que jusqu'à demi-profondeur; vous n'êtes pas allé au fond, tout au fond; vous avez pu dépasser les sables, mais vous n'avez pas atteint le roc, le tuf. On ne s'arrête pas ainsi, à ce milieu — intenable —, en l'air, en quelque sorte, dans le multiple, fût-il groupe, collectivité. Parti de l'un, il faut revenir à l'un; il faut même arriver jusqu'à l'Un : en passant, si vous voulez, par des ensembles, par des touts de plus en plus vastes — en même temps que de mieux en mieux ordonnés, organisés — et finalement par le Tout, ou Κόσμος, ou Univers.

Mais, ici, c'est la faculté errante et maîtresse d'erreur, l'imagination mathématique, vraie « folle du logis », celle-là, puissance-impuissante, qui nous pousse toujours plus loin et nous égare dans un chemin sans fin et sans halte. Car la conscience, cependant, se repose dans l'unité réelle et solide. C'est donc par celle-ci, seule, que peut s'expliquer le mirage dont l'autre est le jouet : elle tient le miroir qui éblouit et trompe cette alouette.

*
* *

Nous allons donner maintenant quelques morceaux qui se rattachent d'un peu plus loin, le plus souvent, au présent chapitre et dont le lien entre eux est relativement lâche.

.... Ainsi mourut Jésus ; et les peuples, depuis,
Atterrés, ont senti que l'Inconnu lui-même
Leur était apparu dans cet Homme Suprême,
Et que son évangile était pareil au ciel (1).

C'est qu'on trouve précisément, sous cette naïve bonté, la combinaison étroite et profonde des deux grands points de vue qui divisent sans cesse les penseurs et le monde : le point de vue « altruiste », qui paraît dans l'Évangile et chez les apôtres, dans le goût de la vie en commun, à l'origine surtout (« Je serai au milieu de vous, quand vous serez réunis ») (2), dans l'es-

(1) V. Hugo : *La fin de Satan*....
(2) L'Église primitive était une assemblée convoquée (du grec : ἐκκλησία, nom désignant le résultat de l'action exprimée par le verbe

prit de prosélytisme, dans l'amour du prochain, etc..; et le point de vue individualiste, qu'on trouve dans « la haine du monde et de ce qui est dans le monde », dans l'*Imitation de Jésus-Christ*, dans des préceptes comme ceux-ci : « Soyez parfaits ainsi que votre père céleste est parfait. » « Que chacun de vous travaille à son âme, fasse fructifier son talent, songe à son salut et s'y applique de toutes ses forces. »

Quelle souplesse, ou plutôt quelle grandeur il a fallu pour embrasser spéculativement et surtout pratiquement tout ce champ à la fois, et cela, sans tension, sans effort ni affectation, avec aisance et simplicité, avec le sourire sur les lèvres, non celui de l'ironie ou de l'orgueil, mais le doux sourire vraiment humain,... jusqu'à en être divin ! car il a fallu vraiment être Dieu.

Celui, en effet, qui a, par la pensée, en théorie, atteint et débrouillé le nœud où s'unissent l'un et le plusieurs, ainsi que le chacun et le tout (1), ou, si l'on veut, les individus et les groupes — jusqu'au groupe universel —, celui-là n'a-t-il pas pénétré le mystère intime ?

ἐκκαλέω, qui, pris au sens propre et originel, réveille précisément l'idée d'un *appel* (καλέω) de chacun *hors de* (ἐκ) chez soi à un lieu de rendez-vous commun à tous).

(1) Car, dans notre terminologie, l' « un » et le « multiple » ou « plusieurs » est un couple métaphysique bien différent de celui du « chacun » ou « divers individus » et du « tout » ou « groupe ». Le groupe (ou tout) en effet, n'est rien que les divers individus (ou chacuns) dans leur ensemble, envisagés extérieurement. Il n'est pas même le *lien* qui les unit, mais tout au plus le *lieu* où ils se réunissent ; car le lien est encore dans ces divers individus, à savoir dans certaines dispositions mutuelles de ces divers individus, et non pas hors d'eux : hors d'eux, il n'y a que le vide, la place, la pure puissance, par elle-même impuissante.

Dans le multiple (ou plusieurs), au contraire, il y a du dedans ; c'est l'autre ou les autres, par rapport à l'un. Prenons un cas ou exemple remarque : Dieu est l'Un, en face des créatures qui sont le multiple.

Et celui (c'est le même!) qui, par l'action, dans la pratique, est arrivé à concilier ces inconciliables — ou du moins inconciliables en apparence —, n'a-t-il pas fait le souverain miracle?

Car c'est dans cette conciliation qu'est le difficile. C'est pour la comprendre qu'il faut toute la perspicacité de l'Intelligence, et pour la réaliser qu'il faut toute la complexité de la Vie.

Il est très facile, au contraire, et tout à fait simple de sacrifier — plus ou moins franchement et résolument — l'un des deux termes à l'autre, comme la plupart des hommes le font (1). C'est œuvre de pure logique, ou de mathématique, de « science », en un mot : œuvre de mort. Il peut y avoir — là-dedans aussi — du vrai, un certain vrai, mais pas un vrai qui soit large et surtout qui soit profond et aille, par le bas, par la racine — seule apte à fixer cette précieuse plante en terre solidement, en même temps qu'à la faire vivre —, qui aille donc par là toucher au bien; pas même au beau; car, sans parler de l'Ethique, l'Esthétique est déjà, par son objet, plus réelle, plus profonde, plus concrète et plus vivante que la Science avec le vrai qui lui est propre.

Ainsi, il ne faut pas plus du pur individualisme, égoïste et grossier, que du pur « altruisme », vain et chimérique, aveugle ou hypocrite. Le premier fait tomber et croupir ses adeptes dans l'épaisse boue d'une basse réalité. Le second pousse les siens en l'air où ils s'appliquent à construire et combiner les minces réseaux d'une abstraction embrouillée et vide dans

---

(1) Et presque tous sacrifient le second terme du couple au premier, c'est-à-dire chacun sacrifie les autres à l'un qu'il est, du moins dans sa conduite, en pratique; en théorie, il n'en est pas toujours de même, et là on ne craint pas de se montrer — à peu de frais — plus généreux, sauf à se contredire.

lesquels ils embarrassent les autres et s'embarrassent eux-mêmes.

Evitons également ce bourbier et cette toile d'araignée. Que le premier soit par nos soins métamorphosé en un beau lac dont les flots limpides seront propres à refléter l'univers vivant et surtout le ciel qui, avec ses espaces et ses rayons, viendra remplacer l'étroite et sombre voûte à laquelle est accrochée la deuxième, c'est-à-dire la toile de la hideuse ouvrière qui l'a tissée de ses longues pattes, faites pour aller et dévider toujours sans arriver jamais à faire rien de solide, de ses longues pattes qui portent cet énorme magasin qu'elle traîne partout avec elle et d'où elle *tire* (= *deducit* = déduction) toute la fragile matière de son œuvre fragile (1).

Bref, que tous les autres soient pour chacun, aussi bien que chacun pour tous les autres, dans la mesure du possible, afin que, dans cette même mesure, tout « s'entre-tienne », les esprits comme la matière, les âmes comme les corps.

*
**

Beaucoup de prétendus penseurs, examinant le monde moral, éprouvent le besoin de rétrécir les horizons, que naturellement il nous ouvre à perte de vue, et d'éteindre ses miroitements qui les éblouissent. Ils n'aiment pas laisser faire tout cela, le laisser se

---

(1) Selon Bacon déjà, celui qui déduit, raisonne et fait des syllogismes, ressemble à l'araignée tirant tout d'elle-même pour ses frêles constructions. On pourrait, d'ailleurs, faire observer que cet animal a un aspect diabolique, et que, précisément, le diable se flatte d'être bon logicien. Enfin, les raisonneurs à outrance, les mathématiciens exclusifs, n'ont-ils pas tous un petit grain, autrement dit — pour nous exprimer ici avec toute l'énergie familière et pittoresque du peuple —, n'ont-ils pas une araignée dans le plafond?

déployer aux yeux de l'âme indéfiniment, avec de loin en loin des reflets — décevants parfois, mais lumineux aussi — qui font voir les choses sous des faces neuves et, pour qui sait regarder, éclairent des profondeurs d'abîmes.

Ils dressent donc devant nous leurs écrans. Encore bien heureux si ces écrans sont quelque peu transparents, et si nos gens n'ont pas été assez forts ou assez adroits pour avoir pu, selon leur désir, les attacher et les fixer là si solidement que l'humanité en ait pour des siècles à être offusquée! ou bien, au moins, s'ils sont de cette couleur verte qui repose les yeux en même temps qu'elle symbolise au cœur la vivace et consolante espérance!

Vivent, au contraire, ces sublimes et suggestifs génies qui, ainsi que la nature avec laquelle ils sympathisent merveilleusement, nous ouvrent de ces vastes perspectives dont l'intelligence en nous ne saurait jamais à elle seule atteindre le bout, ces vrais penseurs qui, par le don d'intuition, vont pour quelques instants illuminer d'un éclair, à nos regards avides, presque jusqu'au haut le sommet et jusqu'au fond le dessous des choses! un Pascal, par exemple, avec ses trois ordres de grandeur superposés magnifiquement, ou un Leibniz, avec ses fulgurations et sa monade recelant, plus ou moins implicitement, l'Univers infini!

*
* *

Ch. Secrétan et les Socialistes, d'après M. Em. Boutroux (1). — Comment Secrétan accorde-t-il le parfait libertarisme, qui est le sien en tant que penseur, avec la doctrine de la *prédestination*, qu'il est bien

(1) *Revue de Métaphysique*, Mai 1895.

obligé d'accepter en tant que croyant protestant orthodoxe ? (1)

Voilà une des questions qu'on se pose avec plus d'inquiétude que jamais après avoir lu l'article de M. Boutroux. Car non seulement M. Boutroux ne répond pas à cette importante question, mais il n'a même pas l'air de la voir. Et s'il ne veut pas la voir, c'est peut-être bien parce qu'il sent l'impossibilité d'y répondre.

Secrétan aurait-il été, par hasard, sur ce point du moins, libre penseur ? Quoique nous ne pensions guère de bien des libres penseurs en général, nous ne saurions que féliciter Secrétan d'avoir été libre penseur protestant là-dessus : parce qu'il s'est montré en cela vraiment libre, et, qui mieux est, partisan de la liberté, en dépit d'un dogme qui aurait pu l'en détourner et l'enchaîner, avec tant d'autres. On doit, alors, féliciter également M. Boutroux de l'approuver ici par son silence, — qui ne dit rien, consent.

Mais voici qui est autrement curieux : Les socialistes ayant, à cette date, beaucoup plus besoin qu'aujourd'hui de faire des recrues de marque, sont allés jusqu'à oser tirer à eux Secrétan. Nous croyons qu'ils se sont fait grandement illusion. Car, d'abord, si nous acceptons sans restriction, pour notre compte, la doctrine précédente de Secrétan sur la liberté, c'est, précisément, — et ce ne saurait être que — parce que

---

(1) Le plus grand métaphysicien protestant, Leibniz, quoique bien plus près — au fond — du catholicisme que Secrétan, n'a pas eu la vraie notion de la liberté morale ; et cela, en partie certainement parce qu'il était demeuré protestant croyant, et qu'il éprouvait le besoin d'être, sur ce point, conséquent avec lui-même.

Et chez Pascal, penseur d'ailleurs si profond et si large en même temps que moraliste si élevé et si austère, si la libre volonté brille cependant par son absence à peu près complète, ne faut-il pas en accuser un peu son jansénisme, cousin germain sinon frère du protestantisme en ce qui est de la prédestination ?

nous sommes par goût aux antipodes du socialisme. Ensuite, pour faire la preuve par le fait, qu'on nous permette de transcrire et de présenter, comme pièces à conviction, les passages suivants empruntés à l'œuvre de Secrétan :

« Le collectivisme fait déchoir les personnes humaines jusqu'à en faire les rouages d'une machine.... »

« Que de maux causés ou entretenus par ces doctrines pour qui les individus ne sont rien !..... »

« .... La solidarité des hommes en Jésus-Christ est la solution des questions politiques et sociales.... »

« La source de toute personnalité est en Dieu même, et c'est en nous aimant les uns les autres que nous aimons Dieu et participons à son essence.... »

« De tout temps on a fait appel à la religion pour soulever l'individu et le faire tendre au bien commun. La cité antique à laquelle se devaient les citoyens était divine.... »

« Partout où il est ordonné à l'homme de vivre pour le tout dont il fait partie, de se donner pour la communauté, il faut pour que ce devoir soit accepté et réalisable, que ce tout soit à ses yeux un être véritable,... et il faut que l'homme trouve quelque part la force de se dépasser et de se donner... La question est résolue par la religion chrétienne. »

Aussi bien — sinon mieux encore — que le libertarisme et le personnalisme de Ch. Secrétan, comment de pareilles idées ont-elles donc pu plaire ou plutôt ne pas souverainement déplaire à tous nos socialistes, qui sont antireligieux et athées avec frénésie ? Quant à nous, rien ne nous empêche d'accepter tout cela. Nous pouvons même, sauf interprétation, ne pas repousser non plus, si l'on y tient, la distinction de Secrétan entre l'individu et la personne ; car nous avons garde de disputer de mots : « Pour devenir une personne, il faut, dit-il, prendre pour règle de ses

actions l'idée de la solidarité humaine, agir non pour soi mais pour autrui, *chercher la réalisation de sa nature* dans le dévouement et le don de soi-même. »
Retenons ceci (qui est tout-à-fait d'accord avec notre propre opinion, que nous avons maintes fois exprimée) : « Il faut.... chercher la réalisation de notre nature », pour l'opposer à ce qu'il va dire plus loin : « Qu'on cesse de nous présenter la liberté *individuelle* comme la fin, etc..... »

Décidément, ce mot d' « individuel » offusque Secrétan. Le tout est de s'entendre sur le sens des mots qu'on emploie. Il ne faudrait cependant pas s'éloigner trop de l'usage commun, surtout pour des termes si usités, si clairs, si simples. Cette restriction faite, si Secrétan veut seulement par là exorciser le démon de l'intention égoïste, nous sommes tout à fait de son avis, nous abondons dans son sens ; mais, s'il veut aller au delà, les socialistes antilibertaires (ceux « pour qui les individus ne sont rien » et qui « par de pareilles doctrines ont déjà causé tant de maux », selon ses propres expressions citées par nous il y a un instant) pourront facilement, avec la bonne volonté qui au besoin ne leur manque pas, prendre son attitude pour une concession à leur façon de voir, — quand même ils devraient isoler ce point de la doctrine de Secrétan de toutes ses autres idées, avec lesquelles il serait alors en parfaite contradiction.

Nous avouons toutefois que l'on comprend, par un autre tour de pensée, que la sévérité et l'humilité chrétiennes aient fait de l' « individu », aux yeux de Secrétan, un objet d'aversion. Car, si l'on pouvait arriver à se connaître parfaitement, à pénétrer jusqu'au fond de soi-même, de façon à bien voir tout le peu qu'on vaut, peut-être alors, en effet, — de s'être ainsi atteint — s'enfuirait-on de soi avec horreur aussi loin que possible, du moins d'un certain soi misérable et méprisable, du soi « individuel », si l'on veut l'appeler ainsi. On s'en éloignerait à l'infini, pour s'en être rapproché jusqu'au contact.

⁂

Sans doute nous n'acceptons aucun égoïsme vulgaire et grossier. De même que le proverbe dit qu'*il y a fagot et fagot*, nous distinguons soigneusement entre *moi* et *moi*. Le moi que nous patronnons, c'est-à-dire le moi supérieur, doit être toujours prêt à sacrifier le moi inférieur, et pas seulement à soi mais à autrui. Accordons encore que ce moi, supérieur relativement, peut et même doit vouloir se sacrifier à son tour à un nouveau moi qui lui est supérieur, dès qu'il vient à en surgir un; et ainsi de suite, jusqu'à la perfection, jusqu'au suprême idéal atteint. Mais ce que nous ne saurions concéder, c'est que nous soyons pris au mot, en quelque sorte, dans le dernier, le plus haut sacrifice, et que celui-ci, que nous acceptons de faire, que nous voulons accomplir, soit absolu et sans retour. Notre esprit et notre cœur, notre âme tout entière se révolte contre la seule pensée d'un pareil dénouement : comme elle se révolterait, par exemple, contre un Jéhovah acceptant jusqu'au bout le sacrifice consenti par Abraham, quoique ce dernier en y consentant n'eût, si l'on veut, aucune arrière-pensée et ne conservât aucun espoir. Nous nous révolterions, et nous en aurions le droit, parce que nous ne pouvons nous empêcher de croire à une raison et à une justice au moins immanentes sinon transcendantes. Il serait, en effet, souverainement absurde et injuste de la part de la Puissance souveraine d'accepter, en fin de compte, ce sacrifice : ce serait le plus odieux guet-apens moral ; car cela équivaudrait à guetter et attendre l'être à son plus haut degré d'être pour l'anéantir et le sacrifier, le plus souvent, à ce qui ne le vaut pas, à ce qui, dans tous les cas, ne peut pas valoir davantage — puisque l'être moral ou personne a une valeur incomparable et absolue —, et à ce qui ne doit être ici considéré avant tout que comme une occasion et une matière à l'exercer, à le perfectionner, à l'achever moralement.

*
* *

Chacun a besoin de tous, non seulement dans son intérêt inférieur et matériel, mais encore et surtout dans son intérêt moral, et au point de vue le plus élevé, pour s'enrichir des plus nobles vertus : bienveillance, bienfaisance, modestie, patience, charité, affection, amour, dévouement......

Ce serait donc le comble de l'absurde que chacun, après avoir ainsi atteint un nouveau degré de valeur morale, fût, comme une victime ornée pour l'autel et l'immolation, sacrifié sans retour à quoi que ce soit, à qui que ce soit, même à tous; d'autant plus que *tous* — c'est-à-dire, alors, le tout ou groupe quelconque — ne seraient plus rien, une fois les *chacuns* supprimés.

Cessons donc, une bonne fois, de préférer la paille de l'abstrait au grain du concret.

*
* *

Encore la Substance.

Revenons un peu à la substance, sur le compte de laquelle nous avons déjà pris position, et une position moyenne entre le moderne phénoménisme et la vieille ontologie. Nous avons vu aussi qu'il n'y a proprement place pour cette notion que dans le cas de non-identité entre l'être et le connaître, c'est-à-dire dans le domaine extérieur, dans le monde matériel. Mais l'on peut, avec les monistes, étendre sa sphère et lui faire embrasser aussi le domaine intérieur, le monde spirituel. Alors, on désignera par ce mot de substance le fond solidement réel et seul vraiment existant de l'être, de chaque être. Ce sera, par exemple, le moi, le moi comprenant son être, son bien, l'aimant, le voulant librement, le faisant. Voilà un échantillon précis de substance — le plus précis et le plus net de tous, puisqu'il nous est présent à chacun de nous, ou plutôt, qu'il est chacun de nous.

C'est le cas de faire observer de nouveau, et plus en détail, combien est mal fait ce mot de *substance*, combien ce nom est menteur, en quelque sorte, au moins dans sa deuxième partie. Car l'activité, — activité toujours présente, féconde, produisant ou devant produire l'être, le bien, le perfectionnement propre, — voilà le fond (*sub* —), le fin fond de l'être, qui transparaît pour chaque personne *à travers* sinon *dans* le fait même de conscience. Or, ce fond dernier est le contraire de l'inerte, du stable (— *stance*), puisqu'il est essentiellement mobile, actif, agissant, perpétuellement soit en progrès, soit en décadence, fécond sans relâche en bien ou en mal, ne s'arrêtant jamais, avançant ou reculant sans cesse, toujours marchant en avant ou en arrière, montant ou tombant, bref, évoluant, et cela (une fois arrivé à un certain degré remarquable de développement : comme chez nous), spontanément et librement.

On nous objectera, sans doute : Mais n'y a-t-il pas du stable ? Et l'identité du moi, en chacun de nous, qu'en faites-vous ? N'est-ce pas là quelque chose qui échappe au temps et au mouvement, quelque chose que les années ne peuvent piller en passant, selon l'ingénieuse image d'Horace (*anni praedantur euntes*) ? N'est-ce pas là, dans le temps mobile, quelque chose de l'immobile éternité ? Et ne faut-il pas cela, nécessairement, pour sauver le moi, dans son noyau intime ? Sans identité, en effet, point de véritable unité ; l'être s'effondre et s'échappe tout entier au dehors, pour aller s'abîmer en ce gouffre dévorant du plusieurs et du tout, auquel nous avons essayé de le soustraire. Et cependant, nous l'avons vu, il faut que chacun travaille à soi et pour soi, même quand il croit et qu'il semble travailler pour autrui, et alors *surtout*. N'y a-t-il donc pas là, encore une fois, du persistant, de l'immobile, du stable ?

A cette objection nous ne pouvons essayer de répondre qu'en confirmant et précisant, s'il est possible, ce que nous avons déjà dit :

L'être, ici-bas, dans ce domaine de la mobilité, ne trouve de consistance que par le mouvement (*stat per motum*). Il a besoin de se mouvoir pour se continuer, pour rattacher ses différents instants qui se succèdent, c'est-à-dire pour se rattacher à lui-même à travers le temps.

Dans son *Sermon sur la mort* (nous avons cité plus haut et admiré ce passage), Bossuet fait une belle et vive peinture de l'homme saisissant ainsi un instant après l'autre jusqu'à ce qu'il en arrive un qui échappe à ses prises. Quelque chose nous crie : marche, marche ! Et il faut marcher, rien que pour pouvoir se tenir, comme sur un sol glissant. « Notre vie n'est que mouvement », dit quelque part Montaigne. Les anciens, les primitifs, ces esprits plus près que nous de la simple nature, et qui,

> dans leur naïveté,
> N'altèrent point encor la simple vérité, (1)

doués qu'ils sont d'intuitions profondes, de ces intuitions révélatrices et propres à refléter l'être *in concreto*, dans son touffu vivant, n'ont-ils pas senti et rendu cela en désignant l'âme, l'être moral intime, par les radicaux *anim.* ανεμ. ψυχ. *spirit.*, qui réveillent d'abord l'idée du mouvement rapide de quelque chose de très délié, de très subtil? Et le poète, ce grand naïf, ce primitif, lui aussi, cet enfant à perpétuité, dont l'inspiration sympathise merveilleusement avec le réel, — surtout quand il s'agit d'un poète si poète que notre bon La Fontaine, — ne tâche-t-il pas de saisir ce Protée dans les liens de formules comme celles-ci, par exemple :

> ....Quintessence d'atome, extrait de la lumière,
> Je ne sais quoi plus vif et plus mobile encor
> Que le feu ?

Ainsi donc, ce qui est *dessous* (*sub* —), à la base, au plus profond de notre être — comme de tout autre être —, NE SE TIENT (— STANCE) pas, mais se meut perpétuellement, ne peut cesser de se mouvoir sans cesser d'être, puisque ce n'est que par le mouvement qu'il peut renouer sa trame le long du temps dans lequel il est et qui est essentiellement mobile.

Dans le créé, l'immobile, l'inerte, le stable, la forme fixée et, pour ainsi dire, figée, n'est au fond que du non-être.

Seul, l'Être incréé, qui est dans l'éternité, peut nous

---

(1) « Omnes veteres philosophi, maxime nostri, ad incunabula accedunt, quod in pueritia facillime se arbitrantur naturæ voluntatem posse cognoscere. » (Cicéron, *De finibus*, V, 20).

« Vide quid indicent pueri, in quibus, ut in speculis, natura cernitur. » (Ibid..., 22).

apparaître justement sous l'aspect de *sub*STANCE, en prenant cette fois d'un bout à l'autre le mot au pied de la lettre. Son éternelle immutabilité s'oppose à notre mobilité perpétuelle.

Peut-être est-ce le sentiment profond de cette vérité qui a engagé un génie à la fois rigoureux et — au fond — intuitif, comme Spinoza, dans son panthéisme, où la *substance* est entendue comme elle doit l'être étymologiquement et comme elle ne saurait être, toutefois, qu'en Dieu seul.

— Mais cependant, insisteront probablement les partisans de la vieille *substance*, il faut bien qu'il y ait en nous quelque chose d'identique, qui persiste toujours le même sous la mobilité et le changement perpétuel des phénomènes, des états et des actes qui se succèdent à chaque instant : comme il y a, par exemple, un lit, qui reste, dans lequel coulent les flots, qui passent, ou encore un fil qui rattache des perles entre elles, ou enfin une scène sur laquelle se meuvent et se remplacent les acteurs qui jouent des rôles.

— Ces trois comparaisons, répondrons-nous, sont fausses et ne nous donnent qu'une idée très imparfaite de l'identité en question. Car le lit, le fil et la scène sont tous les trois également quelque chose d'inerte qui supporte les flots, les perles ou les acteurs en s'étendant à travers l'espace; tandis que ce qui subsiste du moi est essentiellement actif, agissant, et supporte les phénomènes en s'étendant à travers le temps, c'est-à-dire en les suivant, en quelque sorte, et, pour cela, se mouvant forcément. Il ne faut jamais oublier la différence radicale, essentielle, entre le temps et l'espace, ces deux notions et ces deux choses qui ne sont sœurs en grande partie que par le contraste et ne s'accouplent que pour mieux s'opposer. La fréquente assimilation de l'une à l'autre est, sans doute, une abondante source de figures et de métaphores poétiques mais aussi d'erreurs métaphysiques.

Quod STAT *in spatio, id non* PERSTAT *in tempore*. — *Quod* STAT... a, d'abord, un faux air de solide existence, mais, à y regarder de plus près, on voit que c'est — du moins dans le domaine du temps et hors de celui de l'éternité — de la pure imagination, œuvre de fantaisie à laquelle rien ne répond ni ne peut répondre; que ce n'est point là, proprement, ni ne saurait être — ici-bas — de l'être qui *soit*, loin qu'il puisse *persévérer dans l'être*. *Quod* PERSTAT.[...], au contraire, semble être un terme aux deux éléments (PER et STAT) contradictoires, mais par là précisément il traduit avec fidélité la donnée immédiate et fondamentale, l'intuition primitive de l'espèce de tour de force que doit accomplir l'être qui persiste dans le temps, de cet être reflété par le connaître, le connaître qui est lui-même simplement de l'être mais de l'être à un degré plus compliqué et supérieur d'activité.

Il est curieux, sans doute, que même le non-être (avec le *stare*, le *spatium* et le *stare in spatio*) puisse de la sorte entrer, jusqu'à un certain point, dans notre connaître. Mais c'est que nous vivons dans le monde des relativités, où l'on ne saisit rien que par le contraste : le jour en l'opposant à la nuit, la lumière aux ténèbres; et, partis du blanc solaire, nous allons et poursuivons — en descendant et passant par toute la gamme des tons et des couleurs — jusqu'à la dernière dégradation, jusqu'au noir inclusivement, car il y a encore les *ténèbres visibles* (« the visible darkness »), selon la fameuse *verborum junctura* de Milton.

Si l'on veut reprendre ici les comparaisons de nos adversaires, au moins les deux premières, on peut donc dire :

Dans le temps, le fil qui rattache nos états successifs, est chose essentiellement mobile, qui, au lieu de s'étendre en longueur inerte, se ramasse ou peut se ramasser — à chaque instant, dans chaque état — en un point agissant et qui continue d'agir en étant et se sentant être toujours le même, absolument comme si le temps ne passait pas, comme si ce fil réussissait ainsi à le vaincre, ou plutôt, mieux que cela, comme s'il échappait à son action destructive, pour lui emprunter seulement son cours et son secours qui lui permet de se retrouver à la fois le même et autre, c'est-à-dire en se retrouvant de se développer et d'effectuer — par le moyen de cette espèce de pont — ce « passage perpétuel à de nouvelles joies et à de nouvelles perfections » dont parle Leibniz.

Car il faut bien comprendre la chose dans sa concrète et vivante profondeur : chaque état, chaque acte nouveau, — à chaque nouvel instant — descend jusqu'au fond, jusqu'au fil lui-même, pour le perfectionner, le rendre plus brillant, plus solide..... Mais ici, une autre des trois comparaisons, celle des flots et de leur lit, serait plus commode et plus exacte. On pourrait dire, alors :

Chaque flot nouveau aide à parfaire — en le creusant, en le corrigeant, — le lit même, qui ne demeure pas inerte dessous mais suit chacun de ces flots et se met avec lui en communion d'être. M. Bergson a, dans ses *Données immédiates......*, décrit et analysé très finement les « interpénétrations » des états de conscience. Notre principal objet, en ce passage, est autre. Nous nous appliquons, avant tout, à la considération métaphysique de la chose. De ces états, de ces manières d'être nous essayons de pénétrer le dessous — essentiellement mobile —, *quod non substat iners*. Nous ne saurions nous arrêter à l'analyse purement psychologique, même la plus déliée et la plus subtile. La nôtre sera plus approfondie, ne fût-ce que pour mériter son nom dans toute sa force et sa précision étymologiques. Il nous faut, en effet, ajouter une part d'intuition divinatoire à la simple vue claire, nette, distincte, de la réalité intime, déployée, expliquée sous le regard de la conscience et dissoute en ses éléments (— λύσις); et il faut que, par cette intuition, notre connaître remonte (ἀνα —) jusqu'aux principes les plus lointains et tout à fait premiers de l'être, les deux — être et connaître — étant ici, dans ce cas singulier et précieux, en contact immédiat et, partant, fécond.

*
* *

Chacun pour soi, Dieu pour tous. — Oui, faisons chacun en particulier de la bonne morale, et il se fera de la bonne politique, de la bonne économie sociale. Celle-ci, alors, se fera même toute seule, comme par un surcroît, ou plutôt par une conséquence naturelle. Quand nous aurons navigué chacun aussi loin que possible vers la perfection morale individuelle, vers la Terre promise, vers la Cité idéale, rendez-vous universel des âmes, alors l'Italie cherchée, poursuivie, se trouvera, par cela même, atteinte. *Italiam... Italiam....!* réclame-t-on dans Virgile. Les Italiens modernes ont répondu : *Italia farà da se* (1). Et c'est ici le cas de le dire ! Elle fera,..... elle se fera d'elle-même, alors ; ou plutôt, Dieu la fera pour nous. Car c'est là proprement son œuvre. Il attire à lui ce qui volontairement y tend. Il fait rentrer

(1) Dans ce passage, nous détournons complètement, bien entendu, de son sens premier et courant cette altière parole historique, pour lui prêter — le verbe traduit comme s'il était réfléchi — une signification toute symbolique et philosophique.

dans son sein de grand Un tous les ensembles dont chaque unité composante tâche de lui ressembler le plus possible. Car les ensembles, les touts en eux-mêmes ne peuvent pas vouloir ni faire effort ; ils agissent moins qu'ils ne *sont agis*, en quelque sorte. A leur seuil, toute possibilité d'initiative, toute liberté morale expire. Une des preuves les plus frappantes de la chose, c'est, par exemple, la fatalité que décèle la loi des grands nombres dans les statistiques relevant chaque année les meurtres, les suicides, etc...

Le Grand Un exerce une double attraction : l'une sur chacun et l'autre sur le Tout :

Sur chacun, pour le porter à l'imitation volontaire, méritoire. Ici, l'influence est intime, le perfectionnement, positif ; parce qu'on se trouve en présence de l'être véritable, qui vit dans le temps, ce suppléant de l'éternité pour le créé ;

Sur le Tout, pour le ramasser, le condenser, l'unifier. Ici, l'influence n'est — du moins directement — qu'extérieure, et le perfectionnement, négatif ; parce qu'on n'est qu'en présence du dehors de l'être multiple ou des uns, qui, en tant qu'imparfaits, gisent dans l'espace, ce non-être de l'être, cette grande lacune du créé, comblée seulement de plus en plus et provisoirement éludée autant que possible.

Quoique le premier (le perfectionnement de l'un, de chacun) doive — tout naturellement, ou plutôt tout divinement — entraîner le second (le perfectionnement de l'ensemble), toutefois, ce premier, arrivé à un certain degré, est favorisé, dans son développement et son progrès, par le second, arrivé également de son côté à un certain degré. L'action est d'ailleurs réciproque de l'un sur l'autre. Tant que le premier n'est point parfait, il a besoin du second : le citoyen, chaque citoyen, ne peut se passer de la cité. Et c'est la grande utilité en soi aujourd'hui de la cité terrestre; en attendant qu'elle devienne la céleste Cité, supra-utile alors, Cité de pur luxe, bouquet de perfection morale fait avec chacun de ceux qui la composeront, comme autant de fleurs spirituelles.

En outre, on trouve là une seconde ressemblance et comme un second reflet du Grand Un dans son œuvre, du Grand Un qui est aussi le Grand Seul qui soit dans toute la force du terme (« Je suis Celui qui suis ») — les uns créés, dont nous sommes, ayant comme Lui l'être intime, sans doute, mais n'ayant pas l'ensemble, n'étant pas chacun le seul, ayant par conséquent besoin d'être complétés par cette parfaite harmonie du tout, afin que, l'union faisant presque l'unification et imitant l'unité, la Création reproduise autant que possible le Créateur.

Aussi, dans le *cosmos* éclate pleinement la beauté de cette vaste harmonie, beauté qui, à la surface de l'Univers, est comme la poétique efflorescence de cette profondeur métaphysique et de ce bien moral qu'il recèle en son sein (1).

Cette pauvre personnalité morale, on lui en veut bien ! Cette terrible responsabilité morale, elle pèse

(1) « Ce qui met le comble à la beauté et à la perfection des œuvres divines, c'est que l'univers marche sans cesse, et du mouvement le plus libre, vers un ordre de plus en plus complet. » (Leibniz) — Nous refusons seulement d'accepter ceci : « ... du mouvement le plus libre », qui ne saurait s'appliquer qu'à l'homme, à la personne, à l'être moral. Si on l'étend à tout l'univers, on montre qu'on ne comprend pas bien la liberté, car on la tronque singulièrement : ce que fait, précisément, Leibniz, et c'est peut-être la plus grave erreur de ce grand génie.

bien ! Le moi, le vrai moi, est visé de partout. C'est à qui l'abîmera : les uns en bas, les autres en haut ; les uns dans l'infiniment petit, les autres dans l'infiniment grand. Il n'est plus question d'être suspendu entre les deux et de contempler tantôt l'un tantôt l'autre d'un regard superbement effrayé, avec Pascal dans sa fameuse *Pensée*; mais il faut s'effondrer tout entier d'un côté ou de l'autre, sinon des deux à la fois : du côté du *nucleus* — si l'on ne doit pas, même, descendre jusqu'à l'atome (1) —; et du côté du grand Tout. Dans le premier, nous voyons une hydre microscopique, dont la science va multipliant les têtes de plus en plus, afin de pulvériser l'individu en parcelles de plus en plus ténues ; dans le second, nous apparaît un monstre sans cesse grossissant, à la gueule toujours avide et engloutissante, gueule que cette même science fait ouvrir de plus en plus large pour mieux nous dévorer.

Nous sommes, au milieu de ce double labeur du diable, comme le pauvre grain de froment, trouvé beaucoup trop gros d'un côté et broyé en farine par la meule, et, de l'autre, trouvé si petit qu'il est avalé par je ne sais quel gigantesque croquemitaine, affamé insatiable, qui ne le sent pas seulement passer ; c'est-à-dire que nous sommes à la fois pris dans l'engrenage et absorbés par le gouffre.

Du premier point de vue, nous nous trouvons être une curieuse réussite de combinaisons, mais combien fragile ! d'équilibre, mais combien instable !

Du second (2), nous sommes si petits que nous ne

---

(1) Et encore, l'atome, à son tour, commence à s'ouvrir, à se disperser, à s'évanouir. Pour s'en convaincre, on n'a qu'à lire, par exemple, *L'Évolution de la matière* du Dr Le Bon.

(2) Les deux ne s'excluent pas toujours, d'ailleurs. On n'a qu'à voir certains collectivistes, panthéistes ou athées, et qui sont en même temps des naturalistes matérialistes — ou monistes, si l'on veut.

sommes rien, à proprement parler, et ne pouvons rien devenir, quoi que nous fassions ou qu'on puisse faire pour nous. Aussi, n'avons-nous pas à nous gêner pour mériter ou ne pas démériter. S'efforcer d'orner, de perfectionner un néant ou quasi tel, quelle sotte présomption, quelle absurdité ! Chercher à échapper à la grosse bête qui nous guette, serait de notre part le grand, le seul crime, si ce n'était là plutôt une attitude purement ridicule ; car, y réussir au moindre degré, est chose tout à fait impossible. Elle nous a, elle nous tient ; nous sommes abîmés en elle ; nous faisons partie d'elle. Que cela nous amuse ou nous ennuie, nous ne pouvons faire que cela ne soit pas : amusons-nous donc plutôt de cette bizarre chose, à savoir, que nous nous sentions ainsi, illusoirement sans doute, être un point conscient éclos nous ne savons comment — et nul n'est là, ni ailleurs, pour le comprendre plus que nous — au sein du vaste Inconscient, un feu follet de la sombre lande, un éphémère ver luisant de la nuit infinie et éternelle !

Le spectacle ample et varié qui résulte de cette étrange situation, inspire aux uns de l'effroi, aux autres de l'étonnement, ou même de l'admiration ; tandis qu'on en voit qui savent se contenter d'être, en passant, les spectateurs divertis des mille scènes qu'il déroule et qu'il étale aux regards.

*
* *

Au fond même de chacun de nous, son être ou son bien doit s'accorder et par le fait s'accorde avec l'être ou le bien d'autrui, et avec le plus général, voire même l'universel. Il le faut bien, évidemment, pour l'être moral ou personne. Là, en effet, un individu ne saurait être sacrifié justement à quoi que ce soit, fût-ce au tout, car il a une valeur absolue. Le droit d'un seul, isolé, est aussi sacré que celui de tous les autres réunis. Il y a même, au fond, étroite solidarité et comme partie liée entre ces deux droits, malgré quelquefois les conflits apparents. Nous touchons donc, là, au point où l'égoïsme le plus étroit — pourvu qu'il soit bien entendu — et l' « altruisme » le plus large doivent coïncider forcément : nous le voyons, nous le sentons. Eh bien, de ce que nous constatons dans ce cas, induisons le reste ; car, ici, nous sommes au plus haut de l'être créé, au sommet lumineux qui doit éclairer tout ce qui est au-dessous, jusque dans les dernières profondeurs.

Ainsi, le principe du bien, et du mieux, doit expliquer le particulier en même temps que le général, et il faut qu'il explique le particulier pour expliquer vraiment le général, car tout se tient.

*
* *

Selon nous, ce fameux principe de l'intérêt général est une abstraction écrasée entre deux choses concrètes : d'une part, le perfectionnement de l'individu moral moi ; et, d'autre part, la volonté faite de l'individu moral Dieu, faite doublement : d'abord, par le perfectionnement de chaque personne, ensuite, par l'harmonisation des parties entre elles d'un ensemble le plus vaste possible, appelé à son tour à faire une pièce qui s'agence dans le Grand Tout, afin que soit produite l'unification ou retour à l'unité première créatrice, et que de la sorte l'Univers créé devienne le reflet de Dieu créateur.

Ainsi, pour vivifier cette abstraction morte qu'est la société et son intérêt, il faut concevoir, il faut sentir la vie de ces deux autres choses, et surtout de ces deux êtres, qui sont, eux, vraiment vivants en eux-mêmes, par eux-mêmes et pour eux-mêmes, extrêmement différents entre eux sans doute, opposés même au point de vue du degré de développement et de perfection — puisque l'un ne peut atteindre l'autre qu'à l'infini, comme l'asymptote sa courbe —, mais qui, néanmoins, se ressemblent tant, puisqu'ils sont tous les deux existants, vivants, et tous les deux des individus moraux, des personnes.

Ceux qui ne sentent pas cela, d'abord et pour commencer, — et, paraît-il, ils sont nombreux aujourd'hui —, ont beau parler emphatiquement de l'intérêt général, social, ils ne le font qu'en perroquets ou en charlatans. Comme ils entendent mal, et fort mal, leur propre intérêt, le véritable, c'est-à-dire le moral, ils sont incapables, à plus forte raison, de sentir, de comprendre et d'embrasser l'intérêt général, qui reste chez eux une formule vide ou, tout au plus, une vaine abstraction, non étayée sur du concret et du solide, toile d'araignée attachée à rien et qui flotte en l'air entre le pavé et le plafond, vain jouet du souffle capricieux de la passion, de l'intérêt propre, et d'un intérêt platement égoïste, matériel et vil; avec l'inconscience et l'hypocrisie, qui viennent encore tour à tour, hideux oiseaux de nuit, voleter par-dessus tout cela.

Et comment, en effet, méconnaissant l'individu moral, la personne, c'est-à-dire ignorant la vraie unité, aussi bien celle d'en bas que celle d'en haut, pourraient-ils avoir une idée nette et exacte de l'unification du Tout, qui doit se faire précisément dans le vaste milieu qui s'étend entre ces deux unités et servir comme d'échelle pour nous aider à monter de l'une à l'autre?

Ainsi, voulant être anges — plus qu'anges, en un sens, car les anges s'aiment eux-mêmes et aiment leur propre bonheur et leur perfection; beaucoup moins, en un autre sens, il est vrai, parce que les anges reconnaissent et aiment Dieu —, ils tombent à l'état de bêtes brutes.

On peut les comparer aux partisans du pur amour, mais en partie seulement, car ceux-ci, moins creux et moins chimériques, en même temps que plus nobles et plus élevés, reconnaissent au moins les unités concrètes, celles d'en bas et celle d'en haut, leur seul tort est d'aimer trop ou plutôt d'aimer mal celle-ci, à laquelle ils veulent follement et criminellement sacrifier sans retour toutes celles d'en bas, et d'abord leur moi, qui en est une, qui est celle dont ils disposent directement.

.˙.

A première vue, deux sortes, toutes différentes, d'individus semblent nous apparaître : l'atome, individu indivisible; et l'animal ou vivant, individu — en quelque sorte — collectif.

Les premiers sont-ils l'unique fond de l'être, ou les seconds existent-ils en face, sinon au-dessus, en même temps qu'à une plus grande profondeur?

Ne serait-il pas absurde — principalement aux yeux de quiconque est réaliste, c'est-à-dire a foi en l'apparence — que l'infime atome fût seul solide (1), seul réel, tandis que le vivant (la personne surtout!) ne serait qu'une résultante, une collectivité organisée, elle qui nous apparaît si supérieure?

On pourrait dire ici, croyons-nous : *in medio stat virtus*. Il faut, en effet, chercher ce fond entre l'atome,

---

(1) Le D¹ Le Bon, dans son *Évolution de la matière*, lui dénie d'ailleurs la parfaite solidité ou indestructibilité qu'on lui avait attribuée jusqu'à nos jours.

d'une part, et la collectivité proprement dite, d'autre part, c'est-à-dire dans l'animé ou vivant, qui n'est une collectivité qu'en apparence, et en fausse apparence, car en elle la collectivité n'est que l'écorce, la surface, tandis que son être profond, réel, sa force, sa *virtus*, consiste dans l'âme, dans ce que Leibniz appellerait la monade maîtresse et directrice.

Eh bien, la Grande Ame, ou Dieu, serait ainsi tout l'être véritable des grandes collectivités. Ce ne peut donc être que par superstition irréfléchie et comme par idolâtrie que notre culte s'arrête à elles ; car ce ne sont que des abstractions, non adorables, et respectables seulement parce qu'elles nous sont utiles, à nous, personnes, pour nous perfectionner au moral, et aussi parce qu'elles symbolisent la Grande Personne.

Nos bons apôtres du socialisme collectiviste et communiste sont humanitaires en ce sens qu'ils voudraient sincèrement que l'humanité n'eût qu'une seule tête, et ils s'efforcent consciencieusement de l'amener — ne fût-ce, en attendant mieux, que par pure persuasion, le plus souvent la persuasion de la poudre aux yeux — à cet état par eux tant souhaité : afin de pouvoir plus facilement y attacher leur grand joug, qu'ils ont fabriqué exprès, et faire ainsi travailler commodément cette colossale bête de somme à leur seul profit.

.·.

Le patriotisme. — L'objet serait-il faux ou du moins simplement relatif et provisoire, c'est-à-dire admettrait-on que les sans-patrie sont dans le vrai absolu, sont les hommes de l'avenir, et que dans quelques siècles tout le monde leur donnera raison, la philosophie et le progrès de la civilisation ayant alors — comme ils l'espèrent et le promettent — supprimé guerres et frontières, il ne faudrait quand même pas oublier que l'essentiel pour chacun de nous, en attendant ce demain — qui peut-être n'arrivera jamais —, est de se dévouer volontairement, aujourd'hui et tous les jours, à quelque chose qui n'est pas nous, de sortir de son moi pour l'étendre, en quelque sorte, jusqu'au non-moi (*extendere factis*), et que c'est là l'intérêt qui prime tous les autres, comme étant par excellence l'intérêt humain, l'intérêt moral.

Nous sentons en nous-mêmes que cela fait subjectivement partie intégrante de la vérité éternelle et maîtresse (puisqu'elle ne règle pas seulement ce que nous devons penser mais aussi ce que nous devons faire), et que, par cela même, il doit en faire partie objectivement, car il s'agit là de raison pratique. Kant a saisi ce point capital profondément.

Donc, lors même que la patrie ne serait pas, comme on le veut et l'affirme ordinairement, cet objet digne par lui-même d'un culte définitif de notre part, elle n'en serait pas moins comprise dans le précepte qui nous ordonne, en vue d'abord de notre perfectionnement moral, de nous dévouer à quelque chose qui ne soit pas nous, même à ce qui passe, surtout peut-être à ce qui ne fait que passer et passe en souffrant et pleurant. N'est-ce pas, en effet, ce misérable éphémère qui mérite le mieux notre sympathie secourable et aussi qui en a le plus besoin?

Sur cette terre ingrate où les morts ont passé;
....
Aimez ce que jamais on ne verra deux fois.

Ce qui fait la force propre du patriotisme parmi les sentiments, c'est que son objet est dans un juste milieu comme extension. Il est compris, par là, entre l'affection privée, d'une part, familiale ou autre, qui n'est qu'une espèce d'égoïsme à deux ou, tout au plus, à quelques-uns seulement, et, d'autre part, l'amour général de l'humanité, *caritas generis humani*.

Si l'on s'arrête au premier genre d'objets, on s'enferme dans une sphère trop étroite. Alors, nul vague réveillant comme une idée d'infini ; pas de sacrifice, de dévouement proprement dit, ni même de véritable « altruisme » — l'autre ici n'étant pas vraiment l'autre, puisqu'il est si près de nous qu'il fait presque partie de nous-mêmes.

Si l'on va, au contraire, jusqu'à embrasser l'humanité tout entière, on a peu de raison pour s'arrêter là, c'est-à-dire pour exclure les animaux, les plantes et tous nos confrères en existence. Mais, si nous goûtons fort, là dedans, comme assaisonnement, une certaine pointe de vague indéfini, nous devons rechercher avant tout, comme mets courant, le circonscrit, le défini, dût-il ne l'être pas longtemps, du moins juste au degré où il l'est actuellement. D'ailleurs, l'affection, étendue ainsi sans limite et diluée, en quelque sorte, perd toute force et toute saveur : comme un vin qui serait trop coupé et qu'on aurait noyé dans l'eau.

Ce qu'il y a encore d'excellent, c'est cette élasticité de l'idée de patrie et de la chose elle-même. Il y a la petite et la grande ; et cette dernière peut s'agrandir ou diminuer ; on peut même rêver pour elle une vaste extension, au moins européenne, ne serait-ce, par exemple, qu'en vue de résister à quelque nouvelle invasion des barbares, races jaunes ou noires. Il n'y aurait au delà que la fraternité universelle, l'humanitarisme — que tous nos saltimbanques politiques ont, malheureusement, réussi, il est vrai, à discréditer d'avance en le rendant ridicule ou odieux désormais.

Lorsque, inspirés par *l'altruisme*, ou mieux — cette chenille, alors, devenant papillon —, par un « altruisme » ailé, l' « altruisme » avec la foi, par la *charité*, nous voulons sincèrement sortir de notre moi, l'oublier, le sacrifier, — en cette sublime conjoncture morale — une espèce de justice, que le Grand Transcendant a rendue immanente, nous récompense de notre générosité, en faisant qu'au contraire nous pénétrons jusqu'à l'essence la plus intime de ce moi, et pour l'accroître au plus haut degré.

———

Quoi qu'en disent certains philosophes, ce n'est pas l' « idée » toute sèche qui est la grande « force » capable de nous unir (ici — comme partout —, idée seule, pur rien), mais c'est le cœur, c'est l'amour. Ce n'est pas au plus durement clair, au plus froidement impersonnel, mais au plus vivant, au plus chaud, au plus ardent de chacun de nous qu'il faut chercher ce trait d'union. Oui, c'est dans ce foyer seulement que peut se faire cette soudure.

———

Pour que l'être puisse se communiquer, quelques-uns croient devoir le mettre tout en dehors, le rendre tout à fait « altruiste », l'aliéner entièrement à lui-même et le faire tout à tous. Selon nous, au contraire, c'est par le dedans que doit se faire la communication, par le dedans de chacun se creusant, s'approfondissant soi-même ; et elle doit se faire par amour agissant, bien plutôt que par inerte intellection.

Nous avouons volontiers, d'ailleurs, que cette communication — soit dans l'agir, soit dans le connaître —

est chose étrange et difficile à expliquer. Il le faut bien pour qu'un génie métaphysique aussi subtil et aussi souple que Leibniz n'ait pu trouver, voulant fournir cette explication, d'autre moyen que de remonter et de recourir jusqu'au premier Principe, quand il a eu l'idée de sa fameuse *harmonie préétablie*, avec Dieu même pour auteur à l'origine. Certains philosophes contemporains (1), ne voulant pas, sans doute, de

(1) Entre autres, M. Fouillée, dans un article de la *Revue des Deux Mondes* du 15 mars 1896. Nous n'en reproduirons que les courts extraits suivants : « ... A l'avenir, il s'agira surtout de concilier l'universel avec la multiplicité des consciences individuelles.... Le grand problème sera le suivant : Est-ce le monadisme, ou pluralité fondamentale des êtres ? ou bien est-ce le monisme, ou essentielle unité, qui est le vrai ?... — Le point de vue de la multiplicité est toujours provisoire : l'esprit ne se repose que dans l'unité, mais dans une unité capable d'envelopper la variété infinie. C'est donc une conciliation du monisme avec le pluralisme qui s'impose à la philosophie de l'avenir..... La philosophie, parvenue à son dernier stade, considérera la société universelle des consciences comme le fond de ce qu'on appelait autrefois la Nature .... On réagit actuellement contre l'esprit positiviste. L'homme de science vit *securus adversus deos*, « dans l'indépendance de l'infini », selon le mot de Hégel. C'est un esprit particulariste, séculier. Or, il faut embrasser la société universelle...... Agir moralement, c'est donner à ses actes une portée visant le réel, non pas seulement, comme on fait dans le domaine de la science, des apparences bien liées (a)..... La conscience de soi enveloppe indivisiblement l'idée de tous les autres êtres, l'élevant au rang d'un être *universellement sociable*, par cela même moral..... Pour trouver l'universel, l'individu n'a qu'à rentrer en soi : la société est au fond de la personnalité. »

Là-dessus, nous nous hâtons d'ajouter, pour notre compte : La vraie personnalité, la personnalité accomplie, est au fond de la société. Et ce dernier fond est le fin fond ; car c'est la société qui est finalement pour la personnalité, et non pas la personnalité pour la société. M. Fouillée a l'air ici de vouloir ramener tout le fond de l'être au commun, à l'universel, et, partant, toute la morale à la sociologie : contrairement à ce qu'il fera beaucoup plus nettement

(a) M. Fouillée a développé dans un article antérieur ce qu'il dit ici en passant et brièvement pour réduire à sa juste portée la connaissance scientifique. Nous allons nous-même reprendre cela plus en détail dans notre chapitre suivant qui roulera sur la science et son exacte valeur.

cette unité originelle, se sont vus dans l'obligation d'imaginer une espèce d'harmonie post-établie, ou plutôt une harmonie à établir dans l'avenir, quelque chose même de plus qu'une harmonie, à savoir la fusion en un. Mais cette unité-là, ou, si l'on veut, cette unification, outre qu'on ne la comprend pas bien en elle-même, on se demande *pourquoi* elle se produirait, car on ne sait, on ne voit guère *de quoi*, moins encore *par quoi*, et pas du tout *par qui*, elle se ferait. Tandis que, dans l'hypothèse théiste, le point de départ, la grande source, qui est la Personne Morale par excellence, vous fait comprendre tout ce qui en sort, et comment, en vertu de quoi, par l'initiative de qui, il en peut sortir ; elle vous le fait comprendre, dis-je : autant, bien entendu, que l'on comprend qu'un être imparfait comme nous puisse comprendre le Parfait et son œuvre. Il y a d'ailleurs ainsi, dans cette œuvre même, un germe d'unité, sceau de l'Ouvrier, déposé en son sein dès le commencement par le Créateur, par le grand Un ; il y a ce qu'on peut appeler une *syllepse originelle*, une *synthèse confuse*, dont l'évolution pourra tout naturellement, en passant par l'intermédiaire de l'analyse, dégager une synthèse nette et définitive. Où prendra-t-on, au contraire, dans l'autre hypothèse, ce levain d'unité, après être parti, comme on fait, de la dispersion primitive ?

La vraie unité ne peut se trouver qu'en Dieu le Créateur (1). Le créé, dans un ensemble quelconque,

— plus justement surtout — dans un et même plusieurs articles ultérieurs, où il critiquera l'amoralisme — sinon l'immoralisme — des socialistes.

(1) Citons ici une page curieuse de l'intuitif et suggestif Michelet : « Ah ! l'amour contredit l'amour, et il a en lui son obstacle ! Qui aime à ce point toute chose [C'est une allusion à Diderot, que Voltaire appelait *panto-phile*], par l'amour de la vie locale, perdra le sentiment de l'Unité centrale. En douant chaque être d'une âme

ne peut que l'imiter par l'harmonie et l'union; et encore, par là il ne l'imite qu'extérieurement et, en quelque sorte, extensivement. L'imitation intérieure, intensive, — véritable imitation de l'Un, celle-là, — ne peut se faire que dans chacun, et moralement, non socialement, ou du moins le social est ici subordonné au moral et beaucoup moins profond que lui.

Voilà qui ruine le socialisme et le sacrifie sur l'autel du vrai moralisme. Mais, pour entrer dans ce point de vue, il faut, avant tout, être théiste, et aussi, individualiste, monadiste.

Pour comprendre que ces unités, malgré leur mutuelle indépendance métaphysique, puissent communiquer entre elles, il suffit de se souvenir qu'elles ne sont pas primitives mais dérivées, créées, issues de la Grande Unité.

On mesure toute la profondeur de *l'harmonie préétablie* de Leibniz — bien qu'inacceptable, en somme,

et d'un esprit divin, y mettant Dieu, on a peine à garder l'harmonie supérieure et la haute Unité d'amour qui liait toute chose. Cela est triste. » — Là-dessus, en note, il ajoute : « Il est triste de voir deux ou trois hommes et des plus éminents, — pleins de la vie divine, —, n'en pas bien sentir l'Unité.... Un esprit décentralisateur leur a voilé l'Unité du grand tout.... La ravissante idée de l'Unité centrale par moment se dérobe pour enhardir la vie locale,.... Quand cette grande flamme manque et disparait, quel éparpillement de la vie!.... Si l'animal s'élève dans l'échelle des êtres, selon qu'il est centralisé, en montant des mollusques à l'homme, — hélas ! l'animal monde, s'il n'est centralisé dans l'unité divine, de quelle chute profonde va-t-il tomber, cher Diderot ! »

Michelet a raison ici d'être théiste et moniste; mais il l'est trop exclusivement; et, en cela, il a tort. Il faut aussi être, en même temps, monadiste avec Diderot. Soyons donc largement éclectiques, conciliants, compréhensifs ; avec Leibniz, admettons à la fois le Monos et les monades, le même et le divers, l'Un et le Multiple. Selon la belle image de Bossuet, et qui n'est que le vêtement le mieux séant à une pensée aussi profonde qu'étendue, « tenons fortement les deux bouts de la chaine sans bien voir toujours comment et par où ils vont se rejoindre ».

⁎⁎

Sans religion (1), point entre les hommes de lien d'aucune sorte, ni de subordination ni de coordination. Chacun pour soi, alors, et personne pour tous. Le pont d'être à être est rompu. Plus de lien, et plus de lieu de rendez-vous. Irréductibilité absolue des individus. Nulle bonne soudure pour rattacher les pièces de l'univers. Tout se décolle. Emiettement de l'être. C'est le néant qui le broie et le met en poussière, pour mieux le dévorer. L'anarchie d'abord,... et enfin le nihilisme est seul logique désormais.

Le socialisme athée et irréligieux est, au contraire, parfaitement illogique et sophistique. Quoi de plus absurde en effet que la prétention, par exemple, du dialecticien rhéteur Jaurès, se disant, s'avouant inspiré par la haine, non par l'amour, et voulant quand même — ou prétendant vouloir — faire du plusieurs un tout, le ramener à l'unité, former ce bloc solide sans ce ciment supérieur? Etrange aveuglement ou affreuse hypocrisie !

⁎⁎

Personnalité ou individualité particulière, infini et mystère. — Selon Michelet, l'insecte est enfoui dans son squelette et porte, par ce fait, comme un masque-cuirasse. N'en est-il pas ainsi de chacun de nous, au moral? L'homme est impénétrable à l'homme. Les consciences sont des unités fermées. D'autrui nous ne percevons que la surface. Derrière un épais rideau, sur une scène d'ailleurs à peine éclairée aux

---

(1) Ce mot vient de *religare* (lier, attacher), selon certains étymologistes, qui, du moins philosophiquement, ont raison.

regards de l'acteur lui-même, se joue la pièce vraiment dramatique, dont le spectacle nous est refusé (1).

Parfois, dans certaines circonstances, quelques paroles ou actions trahissent ou peuvent trahir légèrement quelque chose de ce fond mystérieux (tout le génie d'un Shakspeare ou d'un Saint-Simon, par exemple, consiste précisément à trouver ou à saisir ces paroles ou actions révélatrices, à voir sous quelle forme vient éclater à la surface une part — toujours faible — de toute cette profondeur), mais c'est l'indévoilé qui domine, même chez les plus francs et les plus ouverts. Bien mieux, qui se connaît soi-même? Qui sait au juste ce qui bout, comme on dit, au fond de sa propre marmite? Qui sait exactement ce qu'il sent, ce qu'il pense, ce qu'il veut, ce qu'il croit, au moment même? Et surtout, qui sait de quelle fontaine, avec plus ou moins de soif, il va peut-être demain boire l'eau?

Si nous sommes ainsi à nous-mêmes, en grande partie, une espèce de logogriphe, autrui ne nous en sera-t-il pas un, forcément, à la deuxième puissance au moins, ou plutôt, comme une vraie bouteille à l'encre?

C'est à quoi il faut nous résigner, — si dur que cela puisse être quand on aime, quand on voudrait pénétrer cet impénétrable, voir comme en plein jour dans la nuit de cette caverne, que dis-je? quand on voudrait agir comme si l'on ne faisait qu'un avec cet X!

---

(1) « Que savons-nous du dernier secret d'une conscience? Au fond, se dérobe toujours un résidu qu'on ne peut dire, qu'on ne peut deviner; peut-être la pire des horreurs, peut-être une merveille de désintéressement...... Notre vie de tous les jours n'est guère qu'un jeu de cachette où nous nous dérobons les uns aux autres derrière un écran de paroles ou d'actions insignifiantes. Ceux qui sont assis au même foyer que nous sont quelquefois les plus éloignés des profondeurs intimes de cette âme pleine de mal caché et de bons sentiments inactifs. » (George Eliot.)

..

Nous avons, d'une part, le rationnel, la science, le continu ; et d'autre part, le réel, la conscience, le discret. Demandons-nous donc pourquoi le premier dans le second, pourquoi cette eau dans ce feu, cette nuit dans ce jour. — Eh bien, c'est pour y ramener le *multiple* à l'*Un*, autant que faire se peut. Voilà ce qui justifie le premier, en soi d'abord, et qui justifie ensuite sa présence dans tout être pensant.

Il est l'écho ou le reflet de l'Être dans ces êtres.

Il y a moins d'être dans ce reflet, en soi-même, qu'en l'un des êtres qui le portent dans leur sein : puisqu'il n'y en a proprement pas, du moins de véritable, de réel. Seulement, c'est le grand reflet, le reflet du Grand Être.

Pourquoi, en effet, l'Être n'est-il pas *seul*, lui qui seul peut dire : *Je suis Celui qui suis*? Le continu, le rationnel est là comme protestation perpétuelle contre la réalité créée qui fait qu'il n'en est pas ainsi.

De là cette réfutation — très nette — du panthéisme : Le mirage du nombre infini, ou plutôt indéfini, du continu nombré, ou plutôt nombrable, est évidemment un reflet du Grand Un dans le créé; mais ce n'est, là, qu'un simple reflet, une ombre de la grande lumière; ce n'est pas l'être de l'Un qui viendrait se mêler et se confondre avec l'être du multiple créé : puisque, dans ce multiple même, ce n'est que vide d'être, revers néant de l'être. Ce n'est de l'être que dans l'Être, où ce n'est plus simple reflet. Dans les êtres créés, ce n'est que — du côté opposé à celui où ils sont éclairés par le soleil, c'est-à-dire où ils reçoivent l'être de l'Être par excellence, de l'Être premier et créateur — oui, ce n'est que, de ce côté,

leur ombre qu'ils sont condamnés, de par leur nature
même — imparfaite et dérivée —, à traîner toujours
avec eux.

Voilà donc bien la meilleure, la plus éclatante
preuve que les êtres et l'Être se distinguent entre eux
radicalement, que leur être respectif ne saurait empiéter l'un sur l'autre : ce qui renverse tout panthéisme.

Ainsi, dans ce simple reflet d'être qu'est l'être créé,
le continu, l'infini (1) — image en cet être, cependant,
de l'Un, de l'Être premier — n'est à son tour qu'un
reflet, vain reflet donc dans ce qui est déjà soi-même
un reflet, c'est-à-dire — en ce sens, à cette place —
non-être à la deuxième puissance.

*
* *

Malgré la double imperfection — imperfection intrinsèque (manque d'être) et imperfection extrinsèque
(relativité et multiplicité des êtres) — forcément inhérente à l'être créé, puisqu'il faut bien qu'il soit *autre*
que le Créateur, qu'il soit *moins* et qu'il ne soit *pas
seul*, cependant, en tant qu'individu en particulier,
considéré en lui-même, comme *quid proprium*, être
à part, il est relativement parfait, en ce sens qu'il
est lui, qu'il est ce que rien autre ni nul autre ne saurait être. Mais, quand on regarde hors de lui, d'autres
sont à côté, au même titre que lui, étant ce que lui ne
saurait être; en outre, il a plus ou moins besoin de
ces autres, il est plus ou moins solidaire avec eux.
Cette imperfection extérieure, qui est inévitable, est
partiellement comblée par les espèces et les genres

---

(1) Il s'agit ici — pas de confusion — de ce qu'entendent le plus
souvent les anciens par τὸ ἄπειρον, qui est plutôt l'indéfini, et non
de notre infini moderne au sens moral et divin.

qui absolutisent jusqu'à un certain point le relatif et unifient le multiple. On pourrait dire que, grâce aux espèces et aux genres, les individus marchent comme en bataille rangée à l'assaut de l'Un et de l'Absolu, portant par anticipation la victoire, au moins partielle, dans cet arrangement même. Cette imperfection est encore comblée en partie par l'utilité mutuelle des êtres créés. Mais nous n'aurons jamais là, chez eux, — il faut l'avouer — qu'une image brisée et relative de l'unité et de l'absolu : cela marque seulement la tendance qu'ils ont vers cette unité et cet absolu. Il ne faut pas prendre ici l'ombre pour le corps : ce serait très dangereux, pour nous-mêmes et pour les autres qui peuvent nous voir ou nous entendre. Car c'est à cette abondante source que s'alimentent les déclamations les plus creuses et les plus hypocrites, les utopies les plus funestes. L'Absolu véritable, à nous inaccessible, est au-dessus; et il ne peut être que là, nous le sentons assez. Sans doute, avec le temps, l'individu créé peut se perfectionner intérieurement; et, d'autre part, il est, d'une foule de manières, extérieurement, suppléé en partie — *pour* lui, sinon toujours *par* lui — à cet absolu qu'il ne saurait atteindre ; mais rien ne lui fera jamais, vraisemblablement, franchir la barrière même de l'individualité imparfaite, rempart inexpugnable dressé devant l'être dérivé par le néant d'où il sort.

En envisageant les choses à un point de vue opposé, ne pourrait-on pas dire, au contraire, que l'être va s'émiettant, en quelque sorte, c'est-à-dire s'individualisant de plus en plus profondément ? L'absolutisation se ferait alors par indépendance : *chacun de son côté*. Le fond de la question serait de savoir s'il peut se faire que *l'un* n'ôte rien à *l'autre*, que le relatif extrinsèque n'empêche pas l'absolu intrinsèque, en d'autres termes, si l'être ou perfection est comme le flambeau auquel on peut en allumer d'autres, autant qu'on veut, sans lui rien enlever de sa propre lumière, ou bien s'il y a, au point de vue métaphysique aussi, *combat pour la vie*, c'est-à-dire ici lutte et rivalité pour l'être ou perfection. A moins qu'on aime mieux encore se représenter des absolus *successifs*, ascension et descente perpétuelles de l'être, Castor et Pollux alternant au ciel de la perfection et à l'enfer de l'imperfection. Car la fantaisie métaphysique peut, dans ce vaste champ, se donner pleine carrière.

***

L'individu ne peut se faire centre de tout que grâce, en lui, à un faux mirage d'universel; et il ne peut faire centre l'universel à son tour qu'en lui attribuant l'être et le teignant de la réalité qu'il sent en lui-même. Il se trompe moins, toutefois, surtout moins irrévocablement, dans le premier que dans le second cas : parce que là il est, au moins, en plein dans le réel, au cœur même de l'être, et non dans une pure idée; il n'est pas suspendu dans le vide et, par-dessus le marché, en proie à l'absence de toute attraction — l'attraction étant pour l'esprit la réalité en tant que cherchée et désirée —, mais il se sent sur le sol d'un petit globe, d'un microcosme, qu'il a seulement le tort de prendre pour tout le grand univers; en outre, il ne s'habitue pas dans ce cas, comme dans l'autre, à confondre le simple idéal avec le réel, l'ombre avec le corps. Or, rien qui fausse l'esprit comme un vice de méthode. Et, une fois vicié l'instrument de toute recherche, l'erreur enfante l'erreur.

Dans l'opinion de ceux qui font de l'universel leur centre définitif, il n'y a de bon et réel qu'une faible lueur métaphysique, et qui, mal vue, éclaire seulement pour égarer.

Le Tout-Etre imite, dit-on, l'*Ens perfectissimum* ou *Ens realissimum*, c'est-à-dire l'Etre qui réunit en lui toute réalité possible; seulement, différence capitale, ce qui dans le premier est dispersé, se concentre, se ramasse comme en un point — un point métaphysique — dans le second, dans l'Etre des êtres.

.·.

En politique, J. J. Rousseau est tranchant et sûr de lui. Il a le ton d'un oracle. En dressant son échafaudage d'abstractions, il n'est pas gêné le moins du monde par les réalités, qu'il ignore et qu'il dédaignerait d'ailleurs. On l'a quelquefois comparé à Platon dans sa *République*. A ne considérer que la forme et le ton, qui ont ici une importance capitale, ils sont tout à fait aux antipodes l'un de l'autre.

Le philosophe grec a beau lâcher la bride à sa fougueuse imagination et se laisser entraîner par elle dans le domaine des fantaisies les plus hardies, voire même parfois les plus bizarres, chez lui éclate toujours la noble aisance d'un souple génie qui a en horreur l'emphase pédantesque et craint avant tout de tromper les autres ou de se tromper lui-même irrémédiablement; tandis que J. J. Rousseau, tour à tour dupé et dupeur, déclamatoire, dissimulant mal le vide d'expérience sous l'obscurité, la complexité, l'équivoque, la contradiction même, au milieu de toutes ses abstractions dont l'enchevêtrement voudrait donner l'illusion du concret et du vivant, se lance à corps perdu et sans aucun esprit de retour dans le faux et l'absurde.

« Tout animal a des idées, puisqu'il a des sens »,
dit quelque part J. J. Rousseau. La conclusion est à
peu près aussi légitime que si l'on disait, par exemple :
L'homme primitif avait à sa disposition les machines
en fer, même la locomotive : puisqu'il avait sous la
main les minerais d'où l'on extrait directement le fer
et indirectement tous les objets en fer, même les plus
compliqués. L'animal, avec ses sens, ne peut-il pas
n'avoir que de simples images, tandis que l'homme
seul serait capable d'abstraire ?

« Il n'y a là de différence que du plus au moins »,
ajoute J. J. Rousseau. Oui, lui ferons-nous observer,
mais certaines différences de quantité, même légères,
entraînent des différences de qualité, et quelquefois
très importantes et très graves. Exemples : Un peu
de feu chauffe, beaucoup de feu brûle ; assez de lumière
éclaire, trop éblouit ; un poison, à dose voulue, guérit,
tandis qu'à dose massive il tue ; etc., etc....

*
* *

Dans la société organisée en État ou nation, on
trouve la même chose ou à peu près que dans le
vivant : La vraie perfection y réside moins dans l'ensemble ou collectivité que dans un être ou membre
unique qui centralise tout et joue ainsi un rôle analogue à celui de l'âme dans le corps parmi les monades
inférieures. Voilà, en effet, une véritable unité, du
moins provisoire, échelon remarquable pour atteindre
le Grand Un définitif. Elle est en chair et en os celle-
là, franche et vivante : non comme cette louche abstraction derrière laquelle, pour l'incarner, plusieurs
unités — en chair et en os, elles aussi, on ne s'en aperçoit que trop — se dissimulent de leur mieux, sour-

noisement, sous les noms d'Etat, de loi, de constitution, de peuple, de nation, de République surtout, incohérence et hypocrisie.

*
* *

Voici qui fera crier au paradoxe par nos politiciens — à idées préconçues, quand seulement ils se donnent la peine d'avoir des idées — mais dont l'évidence apparaît dès le premier examen à tout esprit indépendant et sincère :

Les peuples gouvernés démocratiquement (1) sont en

(1) Ces peuples gouvernés par eux-mêmes ne sont d'ailleurs pas toujours ceux qu'on pourrait croire tout d'abord. Ainsi, nous, par exemple, — et la chose est d'une vérité si évidente qu'elle en est banale jusqu'à passer pour un truisme aux yeux de quiconque est un peu clairvoyant et sans trop de prévention, — nous jouissons du *self-government* à un degré bien moindre que pas mal de monarchies. On ne gouverne guère, chez nous, — malgré le droit divin des Parlements, proclamé en paroles, — que par coups d'État perpétuels contre la vraie majorité. Sur ce peuple, qui se croit affranchi de toute servitude, principalement de toute servitude religieuse, de toute croyance, règne en maîtresse absolue la plus abjecte des superstitions, la superstition politique, avec son fétichisme de l'État. Prenons, entre cent, un exemple, un exemple actuel : La loi de Séparation a été faite non seulement sans consulter le peuple mais encore en sachant bien qu'il y était d'abord opposé. On s'est même hâté de bâcler cette loi avant les élections, afin de placer les citoyens en face du fait accompli, dans la pensée qu'alors ils approuveraient certainement ou que du moins ils n'oseraient pas désapprouver. Ainsi, quand on se sépare des masses, ce n'est pas pour les faire avancer en les guidant au bien, mais pour les faire rétrograder moralement en les poussant au mal.

En avril 1908, nous ajoutons à la note ce dernier paragraphe :
Aussi, les plus intelligents et les plus sincères parmi les hommes qu'on a vus jusqu'à ce jour si chauds partisans du régime parlementaire commencent-ils enfin à proclamer hautement — par écrit, et dans des écrits retentissants ! — ce qu'ils appellent eux-mêmes la « faillite du parlementarisme », tout prêts donc, semble-t-il, à déposer leur bilan politique.

retard sur les autres, généralement. La raison, bien simple, en est que, chez ces peuples, la masse ayant l'initiative, la puissance, afin que soient à même d'agir — sur elle d'abord et par elle ensuite — les *idées-forces*, ces sources théoriques d'impulsion pratique, il faut attendre que ces idées soient descendues jusqu'aux couches inférieures de cette masse : ce qui est toujours très long, aussi long presque aujourd'hui, en ce siècle des locomotives et des automobiles, que cela put l'être jadis, aux siècles des diligences et des pataches.

Quand c'est un souverain, au contraire, ou même seulement une véritable élite qui gouverne, l'homme ou les hommes qui ont le pouvoir ayant en même temps les lumières, étant très au courant, sont aptes à faire profiter immédiatement les gouvernés des derniers progrès accomplis. L'aube, pour commencer, blanchit les faîtes; et tout le pays, jusqu'aux bas-fonds, est aussitôt éclairé par reflet. S'il fallait que ceux-ci attendent de recevoir directement le jour, combien plus longtemps ne resteraient-ils pas plongés dans les ténèbres!

En France, aujourd'hui, les sommets, les vrais, pas les sommets politiques et gouvernementaux, qui sont plus sombres peut-être que jamais et pour le moins autant que les bas-fonds eux-mêmes, mais les sommets intellectuels — en prenant l'épithète dans son sens exact et véritable — sont presque tous atteints déjà et teints par les rayons d'un âge nouveau qui se lève à l'horizon comme une lune mystique. Là, on respecte, on admet, on sent le mystère. L'on croit ou du moins l'on veut croire.

⁂

« Enlever l'individu à lui-même et l'identifier avec tous. » (Guyau) — « Identifier », pris au pied de la lettre, serait doublement absurde : comme impossible et comme immoral.

Au lieu d' « enlever l'individu à lui-même », il s'agit, en fin de compte, de le rendre vraiment à lui, ou, si l'on veut, de le rendre à son vrai lui. C'est ce que nous avons assez vu.

*
* *

Pour atteindre avec notre connaître la féconde source de l'être, il faut commencer par croire, c'est-à-dire par admettre de l'extérieur, de l'étranger, de *l'autre* (1), et que cela soit concret, vivant, sans pouvoir d'ailleurs le pénétrer à fond, car c'est là que nous nous heurtons au grand mystère.

De même, pour agir avec fécondité moralement, il faut donner de soi à autrui.

Bref, il faut, dans les deux cas, faire le miracle d'abattre cette barrière de l'individualité isolée, qui a paru à tant de penseurs infranchissable, il faut percer une fenêtre à la monade, qui naturellement n'en a pas, selon Leibniz.

Notre réalisme s'oppose, ici, au subjectivisme ; et notre moralisme à l'égoïsme grossier.

*
* *

Nous ne saurions mieux clore ce chapitre que par quelques brèves citations de Leibniz, qui s'y rattachent directement, et que nous avons oublié de faire en leur lieu. Ces courts passages résument et conden-

---

(1) « Croire, mais non en nous. » (V. Hugo) — Et saurait-on *croire en soi ?* Les deux termes jurent d'être accouplés. Ici, on sent, on n'a pas besoin de croire. Peut-on dire de saint Thomas qu'il *croyait,* lui à qui il avait fallu voir et toucher ?

sent l'essentiel de notre propre doctrine sur un point important. Les restrictions, que le lecteur peut maintenant faire de lui-même, portent plutôt sur la terminologie.

« ... Il faut que, dans la monade, il y ait une pluralité d'affections et de rapports. Mais la monade est simple. Comment concilier la multiplicité et la simplicité ? Nous connaissons un état qui enveloppe ainsi une multitude dans l'unité : cet état est la perception (*Perceptio nihil aliud est quam multorum in uno expressio*)..... Les monades perçoivent l'univers entier ; car comme tout est lié à cause de l'impossibilité du vide, on ne peut percevoir une partie sans percevoir le tout. Mais chaque monade perçoit l'univers à un point de vue qui lui est propre : elle a un champ de perception distincte, au-delà duquel elle ne voit les choses que confusément. » « Les unités de substance ne sont autre chose que des différentes concentrations de l'univers, représenté selon les divers points de vue qui les distinguent. » « Les âmes... expriment en quelque manière et *concentrent le tout en elles-mêmes*, de sorte qu'on pourrait dire d'elles qu'elles sont des PARTIES TOTALES. » « Par le moyen de l'âme....., il y a une véritable unité qui répond à ce qu'on appelle moi en nous ; ce qui ne saurait avoir lieu ni dans les machines de l'art, ni dans la simple masse de la matière, quelque organisée qu'elle puisse être, qu'on ne peut considérer que comme une armée ou un troupeau, ou comme un étang plein de poissons, ou comme une montre composée de ressorts et de roues. *Cependant s'il n'y avait pas de véritables unités substantielles, il n'y aurait rien de substantiel ni de réel dans la collection*..... Il n'y a que les atomes de substance, c'est-à-dire les unités réelles et absolument destituées de parties, qui soient les sources des actions, et les premiers principes absolus de la composition des choses, et comme les derniers éléments de l'analyse des substances. On les pourrait appeler points métaphysiques..... Ainsi les points physiques ne sont indivisibles qu'en apparence : les points mathématiques sont exacts, mais ce ne sont que des modalités : il n'y a que les points métaphysiques ou de substance (constitués par les âmes), qui soient exacts et réels; et *sans eux il n'y aurait rien de réel, puisque sans les véritables unités, il n'y aurait point de multitude.* »

De notre point de vue propre, il nous faut seulement compléter et préciser comme il suit :

Dans n'importe quelle collection d'unités ou d'individus, l'individu, chacun d'eux, pris tour à tour, est tout; la collection en elle-même, n'est rien que par eux et pour eux, par chacun d'eux et pour chacun d'eux, pour les faire servir tous à chacun et chacun à tous. C'est là tout son être et tout son rôle intrinsèque. Elle en a, toutefois, un autre, extrinsèque : elle paquette, en quelque sorte, tous en un, et fait ainsi de l'ensemble une image de ce que chacun est réellement, en même temps que de l'Un lui-même. Elle est donc un lien abstrait entre ces deux pôles du réel : chacun et l'Un; et elle aide à résoudre l'antinomie du multiple et de l'individu, du plusieurs et de l'un.

APPENDICE

L'Amour et l'Ambition.

Dans l'amour tout un monde se découvre aux regards de notre esprit, soit qu'on l'étudie en lui-même, soit qu'on on éclaire par analogie (1) d'autres problèmes, aussi nombreux qu'importants, et qu'on s'en serve comme d'un vivant symbole révélateur. La mine n'a été d'ailleurs que très peu exploitée encore (2), dans sa riche profondeur. Les philosophes proprement dits ont à peu près abandonné la question aux romanciers et aux poètes, qui le plus souvent se sont contentés d'analyser avec plus ou moins de finesse quelques-uns des sentiments ou quelques-unes des sensations dont l'amour est la vivante synthèse; quand ils ne se sont pas arrêtés, même, à la surface du sujet ou du moins à la première couche, en quelque sorte : aux accessoires de la galanterie, par exemple, ou bien encore quand ils ne se sont pas complu à étaler dans des œuvres malsaines, sous le nom profané d'amour, les pires grossièretés, les plus sales ordures.

Les seuls penseurs peut-être qui doivent, ici, être médités, sont Empédocle, Platon, Lucrèce, Pascal et Schopenhauer. La Rochefoucauld, La Bruyère, Chamfort, Michelet et, ça et là, quelques autres écrivains, moralistes, romanciers ou poètes, méritent au moins d'être consultés. Parmi les prosateurs, citons Stendhal, H. de Balzac et George Sand, pour ne pas sortir de notre pays et du siècle dernier; et, parmi les poètes, les grands dramatiques de tous les pays et de tous les temps, en première ligne, Shakspeare, Racine, Molière, Corneille, puis Virgile, Byron, Gœthe, nos poètes romantiques de premier ordre, Musset surtout, et quelques autres après.

Pour ne parler que des anciens, Platon marque — dans

---

(1) Bien que Michelet ait dit avec raison : « L'amour est l'amour, une chose qui ne ressemble à aucune autre. » Mais cela ne contredit pas précisément ce que nous disons ici nous-même. Car nous sommes là dans une espèce de domaine antinomique.

(2) « Aucun phénomène n'est plus fréquent que l'amour [quoique La Rochefoucauld ait dit, avec quelque raison aussi — cela dépend de ce qu'on entend au juste par l'amour — : « Il en est de l'amour comme de l'apparition des esprits : tout le monde en parle, mais peu de gens en ont vu. »] et aucun n'a été moins étudié, tant on reste, malgré d'innombrables efforts d'analyse, à l'a b c du préjugé dans les choses de la tendresse. » (Paul Bourget).

cette étude, comme nous l'entendons — l'extrême limite en haut; tandis que Lucrèce (1) tend vers le côté opposé. Chez le premier, l'amour va se perdre et comme se dissiper dans la céleste fumée de l'idée pure; chez l'autre, il vient s'abattre, s'embarrasser et comme s'empêtrer dans le limon de la chair et de la matière. Il faudrait tâcher de se tenir entre les deux, ou plutôt de se trouver en même temps aux deux extrémités et en occupant tout l'entre-deux. Oh! quelle éblouissante lumière éclaterait alors à nos yeux et illuminerait pour nous les problèmes les plus vastes et les plus profonds de la métaphysique! Ah! la naïve chanson populaire a bien raison de le demander : *L'amour, qu'est-ce que c'est que ça?* Si l'on savait bien, en effet, *ce que c'est que ça*, l'on saurait tout, on connaîtrait le principe et la fin de tout ce qui est, ainsi que de tout ce qui peut être, on pénétrerait jusqu'à l'essence intime des choses.

Ce qu'il y a en lui de plus étrange, c'est qu'il est, en un sens, le grand mystère insondable (2), pendant qu'en un autre il est comme l'éclaircie qui permet le mieux à l'esprit d'atteindre le fond même de l'être (3).

(1) Dernière partie du livre IV de son poème.
(2) Socrate donc ne se contredisait pas tant, au fond, qu'il en avait l'air, lorsque, après avoir dit : « Je ne sais qu'une chose, c'est que je ne sais rien », il ajoutait : « Je ne connais que les choses de l'amour. »

« Amour, amour, qui pourra sonder un seul de tes mystères ? » (Sainte-Beuve).

(3) Nous ne pouvons nous empêcher de citer, à ce propos, quelques passages d'un des penseurs les plus suggestifs du siècle dernier :

« La matière n'explique pas tout dans l'homme. C'est l'intelligence, au contraire, qui, en grande partie du moins, rend raison de la matière. Il faut mettre au-dessus de l'intelligence elle-même, qui est encore, à certains égards, comme le physique de l'esprit, ce qui en est par excellence le moral, les facultés morales proprement dites, les facultés affectives. L'homme doit s'expliquer par son cœur. L'intelligence n'existe que pour servir aux fins de nos affections. Ces fins se résument en une chose, le bien, objet de l'amour. L'amour est le mot, le secret de la nature humaine. Ce n'est pas tout : il est le secret du monde. » (Ravaisson, *La philosophie en France au XIXe siècle*.)

« Suivant Platon,... c'est dans l'idée du bien, c'est dans l'idée

L'ÊTRE. — L'UN ET LE MULTIPLE. — APPENDICE

On s'est plaint quelquefois, et avec raison, que les philosophes négligent trop d'étudier les êtres simples et frustes, les bêtes, par exemple. Mais ne pouvons-nous pas nous plaindre encore plus qu'ils n'étudient pas assez les instincts les plus aveugles et — à leur racine du moins — les plus grossiers, celui-là en particulier, celui-là surtout ?

La principale raison peut-être pour laquelle on n'a pas suffisamment approfondi cette étude, c'est qu'il n'est guère de milieu entre les scrupuleux et les pusillanimes qui se retirent de la chose, sinon avec horreur ou effroi, tout au moins avec crainte et appréhension, et les libidineux qui se laissent beaucoup trop offusquer l'esprit par la vivacité de l'impression ; ou bien encore, entre les froids et les apathiques, qui par cela même n'ont pas un objet suffisant, une matière assez ample et assez suggestive, et les passionnés, les ardents, qui, ayant cette matière, cet objet, par contre ne trouvent pas en eux-mêmes un sujet assez calme pour pouvoir s'appliquer à cette admirable mais délicate étude. Il faudrait, pour y réussir, concilier tous ces extrêmes, au moins en imagination, et faire alors un pressant appel à l'intuition, cette sorte de divination du réel, qui est la véritable faculté métaphysique. Il faudrait subir le sentiment dans

de l'amour, qui y correspond et qui l'explique, qu'est le dernier mot de toutes choses. Et aujourd'hui qu'après tant de recherches faites et tant d'expérience amassée, nous voyons plus clairement que jamais que le dedans des choses, pour ainsi dire, est l'âme, et le dedans de l'âme, le vouloir, comment ne pas reconnaître que c'est dans ce qui forme l'intérieur le plus reculé de la volonté elle-même, que se cache la source profonde d'où jaillit toute science. L'amour vrai, ou amour de ce vrai bien qui lui-même n'est que l'amour, n'est-ce pas en effet la sagesse ? » (Ibid.)

« Si l'on considère au point de vue de l'esthétique la triplicité de la puissance, de l'intelligence et de l'amour, ne pourrait-on pas dire que le sublime du terrible répond à la puissance, cause de la grandeur ; le beau proprement dit, à l'intelligence, cause de l'ordre ; et qu'à l'amour répond le sublime supérieur et proprement surnaturel, qui forme la plus excellente et vraiment divine beauté, celle de la grâce et de la tendresse ? » (Ibid.)

toute sa force singulière, laisser faire en soi la passion tout à son aise ; et, en même temps, pour être un bon sujet, un observateur tout à fait clairvoyant, ne pas se laisser paralyser ni éblouir par cette même passion, mais dresser au-dessus d'elle un front tranquille (*placidum caput*), recueilli, contemplateur, afin de l'étudier impassiblement ; être le Neptune serein du *quos ego*, au milieu de la tempête ; agir en même temps qu'on *est agi*, c'est-à-dire qu'on est passif, essentiellement *passif* — dans cette *passion des passions* ; bref, oser recevoir ce souffle dans toute sa violence, tant qu'il inspire, et savoir s'en garer, dès qu'il grise.

L'un et le plusieurs ou multiple, l'individu et le groupe, Dieu et la Création, l'intérêt du citoyen et celui de l'Etat, les droits du particulier et les devoirs sociaux, etc., etc., mille formes différentes de ce qui est au fond toujours la même antinomie. Eh bien, dans l'amour, cette antinomie éclate plus vivement que partout ailleurs ; et elle s'y résout, par le fait ; car là le comble de l'égoïsme se concilie, ou du moins doit se concilier, avec le comble de l'« altruisme ». Et de la solution de ce cas singulièrement remarquable on peut tirer celle du problème en toute sa vaste généralité. Là dedans, la nature, si elle est bien interrogée, trahit par sa réponse un de ses plus grands secrets, le sphinx laisse échapper la clef de son énigme sous l'empire de la douce torture qu'on lui fait subir.

C'est là qu'on sent cette profonde solidarité morale des êtres, l'un ayant besoin de l'autre pour se compléter lui-même, que dis-je ? ayant besoin de s'abîmer, de se perdre en l'autre pour se retrouver, pour se trouver tout à fait lui, lui au plus haut degré. Cet oubli de soi, cette sortie de soi-même est seule véritablement productive (1), ayant créé l'être d'abord, et pouvant seule aujourd'hui

---

(1) Quand nous nous sacrifions, que nous nous donnons à autrui, ne faisons-nous pas, en effet, une espèce de sortie victorieuse, ainsi que peuvent faire parfois des assiégés hors de leurs remparts ? On pourrait dire aussi que, dans ce cas, c'est comme si l'on reculait pour mieux sauter ; ou bien encore, on ressemble à celui qui prend

l'augmenter et le perfectionner, et même, bien mieux, lui donner le merveilleux coup de pouce qui ressemble tant à une nouvelle création. Car, au physique autant qu'au moral, l'amour est si essentiellement fécond que, visant à faire de deux êtres un seul, au même instant précisément, il réussit à en faire être ou tout au moins à en faire promouvoir vivement un troisième. En outre, on peut dire que c'est bien ici que nous touchons ce fond antinomique des choses, tant de fois signalé.

On répète que l'amour est plus fort que la mort. Il est du moins très propre à en éclairer en partie les épaisses ténèbres, et même à la vaincre, à la vaincre d'avance dans notre esprit et notre cœur, dans notre âme tout entière, en nous inspirant la croyance à l'immortalité. Et voici comment :

La mort est le contraire de l'amour. Or, l'amour est une union qui doit aboutir à une séparation. Donc la mort est une séparation qui ne peut aboutir qu'à une union. Le mourant, en effet, semble se séparer de tout ; tandis qu'en réalité il va s'unir au grand Tout : sans se confondre avec lui, bien entendu.

Vers l'amour on se porte avec un désir violent et aveugle. De la mort on se détourne avec une répulsion violente, qui doit être également aveugle.

Dans l'amour, victime d'une illusion, on fait le contraire de ce qu'on désire. Dans la mort, il doit arriver le contraire de ce qu'on redoute.

Nous lisons dans *Le Bonheur* de Sully-Prudhomme :

> Il nous est donné d'être bons :
> Tout aimer suffit pour éteindre
> La soif de tout savoir : aimons !

un point d'appui hors de lui, à quelque distance, afin d'avoir en lui-même plus de solidité et de force pour soulever un fardeau.

C'est en sortant de lui-même, en réalisant *l'autre*, en créant, en un mot, que le Tout-Puissant s'est vraiment manifesté. C'est aussi en sortant de nous, en abdiquant notre moi égoïste que nous nous rapprochons le plus de lui, tout en étant le plus nous.

Soit! mais comment et pourquoi cela? Si « tout aimer suffit pour éteindre la soif de tout savoir », dans l'esprit de l'auteur en ce passage, c'est évidemment et simplement parce que tout aimer nous console de tout ce que nous ignorons, quand il ne va pas jusqu'à nous faire oublier que nous l'ignorons. Or, doit-on, peut-on s'arrêter là? Et tout aimer, n'est-ce pas, même, tout savoir? Aimer, en effet, c'est concentrer et combiner comme en un éclatant rayon blanc ces quatre brillantes couleurs métaphysiques : être, connaître, croire, agir.

Oui, quand on aime vraiment, on satisfait son désir de connaître, de même que ceux d'être, de croire et d'agir, et on le satisfait solidement et sans leurre.

On n'a point failli, non, on n'a point failli, lorsqu'on a aimé, quel que soit d'ailleurs le résultat apparent, superficiel. Car on a été utile aux autres d'une utilité réelle, profonde; et surtout à soi-même : on a fait fructifier son plus riche talent, on s'est perfectionné moralement, on a travaillé à ce qu'on a de plus haut dans son être, au faîte même de son âme.

Et, au fond de l'amour, quand on l'entend comme il faut et qu'on le pratique de même, se trouve — encore une fois, car c'est ici notre principal sujet — non seulement le bien, mais aussi le vrai, la grande solution, la clef de l'énigme, avec la force de s'en servir pour ouvrir la porte de l'Inconnu.

Dans l'acte de la génération, il faut d'abord remarquer la dualité d'êtres et l'hétérogénéité de ces deux êtres. Mais la face de l'unité, qui est le côté opposé, ne doit pas nous échapper non plus; d'autant moins que c'est là qu'est la fin. Toutes les fois, en effet, que le vrai but est atteint, cette dualité et cette hétérogénéité se fondent instantanément en un, qui est un troisième être; cela, grâce à la mystérieuse vertu toute-puissante d'unification de l'amour : merveilleux tour de force de la nature, là dedans, ou plutôt de Dieu même. Cet acte est donc, en même temps que le plus élevé, le plus sérieux, le plus grave; bien que l'homme, parodiant et caricaturant tout dans sa perversion, ait réussi à en faire, si souvent, de tous le plus bas et le plus grotesque. La mère des Machabées a bien raison de dire à ses fils, dans l'Ecriture :

Nescio qualiter in utero meo apparuistis; neque enim ego spiritum et animam donavi vobis et vitam, et singulorum membra non ego ipsa compegi, sed mundi Creator, qui formavit hominis nativitatem, quique omnium invenit originem.

Les premiers sentiments sont les meilleurs, dit la sagesse des nations. Et nous, qui sommes, qui devons être, dans la mesure de notre faible pouvoir et de nos modestes facultés, la sagesse spéculative, nous disons : Les sentiments premiers, fondamentaux, de notre nature sont pour nous les plus féconds, les plus suggestifs objets d'étude et de méditation. Si nous savons les pénétrer, nous y puisons à plein cerveau des flots de lumière à répandre sur d'autres questions, dans d'autres domaines, plus variés et plus étendus, mais par eux-mêmes plus enténébrés.

Ainsi, l'acte de la génération, avec les sensations, les sentiments, les idées et les résultats qui l'accompagnent, est une mine inépuisable. Si nous considérons seulement le résultat principal, nous ne voyons là que le plus pur « altruisme ». Mais si nous nous arrêtons, avec plus ou moins de complaisance, aux sensations et même aux sentiments éprouvés, ceux-ci fussent-ils relativement élevés, alors rien de plus égoïste.

Nous n'aurions pas de raison pour avoir pudeur dans cet acte et pour le cacher, s'il n'y avait que le premier élément, le résultat si parfaitement désintéressé. Nous l'étalerions, au contraire, comme pour nous faire honneur de ce que nous voulons et causons ainsi le bien, le plus grand bien, d'autrui, et d'un être encore à nous inconnu — quoique devant sortir de nous —, d'un être encore à naître ; et aussi, de ce que nous sommes là presque créateurs, rivalisant de fécondité avec Dieu même. Mais le second élément, et surtout la sensation, si grossièrement égoïste, nous rend tout honteux et nous porte d'instinct à cacher la chose. Si bien que nous éprouvons ici nous-même le besoin de recourir un peu à la langue qui, selon Boileau, « dans les mots, brave l'honnêteté ». Et précisément, nous nous souvenons d'avoir lu quelque part, écrit dans cette langue, le passage suivant :

« Inter instrumenta corporis humani, non dubito quin ea quæ efficiunt ut genus ipsum servari possit, permaxima habeantur..... Sed ex modo generationis apparet quam humilem tenemus locum : scilicet rubori nobis esse quod efficimus ut alii eadem vita nostra fruantur. Si naturales corporis actus procreationi adhærentes alium a natura modum accepissent, si nobilissima sordidissimis non miscerentur, pulcher et gloriosus noster esset amor, de re ipsa vir probus non erubesceret. Nonne hunc materialem actum veluti Naturæ fœdus secum ad optimum quiddam efficiendum reputaret? »

Sans doute afin de nous éviter la chute dans le pur égoïsme — et un égoïsme bas et grossier —, si à craindre en cette circonstance, la nature nous y porte et nous y force à être deux, même en vue du plaisir le plus matériel. Et, à mesure que ce plaisir s'affine et devient plus élevé, il nous détache davantage du *moi* pour nous abîmer dans l'*autre*. Une certaine dose d'« altruisme », — ne fût-ce que *l'égoïsme à deux* —, y est d'ailleurs indispensable : D'abord, pour le plaisir grossier; ensuite, pour ennoblir un peu ce plaisir, qui autrement n'aurait rien d'humain ; enfin et surtout, pour le résultat final, puisque ce résultat doit être purement « altruiste », et qu'il est la grande, la seule affaire importante, le seul but pour la nature.

Tout cela se trouve déjà peut-être, du moins en germe, dans les autres animaux supérieurs, dans ceux qui s'acheminent à l'humanité. Quant aux inférieurs, comme ils ne sont pas nettement individualisés, ils sont aussi asexués.

Quoi qu'il en soit, tirons de là cette conclusion, comme

une leçon de choses à notre usage, aussi bien au point de vue social que religieux :

Cette amorce du plaisir le plus grossier, ce pressant appel au plus parfait égoïsme, au moment où l'on accomplit ainsi un acte au résultat essentiellement « altruiste », — comme si la nature savait bien qu'on ne peut pas attendre ni exiger du pur désintéressement d'aucun être, même du plus noble, mais qu'il faut qu'elle nous allèche d'autant plus vivement qu'elle veut tirer de nous davantage (1) —, cela, dis-je, est bien fait pour nous montrer clairement la profonde absurdité, le chimérique aveugle — sinon charlatanesque — des théories qui prêchent le sacrifice absolu, définitif de soi-même à autrui (pur amour divin, humanitarisme,....). Car il semble que si le parfait désintéressement eût été possible, si l'oubli complet de soi-même pour autrui eût pu se trouver quelque part, c'eût été dans un cas pareil, c'est là qu'il aurait fallu le chercher avec confiance, — soit en faveur d'un autre être à qui on s'unit si intimement, soit en faveur de ce troisième qui sortira de vous deux et de votre union. Eh bien, même là, que dis-je ? là surtout, l'acte pour autrui — pour autrui, comme résultat — se trouve entaché du plaisir le plus grossièrement vif et égoïste ; à tel point que la nature nous inspire de le cacher comme honteux, de le cacher à tous, sauf à cet autre être dont la présence immédiate, d'abord, est très utile pour notre plaisir, ensuite, est indispensable pour sa suprême fin (2).

Il n'est qu'un seul cas où il soit parfaitement évident

---

(1) « ..... Lætitia et voluptas per quas habillima natura certam facit generis humani stabilitatem », lit-on après ce que nous venons de citer un peu plus haut.

(2) Cette présence, sert aussi accessoirement, à nous sauver un peu du parfait égoïsme, fussions-nous tout à fait grossiers ; et elle nous en sauve d'autant plus que nous le sommes moins, que nous avons dans l'âme plus de noblesse et de délicatesse.

C'est ainsi que la Nature, ou plutôt Dieu est habile — ici comme partout, et mieux encore peut-être qu'ailleurs — à faire d'une pierre plusieurs coups, une multitude de coups.

que nous travaillons, que nous devons travailler pour l'espèce, c'est dans l'acte de la génération. Eh bien, la nature trouve, semble-t-il, si peu nécessaire, si peu obligatoire, si peu facile, si peu possible même un acte de pur désintéressement pour l'espèce, que, dans ce cas, elle commence par nous procurer à nous, pour nous allécher, l'avantage le plus sensible et le plus clair — surtout aux yeux des athées matérialistes —, à savoir, un très vif plaisir et la satisfaction d'un instinct puissant; et c'est avec cet appât et cette amorce, dont il a bien fallu qu'elle ait éprouvé le besoin, qu'elle nous fait travailler pour l'espèce, sans d'ailleurs que nous puissions nous apercevoir que nous le faisons, trop occupés que nous sommes à sentir égoïstement, et la vivacité éblouissante de la sensation ne nous permettant pas de voir à deux pas devant nous, encore moins d'apercevoir cet avantage — si lointain, si abstrait, — de l'espèce.

Ainsi, la Nature elle-même, — la seule divinité de nos adversaires, les athées matérialistes, — semble non seulement ne pas nous encourager à travailler avec désintéressement pour l'espèce, dans ce cas si remarquable et qui est un trait de lumière, une traînée lumineuse, mais encore elle semble vouloir nous forcer à être ce qu'il y a de plus intéressé, de plus égoïste, du moins eu égard à l'espèce, car si l'on s'oublie soi-même, son propre individu dans le véritable amour, ce ne peut être que pour un autre individu, et encore pour un autre qui alors est à peine *autre* — tellement l'idéale unification est étroite et profonde —, au point qu'on a pu définir, avec autant de raison que d'esprit et d'ingéniosité, l'amour un *égoïsme à deux*.

Pour mieux pénétrer l'essence de l'amour, il faut maintenant l'étudier un peu parallèlement avec l'ambition. Tous nos grands moralistes du XVIIe siècle ont saisi et fait observer la profonde analogie qui règne entre ces deux maîtresses passions. Citons ici seulement le bon La Fontaine :

> Deux démons à leur gré partagent notre vie,
> Et de son patrimoine ont chassé la raison (1);
> Je ne vois point de cœur qui ne leur sacrifie.
> Si vous me demandez leur état et leur nom,
> J'appelle l'un Amour, et l'autre Ambition.
> Cette dernière étend le plus loin son empire ;
> Car même elle entre dans l'amour.
> Je le ferais bien voir................

Avec ces deux passions, nous sommes également au cœur du grand problème de l'un et du multiple, et de leur mystérieux — pour ne pas dire miraculeux — accord.

Où semble-t-il, en effet, que nous puissions nous donner à nous-mêmes, donner à notre *moi*, plus de perfectionnement et de bonheur que dans l'amour ou dans l'ambition? Eh bien, cependant, c'est là précisément que nous avons le plus besoin d'autrui. *L'un* n'y peut rien faire sans *l'autre*, s'il s'agit de l'amour, et sans *les autres*, si c'est de l'ambition. Et, dans les deux cas, le plaisir est d'autant plus vif, d'autant plus parfaits sont surtout le bonheur et le perfectionnement moral, que nous savons y être le plus désintéressés, que nous réussissons à y dompter le mieux le moi égoïste.

Nous l'avons assez montré pour l'amour en particulier. Voyons maintenant pour l'ambition. Là, le moi nous apparaît comme tâchant d'absorber les autres, s'en servant en guise de simples moyens pour satisfaire sa passion, se les assujettissant, et trouvant là dedans un plaisir de chatouillement orgueilleux, qu'il peut quelque temps prendre pour le vrai bonheur.

---

(1) « Qu'une vie est heureuse quand elle commence par l'amour et qu'elle finit par l'ambition ! » dit Pascal dans son *Discours sur les passions de l'amour* (car cette œuvre — en dépit du scepticisme à la mode aujourd'hui sur ce point — semble toujours bien être réellement de Pascal); mais lui, au contraire, raisonne l'amour et le fonde sur la raison même : « ... L'amour et la raison n'est qu'une même chose. »

Oui, mais ne mangeons pas ainsi notre blé en herbe, ferons-nous observer à ce moi : plus, au contraire, nous nous oublierons sincèrement pour ces autres, plus nous chercherons à faire leur vrai bonheur à eux, c'est-à-dire à les perfectionner, en nous négligeant nous-mêmes, j'entends nos bas intérêts, et plus nous aurons de gloire personnelle, de joie ambitieuse, de ce bonheur tant convoité ; et ces avantages nous poursuivront d'autant plus que nous les aurons moins recherchés. Car la justice naturelle, une espèce de justice issue de notre conduite même et ayant son tribunal en nous, partant doublement *immanente*, ne manquera pas de penser à nous qui aurons — et *parce que* nous aurons — agi sans arrière-pensée d'ambitieux égoïsme.

Ainsi, dans l'ambition, le dernier mot reste au désintéressement, mieux encore, au dévouement, au sacrifice, en chacun de nous, comme étant le plus grand et le plus réel avantage pour chaque personne.

Et d'ailleurs, ne faut-il pas que chacun, idéalisé de la sorte, vu d'avance par l'esprit au terme de son évolution parfaitement développée, soit une image de la grande source et du grand modèle de perfection, de Dieu créateur, créant parce qu'il est bon, et en même temps parfaitement heureux, comme il est logique et juste qu'il le soit, et comme il est dans sa nature de l'être ?

Les ambitieux, en général, vont professant un vif et large dévouement envers leur pays, leurs concitoyens et même toute l'humanité, car aujourd'hui il est de mode d'aller jusque-là et de ne pas se contenter à moins, dans une certaine école politico-sociale, aux phrases et aux gestes aussi pleins de promesse que les boniments des pitres de place publique. Dans un pareil milieu, tout autre objet, un tant soit peu plus restreint, semble ridiculement et odieusement étroit. Quelques-uns, les moins mauvais, les plus naïfs, vont jusqu'à s'en imposer à eux-mêmes là-dessus et finissent par croire ce qu'ils ont si souvent entendu dire autour d'eux et répété à leur tour.

Cependant, c'est à peu près comme si, par exemple, un amateur de fruits voulait nous faire croire, sinon se faire croire à lui-même, qu'il ne croque une pomme que pour en dégager les pépins (la pomme, c'est-à-dire sa pulpe qu'on croque, étant dans ce cas pour chacun la satisfaction égoïste de sa propre passion ambitieuse ; tandis que les pépins sont les autres hommes, ses semblables, à qui on prétend se dévouer). Or, c'est si bien, au contraire, pour le plaisir de croquer, qu'on la croque, cette pulpe, que, dans son égoïste avidité, on va quelquefois, on va souvent jusqu'à croquer les pépins eux-mêmes, c'est-à-dire qu'on se moque un peu de l'utilité des autres, de ceux précisément à qui l'on se flatte cyniquement de sacrifier son temps, son repos, sa santé, son bonheur et sa vie même ; on s'en moque si bien que c'est eux ou leurs avantages les plus essentiels qu'on sacrifie sans regrets ni scrupules à une vaine satisfaction ambitieuse pour soi, trompant par là le vœu de la nature, comme lorsqu'on croque jusqu'aux pépins de la pomme.

Dans l'amour, on oserait moins, tout de même, faire ainsi impudemment profession de ne croquer jamais, par principe, la pulpe que pour les pépins. Non ; car, même dans la circonstance régulière, légale et solennelle où l'on semble ne s'être mis que pour dégager les pépins, c'est-à-dire dans le mariage, on ne se prive guère de les sacrifier le plus souvent, sinon presque toujours, à son propre plaisir de croquer. Mais, quand il s'agit de cette dernière passion, l'on ose plutôt avouer la vérité ou du moins ne pas la nier. Dans l'ambition, l'on est bien plus hypocrite et comédien. Et cette différence s'explique à merveille. C'est que, dans ce dernier cas, l'on a, en face ou à côté de soi, ceux mêmes dont on sacrifie l'intérêt positif à sa propre vaine satisfaction d'orgueil ambitieux, et qu'on a peur qu'ils finissent, s'ils venaient à s'apercevoir de la chose, par se rebiffer et se venger en se servant contre ceux qui les trompent de cette arme terrible, sous la forme d'un petit papier, qu'il faut bien se résoudre, hélas ! — quoique en tremblant et avec mille précautions — à leur mettre de temps en temps entre les mains. Dans l'amour, au contraire, ceux qu'on sacrifie alors, n'étant pas là, *n'étant* pas encore, ne devant jamais être, ne sauraient revendiquer quoi que ce soit : « L'insensible néant t'a-t-il demandé l'être ? » ou plutôt, ici, disons : L'être qui aurait pu et dû être, mais qui par votre faute n'est pas, peut-il protester le moins du monde contre votre conduite à son endroit ?

Ainsi, dans l'ambition, on s'applique à donner les superbes dehors (1) du plus pur dévouement à sa propre satisfaction, afin d'augmenter encore celle-ci par ce vain extérieur dont on la plâtre : jusqu'à ce qu'un beau jour, par un de ces accidents qui (heureusement : afin qu'on puisse toujours croire un peu à la Providence, ou tout au moins à l'immanente justice) manquent rarement de se produire à la fin, le masque tombe et le personnage apparaisse au naturel, tel qu'il est, c'est-à-dire un plus ou moins adroit égoïste et charlatan.

Voilà ce que font et ce que sont la plupart des ambitieux, presque tous. Et même, si bons comédiens qu'ils

---

(1) Ecoutez, en effet, les discours d'apparat de nos ambitieux hypocrites : à les en croire, ils ne recherchent jamais la gloire (a), pas même la plus noble, encore moins les louanges, les vaines distinctions, les titres pompeux et surtout ces viles richesses. Ils n'ont à la bouche que les mots les plus sonores et les phrases les plus ronflantes sur le patriotisme, l'humanité, la solidarité, le dévouement au bien public, à l'intérêt de l'Etat et principalement du peuple et des prolétaires dont le souci, qui ne les quitte pas, les fait maigrir. Bref, ils prendraient volontiers pour devise cette fameuse maxime de Bossuet, et même rendue plus sévère encore par l'addition de ce qui est entre crochets : « Dans toute sa conduite, il faut uniquement songer à bien faire et laisser venir [ou ne pas venir] la gloire après la vertu. »

(a) « Le monde même a honte de rechercher les louanges, les idolâtres mêmes de l'honneur n'osent pas témoigner qu'ils le poursuivent. »
(Bossuet, *Sermon sur l'honneur du monde*).
« La vertu qui aime les louanges et la vaine gloire ressemble à une femme qui s'abandonne à tous les passants ». (Ibid). — La soi-disant vertu qui aime « la popularité » ressemble encore bien mieux à cela. On connaît, en effet, l'expression et l'appellation de « Vénus Populaire » ou « Vénus Pandémos ».

soient, ils ne réussissent plus guère à tromper longtemps personne aujourd'hui : ce qui d'ailleurs ne les empêche nullement de continuer à jouer leur rôle avec une gravité, une emphase, une conviction, le plus souvent sans doute apparente mais parfois réelle, d'un ridicule — dans ce dernier cas surtout — fort amusant, quand même, pour la partie intelligente de la galerie qui paye.

―――――

Marquons ici quelques degrés dans l'ambition, en nous servant et nous éclairant toujours de la même comparaison.

Refuser de sacrifier, au besoin et le cas échéant, les pépins eux-mêmes à ce plaisir de croquer la pulpe, c'est déjà beaucoup, et peu d'ambitieux sont capables de cet humble premier degré de dévouement, quoiqu'ils ne parlent jamais, bien entendu, que de se dévouer corps et âme au bien public. Et encore fort heureux quand nos hommes ne se contentent pas de croquer une pulpe moins raffinée que la satisfaction ambitieuse proprement dite. Car celle-ci paraît aujourd'hui à la plupart sans saveur; mais c'est la grosse popularité qu'il leur faut. Et même, à quelques-uns — de plus en plus nombreux — les écus plaisent encore beaucoup mieux et suffisent. Ceux qu'on n'appelle plus que les « Quinze-Mille » l'ont bien prouvé dans ces derniers temps.

Ce serait bien plus joli de ne songer qu'aux pépins, tout en croquant avec plaisir la pulpe pour arriver à ces pépins. Et même, on trouverait cette pulpe, alors, d'autant plus délicieuse qu'on en ferait moins son but suprême. Mais qu'on prenne bien garde de ne pas songer d'avance à ce raffinement; car, si l'on y songeait, tout serait compromis : on ne serait plus qu'un simple gourmand à la deuxième puissance, sinon à une puissance supérieure.

Ici, une question : Faut-il que les purs dévoués, s'il y en a, soient privés de pulpe (1), comme le voudraient certains

―――――

(1) On trouvera peut-être que nous prolongeons un peu trop notre comparaison. Mais c'est qu'elle est des plus justes en même

moralistes d'une austérité exagérée et ennemis de tout ce qui flatte ? — Non ; car il serait souverainement injuste que celui-là ait le moins qui a mérité le plus. Mais il faut que la pulpe de ces élus du monde moral soit une ambroisie qui n'ait de saveur que pour des palais délicats comme les leurs, une saveur céleste.

Ils ne sauraient d'ailleurs accepter, tout désintéressés, tout dévoués qu'ils sont, l'injustice contre eux-mêmes. Ils en seraient d'autant plus révoltés qu'il sont plus purs, plus nobles. Il faut qu'on soit juste à leur égard comme ils le sont à l'égard des autres. Leur devise, à eux aussi, pourrait être : *Dieu et mon droit*. Ils en viendraient à douter de la Providence même, s'ils se sentaient injustement traités, et sans espoir de compensation ou de rémunération. Ils se laisseraient peut-être aller à la fin jusqu'au fameux blasphème de Proudhon : Dieu, c'est le mal ! Car ils se sentiraient dans leur propre personne en présence d'une absurdité morale, cent fois pire encore et plus révoltante que toute contradiction logique ou antinomie métaphysique.

Les purs dévoués, qui ne méritent pas ce nom d'ambitieux, pris dans son sens ordinaire (1), ont mieux que ce

---

temps que des plus suggestives ; car on peut ajouter ceci, par exemple :

Qui ne songe qu'à croquer la pulpe, est tout au présent et au plaisir du moment par lequel il se laisse séduire et entraîner, vivant au jour le jour ; tandis que celui qui songe à dégager les pépins, à semer les graines, est à l'avenir (« croit à la fuite utile des jours ». V. Hugo, *Les Semailles*), c'est-à-dire qu'il est à un degré plus avancé de l'évolution, tourné vers le progrès intérieur, dont il préfère, par une sereine vue de la raison et un effort héroïque de la volonté, le charme austère, qui n'a rien de séducteur, d'entraînant, mais qui précisément par là même laisse tout à faire ou du moins laisse une large marge à l'initiative de l'agent moral qui ainsi n'est plus, ou presque plus, *va comme je te pousse* ni même *viens comme je t'attire*.

(1) On peut d'ailleurs le prendre dans un sens beaucoup plus élevé. Corneille a bien mis ces paroles dans la bouche de son plus admirable héros, le chrétien Polyeucte : J'ai de l'ambition, mais plus noble et plus belle. Dans l'antiquité païenne, Socrate et Marc-Au-

qu'on appelle pouvoir, ils ont la puissance intime, la maîtrise de soi. Ne voulant pas dominer les autres, ils se possèdent eux-mêmes. Les ambitieux vulgaires, au contraire, sacrifient tout — les autres d'abord, mais aussi eux-mêmes, au moins la meilleure part d'eux — à leur passion aveugle, à leur *passion* en tant qu'elle les possède, qu'ils sont par elle rendus *passifs*; et, à mesure que, le sort les favorisant, ils absorbent dans leur personnalité un plus grand nombre de celles des autres, à mesure qu'ils sont davantage *potentes aliorum*, ils deviennent de plus en plus *impotentes sui*. Il y a, en effet, deux espèces de puissance, selon l'objet : la puissance extérieure ou puissance sur les autres, et la puissance intérieure ou puissance sur soi-même; et, plus on a la première, plus il est difficile et, partant, il est vrai, méritoire — quand on réussit à les concilier toutes les deux — d'avoir la seconde; car, alors, on a le droit de s'écrier :

Je suis maître de moi comme de l'univers !

Quel beau tour de force de la libre volonté chez cet ambitieux idéal, à l'auréole cornélienne, qu'est l'Auguste de la tragédie de *Cinna!*

En présence de pareils traits, nous nous écrions : Vive le fait, vive l'action, vive la vie — ne fût-ce que ce reflet

rêle, par exemple, poursuivaient déjà certainement quelque chose de mieux que les louanges, que la gloire, et même que ce que nous, modernes, entendons, par *honneur;* ils recherchaient au moins la *mens conscia bene facti*, la satisfaction de leur conscience.

A ces héros du monde moral il n'y a de supérieur que celui qui ne recherche rien pour soi, et qui d'ailleurs, par cela même, obtient un bonheur plus grand, une jouissance plus délicate, plus exquise.

Voici, du reste, les principaux échelons de cette échelle de l'ambition, comme nous l'entendons, — en commençant par les plus bas pour monter de plus en plus :

1º Avantages matériels : richesses, fortune, dignités, honneurs;
2º Popularité;
3º Éloges, louanges, distinctions, gloire;
4º Honneur;
5º Satisfaction de sa conscience;
6º Pur désintéressement : charité, dévouement, sacrifice.

de la vie qu'est le théâtre chez les grands dramatiques — pour nous éclairer sur l'ambition, ainsi que sur tout le reste du cœur humain !

Oui, Corneille, accusé de simplisme et d'abstraction par H. Taine — et par le Taine première manière, si abstrait lui-même et si étroit : positiviste, déterministe, nécessitaire…, — n'en a pas moins senti admirablement toute la complexité antinomique de cette espèce de relatif-absolu qu'est notre monde moral ; et tous ces inconciliables par la pure et froide raison, il a réussi à les concilier prestigieusement, j'allais dire presque miraculeusement, par l'acte libre, noble et héroïque. Ainsi, la vivante intuition du vrai génie a beau paraître circonscrite, elle est plus profonde et même plus large que la réflexion la plus intense et la plus étendue. Ces systématiques de cœur, sincères et émus, ne sont jamais étroits, eux, quand on sait les comprendre, les sentir. L'acte, qu'ils nous représentent, est l'être vivant par eux évoqué à nos yeux pour nous faire pénétrer jusqu'au fond des choses. Il est, — comme la monade de Leibniz, mais dans un sens supérieur et un tout autre ordre de grandeur, c'est-à-dire au spirituel et au moral, — il est un miroir de l'Univers, un raccourci du Tout.

Cette prétendue idée sèche, froide, abstraite, — prenons *Horace* (1), par exemple, — est une noble passion, toute palpitante de vie, et qui concilie merveilleusement en soi l'égoïsme et l'« altruisme » : bonheur à se dévouer, joie héroïque du sacrifice à la patrie. L'inspiration cornélienne, le démon de Corneille, prend ici réellement contact avec le fond du grand mystère de l'un et de l'autre, de l'un et du plusieurs, et un contact vivant, agissant, dramatique, non pas vain, abstrait et mort. Combien donc s'est trompé Taine, avec tout son savoir et sa puissante intelligence ! Cet idéalisme sublime est

---

(1) C'est précisément la pièce que Taine prend lui-même, dans une page de son livre sur La Fontaine et ses fables, pour mieux faire, espère-t-il, triompher la thèse qu'en passant il soutient contre Corneille.

le vrai et le profond réalisme. C'est la poésie achevant la métaphysique et venant la couronner de beauté, comme la floraison couronne la plante.

Nous pouvons donc, à juste — et à plus d'un — titre, nous montrer fiers de notre Corneille (1). Sans doute ce n'est pas là le chêne touffu d'un Shakespeare, par exemple, avec toute sa luxuriante frondaison naturelle qui ombrage de vastes espaces et où les oiseaux du ciel viennent faire leur nid. Mais l'arbre n'en est pas moins magnifique : avec le vigoureux jet de sa maîtresse branche, il dépasse même, du moins en hauteur, ce fameux chêne ; et, à sa cime, il porte une fleur qui, par sa beauté incomparable et sa précieuse vertu, trahit toute la profondeur des racines. Il faut, en effet, que celles-ci aillent puiser jusqu'aux entrailles de la terre des sucs assez puissants pour faire épanouir si haut vers le ciel tant d'éclat, et un si noble éclat, où le beau n'est que la splendeur du bien (2).

Nous avons parlé, un peu plus haut, de maîtrise de soi. Il faut distinguer au moins deux catégories de maîtres d'eux-mêmes. Il y a d'abord les héros cornéliens (« Je

(1) Nous préparons sur cet auteur toute une étude, faite surtout au point de vue psychologique, moral et métaphysique.
(2) Car, malgré l'autorité et le talent de ceux qui la soutiennent, nous sommes loin d'accepter, sans de graves restrictions, la thèse selon laquelle Corneille n'aurait fait, à aucun degré, « de l'art pour le bien », aurait « aimé tout autant les scélérats que les vertueux », recherché uniquement « l'extraordinaire, l'exceptionnel, l'admirable, l'invraisemblable » et aurait peint, en artiste idéaliste, « la beauté morale *comme tout autre genre de beauté*, sans du reste avoir en vue de la recommander et de faire œuvre morale, *sub specie pulchritudinis*, et tout simplement parce que la vertu est une beauté ». Le plaisir de contredire et de dire du neuf, après tant d'autres qui ont parlé ou écrit des mêmes choses, ne justifie pas peut-être le paradoxe poussé si loin. Mais nous reviendrons à tout cela, plus en détail, dans notre monographie sur Corneille. La question en effet est capitale et s'étend bien au delà et au-dessus du domaine purement littéraire.

suis maître de moi...... »), qui ne sont certes pas de purs dévoués, des saints, ni même des sages, mais qui sont passionnés, exaltés, partant intéressés ; ils le sont à leur façon, il est vrai, c'est-à-dire très noblement. Ils songent, par exemple, à la postérité, et ils jouissent d'avance du triomphe qu'ils préparent à leur mémoire. C'est même là une féconde source d'émotion vive et dramatique. Il y a ensuite, et en face, les dévoués à froid, en quelque sorte, les purs kantiens pratiques, s'il y en a, s'il peut y en avoir, parfaitement dociles — de raison et de volonté, sans que le cœur s'en mêle — à l'austère *impératif catégorique* de la loi morale. Ceux-là seraient les seuls vrais maîtres d'eux-mêmes et réaliseraient en eux parfaitement, avec une claire et sereine réflexion, sans être entraînés par aucun mobile aveugle, l'accord étroit de l'un et de l'autre ainsi que de l'un et du multiple, qui est ce qu'il y a de plus profond à la fois dans le *connaître*, dans *l'être* et dans le *devoir être*.

Mais peut-on affirmer, peut-on admettre que cette parfaite réalisation s'est jamais produite ? Les stoïciens eux-mêmes regardaient leur sage comme purement idéal, modèle au-dessus presque de toute imitation possible dans la réalité, modèle du reste bien abstrait, bien rigide ; que Marc-Aurèle, par exemple, a certainement assoupli et comme vivifié dans sa personne et dans sa conduite ; et, en outre, sur quelle scène grandiose il l'a fait agir et évoluer ! Et cependant, peut-on dire qu'il a réussi à se hisser jusqu'à cet idéal absolu ? S'est-il affranchi, a-t-il même cherché à s'affranchir d'une certaine orgueilleuse satisfaction de conscience, plaisir noble sans doute, délicat comme son âme, mais enfin plaisir, et d'autant plus raffiné et exquis ? Pascal n'aurait pas manqué d'y dénicher et d'y dénoncer, toujours, la « superbe diabolique ».

Quant à Saint Louis — qu'on ne peut oublier de mentionner après Marc-Aurèle —, en supposant que la parfaite humilité chrétienne l'ait sauvé de tout orgueil, a-t-il réussi à s'affranchir de tout autre hédonisme ? Le pouvait-il, et cela ne lui était-il point interdit de par sa religion même qui lui promettait le paradis dans l'autre monde comme récompense de sa sainteté dans celui-ci? Il a pu parfois obéir d'ailleurs à d'autres mobiles encore, moins importants et accessoires.

Enfin, — et c'est ici peut-être la grande objection, l'objection profonde et universelle, — la loi d'habitude finit par faire faire avec plaisir le bien pour lui-même. Le dévouement devient un bonheur, un besoin presque, bien qu'un sublime besoin. On n'a qu'à se laisser faire pour le pratiquer. C'est sans doute par une géniale intuition de cela, que les héros de Corneille, afin d'avoir toujours à faire effort, afin de se sentir toujours maîtres d'eux-mêmes et de se soustraire à la fatalité naturelle de la loi d'habitude (comme qui dirait à une espèce de pesanteur qui, attirant en bas, empêche de planer et surtout de monter toujours plus haut, ainsi qu'ils veulent continuellement le faire), ont besoin, dans ce monde à part où ils vivent, d'inventer sans cesse quelque chose de nouveau à faire, d'inouï à tenter. D'autant plus que, chez eux, le plaisir éprouvé à réaliser les grandes choses qu'ils méditent, n'attend pas même la lente habitude. Ils se grisent aussitôt en face de ce qu'ils doivent exécuter et qu'ils se proposent. Immédiatement arrive, je ne dirai pas le goût, mais la passion, une passion ardente et qui s'embrase et s'emballe de plus en plus, après le premier moment d'héroïque tension, d'effort tout pur et relativement froid encore — moment kantien, mais qui ne dure pas. Sur l'échelle morale, ils ne s'arrêtent à l'échelon de la sphère militante que juste le temps de s'y appuyer pour s'en servir comme de tremplin et prendre de là leur élan plus haut vers la sphère triomphante.

Voilà en quel sens les héros cornéliens sont les vrais virtuoses de la maîtrise de soi. Et ils sont, en cela, admirablement élevés et aussi admirablement profonds, cette forme de maîtrise de soi — la raison et la libre volonté, avec le feu sacré, l'enthousiasme qui flambe par-dessus — étant ce qu'il peut y avoir de plus essentiel et de plus complet dans l'être moral, dans la personne, dans cet *un* supérieur, et partant, ce qui aux regards de notre esprit découvre le mieux l'être et le plus d'être. Il ne reste au delà que l'accord de l'un et de l'autre et de l'un et du multiple. Kant l'a bien comme senti quand il a formulé à l'adresse de l'agent moral cet ordre — donnant cette fois une matière, ou du moins en ajoutant vaguement un peu, à son pur formalisme ordinaire — : « Agis de telle sorte que la maxime de ta volonté puisse revêtir la forme d'un principe de législation universelle. » Pour nous, en précisant comme nous avons fait, c'est là que nous trouvons la grande matière : unification du Tout. Il n'y a, au-dessus, que le grand Un. Mais il y est, pour qui ne veut pas verser dans le panthéisme.

Ainsi, l'étude de l'ambitieux est riche en suggestions, au moins autant que celle de l'amoureux. Si cette dernière répand la lumière principalement sur l'accord de l'un et de l'autre, la première éclaire surtout celui de l'un et du plusieurs ou multiple. Un semblable accord, toutefois, ne peut être produit effectivement que par une ambition du degré le plus élevé, par l'ambition idéale. Toute ambition inférieure, et surtout celle que nous avons placée à l'étage le plus bas, celle qui est en quête de la grosse popularité et qui, pour l'obtenir, ne craint pas de tromper ce peuple même qu'elle flatte et de faire son malheur, celle-là ne peut enfanter que haine, division et servitude (1).

Certains politiciens, assez nombreux, très hardis surtout et très bruyants, et fort en vogue, veulent ou plutôt prétendent vouloir que le règne de la parfaite égalité arrive. Mais l'égalité parfaite ne peut régner, ici-bas du moins, que dans le domaine de l'inerte, de l'abstrait, du mort, du non-être, pour ainsi dire. Ils voudraient donc

---

(1) « Le socialisme marche, par des chemins où soufflent la haine et la colère, vers la détresse et la servitude », a dit Waldeck-Rousseau, le Waldeck-Rousseau première — et aussi toute dernière — manière, et non pas celui qui ouvrit la voie, précisément, et donna l'exemple d'appeler le socialisme au pouvoir!

détruire la vie, l'être proprement dit, l'être de l'ordre supérieur, l'être de l'individuel, du personnel, — car c'est là le seul être de cet ordre, le seul réel, le seul possible, — et pour mettre et faire vivre quoi à la place? pour mettre et faire vivre ce qui ne saurait vivre, ce qui ne saurait vraiment être, être pour soi : un ensemble, un tout, l'Etat, la collectivité en elle-même, c'est-à-dire pas même ce qu'on appelle quelquefois un « être de raison », mais au contraire, un produit de la folie, une abstraction vide et morte, à laquelle ils ont insufflé une vie factice, donc une espèce de monstre énorme, informe, horrible, effrayant, *monstrum horrendum, informe, ingens, cui lumen* VITÆ *ademptum*, monstre enfanté par des cerveaux malades, et qui, sans être ni pouvoir être, pompe l'être de tout ce qui est et doit être, bref qui ne vit pas lui-même et qui tue.

Est-il possible qu'il y ait tant de fous à un pareil degré, et qui se concertent? Est-il possible que l'on proclame de semblables absurdités sérieusement, sincèrement, sans aucune arrière-pensée intéressée, pendant qu'on se sent soi-même quelque chose, qu'on se sent quelqu'un, que dis-je? qu'on sent en soi tout l'égoïsme qui est dans la nature humaine en général et en particulier dans les hommes qui s'occupent de pareilles questions, d'affaires pareilles, où ils ne peuvent, après tout, être attirés que par le goût tout au moins ou par la passion ambitieuse et absorbante? Non; il est cent fois plus vraisemblable qu'ils sont pour la plupart des fripons hypocrites et adroits. Qu'est-il besoin ici d'ailleurs de tant de raisonnement et d'*a priori*? Ils se décèlent eux-mêmes quelquefois (1), et même assez souvent, quoique rusés et habiles. Oui — nous sommes édifiés maintenant — s'ils font si grosse la part de leur formidable abstraction, s'ils manifestent le désir — en attendant qu'ils en aient, encore une fois, le pou-

---

(1) « Les œuvres parlent à leur manière et d'une voix plus forte que la bouche même, c'est là que paraît le fond du cœur. »
(Bossuet, *Sermon sur la haine de la vérité*).

voir — d'aller jusqu'à l'engraisser de la chair des vivants, comme ces hideuses divinités (1), ou bien encore ces bustes creux, qui n'étaient rien, et à qui l'on immolait des hécatombes humaines, ils n'agissent ainsi que parce qu'ils se mettent eux-mêmes à l'intérieur de ce Baal vide, qu'ils entrent dans ce fétiche inerte pour le faire vivre, et, en lui prêtant ainsi leur propre vie, recueillir au passage tout ce qu'ils réussissent à lui faire attribuer, odieux et méprisables comme le prêtre qui ne croirait pas à son Dieu et qui arrêterait à lui tout le culte, tout l'encens et tout le sang, qu'il réclamerait pour sa vaine et ridicule idole.

« L'État doit être tout », disent-ils : « parce que, pensent-ils — chacun en particulier —, l'État ce sera moi. » Ils doivent se parler à peu près dans les mêmes termes que se parle Aman (2) — *mutatis mutandis*, naturellement. On croit les entendre, avant de débiter leur boniment à cet éternel badaud de *démos*, se tenir à eux-mêmes le propos suivant : « Attention, petit ! C'est pour toi-même que tu vas prononcer. Et quel autre que toi pourrait bien être appelé à gouverner, c'est-à-dire à constituer la tête de ce monstre si habilement façonné par ton imagination et celle de tes compères ? »

C'est ainsi que, affreusement égoïstes, ils veulent passer pour noblement désintéressés et exiger des autres un désintéressement réel, un dévouement absolu.

Mais rassurons-nous : tant d'odieuse hypocrisie ne peut qu'échouer finalement, quand même elle obtiendrait une apparence de succès provisoire. Car, d'abord, de pareils hommes, trouvassent-ils assez de naïfs et d'imbéciles pour réaliser leur système et atteindre leurs fins, n'ont en somme qu'une fausse idée de l'intérêt véritable de

---

(1) Voir, par exemple, *le Crocodile* de Taine, dans la préface au t. III et dernier de sa *Révolution*, morceau remarquable et curieux, quoique un peu long et trop poussé comme comparaison, dans tous les cas bien caractéristique de la manière de l'auteur — massive jusque dans l'ingénieux et le spirituel.

(2) Voir l'*Esther* de Racine : II, 5.

chaque personne, d'eux et des autres (1). Ils ont l'air de ne pas se douter que le grand bien et le grand but est, pour chacun de nous, le perfectionnement intérieur et moral, avec la liberté comme outil pour travailler à cette tâche. Ils voulaient, disaient-ils, supprimer entre les hommes toute inégalité, jusqu'à la moindre. Et voilà qu'ils commencent par faire que quelques-uns absorbent tout à leur profit; et, pour comble, ces quelques-uns sont précisément eux-mêmes, contradiction d'autant plus révoltante. Mais ils ne recueillent aucun réel et solide bénéfice de cette contradiction en leur faveur. L'inégalité violée, même à ce degré, dans leur propre intérêt, ne leur donne rien de ce qu'ils désirent le plus, va jusqu'à leur refuser le premier des biens, dont ils ont dépouillé les autres et se sont dépouillés eux-mêmes, la liberté. Car ils se sont rendus ainsi plus esclaves encore

(1) Voici, à ce sujet, un passage admirable de Tolstoï :
« L'activité politique est nuisible, parce qu'elle détourne les hommes de leur unique mission : le perfectionnement moral de chacun de nous; c'est uniquement par ce travail intérieur de l'individu que sera atteint le grand but..... Il est impossible de s'améliorer moralement et de participer, en même temps, à l'action politique qui entraîne aux intrigues, aux ruses, qui provoque la haine allant jusqu'au meurtre... Tant que les hommes seront incapables de résister aux séductions de la cupidité, de l'ambition, de la vanité, ils se grouperont toujours en une société de violateurs et de violés, d'imposteurs et de trompés..... — Reconstituons les formes sociales et la société prospérera, affirme-t-on. — Ce serait beau, si le bonheur de l'humanité pouvait être atteint aussi facilement ! Malheureusement, ou, plutôt, heureusement : parce que si les uns pouvaient organiser la vie des autres, ceux-ci seraient les plus malheureux des hommes (a) — il n'en est pas ainsi : la vie humaine se transforme, non grâce au changement des formes extérieures, mais seulement par le travail intérieur de chaque individu sur lui-même. Tout effort pour modifier les formes extérieures ou amender autrui n'améliore pas la situation des hommes, mais, au contraire, est funeste à la vie de ceux qui — rois, présidents, ministres, membres du Parlement, hommes politiques, révolutionnaires — cèdent à cette erreur pernicieuse. »

(a) Allons ici plus loin que Tolstoï, et sans aller trop loin : ces derniers seraient-ils, même, des « hommes »? mériteraient-ils ce nom? appartiendraient-ils à ce qu'on peut appeler *le règne moral?*

de ce qu'il y a en eux de plus bas, de leurs passions égoïstes. La liberté seule, la vraie liberté, — celle pour tous, car elle est chose essentiellement réciproque, — admise comme principe supra-rationnel, concilie tout dans sa nature mystérieuse. C'est en elle qu'on peut trouver, avec la clef de tant d'autres questions, la solution du si important problème de l'un et du plusieurs.

Or, cette chose si précieuse et si capitale, lors même que nos hommes s'appliqueraient à nous en doter autant qu'ils le font à nous en frustrer, ils ne sauraient y réussir. Car, si la liberté morale est la chose qui peut le moins être donnée toute faite, même par Dieu, à plus forte raison la liberté politique ne peut sortir d'une Constitution, comme Pallas du cerveau de Jupiter. Les logiciens ne sauraient lui trouver une place et l'amener comme conclusion au bout de leurs syllogismes. Elle dérange la symétrie des constructions intellectualistes : de même, par exemple, qu'une planète non encore découverte quoique pourtant existante, trouble les profonds calculs des astronomes mathématiciens et rompt l'équilibre de leurs belles équations. En un mot, la liberté est chose inexplicable, essentiellement l'œuvre de l'évolution, formée d'abord par celui en qui elle est, en attendant qu'elle l'aide à son tour puissamment à évoluer et à se donner par lui-même une forme nouvelle. Elle est autant une fin qu'un moyen et un moyen qu'une fin.

Ne poussons pas plus loin ces considérations pour le moment. D'autant plus que, avec la nature de leurs principes et la qualité de leurs sentiments, nos tristes politiciens ne se moquent pas mal sans doute de tout cela, de toute cette métaphysique, et doivent trouver qu'elle est viande bien creuse. Mais la sanction immanente les attend sous une autre forme, plus concrète, qu'ils prendront peut-être au sérieux. Car les moins perspicaces de leurs dupes finiront sûrement par s'apercevoir, en les voyant à l'œuvre, qu'ils les ont trompés, et ils leur feront alors sentir leur juste fureur. Ce sera pour eux le jour de la grande échéance, plus prochain qu'ils ne croient.

Mais ne séjournons pas plus longtemps dans ces bas-fonds. C'est malsain. Remontons à un genre noble et délicat d'ambition, et montrons-la aux prises avec l'amour, qui, à ce contact et dans cette lutte, se purifiera et s'ennoblira lui-même :

« L'amour n'est pas un égoïsme, même à deux. Je sais combien délicieuse est cette coupe d'amour, moi existant pour vous, vous existant pour moi; mais l'Eden de Dieu est un et grandiose. Le ciel n'est pas l'appariement de deux âmes, mais la communion de toutes (1).....

« Bien loin qu'il y ait quoi que ce soit de divin dans le sens bas et propriétaire du *M'aimez-vous?* je suis repoussé, si vous fixez votre œil sur moi, et me demandez de l'amour; c'est seulement quand vous me laissez et me perdez, en vous jetant sur un sentiment qui est plus haut que nous deux, que je me rapproche, et me trouve à vos côtés. » (Emerson, *Les Sur-humains*).

Pour illustrer ces belles considérations morales, et surtout, pour leur donner plus de vertu et de pouvoir sur nos âmes, écoutons parler, maintenant, ou plutôt regardons agir les nobles héros amoureux de Corneille; car

> Les exemples vivants sont d'un autre pouvoir,

et

> Nous apprendrons à vaincre en les regardant faire.

Sans sortir du *Cid*, précisément, dont nous venons de reproduire deux vers, voici ce que se disent deux personnages qui s'aiment, mais avec toute la générosité d'une jeunesse héroïque et cornélienne :

---

(1) On peut citer, à côté, ce passage d'un autre auteur : « Il ne faut aimer personne au préjudice de personne.

« Il faut avoir une affection universelle et divine presque, sans la terrestre affection particulière...

« Ceux qui ont aimé dans une universelle et désintéressée pitié sont plus près de la grande bonté que ceux qui ont aimé un ou une par-dessus tout, ou malgré tout, car ceux-là aimaient surtout eux-mêmes, et leur passion fut égoïste... »

Le Cid à Chimène :

> ... Ta beauté sans doute emportait la balance,
> A moins que d'opposer à tes plus forts appas
> Qu'un homme sans honneur ne te méritait pas ;
> Que, malgré cette part que j'avais en ton âme,
> Qui m'aima généreux me haïrait infâme ;
> Qu'écouter ton amour, obéir à sa voix,
> C'était m'en rendre indigne et diffamer ton choix.
> ....
> Je t'ai fait une offense, et j'ai dû m'y porter
> Pour effacer ma honte, et pour te mériter...

Et Chimène, en réponse :

> ....
> Cet effort sur ma flamme à mon honneur est dû ;
> Et cet affreux devoir dont l'ordre m'assassine,
> Me force à travailler moi-même à ta ruine.
> Car enfin n'attends pas de mon affection
> De lâches sentiments pour ta punition.
> De quoi qu'en ta faveur mon amour m'entretienne,
> Ma générosité doit répondre à la tienne :
> Tu t'es, en m'offensant, montré digne de moi ;
> Je me dois, par ta mort, montrer digne de toi (1).

(1) A propos de cette longue citation du *Cid*, nous ne croyons pas devoir passer sous silence la curieuse opinion de M. Jules Lemaitre sur cette pièce, qui, selon lui, serait, dans Corneille, « une exception unique », l'esprit en étant tout différent et presque l'opposé de celui du reste de son théâtre.

« Car ce n'est nullement, dit le brillant critique, le triomphe du devoir sur l'amour qui nous y est présenté, mais tout au plus, la conciliation tardive de l'un et de l'autre.... Supprimez ce que les deux amants disent au public et pour le public, les vers sur l'honneur et sur le devoir : le fait est qu'ils ne cessent de s'aimer éperdument.... Dans la situation étrange où le poète les a placés, leur amour s'accroît par l'effort même de la vertu qui le combat..... Chimène et Rodrigue parlent tout le temps du devoir, pour l'oublier, et ils ont raison... On ne trouve plus ici cette conception bizarre et fausse de l'héroïsme, si naturelle à Corneille. »

Une semblable opinion nous paraît beaucoup plus neuve et ingénieuse qu'exacte. Nous croyons que la conception de l'héroïsme dans le théâtre de Corneille en général, aux yeux de qui veut prendre la peine de pénétrer jusqu'au fond, est bien loin de mériter des épithètes si flétrissantes. Pour le héros cornélien, en effet, l'idéal c'est de vouloir énergiquement, sans doute, mais tout en se préoccupant de l'objet visé, et en voulant le vrai bien, dans la mesure du moins où pour l'instant il le connaît.

Peut-on être d'ailleurs, au degré où l'est Corneille, le poète de la volonté, sans être en même temps celui du devoir? Car, en somme, la volonté en morale est l'instrument universel et comme le grand outil, qu'il faut commencer par rendre le plus parfait, c'est-à-dire à la fois le plus puissant et le plus souple possible, si l'on veut être à même, après, de faire de la bonne besogne. On peut dire encore que la volonté est par rapport à la morale et à tout son objet, comme l'argent par rapport à tout ce qu'on peut par lui se procurer. Eh bien, Corneille et ses héros ressemblent ici à l'avare, qui aime l'argent pour lui-même. Dira-t-on, à cause de cela, par hasard, qu'Harpagon n'a pas un très vif instinct de la possession en général? Ajoutons que dans ce monde où nous transporte notre grand tragique, on se trouve à des hauteurs où la poésie et la morale se confondent.

Et dans le *Cid* en particulier, n'en déplaise à M. J. Lemaître, l'impression qu'on retient, impression morale et saine, c'est avant tout celle de l'effort des amants pour le devoir contre l'amour, surtout l'amour présentant la moindre tache de bassesse et de vulgarité.

CHAPITRE IV

LA SCIENCE ET SON OBJET (1).

La « Science » se réduit, au fond, à certains rapports abstraits et superficiels saisis entre des choses qu'on ne connaît pas pour cela le moins du monde en elles-mêmes. En somme, avec son déterminisme, elle ne pousse pas l'explication des choses au delà du conditionnement des phénomènes les uns par les autres, étrangère même à toute spéculation sur les causes efficientes, qui ne sont pas de son ressort.

C'est, si l'on veut, une toile immense, indéfinie, que va tissant l'humanité « savante », toile dont la trame, serrée et régulière, apparaît plus ou moins à chacun de nous selon qu'il est plus ou moins «savant», et toile aussi dont on tire de quoi nous faire à tous, pauvres êtres naturellement nus, des trousseaux (ce sont les utiles applications de la «science»), dont la qualité d'ailleurs est toujours en rapport pour chacun de nous avec le prix qu'il peut y mettre. Mais nul ne sait ni ne saura jamais, du moins par la « science », de

---

(1) Ce chapitre peut paraître, tout d'abord, se rattacher plus naturellement à notre première partie. Si nous avons préféré lui assigner cette place, c'est que nous tenons ici, avant tout, à montrer qu'en somme la science n'étudie pas l'être et le réel, à proprement parler.

quelle matière sont faits les fils de cette toile. Là-dessus les « savants » ne sont pas plus avancés que les ignorants.

On se représente encore l'ensemble des « sciences » comme un grand tas ou, tout au plus, un vaste agencement de trucs, de ficelles, dont nous nous servons parce que nous nous sommes aperçu que cela pouvait servir, mais sans savoir, sans même soupçonner ce qu'il y a derrière ou dessous.

Le « mécanicien » de nos chemins de fer, ou *machiniste* (1), sans connaître un traître mot de physique proprement dite, peut très bien faire avancer, reculer, arrêter sa machine, à volonté, en sachant seulement ce qu'il faut tirer, pousser ou déplacer d'une façon quelconque pour obtenir, au moment voulu, tour à tour chacun de ces effets.

Eh bien, ce « mécanicien » est un ignorant à une puissance supérieure, tout simplement ; tandis que l'autre, le vrai mécanicien, le mécanicien « savant », le physicien, se contente de l'être à la première : ce qui est suffisant pour ce que nous voulons ici établir.

« Savoir, c'est pouvoir », a dit Bacon. Oui, répondrons-nous, si c'est vraiment savoir que de « savoir » — une supposition — que, pour obtenir d'une lame de couteau un certain travail qu'on veut lui faire fournir, il faut remuer d'une certaine façon le manche par le moyen de la main (2). Car c'est à cela, et rien qu'à

---

(1) Au sens où nous prenons ce mot, simple ouvrier qui dirige le fonctionnement d'une machine ; tandis que le mécanicien, possédant la science de la mécanique, invente et construit des machines.

(2) Dans la locomotive et son train, par exemple, nous trouverions, si nous voulions, un cas plus précis et plus compliqué.

La série de phénomènes est ici beaucoup plus longue, les chaînons de la chaîne sont incomparablement plus nombreux. Mais le lien entre eux est toujours de même nature. A l'un des bouts, le

cela, — au degré de complication près —, que se réduit la « science » avec toutes ses applications possibles. En d'autres termes et plus simplement, c'est-à-dire en laissant là la comparaison, on sait que, dans

plus rapproché, on a en mains le feu et l'eau (a); et, il s'agit de produire à l'autre, très indirectement, par leur moyen, un mouvement de roues qui se développe sur des rails parallèles en fournissant un travail utile de transport. Il faut passer du premier au dernier de ces deux phénomènes à travers une foule d'autres qui par leur intermédiaire les rattachent; et, pour être à même de réaliser cet enchaînement, il a fallu d'abord observer les séquences naturelles de

(a) Bossuet aurait prévu ce magnifique emploi de la force d'expansion de la vapeur qu'il ne se serait pas écrié avec plus d'enthousiasme qu'il fait dans un passage célèbre de son *Sermon sur la Mort* : «…,.. Je confesse que je ne puis contempler sans admiration ces merveilleuses découvertes qu'a faites la science pour pénétrer la nature, ni tant de belles inventions pour l'accommoder à notre usage. L'homme a presque changé la face du monde. Il serait superflu de vous raconter comme il sait ménager les éléments, après tant de sortes de miracles qu'il fait faire tous les jours aux plus intraitables, je veux dire au feu et à l'eau, ces deux grands ennemis, qui s'accordent néanmoins à nous servir dans des opérations si utiles et si nécessaires. » — On peut trouver, sans parti pris de dénigrement ni de pessimisme, que cette éloquente bouche chrétienne exagère ici un peu trop l'éloge, tout de même, surtout pour l'époque et après avoir commencé par dire : « Je ne suis pas de ceux qui font grand état des connaissances humaines. » Peut-être les païens, dès la plus haute antiquité, eurent-ils une idée plus juste de l'esprit scientifique, soit en l'incarnant dans Prométhée, frère de Satan qui tomba comme lui, soit en montrant la terrible Némésis qui s'acharne contre la science et surtout l'industrie et ne se lasse pas de poursuivre de ses châtiments vengeurs la criminelle audace des hommes qui se permettent de profaner en les troublant les lois éternelles et divines de la nature.

Bossuet d'ailleurs s'est sur ce point corrigé lui-même, pour ainsi dire, dans un passage curieux de ses *Élévations sur les mystères* (XVIIe semaine, IIIe élévation). Il faut voir toute cette magnifique apostrophe, dont nous ne pouvons reproduire ici que l'essentiel. Voici : « Mages de nos jours, savants, de quelque rang que vous soyez, ou observateurs des astres, ou contemplateurs de la nature inférieure, et attachés à ce qu'on appelle physique, ou occupés des sciences abstraites qu'on appelle mathématiques, où la vérité semble présider plus que dans les autres,…… cultivez donc ces sciences ; mais ne vous y laissez pas absorber. Ne présumez pas et ne croyez pas être quelque chose plus que les autres, parce que vous savez les propriétés et les raisons des grandeurs et des petitesses, vaine pâture des esprits curieux et faibles, qui ap.˙s tout ne mène à rien qui existe, et qui n'a rien de solide qu'autant qu'elle achemine à chercher enfin la véritable et utile certitude en Dieu seul. »

une série de phénomènes, tel antécédent amène après lui tel conséquent ; et ce conséquent, à son tour, tel autre ; et ainsi de suite, jusqu'au conséquent auquel on peut avoir affaire. Avec cette belle science, lorsqu'on a besoin d'un conséquent et qu'on ne saurait l'atteindre directement, on n'a qu'à faire usage du ou des antécédents plus ou moins nombreux qu'on lui connaît, dont il suffit d'avoir le premier sous la main, pour tenir par lui toute la chaîne — si longue soit-elle — jusqu'au bout, c'est-à-dire jusqu'au dernier conséquent qui seul importe en la circonstance et que seul on vise à travers tous les intermédiaires voulus (1).

tous les phénomènes appelés à jouer tour à tour chacun son rôle sur cette scène mouvante.

Il faut ensuite disposer les choses de façon à ce que ce passage ou, si l'on veut, ce changement d'acteurs ou de personnages s'opère le plus utilement et le plus économiquement possible. En un mot et pour être à la fois plus bref et le plus simple, on emmanche tous ces éléments l'un dans l'autre le plus adroitement qu'on peut, depuis celui qu'on tient jusqu'à celui qui est la fin utile qu'on vise.

(1) La pensée que nous désirons exprimer ici sera peut-être rendue plus claire pour l'esprit du lecteur après que nous aurons mis sous ses yeux le curieux passage suivant du deuxième *Dialogue entre Hylas et Philonoüs* :

« La matière est un instrument », vient d'affirmer Hylas. Là-dessus, Philonoüs, c'est-à-dire Berkeley lui-même : « N'est-il pas commun à tous les instruments d'être employés seulement à faire les choses qui ne peuvent être accomplies par l'acte de nos volontés ? Ainsi, par exemple, je n'use jamais d'un instrument pour remuer le doigt, parce que la volition y suffit. Mais j'en emploierais un, si je devais remuer un quartier de roche ou déraciner un arbre....... Pas d'exemple où un instrument soit employé pour produire un effet dépendant immédiatement de la volonté de l'agent.

« Comment alors supposer qu'un Esprit tout parfait, dont la volonté tient toutes choses dans une dépendance absolue et immédiate, puisse avoir besoin d'un instrument dans ses opérations, ou l'emploie sans en avoir besoin ? Il me semble donc que vous êtes contraint de reconnaître que l'emploi d'un instrument inactif et inanimé est incompatible avec l'infinie perfection de Dieu.

« Nous autres, il est vrai, qui sommes des êtres de pouvoir fini, nous sommes forcés de faire usage d'instruments. Et l'usage d'un

Mais, afin qu'on ne puisse pas nous accuser de vouloir ici diminuer la « science », rendons-lui pleine et entière justice : dans cette chaîne indéfinie des antécédents et conséquents, la loi scientifique comprend encore essentiellement, avec la *place*, la *mesure* relative de chacun des chaînons. Pour reprendre maintenant notre comparaison du couteau, on imprime un certain degré d'impulsion, d'une certaine façon appropriée, à ce manche qu'on tient dans la main, afin de faire agir au degré voulu et comme il faut la lame, qui ne se laisse pas manier, elle, et qui est pourtant seule apte à fournir le travail dont on a besoin; mais, au reste, on ne connaît à fond et d'une manière vraiment *scientifique* ni la lame, ni le manche, ni le mode exact et précis d'adaptation de l'un à l'autre. Ce qu'on sait, en un mot, est non moins empirique et superficiel théoriquement qu'il peut être pratiquement suffisant.

La science est enfermée dans la fameuse caverne

instrument montre que l'agent est borné par des lois qu'un autre a prescrites et qu'il ne peut arriver à ses fins que de telle manière et sous telles conditions.

« De là, il me semble, résulte manifestement que l'Agent suprême et illimité ne se sert pas du tout d'outil ou d'instrument. La volonté d'un Esprit omnipotent n'est pas plus tôt manifestée qu'elle est exécutée, sans l'intervention de moyens.

« Si les agents inférieurs y ont recours, ce n'est pas que ces instruments aient en eux-mêmes une efficacité réelle ni qu'ils soient nécessairement aptes à produire un certain effet, mais c'est seulement pour obéir aux lois de la nature, c'est-à-dire aux conditions qui lui ont été imposées par la Cause Première, qui est elle-même au-dessus de toute limitation et de toute prescription, quelle qu'elle soit. » — Là-dessus, concluons, simplement et d'un mot, touchant la science et ses applications :

Si donc, comme l'a dit l'illustre compatriote de Berkeley (Bacon), « savoir, c'est pouvoir », à un pouvoir qui n'est ainsi qu'une impuissance, comparé à celui de l'Omnipotent, doit forcément correspondre un savoir — et c'est, précisément, le savoir « scientifique » — qui n'est qu'une ignorance, à côté de celui de l'Omniscient.

de Platon, où elle s'occupe à observer des ombres qui s'entresuivent dans un certain ordre, à constater ces séquences d'ombres, à prendre leur signalement et leur mesure relative. L'industrie vient ensuite qui dispose les choses pour tâcher d'amener dans les meilleures conditions possibles l'ombre désirée entre toutes, et cela, par le moyen d'autres qui l'accompagnent et qu'on se trouve avoir plus à portée de la main. Mais c'est là, en somme, un pur jeu d'ombres ou, si l'on veut, de simples phénomènes qui s'emmanchent ensemble. Et encore on ne sait même pas quelle est au juste la nature du lien qui unit entre elles ces ombres ou entre eux ces phénomènes.

L'un de ces phénomènes produit-il l'autre? Celui-ci n'est-il que le premier sous une nouvelle forme? Ou, au contraire, n'y a-t-il entre eux qu'une espèce de lien imposé du dehors par un Créateur législateur? Ou bien encore, tout cela n'est-il qu'une vaine succession d'images de cinématographe, sinon de simple lanterne magique? Ou enfin, sommes-nous là en présence de fantômes purement subjectifs? Le lien lui-même a-t-il de la réalité ailleurs que dans notre esprit? N'est-ce pas une simple association inséparable qui s'y est formée? etc., etc.

Telle est la marge, ou plutôt un aperçu de la marge d'*ignorance* laissée par la *science*. Que ne peut-on pas écrire là dedans? Oui, que ne peuvent pas y écrire les métaphysiciens, les poètes, les héros, les croyants? Quelles régions vastes et neuves à explorer pour tous ces aventureux, tous ces enfants perdus de la pensée et de l'activité humaines!

La science, soit théorique, soit appliquée, avec son apparence de réalité, d'utilité, de sérieux, de positivité, en un mot, ne va au fond de rien, n'y vise même pas, mais s'arrête satisfaite à la surface des choses; tandis que la vraie philosophie, la haute poésie, la foi, l'héroïsme et l'amour, c'est-à-dire le cœur aux deux grands sens du mot, l'un cornélien et l'autre racinien, — cette noble chose, sous son air d'irréalité, d'inutilité, d'utopie, de rêve, — va au fond, pénètre jusqu'au noyau de l'être. Aussi, quelle profonde suggestivité se trouve en lui! Et seul il est fécond moralement et socialement, aussi bien que métaphysiquement.

La science et l'industrie, comparées à l'intuition et à la vertu — sans même parler de la religion —, que sont-elles de plus qu'un tissu de connaissances superficielles, de petites habiletés et de basses utilités? Aussi n'ont-elles que de bien faibles remèdes, de simples palliatifs à nous offrir contre nos maux, et rien contre nos passions et nos vices. Elles peuvent nous procurer des commodités et du bien-être, mais pas le bonheur.

Les vrais philosophes, les nobles poètes, les héros, les dévoués, les croyants, ces grands enfants, ces naïfs, dont se moquent volontiers les savants qui ne sont que savants — soi-disant hommes faits, eux, et souvent si gravement insensés —, se trouvent donc être, en réalité, les seuls sérieux et réfléchis, les seuls qui tendent d'instinct au solide, au réel. L'adresse, la roublardise qui leur manque, ils la remplacent par l'habileté véritable, celle du bien et de la vertu.

Et qu'on n'insiste pas : qu'on ne vienne pas dire encore et répéter que les applications utiles sauvent la science et même la rendent digne de toute notre reconnaissance et de tous nos respects, sinon de toute notre admiration. Car, à se placer au vrai point de vue humain, au point de vue à la fois élevé et profond, ce n'est qu'une vanité de plus que ce misérable fruit cueilli en passant au bord du chemin éternel, infini, de l'humanité. Ce léger surcroît de bien-être donné au penseur harassé, que dis-je? jeté souvent comme une aumône du hasard, a l'air d'une pure ironie, capable seulement d'aveugler les peu clairvoyants sur l'inanité en somme du résultat atteint pour ce qui est du but final. Toutes ces petites fins poursuivies ne peuvent que faire oublier la grande. La perpétuelle inutilité, la stérilité, l'aridité, l'impossibilité du bien-être, tant qu'on n'est pas arrivé au véritable bonheur, serait plus noble, plus salutaire, plus digne de l'homme vraiment homme. Car, aux yeux du philosophe qui mérite ce nom, du chercheur de la grande énigme, le savant, fût-il même inventeur, ressemble à un enfant, à l'enfant qui, ayant à porter un message urgent de salut qu'on lui aurait confié, au lieu d'aller droit et vite, s'amuserait en route à cueillir des mûres tout le long des haies pour les croquer ou les offrir à ceux qui l'auraient envoyé, et qui se figurerait qu'ainsi il remplit au mieux sa mission. C'est d'ailleurs ce qu'ont bien senti et quelquefois exprimé admirablement des savants qui ont su être autre chose que savants, quelque chose de plus élevé, ou plutôt disons simplement, de plus sensé et de plus raisonnable : un Pascal, par exemple.

La soi-disant science s'arrête à la surface matérielle, mécanique, nécessaire des choses. La vraie science pénétrerait, au contraire, jusqu'à l'esprit, au dynamisme, à la spontanéité, à la contingence. Elle éclairerait les mystères de la vie, de l'âme, de la liberté, c'est-à-dire le fond même de l'être. Or, c'est là précisément ce qui échappe à la science des savants, et qui est essentiellement hors de ses prises. Tout heureuse quand elle peut saisir quelques rapports, des lambeaux de l'universel déterminé, des fragments de la chaîne infinie, elle ne poursuit seulement pas le reste, qui cependant est tout le vrai et solide réel. Aussi, n'explique-t-elle proprement rien. Au lieu d'expliquer, c'est-à-dire d'ouvrir et d'étaler aux yeux avides de l'esprit le dedans des choses, elle ne fait qu'attacher ces choses par le dehors, en les laissant fermées. Elle lie la paille de la gerbe, sans toucher même à l'épi, loin d'en retirer le grain pour le moudre en farine et pétrir un pain qui nous nourrisse.

La *nature*, qui est étudiée par la science, n'est-elle pas d'ailleurs opposée à la *morale* (1)? La loi du plus fort, qui y règne en souveraine (2), ne se trouve-t-elle pas en parfaite contradiction avec l'idée de droit et de justice, et surtout avec tout sentiment d'amour et de charité? Bref, tout ce qui est moral, c'est-à-dire vraiment humain, étant d'un autre ordre et *surnaturel*, est incommensurable, en quelque sorte, avec le point de vue scientifique.

Ces fameuses séquences de phénomènes naturels, auxquelles on est d'ailleurs obligé de commencer par se soumettre humblement avant de pouvoir en tirer le moindre parti et se faire rendre par elles quelque service, quelle maigre connaissance, qui ne mérite guère le fier nom de *scientifique*, car l'on ignore *pourquoi* l'un suit de l'autre dans cet enchaînement, on ne connaît même pas le *comment* profond de la chose! Eh bien, cela, qui est si peu, il a fallu préalablement le découvrir. Et, le plus souvent, on l'a fait misérablement, par hasard et comme par raccroc, sans qu'on le cherchât, car, pour le chercher, il aurait fallu en avoir l'idée, c'est-à-dire l'avoir déjà découvert, ce qui est absurde (3). Et cependant, ces décou-

---

(1) Voir certains passages de la *Raison pratique* de Kant.
(2) Voir Darwin.
(3) N'en déplaise à Cl. Bernard, qui a dit : « Quand on ne sait pas ce qu'on cherche, on ne comprend pas ce qu'on trouve. » Cela n'est

vertes, quoique ainsi faites, ne sont à la portée que de quelques rares mortels supérieurs et privilégiés de la nature,

> pauci quos æquus amavit
> Jupiter;

et encore à certains moments, très clairsemés, même dans l'existence des plus grands génies scientifiques; et ceux-ci ne peuvent livrer à personne leur grand secret ni nous procurer le moyen de faire comme eux, car c'est là le *quid proprium* de chaque intelligence, ainsi que l'a très bien dit l'un des plus illustres d'entre eux, Claude Bernard (1).

Et ces lois de la nature, quand on les a de la sorte découvertes, on les connaît si peu pour cela qu'on ne sait même pas bien, par exemple, si elles sont nécessaires ou contingentes. Car chacune de ces opinions

---

pas pour nous effrayer; car nous croyons qu'on ne *comprend*, là dedans, jamais grand'chose !

(1) « Il n'y a pas de règles à donner pour faire naître dans le cerveau, à propos d'une observation donnée, une idée juste et féconde..... Son apparition est toute spontanée et sa nature tout individuelle. C'est un sentiment particulier, un *quid proprium* qui constitue l'originalité, l'invention et le génie de chacun (a). Une idée neuve apparaît comme une relation nouvelle ou inattendue que l'esprit aperçoit entre les choses. Il arrive même qu'un fait ou une observation reste très longtemps devant les yeux d'un savant sans lui rien inspirer, puis tout à coup vient un trait de lumière et l'esprit interprète le même fait tout autrement qu'auparavant et lui trouve des rapports tout nouveaux. L'idée neuve apparaît alors avec la rapidité de l'éclair comme une sorte de révélation subite; ce qui prouve bien que, dans ce cas, le discernement réside dans un sentiment des choses qui est non seulement personnel, mais qui est même relatif à l'état actuel dans lequel se trouve l'esprit. »
(Claude BERNARD, *Introduction à la médecine expérimentale*).

(a) Bacon donne à cette espèce de flair des observateurs de génie le nom pittoresque de *subodoratio venatica*.

a ses partisans et ses défenseurs (1). La question, si importante, si capitale, n'est plus d'ailleurs du domaine de la science. Ainsi, ses explications sont comme en l'air, suspendues dans le milieu des choses, et ne s'expliquent pas elles-mêmes ; loin qu'elle puisse, après, décemment venir contrecarrer jusque chez elles la philosophie et la religion : comme elle affiche cependant — du moins dans la personne de quelques-uns de ses représentants, et pas des moindres — la prétention de le faire. Quelle vanité donc, au fond, que cette Science qui a énivré, pendant les deux derniers siècles, tant de têtes faibles, depuis les d'Holbach et les Condorcet jusqu'aux Berthelot ! Quel fol orgueil de sa part de vouloir renfermer en elle tout vrai savoir, remplacer la morale même et la rendre désormais inutile, atteindre Dieu en personne, ou plutôt le supprimer, le supplanter, et le reléguer parmi ces vieilles hypothèses qui ont pu servir autrefois mais dont aujourd'hui on n'a plus besoin !

Le chancelier Bacon, lui qui, au début de son *novum organum*, a énuméré tant d'idoles, en a oublié une — devenue, sans comparaison, la plus encombrante de toutes —, la Science, qui a réussi, sans

---

(1) Les philosophes qui soutiennent la deuxième de ces opinions ne flattent pas davantage, pour cela, le savoir scientifique, auquel échapperait cette part de contingence reconnue par eux dans les choses. Le lien de nécessité, qui est son seul objet, n'est tout au plus que le bouche-néant de l'être multiple, nous l'avons assez vu. A si peu, donc, d'être réel ne peut correspondre que bien peu de connaître : puisque tel être, tel connaître. Le libre, au contraire, est l'être vraiment positif. C'est sous cet aspect, de liberté, que nous apparaît surtout le Grand Etre, parfait et fécond; ainsi que ce qu'il y a en nous de plus profond en même temps que de plus élevé. Et dans la nature même, partout où éclate de la contingence, il y a aussi du divin qui apparaît et coïncide précisément avec cette rupture supra-scientifique de la chaine de nécessité. Et c'est là que, avec l'être véritable, est le véritable connaître.

doute, finalement, sinon à détruire, du moins à écarter, dans ses recherches, la plupart de ces anciennes idoles, mais qui a fini aussi par les remplacer à peu près toutes, avec sa fille, l'Industrie, deux fétiches de notre monde moderne et civilisé, auxquels on voudrait tout sacrifier : le vrai — le véritable, le profond, que, pour leur compte, elles ne donnent pas, qu'elles sont si loin de pouvoir donner —, le beau, le bien et Dieu surtout. N'est-ce pas ici, en effet, qu'on est vraiment idolâtre et qu'on se laisse illusionner par de creux fantômes, de vains simulacres de vérité et d'utilité, en un mot, qu'on lâche la proie pour l'ombre ? Mais Bacon avait bien garde de prévoir et de prédire cela, puisque c'est lui, au contraire, qui, l'un des premiers, a façonné le socle sur lequel se dresse orgueilleusement aujourd'hui cette reine des idoles après avoir détrôné toutes les autres ; il a orné l'œuvre, avec amour, de toutes les ciselures de son style imagé, y a mis toute sa complaisance, y a déployé toute son ingénieuse virtuosité. Il était bien, encore plus par ses défauts et ses vices que par les qualités intellectuelles qu'il pouvait avoir, l'homme qui convenait parfaitement à la tâche. Il fallait, en effet, pour inaugurer cela dignement, quelqu'un comme lui, d'infiniment d'esprit et d'imagination mais dépourvu au suprême degré d'âme et de sens moral.

*
* *

Selon les savants eux-mêmes, du moins selon ceux d'entre eux qui ont un peu réfléchi sur l'objet précis et l'exacte portée de leur genre de connaissance, — prenons M. Henri Poincaré (1), par exemple — : « La

---

(1) Voir *La Science et l'Hypothèse* et *La Valeur de la Science* de cet auteur.

science n'est qu'un simple système de rapports. » « Elle ignore même les phénomènes ; elle en saisit seulement l'harmonie. » « La grande habileté du savant, c'est de parvenir à concentrer dans ses formules les rapports réguliers de termes inconnus. » « Quand nous demandons quelle est la valeur objective de la science, cela ne veut pas dire : la science nous fait-elle connaître la véritable nature des choses? Mais cela veut dire : nous fait-elle connaître les véritables rapports des choses? » « Les objets sont des groupes de sensations cimentés par un lien constant. Et c'est ce lien seul qui est objet de science. » « De ce monde, tout ce que nous savons c'est son harmonie. Et c'est à la lettre que notre science est relative, comme étant un système de relations mathématiques. Des rapports sans supports (1), voilà notre unique réalité à nous, savants. »

Malgré toute sa concision de mathématicien, M. Poincaré ne se lasse pas de répéter toujours cette même vérité, tellement elle lui tient au cœur et lui paraît importante. Un peu plus loin, il y revient encore : « La seule réalité objective pour nous, ce sont les rapports des choses d'où résulte l'harmonie universelle. »

Et qu'il soit bien compris que ce que dit là M. Poincaré ne convient pas seulement, pour lui, — et il a parfaitement raison —, aux mathématiques, mais s'étend déjà aux sciences qui s'en rapprochent le plus (par le degré d'abstraction de leur objet) et doit s'étendre un jour à toutes, même à la chimie et à la biologie, appe-

---

(1) C'est précisément parce que les sciences étudient seulement des rapports abstraits que de plus en plus, à mesure qu'elles progressent, elles relèvent des mathématiques : si bien que M. Henri Poincaré encore a pu, déjà, dire que les lois physiques n'étaient que des équations différentielles et les traiter comme telles.

lées à devenir, elles aussi, après un plus ou moins grand nombre de siècles écoulés, de simples problèmes de mécanique, qui seront seulement beaucoup plus compliqués encore, dans cet infiniment petit, que celui dont l'astronomie fournit — comme on sait — la vaste matière, dans l'infiniment grand.

En attendant, pour nous faire patienter et nous encourager à l'espoir, nous avons dès aujourd'hui la physique mathématique :

« Pour mesurer une force, point n'est besoin de la connaître. La mesure de la force suffit précisément à la physique : une loi, en effet, — la mécanique céleste elle-même nous l'a enseigné, — n'est qu'une relation entre deux états de l'univers, une succession régulière entre deux phénomènes. Il n'est donc pas nécessaire de connaître les corps pour trouver la loi des phénomènes (1). Supposons que nous ayons en face de nous une machine quelconque ; le rouage initial et le rouage final sont seuls apparents, mais les transmissions, les rouages intermédiaires, par lesquels le mouvement se communique de l'un à l'autre, sont cachés à l'intérieur et échappent à notre vue ; nous ignorons si la communication se fait par des engrenages ou par des courroies, par des bielles ou par d'autres dispositifs (1). Dirons-nous qu'il nous est impossible de rien comprendre à cette machine tant qu'il ne nous sera pas permis de la démonter ? Pour nous qui possédons le principe de la conservation de l'énergie, il suffira de savoir que la roue finale tourne dix fois moins vite que la roue initiale — et nous le pouvons, puisque ces deux roues sont visibles. Un couple appliqué à la première fera équilibre à un couple dix fois plus grand appliqué à la seconde. Point n'est besoin pour prévoir ce

---

(1) On voit, de l'aveu d'un de nos plus grands savants contemporains, mathématicien génial, combien d'ignorance comporte au fond cette « science », quoiqu'elle *réussisse*, c'est-à-dire qu'elle soit capable de *prévoir* et de *pouvoir* !

résultat de savoir comment il se produit (1). Eh bien! faisons de même [en physique dès maintenant, et bientôt dans d'autres sciences plus concrètes, et enfin dans toutes, même les plus concrètes] à l'égard de cette autre machine, l'univers. Renonçons à en démonter les pièces (1), à analyser une à une les forces qui en mettent en branle les parties. Constatons seulement les effets, mesurons-les. Alors la loi, prenant son vrai sens de relation entre le phénomène d'avant et le phénomène d'après, aura conservé aussi sa formule mathématique. »

Pour confirmer ce qui précède, faisons de nouveau appel à un grand penseur que nous avons déjà cité bien des fois, sans l'approuver toujours, mais qui, dans l'espèce, a une compétence toute spéciale, puisque c'est par la porte des sciences — des mathématiques, lui aussi, — qu'il est entré dans la philosophie. Voici donc ce que nous lisons aux pages 70-1 du t. III du *Deuxième Essai* ou *Psychologie rationnelle* de Renouvier :

« Je crois très importante l'observation suivante :

Il est de fait que les sciences de l'ordre physique se ramènent — les unes en totalité déjà, les autres seulement en partie encore — aux lois du mouvement envisagées en des mobiles plus ou moins abstraits, et, par là, rentrent, elles aussi, dans les sciences que H. Spencer appelle sciences des *formes vides*, j'aimerais mieux dire de l'ordre intellectif (2).

---

(1) Voir la note de la page précédente.
(2) La correction de Renouvier est en partie juste, si l'on veut, mais en partie seulement. Voici comment :
1° Le fait est que d'abord ces « formes » ne sont pas précisément « vides »; mais elles se remplissent de n'importe quoi, et encore, rien qu'au commencement, car, après, ce n'importe quoi lui-même disparaît;
2° Cette « forme » est bien un « ordre »; mais cet ordre n'est que le fameux enchaînement déductif, qui, après un premier moment — très court — de réalisme, où le savant saisit le fait concret, vivant,

« La physico-chimie avance dans cette voie de réduction, grâce aux études moléculaires et au principe de *l'équivalence des forces*. D'autres sciences l'y ont précédée, d'autres l'y suivront dans la mesure où les phénomènes de leur ressort pourront se rattacher aux phénomènes physico-chimiques. Il est incontestable que telle est la tendance des investigateurs dans les sciences de la vie ; et rien n'est plus naturel et plus juste, parce que toute science vise à mesurer et à prévoir, et que toute mesure exacte conduit au mécanisme, toute prévision certaine à des lois que rien ne puisse troubler.

« ... Et cette réduction doit aller jusqu'au bout et être totale... Tous les phénomènes possibles seront ainsi ramenés rigoureusement aux formes mathématiques et aux modifications de ces formes... Une simple et unique loi mécanique des actions moléculaires sera propre à contenir l'explication adéquate de tous les phénomènes de la vie..., à l'infini.... »

Ces phénomènes vont « à l'infini », en effet ; et « l'explication », ou prétendue explication, les y suit, c'est-à-dire qu'elle n'est jamais donnée, simple mirage d'explication, alors, et non explication véritable. Les phénomènes, ainsi ordonnés et enchaînés, se renvoient, en quelque sorte, la balle « explicative », et cela, sans fin, soit qu'ils se trouvent être eux-mêmes en nombre infini, comme il est affirmé ici (non certainement par Renouvier, en son nom du moins, car nous savons qu'il n'admet pas — et avec raison, croyons-nous — le nombre infini actuel, le nombre innombra-

---

sans avoir rien à ordonner, après ce court moment, donc, le mathématisme arrive pour ordonner d'abord n'importe quoi (« mobiles abstraits », vient de dire, d'avouer Renouvier lui-même), en attendant que bientôt il ordonne à vide, en quelque sorte, et se contente de l'ordre *in abstracto* ; et cela, dès la géométrie, qui a pour objet l'espace abstrait, mathématisé, pur *ordo coexistentium*, en effet, comme l'a défini Leibniz — simple mathématicien d'ailleurs en cela, non métaphysicien, comme il se figurait l'être encore.

ble réalisé), soit plutôt qu'il y ait retour aux mêmes et que « l'explication » soit circulaire, ce qui revient encore à dire qu'il n'y en a proprement pas.

C'est dans un autre domaine, dans celui de la métaphysique et de la morale, qu'il faut la chercher, cette véritable explication (1), qui est vainement pour-

(1) Quoique ceci se rattache plutôt à un chapitre qui viendra en son lieu, plus tard, lorsque nous traiterons de la liberté morale, — afin de montrer dès maintenant la profonde différence entre les deux ordres, et que l'un fasse ainsi mieux ressortir l'autre par le contraste même — il ne sera pas inutile de tenter d'avance une brève incursion dans ce nouveau domaine. Ce sera l'objet de cette note :

Sans doute, ainsi que tous les autres phénomènes dont le déroulement successif forme la trame de cet univers, la liberté est *nécessaire*, elle aussi, comme partie et moment de la grande loi de développement des êtres. Elle est donc, en ce sens, *ordonné*, avec tout le reste. Mais, en un autre sens, plus profond, elle est une *dérogation* à cet ordre du monde, ou, si l'on aime mieux, elle constitue un ordre qui *devient et se fait*, au lieu d'être — comme l'ordre ordinaire et courant, étudié par les « sciences » — *préétabli*, et de n'avoir qu'à se dérouler dans le temps. En d'autres termes, la puissance libre est une donnée primitive et irréductible, qu'on ne peut point ramener à des termes dont elle soit la conséquence logique ou la conséquence par causalité. Et une pareille donnée est indispensable. Car, ainsi que le dit encore Renouvier : « Le mystère des données primordiales est l'inévitable extrémité de la spéculation et des choses, puisque tout a commencé, forcément, le procès à l'infini étant contradictoire » — et ne pouvant d'ailleurs rien *expliquer*, au vrai sens du mot, ajouterons-nous. Et Renouvier, là-dessus, a raison d'ajouter lui-même : « Mais est-ce bien là un *mystère*? Faut-il traiter de mystérieux ce qui est la lumière même, lumière de tout et lumière de soi ? » Cela est admirablement juste et profond! Oui, voilà, en effet, où se trouve la véritable explication, et non pas dans la sériation à l'infini, qui ne serait, au contraire, fût-elle possible, qu'un vain mirage, une *explication* seulement au sens étymologique et superficiel du mot, c'est-à-dire un simple déroulement, déroulement sans lumière aussi bien que sans fin. Avec la liberté, au contraire, on n'a rien à dérouler : la chose réside, consiste en un indivisible, en un point métaphysique; on n'a qu'à voir, ou plutôt qu'à sentir cette chose, ce fait premier, auquel tout s'attache et s'appuie, spéculativement aussi bien que pratiquement. C'est ici qu'à l'être véritable correspond le véritable connaître : confirmation éclatante

suivie ici où elle échappe à nos prises et fuit devant elles d'une fuite éternelle.

Nous avons donc suffisamment constaté toute l'inanité, au point de vue explicatif, de l'enchaînement des causes et des effets, ou plutôt, avons-nous précisé, des antécédents et des conséquents, dans les sciences physico-chimiques et biologiques. Mais nous n'avons considéré là encore que très incomplètement le procédé

de notre réalisme. On se trouve, enfin, en présence d'une science qui mérite vraiment ce nom. Qu'on ne parle donc plus, en cette occurrence, de mystère et de ténèbres. Le soleil, qui fait tout voir, ne se montrerait-il donc pas lui-même? Disons plutôt qu'il éblouit ; ou, si l'on veut, il se montre dans une lumière telle, si singulièrement vive, que, ne trouvant plus à beaucoup près ce même éclat dans tous les autres spectacles, nous en sommes réduits, pour pouvoir affirmer ces ténèbres relatives, à nier la vraie lumière qui seule nous dévoile tout le reste ! Bien mieux, souvent nous croyons voir — illusion du contraste — les pures ténèbres, le noir absolu, et, anges déchus du rationalisme scientifique, nous allons, frappés par l'éclair de l'abîme, tombant sans fin dans le sans fond du vide obscur !

Pour conclure cette note, nous ne citerons plus ici qu'un passage très important et très curieux de Renouvier, qui contient peut-être en germe toute la belle thèse de M. Boutroux sur la *Contingence des lois de la nature*. Voici donc :

« Quand même on admettrait que la puissance libre a pour cause la série de ses antécédents de tous genres, lesquels constituent l'homme physique, sensible, intellectuel, passionnel, rationnel (et effectivement quiconque croit en la liberté ne saurait nier qu'elle ne soit une suite constante de cette série pleinement développée), encore alors il faudrait reconnaître entre les antécédents et le conséquent ce saut, cet hiatus logique déjà reconnu au passage des fonctions physiques aux fonctions organiques, de celles-ci aux fonctions sensibles, puis aux autres fonctions supérieures.... Mais de plus, quand c'est au règne de la liberté que nous voulons passer,.... le produit nouveau de la causalité serait dans ce cas ce qui a la puissance d'échapper à la causalité, et le saut des fonctions successives serait incomparablement plus grand et doublement insondable. »

Nous aurions bien quelques graves restrictions à faire à tout ce qu'affirme ici Renouvier. Mais, ne voulant pas prolonger encore une note déjà trop étendue, nous laissons au lecteur intelligent le soin de ne prendre là dedans que ce qui cadre avec notre thèse, franchement réaliste, libertaire et antirationaliste.

ordinaire de ces sciences. Ce procédé, qui est l'induction, a besoin, en effet, pour se légitimer, de faire appel au principe suivant : *Dans les mêmes circonstances, et dans les mêmes substances, les mêmes effets résultent des mêmes causes*, ou plutôt, encore une fois, *les mêmes conséquents suivent les mêmes antécédents.*

Eh bien, sans examiner pour le moment le degré de solidité des fondements d'un procédé qui a bien l'air de s'imposer à nous comme un maître absolu ne daignant même pas donner ses raisons ni montrer ses titres, constatons seulement ceci, en quelques mots : Les deux conditions indispensables, qui sont tout d'abord postulées (*dans les mêmes circonstances, et dans les mêmes substances*), ne se trouvent et ne sauraient se trouver jamais exactement réalisées. Nous ne sommes donc perpétuellement, avec ces sciences, que dans l'à-peu près et l'approximation. Mais mettons que cet état ne soit pour elles que provisoire. Supposons-les, généreusement, arrivées à la perfection, dont elles sont si loin encore. Prenons-les toutes à ce fameux degré futur de leur développement où, se ramenant enfin aux mathématiques, on pourra y employer le procédé rigoureux du raisonnement, de la déduction. En seront-elles, pour cela, plus solidement assises? C'est ce que nous allons voir de près et en détail :

Les fondements de la déduction sont-ils pour nous rassurer beaucoup plus que ceux de l'induction sur le résultat auquel l'opération peut nous conduire? Raisonner, en somme, c'est simplement substituer des équivalents. Notre esprit, là dedans, après s'être recueilli, croit reconnaître et pouvoir affirmer légitimement sous une nouvelle forme la même chose qu'il a déjà vue sous une autre. C'est à la fois le temps et le déploiement d'effort, venant en aide à notre faiblesse intellectuelle. Le procédé discursif s'appuie donc, en fin de compte, sur l'imperfection du sujet que nous sommes, d'une part. Et, d'autre part, il s'appuie aussi sur la similitude des idées ou objets ; mais si cette similitude va jusqu'à l'identité, le travail au fond est vain — comme inutile —; et si elle ne va pas jusque-là, il est plus vain encore — comme sans base et sans fondement.

Voilà un dilemme auquel il semble bien difficile, pour ne pas dire impossible, d'échapper. Et quel plaisir d'arracher ainsi au raisonnement le bâton pour le battre ! D'autant plus que celui qu'il nous fournit ici contre lui-même est fourchu. Mais, s'il a deux branches ou, si vous préférez, deux cornes, nous croyons que c'est la seconde qui est de beaucoup la plus dangereuse. Voici pourquoi :

Grâce au temps, par le changement le non-être devient être et l'être devient non-être. Ainsi, à un moment donné, l'être et le néant, au lieu de persévérer dans leur nature propre, reçoivent leur contraire, et l'essence des choses se contredit. Toute œuvre de déduction pure — comme reposant sur le principe de *contradiction* (qui serait mieux nommé de *non-contradiction*) — est donc réduite à néant par le temps. Aussi, pour déduire, on doit ignorer celui-ci ou n'en pas tenir compte. Et cependant, précisément, plus que dans tout autre cas, plus que dans toute autre opération intellectuelle, on a ici besoin de ce temps que l'on méconnaît; on en a besoin pour former sa fameuse série, pour attacher l'un à l'autre tous les chaînons de sa chaîne déductive (1). Car c'est là un

---

(1) Et qu'on est fier de ce beau travail ! Il arrive, même aux plus forts, de souhaiter ne pas faire autre chose. Témoin Pascal, qui dési-

labeur qu'on ne saurait, pendant qu'on s'y livre, enfermer en un instant. Tout au plus peut-on, ensuite et après coup, en condenser le résultat, pour se rapprocher le plus possible de l'instantanée et idéale intuition. Et encore, on *croit*, alors, plutôt qu'on ne *voit*.

Ainsi, la *contradiction* se loge au cœur même du procédé qui s'appuie, et s'appuie uniquement, sur le principe de *non-contradiction*. Or, toute la mathématique n'a, au fond, que ce procédé à son service. Et comme, d'un autre côté, toute la science se ramène ou aspire à se ramener à la mathématique et à s'abîmer

---

rerait, dit-il quelque part, afin de construire une science, une géométrie parfaite, pouvoir tout démontrer, même les vérités évidentes par elles-mêmes; quoiqu'il ait, tout le premier, reconnu ailleurs (sauf à se contredire, — ce qui est, dans la circonstance, doublement fâcheux et triste pour notre pauvre humanité pensante, surtout chez un pareil génie!) que le raisonnement et la démonstration ne sont, après tout, qu'un pis aller, qu'une fâcheuse nécessité, et qu'il vaudrait beaucoup mieux tout connaître par intuition, par sentiment, par « le cœur », comme il aime à dire.

Que nos raisonneurs cessent donc de s'enorgueillir de leur procédé et de leur œuvre.

Dans certains arts, l'architecture notamment, la grande habileté consiste à tourner en agrément et en beauté ce qui est d'abord pour l'utilité et le besoin. De même, le savant voudrait donner un air imposant de puissance à tous les misérables procédés, à tous les moyens détournés auxquels il est réduit à recourir par faiblesse et nécessité. Mais, semblable à l'âne de la fable singeant le petit chien, à vouloir faire ainsi comme l'artiste et nous présenter pour des beautés et des tours de force ses gros trucs, les eût-il d'ailleurs agencés de son mieux, il n'a, lui, aucune grâce (a). Au contraire, avec sa lourde chaîne déductive dont il ne saurait se passer, il est ridicule quand, encore, il la traîne avec ostentation : comme si c'était là un objet de luxe, quelque bijou à porter sur soi.

(a) Malgré tout le respect qu'on doit au grand génie de Pascal, on sourit quand on lit dans ses *Pensées* cette énorme naïveté : « Comme on dit beauté poétique, on devrait aussi dire beauté géométrique et beauté médicinale. Cependant on ne le dit point. » — « Idée bizarre et fausse! » dit avec raison Ernest Havet. « Morceau pitoyable! » avait dit Voltaire. — Il est certain que Pascal a été bien mieux inspiré quand il a distingué si profondément l'esprit de finesse et celui de géométrie.

en elle, concluez touchant la valeur et la solidité de la science en général.

Sans doute on peut affirmer *légitimement* — et même disons : *naïvement* et *stérilement* — d'un être *réel* quelconque qu'il est identique à lui-même ; mais l'affirmation n'est valable que pour l'instant indivisible où on l'émet, si toutefois il est seulement possible de l'émettre en un pareil instant ; dans tous les cas, elle cesse de l'être dès l'instant qui suit le premier : c'est-à-dire que cet être que feu M. de La Palice en personne aurait pu affirmer identique à lui-même dans cet instant qui ne dure pas, ne le demeure pas deux instants de suite (1); et il l'est de moins en moins, à mesure qu'à travers le temps il subit de plus en plus le changement évolutif. Ce n'est que dans le pur abstrait que A égale toujours A. Et encore, *toujours* n'a pas de sens dans ce monde inerte et mort, où l'on n'a pas même le droit de faire allusion au temps, parce que ce serait faire allusion au changement, à l'évolution, à la vie. Ajoutons que, pour pouvoir affirmer avec une parfaite justesse — même en faisant cette restriction — que A *est identique* à A, il faudrait commencer par pouvoir affirmer que A *est*. Or, ici, dans l'abstrait, A se trouve donné comme essentiellement *irréel*.

Voilà comment il est facile de faire toucher du doigt toute la vanité, tout le labeur à vide de la faculté discursive, qu'elle s'applique d'ailleurs soit au réel — ou relativement réel —, soit au pur abstrait. Et voilà, du même coup, mises à nu, les plus profondes racines du

---

(1) « Si nous regardons au fait, les limites du *moindre changement* externe en tout genre sont inobservables......... Nous ne saurions atteindre cette durée élémentaire pendant laquelle l'objet qui change ne changerait point. » (Renouvier)

fameux arbre de la « Science ». On voit maintenant si, en l'état où elles sont, elles peuvent vraiment faire vivre et même soutenir solidement le tronc et les branches avec tous leurs rameaux. Quoi d'étonnant, après cela, que cet arbre n'ait pas donné de meilleurs fruits et plus substantiels, c'est-à-dire que la science ait seulement ajouté quelquefois aux commodités de la vie, sans produire jamais un atome de vertu ni de bonheur ? C'est pourtant ce qu'ont promis et ce que promettent encore tous les jours en son nom ses grands prôneurs. Selon eux, le culte de la Nature et de la Raison, en un mot, de la Science, doit rendre inutile toute religion, voire même toute morale. Voilà ce que vont répétant sans se lasser tous nos Homais, depuis les plus illustres jusqu'aux plus obscurs (1).

Toutefois, nous voulons bien le reconnaître, il faut mettre hors de pair et ne pas confondre avec les savants ordinaires, qui prennent la science toute faite, les inventeurs, qui la font, ces intuitifs, ces voyants, en réalité plutôt métaphysiciens et même poètes ou artistes, à les prendre au moment où l'idée originale vient les illuminer et où, ayant réussi à pénétrer jusqu'au foyer même du feu sacré, là ils peuvent à la chaîne indéfinie souder un chaînon nouveau. Alors, leur pensée n'a rien d'abstrait et de discursif, mais elle est concrète, vivante, ailée ; elle hante le réel et entre, en quelque sorte, en un contact immédiat et fécond avec les choses.

---

(1) On reprend ici, en somme, la fameuse thèse de Brunetière contre Berthelot, mais pour la soutenir plus carrément et surtout en allant cette fois jusqu'au fond de la question.

Suivent, comme pouvant se rattacher à ce chapitre, des fragments dont quelques-uns sont, même, de simples variantes à quelques-unes des pages précédentes :

Preuve que le sentiment vaut mieux que le raisonnement : nous donnons les raisons aux autres, c'est-à-dire nous tâchons de les convaincre par le raisonnement ; tandis que nous gardons pour nous le sentiment, c'est-à-dire nous sommes persuadés, nous croyons, quand nous *sentons* que c'est vrai.

Or, je ne dis pas : nous nous préférons aux autres, car ce n'est point de cela qu'il s'agit ici ; mais je dis : nous nous trouvons, en cette circonstance, beaucoup plus capables de nous bien servir nous-mêmes que de bien servir les autres. Car nous n'agissons sur l'âme d'autrui que du dehors et par des intermédiaires ; tandis que nous sommes dans la nôtre ; mieux que cela, nous la sommes.

Le plus fort n'est pas celui qui exprime le plus, mais bien celui qui suggère le mieux. Car exprimer, c'est toujours, plus ou moins, dénaturer. Mieux vaut, par des formes et des symboles, aller réveiller au plus profond de nous des états d'âme originaux : chacun se fait son expression à l'intérieur ; ou mieux, même : là, il s'en passe, pourvu qu'il *sente*.

Pas la moindre dose de finalité n'est, en somme, compatible avec le déterminisme, une fois franchement admis. L'un de ces genres d'explication ferait double emploi avec l'autre. Les deux sont inconciliables. Quelque chose poussant par derrière, il est inutile, et partant impossible, que rien attire par devant. — Mais l'ordre ? — Eh bien, c'est par un développement naturel que l'ordre éclatera forcément, tout étant donné et ordonné, en un mot, préformé dans le germe. On n'a que faire de diriger, là où une seule direction est possible, dans l'ensemble comme dans le détail, car l'ensemble est constitué exclusivement par tous les détails réunis, et le fait même de cette réunion, de cet arrangement, est un détail nécessaire comme le reste.

Pourquoi donc chez vous, dirons-nous au déterministe insuffisamment déterminé, pourquoi ce léger remords, quand même, de vague idée directrice, organique ? C'est sans doute, au fond, par un instinct excellent, qui vous fait sentir que quelque chose doit être au-dessus de l'enchaînement, de la nécessité, et c'est à savoir le but, la fin, le vouloir. Mais l'accord que vous tenez à établir entre les deux est impossible. Vous devez absolument sacrifier l'un ou l'autre et l'un à l'autre.

Nous répondrez-vous que ce qui pousse par derrière et ce qui attire par devant sont deux choses qui s'entendent ? Mais alors, étant donné que l'une ou l'autre, fût-elle seule, aurait toute puissance pour faire que les choses se passent comme elles font, l'une ou l'autre est donc de pure superfétation. En outre, et surtout, qu'elles s'entendent ainsi toutes les deux, c'est le plus beau triomphe de l'une d'elles, de la finalité, de celle qui attire par devant; car, alors, la finalité n'est pas seulement au bout, mais toute la série et toutes les séries, dans leur agencement entre elles, sont imprégnées de finalité, ou plutôt, tout est finalité, et le reste ne saurait être que vaine fantasmagorie.

———

Rien de curieux, rien de piquant à observer comme souvent cette soif finale de vague, d'indéterminé, de mystère, dans ces esprits nets, chez ces déterministes, ces postivistes. Eux qui parfois ont rempli de leur talent, de leur labeur, de leurs œuvres, toute une ère, désormais close, sentent, avant de disparaître, fermenter en eux sourdement l'ère qui va s'ouvrir. Après avoir toute leur vie fait le *corso*, ils inaugurent avant de mourir le *recorso*.

———

L'Etre qui *est* le plus nécessairement est en même temps le plus libre. Il ne se peut pas qu'il ne soit ce qu'il est, et il est essentiellement libre volonté. Il ne se peut pas qu'il n'agisse comme il fait, en vertu de sa nature ; et il agit avec une liberté entière, absolue, affranchie de toute nécessité, même de la nécessité intérieure.

C'est que la nécessité, au fond, n'est pas nécessaire, elle n'est pas même réelle, elle est une simple apparence, un simple produit de la vaine faculté qui s'applique aux sciences, dont l'objet n'est que liens et rapports nécessaires.

La liberté, au contraire, est l'objet réel, profond, de la métaphysique.

———

Le raisonnement est le grand filet jeté par l'intelligence discursive sur les choses, et qui tout au plus les enlace par le dehors; tandis que l'intuition les tâte et les sent par le dedans.

Dans les sciences aussi, on a souvent besoin de voir de loin et en gros (1), pour être au point de vue. Pourquoi donc les savants reprocheraient-ils à notre réalisme d'être parfois superficiel et simpliste? La vue à la loupe leur serait au moins autant préjudiciable qu'à nous; et rien ne se tient debout aux yeux de qui y regarde de trop près. Seulement, nous y raffinons moins et sommes plus larges et plus francs : nous ne nions pas le mystère ; et même, nous affirmons qu'à côté du peu que nous comprenons, il y en a beaucoup plus que nous ne pouvons comprendre, loin de pouvoir l'expliquer — même comme le font les savants, c'est-à-dire simplement en le développant et le déroulant d'antécédent à conséquent, ou *vice versa*. Eux, au contraire, nient tout ce qui est en dehors de ce qu'ils réussissent à développer de la sorte *clairement* — ou plutôt, disons : *scientifiquement*.

Est-il vrai, comme l'affirme quelque part (2) Malebranche, que le « sentiment », « l'instinct », soit chose si méprisable, qu'il soit bon seulement pour nous renseigner vaguement touchant ce qui « est au-dessous de l'esprit » ? tandis que la « connaissance claire et évidente » mériterait toute estime et toute considération?

Quant à nous, nous croyons que la « connaissance claire et évidente » est notre propre œuvre en nous;

(1) C'est l'opinion formulée, entre autres, par M. H. Poincaré dans maints passages de ses œuvres, dont nous reproduirons quelques-uns à la fin de ce chapitre.
(2) Vers le commencement de ses *Recherches de la vérité*.

œuvre stérile, résultat de l'opération de la faculté qui déduit ; tandis que, le renseignement par le sentiment ou l'instinct, c'est Dieu même qui nous le fournit, c'est son œuvre en nous, œuvre d'inspiration, c'est-à-dire vraiment suggestive et féconde. — Seulement, dira-t-on, la première est développée. — Oui, elle est même toute en développement. Elle est, dans l'arbre, l'écorce improductive, qui s'étale à la surface et descend jusqu'au sol. La deuxième, au contraire, est enveloppée : Elle est le bouton qui se concentre, sort du cœur de la plante et pousse là-haut à la cime des branches et des rameaux, portant des trésors de végétation à venir. Le génie — si recueilli et si subtil — du doux et noble philosophe de l'Oratoire, était digne, ce semble, de voir ou tout au moins d'entrevoir tout cela. Mais il s'est laissé, comme tant d'autres alouettes, éblouir et prendre au brillant miroitement de la mathématique; et d'autant plus volontiers que c'était la main habile et puissante d'un Descartes qui tenait le miroir.

*
* *

La Science, avec ses méthodes aujourd'hui si rigoureuses et avec ses résultats si beaux, si imposants, si utiles surtout et qui procurent tant de sécurité et de commodité à notre existence, la science, d'autre part, ravage en grande partie la beauté naïve de la nature et — inconvénient beaucoup plus grave — tend à nous ravir les croyances instinctives les plus consolantes et les plus moralisatrices (1), nous faisant par là plus de

(1) Car, le fameux apophtegme de Bacon : « Un peu de science fait pencher vers l'irréligion ; beaucoup de science ramène à la religion », nous ne l'acceptons qu'en interprétant à notre façon ces mots : « beaucoup de science », c'est-à-dire que nous cessons d'entendre par là ce qu'entendait Bacon et ce qu'on entend d'ordinaire, mais nous entendons la philosophie, la vraie et la bonne.

mal que de bien et un mal plus profond que ce bien. Car, non-seulement elle procure les moyens de mal faire, indifférente elle-même à l'usage, bon ou mauvais, qu'on peut faire des instruments qu'elle fournit, mais encore et surtout elle nous dispose de telle sorte, au moral, — ne fût-ce qu'en contribuant, trop souvent, à nous dépouiller de la foi — que nous sommes portés, après, à faire un usage plutôt mauvais de ces instruments fournis par elle.

En un mot, ou plutôt en une image, la science commence par nous mettre à la main un poignard; ensuite, elle nous pousse à nous en servir en criminels, ou du moins elle nous enlève les principaux scrupules qui auraient pu nous retenir d'en faire un pareil usage. Elle est donc doublement la grande coupable.

Et il ne faut pas confondre notre réquisitoire contre elle, précis et scientifique, avec le vague pessimisme de parti pris des moralistes grincheux de tous les temps.

Encore, d'un peu plus, allions-nous oublier de signaler ici le fameux *déterminisme*, absolument inhérent à la science, selon les savants eux-mêmes, et les meilleurs, les grands inventeurs à imagination et les spiritualistes. Or, la conciliation est-elle possible entre la liberté et le déterminisme, c'est-à-dire entre la morale — pas seulement la religion — et la science? Nous ne le croyons pas. Il faut, de toute nécessité, que l'une dévore l'autre. Et ce sera peut-être la grande affaire — spectacle à la fois et souci — de demain.

*
* *

Nos épais soi-disant *libres penseurs* — qui sont si peu *libres*, et encore moins *penseurs* —, nos Homais, proclament tous à qui mieux mieux, jusque dans leurs romans lourds et indigestes (1), la Science souveraine, la Science victorieuse de la religion, en attendant que soit fondée définitivement la seule religion bientôt possible, selon eux, celle de la Science.

Ce n'est cependant pas l'avis des rares parmi eux qui ont conservé dans l'esprit quelque finesse et quelque délicatesse, ou simplement du sens et de la justesse. Ainsi, Renan, qu'on fera difficilement passer pour un clérical, n'a pu s'empêcher d'écrire — et, précisément, dans son *Avenir de la Science !* —, entre autres choses, ceci :

« Malheur à la raison, le jour où elle étoufferait la religion !..... La nature, qui a doué l'animal d'un instinct infaillible, n'a mis dans l'humanité rien de trompeur. De ses organes vous pouvez hardiment conclure sa destinée. *Est Deus in nobis......* Les religions sont vraies quand elles affirment l'infini. Les plus graves erreurs qu'elles peuvent mêler à cette affirmation ne sont rien comparées au prix de la vérité qu'elles proclament. Le dernier des simples, pourvu qu'il pratique le culte du cœur, est plus éclairé sur la réalité des choses que le matérialiste qui croit tout expliquer par le hasard et le fini. »

Et, un peu plus loin, il ajoute :

« Respect aux religions, à ces admirables expressions de la pensée humaine..... On a tort de se figurer qu'elles sont venues du ciel se poser en face de la raison pour le plaisir de la contrecarrer..... Ce sont des philosophies de la spontanéité, philosophies amalgamées d'éléments hétérogènes, comme l'aliment, qui ne se compose pas

---

(1) Voir *Rome* de Zola, par exemple.
Franchement, lors même qu'au fond l'on aurait le malheur d'incliner à ce qu'ils appellent leurs idées, dans la crainte de se voir confondre avec des gens qui se montrent si grossiers et si stupides, par amour-propre on cacherait soigneusement cela comme un mal honteux.

seulement de parties nutritives….. En apparence, la fine fleur serait préférable, mais l'estomac ne pourrait la supporter (1). Nourriture sèche que les formules exclusivement scientifiques….. Toute pensée philosophique doit se combiner d'un peu de mysticisme, c'est-à-dire de fantaisie et de religion individuelle.…. Les religions sont l'expression la plus pure et la plus complète de la nature humaine…. »

La Science, en effet, n'a rien donné encore et ne pourra jamais donner rien d'absolu et de total, étant par essence et de son propre aveu le domaine du relatif et du fragmentaire. Or, l'homme a toujours eu besoin et aura besoin toujours de l'absolu et du total, chaque individu humain étant une personne et en même temps un tout par lui-même, non isolé par le fait, sans doute, mais isolable, ou mieux, capable de se faire centre (2), bref, de vivre moralement indépendant, sinon maître et dominateur, et de dire, avec l'héroïne de Corneille :

Moi, moi seul, et c'est assez !

Ainsi, envisagé d'une certaine façon, l'individu devient un tout. Ces deux extrêmes (le *un* vivant, moral, et l'*universel*) arrivent à se toucher à force de s'être éloignés ; et ils sont tous les deux également extra-scientifiques, suprascientifiques, étant métaphysiques,

(1) Que sera-ce donc des fameuses *tablettes chimiques* promises à nos arrière-neveux précisément par l'ami intime de notre auteur, par Berthelot, et qui doivent les alimenter sous un tout petit volume, sans nul besoin désormais de travail ?
On dirait même que Renan, avec sa fine malice de bonhomme pince-sans-rire, fait allusion à cette marotte, une des plus connues et des plus bizarres de celles qui ont illustré le fameux chimiste politicien, encore plus que ses découvertes.
(2) M. Dunan, dans sa belle et suggestive étude intitulée *Problème de la vie*, va même, avec raison, jusqu'à affirmer que chaque vivant a, en un certain sens profond, pour dépendance l'univers entier!

poétiques, moraux, religieux. Un penseur, je ne sais plus lequel, a dit avec une grande profondeur : « On ne peut rien espérer d'absolu (1) de l'homme, et il faut toujours lui présenter l'absolu (2). »

*
**

A propos des deux morceaux de Renan que nous avons cités et sur lesquels nous appuyons un peu les observations qui précèdent, sans doute on pourra nous objecter qu'on trouverait, dans cette même œuvre, des passages, bien plus nombreux et plus étendus, où l'auteur vante la Science et sans restriction. — Oui, mais qu'entend-il, au juste, par ce mot de « science » ? Pas précisément ce que nous sommes en train de définir et d'apprécier à son exacte valeur. Car, tantôt, donnant à la chose une singulière extension, il désigne par là le simple savoir et la connaissance en général, tantôt il élève le savoir scientifique jusqu'à la philosophie, ou même à la religion (3). C'est qu'il faut que la Science remplisse en lui tout le vide que vient d'y lais-

---

(1) Ajoutons ici : *scientifiquement*.
(2) Et ici : *métaphysiquement, poétiquement, moralement, religieusement*.
(3) Voici quelques textes à l'appui : « Le savoir est la première condition du commerce de l'homme avec les choses, de cette pénétration de l'univers qui est la vie intellectuelle de l'individu. » — « Par l'ignorance l'homme est comme séquestré de la nature, renfermé en lui-même... » — « L'homme ne communique avec les choses que par le savoir. » — « Dès que l'homme pense, il lui faut un système sur le monde, sur lui-même. » — « Demander à l'homme d'ajourner certains problèmes, et de remettre aux siècles futurs de savoir ce qu'il est, c'est lui demander l'impossible. » — Renan parle encore de « loi suprême », de « grande cause », de « problème final ». Il est question, pour lui, « d'aller au delà des phénomènes », de « dresser le système de l'univers », de « déchirer le voile pour connaitre ce qui est au delà. » Que nous sommes loin, là, et au-dessus de la « Science » !

ser la foi qu'il a perdue. Quand on a besoin de faire tout cela de cette Science, et en outre, même, je ne sais quoi de vaguement vénérable, adorable, — comme Renan ici, — il est facile, alors (on s'en fait même un devoir, aussi bien qu'un plaisir), de la célébrer sur un ton lyrique, en jetant aux yeux la poudre dorée de ses confusions, contradictions, jeux de plume, miroitements d'images, qui d'abord peuvent faire croire qu'on pense avec justesse, finesse, largeur, et qui ensuite sont d'autant plus capables de séduire le lecteur que le plus souvent il croit volontiers penser de même avec vous.

Mais il en est tout autrement lorsqu'on pénètre, comme nous avons tâché de le faire, jusqu'à l'essence du savoir scientifique proprement dit, séries d'enchaînements d'apparences, c'est-à-dire apparences d'apparences, illusions à la deuxième puissance.

On juge surtout bien la valeur de la chose en elle-même à ses résultats. On reconnaît l'arbre à ses fruits. Or, quels sont-ils? Est-on plus vertueux et plus heureux depuis que la Science règne et marche à pas de géant dans la carrière de ses victoires sur la matière inerte? Évidemment non. C'est plutôt le contraire qui éclate; malgré tant de confiance et tant de promesses. On a, seulement, un peu plus de ces avantages bas, que Renan, « désintéressé », est le premier à mépriser, affirme-t-il lui-même : « Savoir est de tous les actes de la vie le moins profane, car c'est le plus désintéressé. » Mais si l'on écarte ainsi « l'intérêt », c'est-à-dire les applications en vue des commodités de la vie, le savoir scientifique proprement dit se réduit, en somme, à peu près à néant; car ce n'est que par ce côté vulgaire et prosaïque, d'utilité matérielle, qu'il est l'idéal de tout vrai positiviste, de tout positiviste franc et sans mysticisme, — ce qu'est fort loin d'être Renan.

Dernière phrase de la préface de Jules Soury à sa traduction des *Essais de psychologie cellulaire* par Ernest Haeckel :

« J'estime qu'il vaut mieux regarder l'envers, suivre par le détail l'agencement de ces fils grossiers et faire en quelque sorte toucher du doigt l'artifice naïf qui produit l'illusion. »

A cela nous répondons : En faisant ainsi, vous pourrez nous rendre semblables à vous, c'est-à-dire nous désillusionner comme vous vous êtes déjà désillusionné vous-même (*désillusion* qui éloigne ici, d'ailleurs, autant de la vérité que du bonheur, et ne mérite donc pas même son nom), mais vous ne réussirez pas à nous expliquer vraiment ce que vous appelez « l'illusion » : parce que c'est là le mystère, dont la clef se trouve dans le sanctuaire inabordable à votre science avec tous ses agencements de fils et de ficelles, de cordes et de chaînes. Votre matérialisme mathématique mécaniste n'explique rien à fond, vous venez de nous l'avouer vous-même ; et cependant vous n'en persistez pas moins à vouloir tout ramener à cela. — Mais c'est l'idéal de la science, dites-vous. — Triste idéal, alors. Le grand nombre préférera toujours voir la tapisserie par l'endroit : parce qu'il croit aux couleurs qu'elle reflète. Et le grand nombre a ici raison. Quoique nous ne soyons pas toujours, sans de graves restrictions, pour le *vox populi, vox Dei*, nous sommes moins encore pour l'intelligence pervertie et faussée du « savant » et du « positiviste ».

Nous posons, avant tout, le finalisme, comme le fait l'instinct primitif, qui est, lui, si profond en même temps que si juste, étant vierge encore de tout contact

« scientifique ». La fin voulue et la fin atteinte, voilà les points extrêmes et les deux points essentiels, n'en faisant même qu'un — dans la réalité, aussi bien que dans un esprit doué d'intuition métaphysique et qui, alors, est de cette réalité le miroir fidèle. Donc, ces deux fins, ainsi unifiées, sont à peu près le tout; le milieu, en comparaison, n'est presque rien; et c'est là pourtant l'unique champ qui soit ouvert à votre science.

Les deux bouts de la chaîne — dont la science attache ainsi les chaînons intermédiaires — vont se perdre l'un et l'autre également dans les ténèbres, ténèbres percées seulement, à la lumière de rapides éclairs, par les yeux du cœur, de la foi, de l'intuition, de la divination....

Ces éclairs et ces yeux nous font apparaître parfois les deux bouts de chaîne allant se rejoindre à force de s'être éloignés.... C'est le contraire de la fameuse chaîne de Bossuet (*Traité du libre arbitre*), qui, elle, est dans les ténèbres et hors de notre atteinte par son milieu, tandis que nous voyons, nous touchons, nous tenons — ou du moins nous pouvons et devons tenir, et tenir fortement — ses deux bouts extrêmes : notre liberté morale et la prescience divine....

.... Dire que ces deux bouts mystérieux (il s'agit de nouveau de la nôtre, bien entendu, et non plus de celle de Bossuet) vont se rejoindre, revient à dire, sous une autre forme, ce que nous avons déjà dit (1) et répété, que c'est à la surface même que vient éclater la plus grande profondeur des choses, à la surface, c'est-à-dire dans la pleine réalisation, dans l'épanouissement du but atteint.

Vive donc l'endroit de la tapisserie, qui n'est pas seulement le beau, mais qui est le vrai, et qui est le

---

(1) Pour la première fois, et en précisant, pp. 11, 12 et note.

vrai parce qu'il est le beau, le beau, splendeur à la fois du vrai et du bien ! L'envers, au contraire, milieu et intermédiaire, n'est aussi qu'un agencement de fils grossiers, quand il ne se contente pas d'être, même, un simple tas de ficelles. C'est la partie que Dieu a livrée à nos études, à nos discussions, le savoir qui, au fond, n'en est pas un, le domaine du relatif, du raisonnement, de la déduction, du « discours » ou discursif, de la connexion scientifique, — car on a désigné la chose par tous ces noms et même par quelques autres encore.

.

Dieu, contrairement à nous, connaît toujours intuitivement et réalise directement. Ses moyens à lui n'en sont proprement pas, étant par eux-mêmes des fins visées et atteintes sans aucun intermédiaire par son vouloir tout-puissant.

Notre point de vue humain, scientifique, est donc faux, en réalité. Nous ne voyons l'univers ainsi, — sous forme de nécessité, d'enchaînement de phénomènes, de mouvements qui se suivent, — que comme à travers un prisme qui altère régulièrement les choses. C'est la grande catégorie de l'universelle illusion.

Non seulement dans le monde moral mais aussi dans le monde physique, la liberté, au fond, est partout le réel, le solide. Le déterminisme, la nécessité, n'est qu'une apparence. Car l'être, intérieurement, est unité, concentration en un point métaphysique, et non pas dispersion sur une ligne, la ligne scientifique, soit déductive, soit inductive.

Même en science, il est vrai, la découverte est assimilation, identification, concentration en un point, elle aussi, de ce qui était auparavant épars. Oui, mais elle n'est pas, proprement, scientifique, quoique elle vienne accroître la science. Celle-ci, en effet, une fois constituée, organisée, est éparpillement le long d'une ligne. On peut dire seulement qu'ainsi elle commence déjà elle-même à ramasser les choses, puisqu'elle établit du moins des rapports linéaires.

*
* *

Les anciens — qu'il est de tradition de tant mépriser sur ce chapitre, surtout depuis Descartes — ont l'air cependant d'avoir eu d'avance le sens exact et profond de la vanité que devait être en somme la science moderne, qui ne saisit que des unités vides qu'elle attache l'une à l'autre, et encore par le dehors seulement. Eux, au contraire, ont eu, pour leur compte, l'idée de la vraie science, comme d'une vérité et affirmation première, qui est grosse et qu'on accouche de tout ce qu'elle contient. Et les vérités et affirmations dérivées, que, de la sorte, ils en faisaient sortir, ne méritaient même pas le nom — trop abstrait ici — de conséquences ; de même que l'opération était moins une déduction qu'une intuition, puisqu'ils s'efforçaient de voir tout en un.

———

Je ne sais où j'ai lu : « Nous ressemblons aux cochers de fiacre : nous connaissons bien les rues, mais nous ignorons ce qui se passe dans les maisons. » En tout cas, voilà qui conviendrait parfaitement aux « savants », comme devise. Nul, en effet, ne mérite mieux qu'eux d'être en cela comparé aux cochers de fiacre : avec cette circonstance aggravante que la plupart des savants se figurent connaître ainsi tout ce qui peut se connaître et que volontiers ils croient qu'il ne « se passe dans les maisons » que ce qu'ils savent, c'est-à-dire rien ou à peu près ; tandis que les cochers n'ont pas cette prétention et ne se font pas cette illusion.

Les « savants » réduisent donc les choses à leur dehors, les êtres à leur écorce, le savoir scientifique n'atteignant que cela.

———

Ce qui fait bien voir que les « savants » n'effleurent même pas les choses mais s'arrêtent à leurs rapports tout extérieurs, en d'autres termes, qu'ils n'ont dans leurs recherches pour objet que des connexions de *ils ne savent quoi*, c'est que les sourds peuvent étudier scientifiquement les sons et les aveugles de même les couleurs, quoique ceux-ci soient évidemment dans l'absolue impuissance de saisir là autre chose que des X qui se succèdent et s'enchaînent d'une certaine façon.

———

« L'aperception immédiate de notre existence et de nos pensées nous fournit les premières vérités *a posteriori* ou de fait, c'est-à-dire les premières expériences ; comme les propositions identiques contiennent les premières vérités *a priori* ou de raison, c'est-à-dire les premières lumières. Les unes et les autres sont incapables d'être prouvées et peuvent être appelées immédiates ; celles-là parce qu'il y a immédiation entre l'entendement et son objet, celles-ci, parce qu'il y a immédiation entre le sujet et le prédicat. » (Leibniz, *Nouveaux Essais*, IV, 9.)

Quelle profonde différence entre ces deux immédiations ! La première est un contact immédiat qui est réel, vivant, fécond. La deuxième, au contraire, est chose purement abstraite, morte, stérile.

Disons mieux, la deuxième n'est fondée que sur la première. Sur quoi, en effet, nous appuyons-nous pour poser : A = A ? Forcément sur l'identité sentie du sujet et de l'objet dans le fait de conscience où le moi se saisit lui-même en un quelconque de ses états. Sans cette expérience sur le vif, faite préalablement, il nous serait même impossible d'avoir une idée de l'identité. On a besoin de donner ce fondement concret, réel, expérimental, *a posteriori*, à cette vérité purement abstraite, idéale, rationnelle, *a priori*. Et comme elle est au plus haut degré abstraite, idéale et rationnelle, il faut que son fondement se trouve, par contre, au cœur même du concret, du réel et de l'expérimental.

A = A, pris au pied de la lettre, n'est que savoir puéril et stérile. Pour féconder ce germe, et afin qu'il devienne un véritable embryon, il faut d'abord y introduire le fait concret, faire une expérience *in anima sua*, celle du *Je pense, je suis*, et il faut ensuite ajouter la durée, c'est-à-dire continuer cette expérience à plusieurs instants contigus : alors, on saisit, dans un indivisé sinon dans un indivisible, ce que l'être s'ajoute d'un instant à l'autre en progressant perpétuellement, en comblant de plus en plus son vide d'être, et l'on saisit à la fois ce que Dieu maintient dans cet être — toujours le même — en le faisant durer.

∴

La principale critique à faire du *Cogito* de Descartes doit porter, selon nous, sur la valeur relative que peut avoir la série de déductions appuyées dessus par ce philosophe et sur cet abus criant du raisonnement, ces vrais tours de passe-passe d'un géomètre escamoteur des plus graves questions métaphysiques.

Descartes, en effet, a la prétention de faire jouer à son *Cogito, ergo sum* (= *Je pense, donc je suis*) deux rôles, qui ne sont pas seulement différents mais qui s'excluent : d'une part, celui de principe (du connaître, naturellement, et non pas de l'être), et, d'autre part, celui de critérium. Or, si le *Cogito* est bien compris, plus il vaudra comme principe ou point de départ de la connaissance évidente, moins il pourra valoir comme critérium ou patron de vérité. Car, mieux on pénétrera l'évidence irrésistible qui fait son caractère profondément *sui generis*, moins on sera tenté ensuite de trouver cette même évidence dans d'autres prétendues vérités qu'on en aura déduites en raisonnant (1). Et qu'on ne vienne pas nous faire observer que le raisonnement a une vertu singulière qui revêt d'évidence tout ce que, par son moyen, on peut tirer de principes évidents. Descartes lui-même a bien senti ici qu'il n'en était rien mais qu'il fallait autre chose pour nous édifier parfaitement sur la valeur des conséquences, puisqu'il veut que ce merveilleux *Cogito* serve en même temps de critérium, c'est-à-dire de point de comparaison ou, si l'on aime mieux, de pierre de touche, pour reconnaître à coup sûr — alors, et seulement alors — la vérité de tout ce que de ce même *Cogito*, envisagé à ce premier moment comme principe et source, a pu faire sortir la vertu du raisonnement, qu'il ne croit donc pas, lui non plus, toute-puissante et à elle seule suffisante.

Ce double emploi du *Cogito*, qui se trouve ainsi être une inconséquence et une contradiction, mérite d'être examiné de près et pénétré à fond. On y trouvera

---

(1) C'est, au fond, quelque chose de cela que dit en d'autres termes Renouvier, à la page 207 du tome II de son *Deuxième Essai*, où il examine et critique, lui aussi, ce fameux critère : « Mais comment oser conclure de la vérité du phénomène immédiat, actuel, identique avec la simple conscience, à celle de l'objet extérieur, étranger, insaisissable, qui n'est posé que représentativement dans ce même phénomène ?...... »

un aveu implicite d'impuissance méthodique ; et l'on pourra, du même coup, y constater la sublime naïveté du génie qui se laisse aller parfois à se trahir lui-même pour rendre au vrai un témoignage d'autant plus précieux et plus éclatant qu'il est instinctif et involontaire.

Voici, en général, comment on paraphrase et commente le *Cogito* pour bien le faire comprendre : « ... Au point précis où je pense, je suis : la connaissance coïncide donc en ce point même avec l'existence, et je suis mis en possession tout ensemble de la pensée et de l'être ;.... donc, certitude parfaite.... » — Soit ! très bien jusqu'ici. Mais on ajoute : « Le *Cogito* devient par là le premier type idéal (1) de la certitude, comme il en est la première réalisation ; il nous apprend ce que la certitude est et ce qu'elle doit être. Nous n'aurons donc qu'à demander aux autres connaissances de se conformer à ce modèle de certitude pour qu'elles soient elles-mêmes certaines. » — Oui, ferons-nous observer là-dessus, mais ces autres connaissances peuvent-elles atteindre jusque-là ? Évidemment non : puisqu'elles ont des sceptiques, elles ; tandis que cette première connaissance ne saurait en avoir. Et précisément, ceux qui ont le sentiment le plus vif et le plus profond de cette exceptionnelle connaissance sont et doivent naturellement être ceux qui, par cela même, sont portés à être le plus exigeants et le plus difficiles pour admettre les autres connaissances qu'on leur présente, parce qu'ils n'y trouvent plus l'éclatante évidence dont ils sont encore tout éblouis. Mais ce qui, plus encore que le reste, leur semble terne, c'est

---

(1) Trop idéal même, puisque rien dans le même genre ne lui est comparable, et qu'il est un modèle décourageant pour toutes les autres connaissances.

ce qui n'est éclairé que par la lumière d'emprunt, la lueur crépusculaire du raisonnement.

Ce double rôle qu'on a voulu faire jouer au *Cogito* a été, d'ailleurs, jugé et condamné aussi par l'histoire de la philosophie et le processus circulaire de Descartes à Hume, que nous décrit de plume de maître Renouvier dans la page suivante :

« Le critère de l'évidence s'était réfuté lui-même, dans le cycle cartésien, par les applications inconciliables auxquels il avait donné lieu. L'*évidence* menait par le fait à l'*erreur* (1). Cette belle certitude qui, pour justifier son nom, aurait dû n'avoir qu'une intuition et qu'un œil pour tous les objets à voir, n'engendrait au contraire que disputes et doctrines ennemies. On possédait les définitions et les axiomes des cartésiens purs ; ceux de Spinoza, avec leurs inévitables conséquences ; les idées de Malebranche, desquelles Dieu même lui était garant, et qui évidemment, suivant lui, ne conduisaient pas à l'abominable spinozisme ; les thèses métaphysiques de Leibniz, différant profondément de celles des autres ; les trois degrés de la connaissance certaine de Locke, où les substances premières n'étaient pas admises, et dont il se servait pour ruiner, dans le cours d'une analyse toujours évidente, l'évidente vérité des autres philosophes ; enfin, l'identité universelle de Condillac. Ici, nous tenions l'intuition à sa plus haute puissance : on nous faisait voir que, du même au même, tout n'est qu'équation et tout n'est que sensation. Berkeley et Hume venaient fermer le cycle au point où l'avaient ouvert les premières pages du *Discours de la méthode*, dans l'idéalisme et le scepticisme. »

Ainsi, le phénomène ou pure représentation du *Cogito* était comme un sol sur lequel cette longue

---

(1) Comme, sorti du *Cogito*, on ne pouvait rien trouver de pareil ni d'approchant pour s'y reposer, il fallait en effet qu'on *errât* à l'aventure. Une fois lancé dans l'à peu près, plus de cran d'arrêt.

suite de philosophes et même d'écoles a voulu bâtir, avec des plans différents, autant de Babels philosophiques, qui bientôt se sont affaissées sur elles-mêmes pour ne laisser d'autres ruines, d'autres restes palpables que ce *Cogito* même, seule matière première solide, seule réelle, qui fût entrée dans la pyramidale autant que frêle construction. Voudrait-on une preuve plus frappante de l'impuissance radicale de tous ces efforts et de la parfaite vanité des œuvres d'un raisonnement ne pouvant qu'opérer à vide sur de fausses assimilations ?

.˙.

Distinguons trois ordres (qui n'ont rien de commun, bien entendu, avec les trois fameux ordres de Pascal) :

L'ordre des choses successives ou ordre temporel, l'ordre des choses coexistantes ou ordre spatial, et l'ordre considéré par les sciences d'observation et d'expérimentation.

Autant d'ordres, plus ou moins complexes :

Celui du temps semble le plus simple, étant unilinéaire ;

Celui de l'espace l'est déjà beaucoup moins, car on est là en présence de trois dimensions ou directions — sinon, même, d'un nombre indéfini de dimensions ou directions, comme l'affirme la géométrie non-euclidienne ;

Pour ce qui est de l'ordre scientifique, il est très complexe et très enchevêtré. C'est à le débrouiller que s'emploie le génie des grands inventeurs. Non seulement de nombreuses séries d'antécédents et de conséquents peuvent, dans cet ordre, se croiser et s'emmêler, mais encore les deux premiers ordres peuvent agir sur celui-ci et même sur chacune des nombreuses séries qui le composent.

Maintenant, considérons ces différents ordres pris ensemble, soit dans l'être, soit dans le connaître.

Nous comprenons aisément qu'il y aurait plus de perfection, quant à l'être aussi bien que quant au connaître, dans le point que dans la ligne, dans la concentration que dans la série :

Quant à l'être d'abord,

Avoir tout son être ramassé en un point et être ainsi soustrait à l'éparpillement dans l'espace,

Avoir tout son être dans un présent qui ne passe pas, et être ainsi soustrait à l'action du temps,

En supposant, bien entendu, qu'on n'a besoin ni de l'un ni de l'autre, trouvant tout concentré en soi, sans avoir rien à puiser du dehors, pour ce qui est de l'espace, et, pour ce qui est du temps, ayant dès l'abord tout son développement ;

Quant au connaître, ensuite,

Pénétrer les choses en elles-mêmes, réverbérer exactement et saisir directement tout l'être dans son connaître, au lieu d'en être réduit à n'apercevoir que des reflets, et encore à ne les atteindre qu'extérieurement en les prenant seulement comme par les anses des antécédents et conséquents,

Voilà, semble-t-il, l'idéal : si bien qu'on n'a pas manqué d'attribuer cette faculté à l'Être qu'on a voulu concevoir parfait.

Par conséquent,

Être comme nous sommes,

Et connaître comme nous connaissons, ne sont l'un et l'autre, qu'un pis aller.

N'en faisons donc pas l'être et le connaître par excellence : ainsi que le font tous les fétichistes de la Science, les déterministes exclusifs, qui ne craignent pas de sacrifier sur un autel si bas ce que nous avons de plus haut et de presque divin : la libre volonté et toute la morale.

Car, bien que nous soyons de la sorte, par l'être et par le connaître, plongés jusqu'au cou, pour ainsi dire, dans les séries, nous réussissons néanmoins à nous dégager par une partie de nous-mêmes, pendant quelques instants, assez pour pouvoir juger et condamner ce point de vue, qui n'est que relatif et qui voudrait, chez quelques-uns, se donner pour absolu et même pour unique.

C'est précisément ce qui fait de l'homme un être si bizarre, ayant en lui de quoi se dépasser et se confondre lui-même. Mais nous parlons de l'homme qui est réellement homme. Les purs savants qui ne sont que cela, qui n'élèvent pas leur âme au-dessus du sillon, vivent dans la série comme les poissons dans l'eau, n'éprouvent nul besoin d'en sortir, ne respireraient pas hors d'elle. Ceux-là nient hardiment, ou plutôt ils ignorent et ne soupçonnent même pas le libre volonté et tout le monde moral; et cela, ils le font sans nul remords, la nature les ayant faits ainsi, incomplets par en haut. D'autres se sont d'eux-mêmes découronnés comme à plaisir. Ils se sont mis devant les yeux quelque chose pour ne point voir : plus coupables que les premiers, ayant seulement ceci de mieux, qu'ils peuvent en général revenir plus facilement de leur erreur.

Qu'on le sache bien, en effet, si l'homme est étrange avec ces deux facultés contradictoires en lui, il devient monstrueux, il sort de sa propre nature et tend à sa ruine, quand il supprime la plus élevée d'entre elles et qu'il se laisse pousser par l'autre tout droit jusqu'au bout. On est tenté parfois de lui crier, alors, après que la charité a épuisé tous ses moyens : Aimez-la donc et poursuivez-la exclusivement, cette logique, cette science ; allez, prenez-en jusqu'à en mourir !

———

Le connaître sériel suffit pour agir, dans une foule de cas. C'est là surtout ce qui fait son prestige et sa popularité. Les applications de la science ! Savoir, c'est pouvoir ! Le but est de se procurer des phénomènes, des conséquents par des antécédents. Mais, dans ce labeur, l'intelligence humaine est bien déchue, joue un rôle bien mesquin, est pure machine, comme ce qu'elle agence et organise : simple transmission d'impulsion — et par le dehors encore — d'une pièce à l'autre. Il est vrai qu'il y a aussi, là dedans, quelque chose au-dessus de la simple série extérieure et qui, en un sens, la gouverne, tout en lui obéissant, en un autre. C'est la cause finale, le but visé. Ici, on traite le tout, *la* ligne — ou plutôt, toujours, *les* lignes —, comme un point et comme un seul point, en organisant l'ensemble. On imite vraiment le Créateur. Mais on est toujours attaché par la chaîne, et on la traîne, plus ou moins longue, plus ou moins bien faite, un bout dans la main et l'autre dans la tête — en attendant qu'on arrive à faire passer celui-ci dans la réalité. Cette chaîne n'est, d'ailleurs, qu'un tronçon de celle qui est immense puisqu'elle attache tout, sauf Dieu lui-même. Et, seul totalement affranchi, il veut que certaines créatures privilégiées le soient au moins en partie. De là ces petits bouts de chaîne, nos actes libres, qu'il laisse flotter et qui cependant se rattachent quand même — presque miraculeusement — à la grande chaîne universelle dont il tient tous les anneaux réunis dans sa main puissante : tissu de mystères, sans doute, mais qui, en somme, satisfont néanmoins un esprit vraiment philosophique beaucoup mieux que tant de prétendues explications claires et simples.

***

La première *Pensée* **de Pascal** (*Entre deux infinis*). — Si Pascal n'était que savant, géomètre, raisonneur, il tomberait ici sous le coup des critiques que J. Tissot, entre autres, lui a prodiguées, sans parler de la nôtre, plus radicale encore, en nous plaçant carrément, comme nous faisons, au point de vue anti-mathématique, qui est le vrai, le réel. Mais, en tant que poète et intuitif, c'est-à-dire véritable et profond métaphysicien, il mérite au contraire tous les éloges qu'on lui a décernés et d'autres encore. Quoi qu'il ait dit lui-même ailleurs (1), il fait voir ici que nous avons en nous quelque chose qui dépasse de beaucoup la géométrie, un instinct qui, tout vague qu'il paraît être d'abord, est plus puissant que le déductif avec sa fausse précision. C'est cet instinct souverain qui enveloppe tout ce magnifique morceau et fait que l'auteur y tombe dans ces apparentes contradictions que signalent, tout triomphants, des logiciens qui ne sont que cela. Quoi de plus édifiant pour nous que d'entendre ce savant de tant de génie, si vif et si original, à l'aurore d'un âge scientifique, heureux de rabaisser tant d'espérance et tant d'orgueil, affirmer hautement que la science ne peut nous donner que des connaissances relatives et incomplètes, ne peut dévoiler à nos yeux avides que de courts tronçons de ces chaînes indéfinies de phénomènes qui vont se déroulant à travers le temps et l'espace, ne peut, en un mot, que

---

(1) « Ce qui passe la géométrie nous surpasse. » (*Opuscules géométriques.*)

nous faire « apercevoir quelque apparence du milieu des choses » !

On pourrait seulement croire d'abord qu'il a le tort, dans ces magnifiques pages, de ne pas débrouiller nettement les deux points de vue, pour sacrifier résolument et sans ambages l'un à l'autre. C'est ce qu'il fait ailleurs, en maints endroits, quand il préconise contre le raisonnement le cœur ou intuition. Mais ici, d'après son plan général, il lui était utile, — du moins il l'a cru, dirait-on, — de ne pas faire la distinction et de sacrifier à la foi révélée les deux facultés antinomiques, confondues pour la circonstance sous le nom de « raison », non plus cette fois au sens de raisonnement mais le mot étant pris dans son acception étendue et générale.

N'a-t-il donc pas vu ou n'a-t-il pas voulu voir qu'on pouvait, dès ce premier pas, l'arrêter en lui disant :

Mais — puisque vous ne faites encore aucun appel formel au surnaturel, à la révélation, bien que songeant à elle déjà, et que vous vous contentez pour le moment de vous adresser aux facultés profanes — d'où vous vient donc cette lumière supérieure et merveilleuse qui vous fait voir que vous ne voyez pas ces deux extrémités, ces deux bouts, celui d'en haut et celui d'en bas, qui fait que vous les atteignez seulement assez pour vous permettre d'affirmer avec tant d'éloquente vérité que vous ne pouvez pas les atteindre ? Vous avez donc en vous, même humainement parlant, quelque chose qui vous dépasse vous-même, vous êtes donc intellectuellement double et votre intelligence porte dans l'une de ses deux parties de quoi confondre l'autre ?

Voilà ce dont nous pourrions être tentés tout d'abord de faire une objection contre Pascal et son attitude paradoxale. Mais nous nous ravisons bientôt et nous l'applaudissons de grand cœur de sacrifier la mathématique à la vraie métaphysique, d'autant mieux qu'il leur fait ainsi contracter une alliance qui, en fin de compte, doit tourner tout à l'avantage de celle-ci en compromettant l'autre. Il fait par là d'une pierre deux coups, et il fait le grand coup, qui est, pour nous, de ruiner le déductif au profit de l'intuitif; et ce qui couronne l'œuvre et achève le triomphe de l'auteur, c'est qu'il prêche d'exemple, procédant lui-même par un instinct fécond, par une intuition géniale et puissante; car ce n'est qu'aux yeux de juges superficiels qu'il peut ici paraître déraisonner et tomber dans l'absurde (1), tandis que, en réalité, il pousse le raisonnement jusqu'au bout, jusqu'à ce bout qui devient pour lui la culbute finale, il presse de ses robustes jarrets jusqu'à complet épuisement, il éreinte sous le poids de tout son génie cette vieille Rossinante de raison ratiocinante.

Ainsi considérée, cette pensée est plus forte que celles où il met ouvertement le cœur au-dessus de la raison ; parce que là il ne sacrifie pas complètement cette dernière au premier, il n'enveloppe pas dans le triomphe de l'un la ruine de l'autre, comme nous croyons qu'il faut faire et comme il fait ici; et il le fait à la fois avec une piquante ironie et d'une façon dramatique, en joignant la pratique à la théorie et en faisant de ses ailes d'aigle planer entre deux infinis la pure intuition.

(1) Faut-il, en effet, être myope d'esprit pour ne voir là chez Pascal qu'un vain charlatanisme, une envie de jeter aux yeux, dès le début, toute la poudre de sa mathématique! Le piège eût été par trop grossier. Il n'eût pas fallu être plus fort que ses critiques et commentateurs courants — Tissot et consorts — pour le découvrir et le signaler, comme ils ont cru faire. Et c'était alors tout compromettre par avance, et, de gaieté de cœur, laisser tout envelopper et étouffer en germe dans ce lourd et tortueux filet de la dialectique, en somme si facile à tisser et même à lancer.

Malgré son essentiel irréalisme, la science, à elle seule déjà, nous porte à croire à quelque chose d'extérieur, grâce à la découverte théorique et à l'application pratique. Par là, en effet, le monde ne répond-il pas à notre esprit qui l'interroge, non-seulement : « Je suis évidemment quelque chose », mais encore : « Tu avais mis évidemment quelque chose de ce que je suis dans tes prémisses, pour pouvoir le retrouver ainsi dans ta conclusion » ?

Il faut, toutefois, ajouter ceci : L'objet extérieur était entré dans notre esprit tellement tronqué par l'abstraction, par la simplification nécessaire du complexe, que ce n'était plus lui, mais son symbole. Néanmoins, assez de cet objet extérieur, sous forme ainsi réduite et portative, en quelque sorte, avait pénétré d'abord dans notre esprit pour que celui-ci puisse ensuite, au bout de son labeur, revenir au complexe, point de départ externe.

Cette réduction, cette symbolisation a permis à la déduction, à l'analyse, à l'instrument qui transporte d'identité en identité, de saisir la chose réduite de la sorte à l'état de bouillie assimilable, pour ainsi dire, et de la digérer. Mais, au bout, la chose redevient concrète et solide comme elle était avant qu'on ne l'ait ainsi mise à la portée et broyée à l'usage de la machine.

On peut encore recourir à la figure suivante : Dans son voyage de reconnaissance, on n'a étudié ni les rives, ni le fond, ni même les eaux de la rivière, mais seulement la direction, le point d'arrivée et le point de départ. On sait maintenant où elle va et d'où elle vient ; et, si l'on veut aller où elle va, elle y portera, pourvu qu'on parte d'où elle part; car, ce chemin qui marche, ne porte où l'on veut aller qu'à condition qu'on veuille aller où lui-même va. Oui, il faut non-seulement découvrir les lois de la nature mais encore s'y soumettre, une fois qu'on les connaît, si l'on veut se la soumettre. Ainsi ce n'est qu'à titre d'esclave, même esclave deux fois, qu'on lui commande.

.˙.

Le bonheur, le vrai bonheur que peuvent nous procurer les différentes choses, voilà le grand but, ou du moins, le grand critérium, la meilleure pierre de touche pour apprécier l'exacte valeur de chacune de ces choses.

Aussi a-t-on vu quel enthousiasme, quel fol enivrement pendant longtemps pour la Science, précisément parce qu'on en attendait le vrai bonheur pour l'humanité sur cette terre. Eh bien, les sciences ont donné jusqu'à ce jour plus qu'on ne pouvait raisonnablement espérer d'elles et elles promettent pour l'avenir bien davantage encore, en fait d'applications utiles à la vie. Et cependant, nous n'en sommes pas plus heureux. Jamais on ne vit ici-bas tant de misère et de désespoir. C'est que les commodités matérielles sont loin d'être tout pour l'homme. Nous sentons que, pour maîtriser la nature, nous faire servir par elle, il faut commencer par nous y asservir, et sans même la connaître vraiment, effrayés par cette tyrannie aveugle de la nécessité, que viennent entrecouper à peine quelques interrègnes du hasard, tandis que nous aspirons par le cœur au règne des fins, des fins bonnes, volontairement poursuivies, librement atteintes, et tombant sous nos prises directes et souveraines. Mais, hélas! ce grand maître des choses, que se vante parfois d'être l'homme, se sent ridiculement enchaîné avec elles et par elles ! « Le plaisant dieu que voilà ! *O ridicolosissimo croc !* »

On a voulu ne prendre au sérieux que le positif, les sciences positives. Mais, après avoir réussi à s'enchanter d'illusion pendant quelque temps, pendant surtout que ces fameux avantages étaient d'autant plus beaux qu'ils n'étaient guère qu'en espérance, une fois qu'on les a possédés, qu'on en a vu même une foule d'autres suivre à la file, entraînés par la marche accélérée du progrès, on a vu aussi que ce n'était pas cela, quand même, qui pouvait remplir le cœur, et l'on est retombé au pessimisme, pour peu qu'à la raison et à la science on ait joint l'intuition du métaphysicien, le rêve du poëte ou seulement l'âme de l'homme véritablement homme. C'est qu'on s'est vite aperçu qu'au prix du reste qui manquait, ce fameux positif n'était au fond qu'un nouvel amusement entre les mains de ce grand enfant qui change de jouets avec les années ; et l'on a entendu plus que jamais la plainte de l'humanité, proférée par la bouche de ses grands porte-voix qui concentrent en eux les émotions de tous et sont seuls capables de les bien traduire. Ils disaient : « A quoi avons-nous employé tout notre temps et toute notre peine ? Est-ce là le fruit du travail dont nous nous sommes consumés et dont nous nous consumons toujours, nous amassant un trésor de désenchantement et de malheur ? »

.˙.

Dans le réel, le vrai réel, il n'est rien de plus facile que de remonter à l'élément premier, ou plutôt l'on n'a pas à remonter, pas à bouger de place pour le trouver : il est là, il *est* seul, car il n'y a que lui de réel. Le reste n'est pas réel, proprement, ou du moins, n'est pas le dedans de l'être mais bien sa face externe, son envers néant ; et il n'a tant d'apparence qu'à cause de l'énorme imperfection de l'être créé. A ce semblant d'être ce n'est pas non plus une véritable connaissance qui répond, mais la connaissance fournie par la faculté de l'intelligence au labeur indéfini comme son objet et qui n'est qu'une sorte de puissance impuissante, suivant le nom que nous lui avons déjà souvent donné et qu'elle mérite si bien. C'est la mathématique abstraite dévidant sans fin le non-être de l'être. Elle ne saurait que poursuivre toujours sans atteindre jamais ce qui n'est pas en acte mais en simple puissance, c'est-à-dire l'élément de l'être à son point de vue : de sorte que la vraie connaissance fuit devant elle d'une fuite éternelle. On la voit à l'œuvre, par exemple, en face de la divisibilité à l'infini du continu : mirage d'être, mirage de connaître.

Ce qui fait, parmi les sciences mathématiques — après la mécanique —, la fécondité relative de la géométrie intuitive, c'est que, tout en étant, elle aussi déjà, dans le non-être et le non-connaître, elle touche cependant à l'être et au connaître comme l'envers touche à l'endroit, l'ombre au corps ; car le non-être étendue, son objet (1), est, en un sens, — nous l'avons assez vu et constaté, — une espèce d'être, puisqu'elle est l'aspect positif de l'être créé en tant qu'il *est* imparfaitement. C'est, au flanc de la Création, le trou béant, qui n'est que trop réel.

La géométrie intuitive prend ainsi un léger contact avec ce qui *est*, rien déjà que dans sa pure intuition de l'étendue, et encore plus par les figures matérielles

---

(1) En tant qu'elle l'*analyse*, entendons-nous, et non pas qu'elle l'*explique* ni même le *reconnaisse* exactement, ce qui est exclusivement l'œuvre de la vraie métaphysique.

dont elle a besoin de se servir pour réveiller ou fixer cette intuition.

Mais, dès qu'on introduit le nombre, la division, adieu toute réalité, et l'on devient le jouet de la pure puissance impuissante. Ainsi, géométriquement, les incommensurables, — le côté et la diagonale d'un carré, par exemple, — sont bien là sous nos yeux ; mais, si nous voulons chercher arithmétiquement les éléments premiers, ceux-ci, sans se lasser jamais, fuient notre poursuite vaine. C'est que, laissant alors ce qui relativement, jusque dans le non-être, *est*, en quelque sorte, on s'attache désormais à ce qui en lui absolument *n'est pas*, au pur non-être : la colombe, lâchée à travers l'espace tout à fait vide, ne trouve plus où se poser. Dans la géométrie, on avait encore un peu touché barres au réel ; dans l'arithmétique on va, on va toujours, sans que plus rien ne vous arrête. C'est que celle-ci ne présente plus qu'un vain reflet d'élément réel, avec son unité vide, abstraite, pur mirage d'unité, qui traîne d'ailleurs derrière elle — comme un nuage de grains de poussière, qui achèvent de vous aveugler — sa suite indéfinie de fractions et de fractions de fractions. Si donc la géométrie intuitive peut par son objet être comparée à ces plantes qu'on vient d'arracher mais qui continuent à vivre encore et à végéter grâce aux parcelles de terre qu'elles ont emportées adhérentes à leurs racines, l'arithmétique par le sien est déjà complètement morte, semblable à ce sceptre sur lequel jure Agamemnon au premier chant de *l'Iliade* (1) et qui ne doit plus fleurir ni se couvrir de feuilles parce que le fer l'a tranché, le séparant du

---

(1) Ναὶ μὰ τόδε σκῆπτρον · τὸ μὲν οὔ ποτε φύλλα καὶ ὄζους
Φύσει, ἐπεὶ δὴ πρῶτα τομὴν ἐν ὄρεσσι λέλοιπεν,
Οὐδ' ἀναθηλήσει · περὶ γάρ ῥά ἑ χαλκὸς ἔλεψεν
Φύλλα τε καὶ φλοιόν............ (*Iliade*, I, v. 231...)

tronc et du sol nourricier. Que sera-ce donc de l'algèbre et de l'analyse? Là, plus une ombre de vie ni de réalité.

La géométrie intuitive elle-même d'ailleurs est fort loin de pouvoir remonter à quelque unité réelle, vraiment élémentaire. La preuve, c'est que les sciences physiques, bien qu'elles en approchent beaucoup plus et par plus de côtés, étant incomparablement plus concrètes et complexes, en sont encore à cent lieues. L'atome, le vieil atome, n'est qu'une hypothèse, et une hypothèse tellement provisoire qu'elle est en train de s'écrouler (1), comme un échafaudage vermoulu. En tout cas, quelle n'est pas la distance entre l'atome et la *monade* (= *atomus non molis sed naturæ*)!

Cela peut donner une idée du degré d'arbitraire de l'unité des mathématiques pures, et, partant, de leur essentiel irréalisme. Car elles ne laissent pas, cependant, de supposer une unité comme base indispensable, point de départ et de repère de toutes leurs opérations. Quoi d'étonnant si, ayant commencé par semer ainsi l'arbitraire et le relatif, elles ne peuvent récolter, après, le réel ni l'absolu, et si elles sont incapables d'arriver jamais au bout de la division, trouvant toujours nécessairement des unités nouvelles dans les unités antérieures, parce que toutes ces unités remontent à une première purement hypothétique et provisoire?

La réalité seule pourrait les secourir et les arrêter dans leur course folle. Mais la réalité et les mathématiques ne sauraient s'entendre ni se rencontrer. Les fameux arguments de Zénon d'Élée, si graves et si profonds, sont là pour le prouver. Ils dramatisent admirablement cette capitale antinomie.

---

(1) Voir, par exemple, certaines pages du livre, paru il y a quelques années, du Dr Le Bon : *L'Évolution de la matière*.

Par les mathématiques supérieures, nous n'atteignons qu'un infini relatif, en simple puissance, éternel devenir. Cela ne serait qu'un leurre, un vain mirage de mouvement, qui toujours irait.... pour n'aboutir jamais à rien, qui n'aurait aucun sens, aucune application dans le réel, sans l'infini absolu, en acte, éternellement présent, τὸ ἀεὶ νῦν, *the eternal now*. Sans Dieu, cette fameuse puissance ne serait qu'impuissance.

On ne saurait donc asseoir l'infini concret de Dieu sur l'infini abstrait des mathématiques, comme l'ont essayé certains théistes fanatiques de cette science. Mais c'est le contraire qu'il faut faire.

On a beau baptiser du nom de « causes » des phénomènes ce qu'on a jusqu'à ce jour observé comme étant les antécédents constants et invariables de ces phénomènes, cela ne suffit pas pour satisfaire celui qui veut vraiment s'expliquer les choses. Il faudrait au moins, d'antécédent en antécédent, remonter jusqu'au bout, jusqu'à ce bout qu'on n'a jamais vu; et encore, arrivé là, il faudrait y prendre connaissance d'un antécédent chef de file, pas fait comme les autres, mais ayant une vertu singulière, une vertu causative, qui nous force à nous arrêter à lui, ἀνάγκη στῆναι; il faudrait, en outre, recevoir alors de lui une de ces lumières d'intuition, de sentiment, pour lesquelles la plupart des savants n'ont point d'yeux; enfin, il faudrait voir pourquoi cette longue chaîne, et pourquoi suspendue à un pareil anneau, et quelle est la nature de la puissance qui soude entre eux les divers chaînons qui la composent.

Voilà ce que les naïfs, les rêveurs, les poètes, les intuitifs, ces espèces d'enfants à perpétuité, ces primitifs de toutes les époques, sentent parfaitement, et ce qui fait leur supériorité sur le savant, le positiviste, l'homme rivé à la chaîne et qui n'éprouve jamais le besoin d'élever son âme au-dessus du sillon, de ce sillon de fer. Si c'est celui-ci seulement que Virgile a voulu désigner dans le vers fameux

Felix qui potuit rerum cognoscere causas
(= Heureux qui a réussi à pénétrer les causes des choses),

nous aimerions à y mettre de l'ironie, et volontiers nous le prendrions au sens où beaucoup de gens entendent encore aujourd'hui le verset suivant de l'Evangile des Béatitudes :

Heureux les pauvres d'esprit, car etc.

Et encore ! C'est parce que le royaume des cieux est promis à ces pauvres d'esprit dont il est question là, qu'ils sont proclamés heureux. Or, nos pauvres d'esprit savants, presque tous, ne se soucieraient guère aujourd'hui d'un tel bonheur, leur fût-il assuré. Ils se contentent de régner ici-bas, tant qu'ils peuvent ; et ils n'y réussissent que bien peu, même dans le domaine si restreint qui leur est propre. Oui, même là, leur règne est bien précaire et bien misérable, essentiellement relatif. A titre d'esclaves, ils commandent en ces lieux. Il faut, en effet, qu'ils commencent par soumettre leur intelligence à la nature, par faire entrer dans cette intelligence l'ordre des chaînons, s'ils veulent ensuite faire venir l'un par l'autre, en tirant sur cette chaîne péniblement, comme des forçats. Pour pouvoir, il faut savoir. La nature n'obéit qu'à celui qui la connaît, qui a plié son esprit à l'étude de ses lois. Et encore, quelle connaissance, d'un côté ! et quelle obéissance, de l'autre ! Connaissance de surface, d'écorce ; et puissance indirecte, par truc et séries de trucs plus ou moins laborieusement agencés ensemble.

Connaître ainsi les choses, d'ailleurs, ne guérit pas le tremblement devant elles, ce tremblement humain, auquel est sujet chacun de nous, pourvu seulement qu'il soit vraiment homme et qu'il ait un cœur. Cela ne supprime même pas le mystère pour l'intelligence, pas une once du mystère en lui-même ; cela ne fait tout au plus que le reculer ; et même, en reculant ainsi, on rencontre en chemin, on voit surgir à chaque pas de nouveaux problèmes, dont la plupart demeurent sans solution.

......Encore, fort heureux si, dans cette marche sans vraie lumière, à tâtons dans les ténèbres, sans autre étoile pour vous guider que des feux follets qui vous égarent, oui, heureux si l'on ne rencontre pas à la fin quelque précipice — ne serait-ce que celui de la vaine présomption et de l'orgueil — dans lequel on tombe englouti !....

.˙.

Ce que, dans la Science, nous découvrons de la nature, n'en est pas le fond, l'essence, mais la surface, l'apparence, et même une apparence d'apparence : un enchaînement de phénomènes ; car ce n'est pas, en quelque sorte, un *point* que nous *pénétrons*, mais bien une *ligne* que nous *suivons*, et encore, en zigzaguant beaucoup, en cherchant longtemps tout autour. Nous ne redressons, nous ne régularisons qu'après. Aussi, pour être parfaitement modestes, les organisateurs de la Science n'ont qu'à considérer tout ce misérable tâtonnement, cet *au petit bonheur* dans la découverte, qui pourtant vient avant, forcément. Celle magnifique rectitude, qui arrive ensuite, pourrait nous imposer. Remontons donc à la source et jusqu'à l'œuvre maîtresse, originale, géniale, du savant, à l'œuvre de l'inventeur, c'est-à-dire au seul moment où le labeur scientifique ne soit pas purement machinal mais bien, en grande partie, affaire de tact, d'inspiration féconde, bref, soit le *quid proprium* de chacun, ainsi que le dit Cl. Bernard, qui s'y connaissait. Il semble que c'est là surtout qu'on devrait admirer la Science. Eh bien, au contraire, ce tour dans les coulisses est plutôt fait pour nous gâter, après, le spectacle. Prenons, par exemple, cette pauvre marmite de Papin : à y penser au même instant, n'est-elle pas capable de nous guérir du frisson d'orgueil humain (1) que nous fait courir sur la peau la découverte tout organisée, c'est-à-dire le train de chemin de fer qui passe devant nous en sifflant ?

D'autre part, il est vrai, — sachons-le reconnaître impartialement — cette impuissance devient puissance, cette longueur se fait anse, pour saisir par là la nature; puisque savoir, même si imparfaitement, c'est pouvoir : preuve, la meilleure de toutes, qu'il n'y a pas seulement quelque diable là dedans mais du divin aussi. C'est que nous nous sommes là soumis, nous, au point de vue du savoir, à quelque chose à quoi Dieu a dû le premier, lui, se soumettre au point de vue du pouvoir. Nous devons être fiers, même, de cette rencontre avec le Créateur, rencontre dans laquelle il a l'air de faire vers nous une partie du chemin, de descendre à nous autant qu'il nous fait monter à lui : de

---

(1) Car le sentiment que nous éprouvons alors est tout à fait comparable d'ailleurs à celui qui exalte notre âme en présence — mettons — de quelque trait sublime de Corneille que nous entendons déclamer.

sorte que nous y communions, en quelque manière, avec lui.

D'ailleurs, cette régularisation et organisation, venant ensuite, nous montre Dieu, elle aussi à son tour; car, étant une image de l'Un dans le multiple créé, elle est imprimée sur celui-ci comme le sceau de l'Ouvrier.

Ainsi éclatent, au milieu de ses défauts si graves, deux qualités de la Science, et deux qualités maîtresses : le pouvoir et l'ordre, qui l'un et l'autre nous dévoilent Dieu jusque dans l'imperfection inévitable de l'œuvre scientifique.

∴

Arithmétique. — Les êtres réels ne sauraient proprement se compter. Car le nombre ne saurait être constitué que par des unités de même nature et tout à fait semblables. Or, il n'y a pas deux êtres qui se ressemblent parfaitement. Si ces deux êtres existaient, d'ailleurs, ils seraient identiques (1), et partant ne seraient qu'un seul, incapable donc de donner naissance au nombre. Ainsi, ce n'est que par pure fiction, par une abstraction violente, par l'abstraction de ce qui constitue le dedans des êtres, c'est-à-dire proprement leur être, qu'on peut les compter. Il faut se résigner à les saisir par leur dehors, par le vide ou non-être de leur être, en quelque sorte, pour pouvoir les grouper arithmétiquement, en faire un faisceau mathématique. En d'autres termes et en un mot, quand le lien du nombre les a enlacés, ce qu'il tient et ce qu'on tient par lui n'est plus rien d'eux ni rien d'être. Ils deviennent autant de Protées qui se jouent de lui et de nous.

(1) Voir les *Indiscernables* de Leibniz.

Mécanique. — Astronomie. — Physique — Chimie. — Thermodynamique, etc. — Prenons, d'abord, le mouvement des astres. Si la régularité eût été rigoureusement parfaite, il s'en serait suivi l'inertie et la mort, malgré toute l'impulsion donnée par la main qui a lancé les planètes sur la tangente de leurs orbites, et cette force combinée avec celle d'attraction centrale. Rien, en effet, n'aurait pu se former. Tout ce mouvement mathématique eût été sans but, vain, fou. De petites irrégularités (1), au contraire, l'ont rendu fécond et produit l'univers, varié et vivant.

Ainsi, l'être réel est précisément ce qui échappe à la mathématique, ce qui passe entre les mailles du vaste filet qu'elle cherche à jeter sur les choses pour les envelopper et les saisir. Ce n'est pas comme à la pêche où ne passe et échappe, de la sorte, que le menu fretin, tandis que le gros poisson reste pris.

Le fameux *clinamen* des Epicuriens, qui paraît d'abord si puéril, à l'examiner de près, est plein de profondeur.

Quoi d'étonnant qu'il en soit ainsi jusqu'au plus bas de l'univers matériel, puisque, dans le monde moral et au point le plus haut, ce qui est le plus fécond ou,

---

(1) Ne prenons que l'exemple suivant : Dans les anneaux gazeux, des points plus denses ou espèces de noyaux se sont formés qui, devenant des centres d'attraction, ont fait passer peu à peu ces anneaux à l'état de globes, plus ou moins irréguliers eux aussi à leur tour. — On pourra nous objecter que les mathématiques tâchent de tenir compte de ces irrégularités; car elles opèrent des corrections successives destinées à les représenter. — Oui, mais elles ne sauraient tenir compte de toutes; car cela est impossible, et irait presque à l'infini. L'exactitude absolue est donc inaccessible à ces sciences qualifiées d'exactes.

si l'on veut, ce qui *est* le plus, tout court, c'est aussi l'exception, c'est ce qui se détache et fait tache sur l'immense régularité machinale, à savoir, le libre, qui éclate pleinement chez la personne avec sa merveilleuse et anormale faculté du choix ?

Si deux soleils se heurtaient de front, de façon parfaitement, mathématiquement, régulière, selon la normale ou ligne des centres, pas de formation d'un système nouveau, pas de mouvement molaire de la nouvelle masse autour d'elle-même, et l'énorme et féconde toupie, au lieu de tourner et de produire ainsi des mondes, resterait immobile ou du moins stérile.

Voilà pour l'infiniment grand, domaine de l'astronomie. Dans l'infiniment petit, champ de la physique et de la chimie, il se passe quelque chose d'analogue, avec les phénomènes moléculaires et atomiques.

Enfin, la même remarque, encore et toujours, s'applique aux transformations des mouvements molaires en moléculaires ou *vice versa*, transformations dont quelques-unes sont étudiées par la thermodynamique. Etc. etc...

Ainsi, le réel échappe à la mathématique ; c'est qu'il n'est pas enfanté, et ne saurait l'être, par la nécessité, mais bien de raccroc, ou plutôt, disons-le hardiment, par la volonté libre ; en tout cas, il a pour source une contingence quelconque. Le Destin n'est qu'instrument ou valet. Telle, la Violence dans le *Prométhée* d'Eschyle. L'Être en triomphe, est son maître, rien que parce qu'il est *fatis avulsa voluntas*, une branche vivante arrachée à ce tronc inerte et mort. Et tous les rameaux, ramicules ou rejetons, qui poussent après et auprès, n'ont d'être à leur tour que dans la mesure où ils échappent et font violence à la violence du non-être ou néant.

*
* *

Dans le long réquisitoire que nous venons de prononcer contre la Science, s'il n'eût été déjà sans cela suffisamment précis et probant, nous aurions pu, pour mieux appuyer nos propres raisons, faire appel, bien plus souvent encore, à de graves autorités qui s'accordent toutes à reconnaître, par exemple, que la Science n'a pas de réponse à donner aux questions vraiment capitales et vitales de notre époque.

Et voilà pour sa prétendue utilité.

Quant à son irréalisme radical, il a été maintes fois constaté par les philosophes contemporains les moins suspects. Mais contentons-nous de joindre à toutes les citations que nous avons déjà faites la suivante, d'abord, que nous choisissons entre beaucoup d'autres parce que nous la trouvons plus courte et plus nette (1) :

« Ma science n'empêche point mon ignorance de la réalité absolue.... Langage symbolique, admirable synthèse de signes, plus la Science progresse, plus elle s'éloigne de la réalité, pour s'enfoncer dans l'abstraction. »

(Jules Payot, *De la Croyance*.)

Reproduisons, ensuite, quelques lignes d'un écrivain également indépendant :

« De quelque côté que nous nous tournions, l'attitude de la Science en face des problèmes sociaux est aussi peu satisfaisante. Elle n'a pas de réponse à donner aux questions les plus graves de notre temps. »

(Benj. Kidd, *L'Évolution sociale*.)

---

(1) Nous l'empruntons, du reste, à un de nos universitaires les plus connus et les plus imbus de l'esprit moderne, complètement affranchi de ce qu'ils appellent « les vieilles superstitions ».

Enfin, nous ne voudrions pas omettre le passage suivant de Ruskin; d'autant plus qu'on y lira quelques lignes très intéressantes de son ami Carlyle sur la même question :

« Rappelons-nous la brève portée de la Science. Elle a mesuré, pesé, désigné chaque créature vivante. Qu'a-t-elle compris de leur vie, de la force qui, par une chimie qui transcende celle des chimistes a su de jour en jour extraire, de l'infini milieu ambiant, les molécules nécessaires à la substance vivante, en construire des cellules, tissus, organes, produire la créature éphémère suivant la loi et dans la beauté de son type éternel? Parce qu'elle ignore tout de cette force et de cette beauté, l'esprit moderne, qu'elle a formé, ose nier cet élément spirituel du monde que les hommes de jadis percevaient directement, avec une émotion d'une autre valeur que la connaissance méthodique, puisqu'elle est la réponse, la réaction directe de l'âme à l'ineffable et l'invisible réalité. Carlyle l'avait dit : « L'homme qui ne sait pas habi-
« tuellement vénérer et adorer, quand il serait le prési-
« dent de cent Sociétés royales, quand il porterait dans sa
« seule tête toute la *Mécanique Céleste* et toute la philo-
« sophie de Hégel, l'abrégé de tous les laboratoires et de
« tous les observatoires avec leurs résultats, cet homme
« n'est qu'une paire de lunettes derrière laquelle il n'y a
« point d'yeux..... » Et nous ajoutons : Cette indifférence aux antagonismes du laid et du beau, du bien et du mal, du maudit et du sacré, est le trait le plus remarquable de l'esprit scientifique moderne. Nulle superstition des primitives imaginations n'est signe d'une baisse de l'intelligence humaine comme cette disparition de la sensibilité au divin et à ses deux grandes expressions dans le monde : le beau dans les apparences et l'héroïsme dans les âmes. »
(RUSKIN, *Aratra Pentelici*, III.)

Mais laissons là les juges qu'on peut récuser; et, pour ménager la transition aux vrais savants, commençons par reproduire les lignes suivantes d'un brillant écrivain, avant tout habile vulgarisateur de la science astronomique, M. C. Flammarion :

« Nous avons tous une tendance à considérer comme impossibles les choses que nous ne pouvons expliquer. Mais si nous regardions de plus près, nous constaterions que nous n'expliquons rien du tout. La gravitation, l'attraction newtonienne est-elle une explication ? Personne au monde n'en connaît la nature. C'est toujours : *Opium facit dormire, quia est in eo virtus dormitiva...* Nous mettons en marche un moteur électrique. Comme c'est simple ! Qu'est-ce que l'électricité ? Personne ne le sait. Voici un morceau de bois, de fer, de cuivre, d'or. Qu'est-ce que c'est au fond ? Un tourbillon d'atomes invisibles et intangibles. Telle est la réalité. Si nous voulons analyser la matière, nous constatons son évanouissement total. Pourquoi donc nous payer de mots enfantins ? Ce qu'il me paraît tout à fait scientifique et tout à fait sage d'affirmer, c'est qu'il n'est pas du tout nécessaire d'expliquer un fait pour l'admettre, puisque, d'autre part, en réalité, nos explications ne sont que des mots. »

Bref, il nous faut admettre comme possibles et comme réels tous les faits qui *semblent* constatés, ainsi que les relations qui *paraissent* constantes entre ces faits ; et voilà toute la Science. Elle n'est rien que cela. Tout savant qui veut y *chercher*, y voir quelque chose de plus, ne sait pas ce qu'il *fait*, ne sait pas ce qu'il SAIT !

Nous avons hâte, maintenant, d'en venir aux vrais et grands savants, dont les témoignages ou aveux sont, en l'espèce, incomparablement plus forts et plus piquants que les critiques des profanes comme nous, si justes et si vives soient d'ailleurs celles-ci. Pour conclure, écoutons donc un peu quelques-uns des plus autorisés de ces savants, appréciant la valeur et la portée de la Science.

Graves imperfections de la Science, selon les savants eux-mêmes.

Nous donnerons quelques passages seulement, empruntés à des ouvrages récents. Et même, nous n'avons guère éprouvé le besoin de sortir d'un des livres de l'illustre mathématicien H. Poincaré.

I. L'expédient de la généralisation :

« Sans généralisation, la prévision est impossible. Mais les circonstances où l'on a opéré ne se reproduiront jamais toutes à la fois. Le fait observé ne recommencera donc jamais; la seule chose que l'on puisse affirmer, c'est que, dans des circonstances analogues, un fait analogue se produira (1). »

(H. Poincaré, *La Science et l'Hypothèse*, 4ᵉ partie, *La Nature*, ch. IX.)

II. Interpolation et correction :

« Il faut que l'on interpole; l'expérience ne nous donne qu'un certain nombre de points isolés, il faut les réunir par un trait continu...... Mais on fait plus : la courbe que l'on va tracer passera entre les points observés et près de ces points ; elle ne passera pas par ces points eux-mêmes. Ainsi on ne se borne pas à généraliser l'expérience, on la corrige ; et le physicien qui voudrait s'abstenir de ces corrections et se contenter vraiment de l'expérience toute nue serait forcé d'énoncer des lois bien extraordinaires. » (Ibid.)

III. Simple probabilité :

« Ainsi, grâce à la généralisation, chaque fait observé nous en fait prévoir un grand nombre; seulement ne pas oublier que le premier seul est certain, que tous les

---

(1) Ainsi, la Science ne saurait dévoiler le réel. Car, d'une part il n'y a de science que du général, et, d'autre part, il n'y a d'existence réelle que du particulier.

autres ne sont que probables (1). Si solidement assise que puisse nous paraître une prévision, nous ne sommes jamais sûrs absolument que l'expérience ne la démentira pas, si nous entreprenons de la vérifier. » (Ibid.)

IV. Simplicité de la nature, simplement supposée par nécessité :

« Il n'est pas sûr que la nature soit simple. Pouvons-nous sans danger faire comme si elle l'était ? » (Ibid.) « La nature se soucie-t-elle des difficultés analytiques ? Pas probable.... On ne croit guère aujourd'hui que les lois naturelles doivent être simples, et cependant on est obligé souvent de faire comme si on le croyait. On ne pourrait se soustraire entièrement à cette nécessité sans rendre impossible toute généralisation et par conséquent toute science. » (Ibid.)

V. Il faut croire à l'unité de la nature. Or, l'unité n'est pas conciliable avec la simplicité :

« Toute généralisation suppose dans une certaine mesure la croyance à l'unité et à la simplicité de la nature. Pour l'unité, il ne peut pas y avoir de difficulté. Si les diverses parties de l'univers n'étaient pas comme les organes d'un même corps, elles n'agiraient pas les unes sur les autres, elles s'ignoreraient mutuellement ; et nous, en particulier, nous n'en connaîtrions qu'une seule..... Quant à la croyance à la simplicité, c'est une habitude imposée aux physiciens.... Mais comment la justifier en présence des découvertes qui nous montrent chaque jour de nouveaux détails plus riches et plus complexes ? Comment même la concilier avec le sentiment de l'unité de la nature ? car si tout dépend de tout, des rapports où interviennent tant d'objets divers ne peuvent plus être simples. » (Ibid.)

---

(1) Page 251 de *La Valeur de la Science*, l'auteur dit, avec plus de précision encore : « ... Aucune loi particulière ne sera jamais qu'approchée et probable ... »

VI. Avec la science, il n'est pas question de vérité proprement dite, mais simplement de commodité. Les principes de la science sont purement conventionnels :

« La simultanéité de deux événements, ou l'ordre de leur succession, l'égalité de deux durées, doivent être définies de telle sorte que l'énoncé des lois naturelles soit aussi simple que possible. En d'autres termes, toutes ces règles, toutes ces définitions, ne sont que le fruit d'un *opportunisme inconscient*. » (Ibid.)

« La science ne nous apprend absolument rien du fond des choses. Elle ne saisit que les rapports logiques entre les choses telles qu'elles nous apparaissent. Et les systèmes de rapports adoptés par elle sont eux-mêmes purement conventionnels et pris entre une foule d'autres rien qu'en considération de leur commodité et de leur simplicité... » (Ibid.)

VII. Hypothèses non rigoureusement vérifiables; pas absolument sûres; principes, vérités simplement approchées :

« D'hypothèses rigoureusement vérifiables, il n'en existe pas. De lois physiques absolument sûres, il n'en existe pas davantage. Les plus importants des principes sur lesquels des sciences entières reposent, ne sont que des vérités approchées, à peu près vraies dans certaines limites, mais qui, en dehors de ces limites, perdent toute exactitude. » (Dr G. Le Bon, *L'Évolution de la matière*.)

Ajoutons au moins les passages suivants de M. Le Bon encore, empruntés à un article paru récemment dans la *Revue scientifique* (n° du 1ᵉʳ février 1908) :

« ..... L'homme s'est tourné de plus en plus vers la Science. Celle-ci a ainsi fini par devenir pour beaucoup une nouvelle idole à laquelle on peut tout demander. Malheureusement la science n'a fait qu'ébaucher les explications des choses..... Loin d'éclairer les nombreux mystères qui nous entourent, elle n'a fait souvent que les rendre plus profonds....... Elle reste impuissante devant des questions en apparence très simples.... Elle soumet à nos besoins les forces de la nature ; et elle ne peut dire encore pourquoi le gland devient chêne, pourquoi retombe une pierre lancée en l'air, pourquoi le bâton de cire frotté attire les corps légers. Elle est pleine de pourquoi qui restent sans réponses. »

« La géométrie est riche en propositions indémontrables : « En étudiant les plus récents travaux sur les « principes de la géométrie on est effrayé, écrit l'émi- « nent mathématicien Emile Picard, à la vue de la longue « liste des postulats nécessaires à poser pour que la « géométrie ait toute la rigueur logique qu'on lui attribue « généralement. » J'avoue ne pas partager cet effroi, reprend là-dessus M. Le Bon, avec une pointe d'ironie qui nous fait plaisir. Les postulats permettent l'établissement de formules mathématiques rigoureuses et chacun sait le prestige qu'exerce sur les âmes simples (1) tout ce qui se présente sous une telle forme. Il est bon de pouvoir fabriquer de temps à autre des vérités supposées absolues. Leur possession est très réconfortante pour l'esprit. Bien que la science nous refoule de plus en plus dans le relatif et l'approximatif, nous poursuivons toujours l'absolu. »

L'auteur avait écrit plus haut, avec la même ironie déjà : « La philosophie a fini par devenir très modeste. Elle tend de plus en plus aujourd'hui à n'être que la simple addition des généralisations de chaque science. » Quoique la fin de la phrase soit obscure et mal écrite, on comprend assez ce que veut dire le docteur. Eh bien, notre philosophie, on l'a vu, est peu disposée à suivre cette tradition de modestie et à se faire ainsi l'humble suivante et servante de la Science. Mais, pour conclure, voici qui nous paraît très exact :

---

(1) Très « simples », en effet, ces bonnes « âmes » qui se figurent que c'est arrivé !

« La conception énergétique de l'univers constitue un procédé de calcul très commode, qui a fait réaliser d'immenses progrès, en contribuant de plus en plus à substituer le quantitatif au qualitatif dans l'étude des phénomènes, *mais elle ne constitue nullement une explication de ces phénomènes.* Tout en mesurant facilement les effets de l'énergie, *nous ignorons absolument en quoi elle consiste.* LES OPÉRATIONS DE MESURES RÉALISÉES SUR ELLE SONT DE MÊME ORDRE QUE CELLES DU FACTEUR DE CHEMIN DE FER QUI PÈSE LES MALLES DONT IL IGNORE LE CONTENU. »

Voici enfin quelques lignes empruntées au plus vaste monument d'un auteur que nous avons déjà fréquemment cité, savant non moins que philosophe :

« Parmi tous les abus de l'autorité scientifique, nommons comme la prétention fondamentale celle que les savants auraient de faire partie d'une lignée intellectuelle de chercheurs qui à la fin n'apercevraient plus rien de mystérieux dans le monde,..... Sans doute, la méthode expérimentale, servie par la mathématique, a fourni de merveilleuses découvertes, tant de théorie que d'application, que nous mettons à profit pour un extraordinaire accroissement de ressources de civilisation matérielle, — *à employer en bien ou en mal, au demeurant,* — mais plus la connaissance des faits et des lois s'est étendue, plus s'est épaissi le mystère des forces dont nous mesurons en dehors les effets comme mouvements... Nous nous voyons bien plus loin que ne croyaient l'être les anciens savants ou philosophes, de comprendre ce que *c'est* que la chaleur. Nous constatons seulement ce qu'*elle fait*. Et la pesanteur, de même ; et les affinités chimiques, etc. La réduction, admise aujourd'hui, de l'unique objet déterminable aux phénomènes mécaniques, forme extérieure de tous les inconnus, ce grand progrès *pour la science*, est, à vrai dire, l'abandon de toute espérance de lui faire atteindre *le fond des choses*. Comment ne le sent-on pas ? »

(Ch. Renouvier, *Philosophie de l'histoire*, t. IV, pp. 713-25.)

Oui, la science *baigne* dans le mystère. Et ici encore — c'est le cas de le dire, ou jamais — *la sauce vaut mieux que le poisson*. Car c'est précisément sur cet élément mystérieux — supra-scientifique, par nous inexpliqué et pour nous inexplicable — que s'appuie toute science et toute explication possibles. C'est de ce grand trou noir et ténébreux que sort à nos yeux la blanche lumière. Et voilà, cependant, que le fanatisme scientifique, le *berthelotisme*, fait qu'on ne veut pas même avouer le mystère, bien loin de reconnaître sa prédominence !

On comprendra facilement que, vu notre peu d'autorité personnelle en matière de science, nous tenions à multiplier les citations de témoins qui, eux, ne puissent être récusés, d'écrivains ayant une compétence bien reconnue en même temps qu'ils sont peu suspects de partialité contre un genre de connaissance qui est ou qui fut le leur. Nous sommes loin d'ailleurs d'avoir épuisé sur ce chapitre toutes nos références. Ainsi, — pour prendre seulement un exemple entre cent —, nous n'avons encore reproduit ici aucune des ingénieuses et profondes considérations présentées par un mathématicien d'origine, M. Le Roy, dans son mémoire : *Science et philosophie*. Nous citerons seulement de cette œuvre remarquable les courts passages suivants, qui nous ont paru formuler le plus clairement (1) sa pensée :

---

(1) Car, reconnaissons-le de bonne grâce, l'auteur a peut-être, trop souvent, un peu abusé de ce qui serait le droit et même le devoir du philosophe selon M. Brunschvicg, dont il approuve sans réserve l'opinion exprimée dans les lignes que voici : « La philosophie a le droit d'être obscure, elle en a le devoir, pour autant qu'elle doit toujours ou s'approfondir ou s'élever. » Cela est, il est vrai, expliqué, et même en très grande partie justifié, par ce contexte : « ... Il faut entrer dans la partie obscure du savoir pour en bien saisir même les parties claires... Dans la vie de l'esprit, c'est la pénombre

« L'organisation scientifique s'oppose à l'intuition philosophique de la réalité, la pensée discursive à l'intuition vivante, à l'intelligence profonde. »

« La suprême visée de la science est seulement de préparer l'établissement d'un *discours* [au sens de *discursif*, sans doute,] rigoureux... Ce n'est pas ce que les faits ont d'objectif qui intéresse la science. Elle ne s'inquiète pas de mieux pénétrer le réel vivant. » « La science n'est qu'un outil d'organisation. C'est une ruse de l'esprit pour conquérir le Monde. » « Expliquer, pour la science, n'est pas saisir d'une vue intuitive la fuyante originalité des choses, mais c'est construire avec les seules ressources de la raison abstraite un patron schématique du Monde et de ses éléments. » « La science s'est enflée d'une orgueilleuse et folle espérance qu'ont démentie les événements. » « Le culte de la science n'est au fond chez la plupart que le respect idolâtrique de ses applications industrielles et médicales ; et voilà ce qui condamne aux yeux de beaucoup la philosophie, trop peu pratique. C'est là une grossière tendance à ne compter pour importantes que les seules choses de la matière au mépris de ce qui élève et libère l'esprit humain. » « La science, loin de pénétrer la réalité véritable, arrange à son service un univers fictif dont la signification est toute relative à notre besoin d'agir et à notre intention de gouverner. » « Une méthode, rebelle aux définitions précises parce qu'elle participe à l'inexprimable originalité de chacun, c'est *l'intuition philosophique*... L'emploi même du langage déforme cette ineffable réalité, que l'on *vit* sans la

qui joue le rôle essentiel... » « Tout progrès philosophique véritable est toujours apparu dans l'histoire comme une conquête sur l'obscur, sur l'inintelligible, presque sur le contradictoire : c'est même ce qui explique que tout progrès de cette espèce ait commencé par être nié comme absurde. « « On ne pense pas seulement par idées claires et distinctes. Celles-ci ne sont, au contraire, dans notre histoire intellectuelle que des accidents discrets, des points lumineux épars çà et là, semblables à des cimes isolées qui émergeraient d'une brume confuse. Quelque chose remplit les intervalles : un mouvement qui porte de l'une à l'autre. »

pouvoir adéquatement traduire par des mots... Il ne faut pas la confondre avec l'intuition des savants, laquelle n'est que la vision [??] d'une âme logique.... En philosophie, il faut s'élever au-dessus du discours et aller retrouver les sources vives du mécanisme logique dans les mouvantes profondeurs de la vie spirituelle ; il faut tenter une évocation directe de l'âme intérieure des choses.... Depuis l'aube lointaine des siècles de pensée, un immortel désir, malgré les déceptions renaissantes, pousse l'homme de réflexion à vouloir pénétrer de son regard intellectuel la vie mystérieuse et l'intime obscurité des choses. Cette saisie du concret, la science ne saurait l'effectuer, car elle ne connaît que des schèmes logiques sans chaleur et sans nuances. » « La logique discursive est bonne pour l'exposition ; mais tout change dès que l'on se place au point de vue de l'invention, le vrai point de vue pour comprendre la connaissance, et dès que l'on se préoccupe surtout des mouvements de pensée qui portent en avant.... Bien plus, on ne connaît vraiment que ce qu'on invente, on ne *sait* que dans la mesure où l'on est capable de *trouver*.... »

Ainsi, après avoir mis la philosophie bien au-dessus de la science, M. Le Roy met tout à fait hors ligne, dans la science même, l'élément *préscientifique*, le génie d'invention, qui précède et éclaire toute organisation. Sa pensée sur ce point se précise encore dans ce qui suit :

« A côté des raisonnements explicites, qui procèdent par sauts brusques, il y a des *raisonnements sourds*, les seuls féconds, par où la pensée se meut, sans paroles ni divisions, d'un état initial à un état final qu'elle relie par une fluide mélodie intérieure. Tel est même le vrai procès de l'invention, ainsi du reste que de tout acte intellectuel réellement vécu. Pareille démarche enveloppée se suffit : elle seule peut justifier ensuite et soutenir la démarche logique... Méconnaître ce fait, c'est prendre les marches de l'escalier pour l'énergie de l'homme qui monte, les étapes de l'ascension pour l'acte même de gravir. »

Mais c'est en philosophie surtout qu'il préconise cette méthode (1), si opposée à la méthode scientifique telle qu'on l'entend d'ordinaire :

« Qu'on ne s'étonne pas de me voir donner en cette matière plus de métaphores que de raisonnements : la métaphore est le langage naturel de la métaphysique, pour autant que celle-ci consiste en une vivification de l'inexprimable, en une saisie du supra-logique par le dynamisme créateur de l'esprit. » « Pour moi *l'intuition* est une *vue intérieure, vue pleine et vivante, vue riche et unifiée*. Est donc intuitif ce qui est vivement vécu, profondément pénétré, saisi « σὺν ὅλῃ τῇ ψυχῇ », possédé simultanément sous tous ses aspects. L'intuition, ainsi entendue, résulte d'une habitude de vue intégrale et synthétique en laquelle communient l'intelligence et le cœur. »

M. Le Roy est convaincu d'ailleurs qu'on ne saurait, dans ses démarches, s'arrêter à la philosophie, même si largement et si hautement entendue, mais qu'il faut s'élever jusqu'à la grande, l'éternelle rivale de la Science, jusqu'à la Religion (2) :

« La philosophie même suffit-elle ? A son plus haut sommet, elle nous laisse en face d'un problème nouveau… Comment établir de façon effective la solidarité hu-

(1) Un autre philosophe, de cette même école *bersonienne*, M. Jacob, écrit, de son côté : « Retrouver le sensible sous l'intelligible mensonger qui le recouvre et le masque — et non comme on disait autrefois, l'intelligible sous le sensible qui le dissimule —, voilà l'office de la philosophie ; et, si nous voulons que cet office soit bien rempli, nous devons retirer notre confiance aux logiciens, que leurs abstractions obsèdent et aveuglent, pour écouter les littérateurs, les poètes dont les intuitions inattendues et profondes nous révèlent par moments notre véritable nature. »

(2) En cela il est parfaitement d'accord avec Pascal, entre autres, qui dit quelque part : « La foi est la dernière démarche de la raison. »

maine et la communion des esprits? C'est le *problème religieux*. Ce problème apparaît finalement comme le problème souverain, puisqu'à sa solution se suspend l'univers. » « L'Etre est objet d'action, non de parole [ou même, de pensée seulement] : un saint Vincent de Paul atteint mieux qu'un Spinoza les profondeurs de la réalité véritable. » « L'action pratique [qui gouverne toute la spéculation] est [à son tour] tout entière suspendue et subordonnée à l'action morale et religieuse, qui est la vraie grandeur de l'homme et le dernier mot des choses. »

Etc., etc........

D'autres savants, pas purement savants, mais ayant l'esprit vraiment philosophique, ont fait observer, dans ces derniers temps, combien en réalité est peu solide, par exemple, le principe — jadis, et hier encore, sacro-saint — de la conservation de l'énergie, voire même le postulat tout entier du déterminisme, bref tous ces dogmes que le *Scientisme* considérait autrefois comme acquis à sa religion.

Du savoir scientifique nous avons déjà fait nous-même des critiques autrement radicales; mais ces aveux, venant de grands savants, n'en sont pas moins précieux et bons à recueillir au passage; car on peut se donner le plaisir et le triomphe de les opposer aux éloges — non moins vagues que dithyrambiques — de la Science, inspirés si souvent par le *snobisme*, même à de parfaits ignorants.

CHAPITRE V

QUELQUES RÉFLEXIONS SUR L'ART ET LE BEAU.

Le beau, quand il est entendu comme il faut, est révélateur du vrai, en même temps que producteur du bien :

Quelle profonde métaphysique, en effet, quoique non formulée avec précision mais implicite, en quelque sorte, — comme la fleur non épanouie encore et enveloppée dans le bouton —, chez les grands artistes, les grands poètes surtout, ces intuitifs, ces voyants, ces divinateurs !

Rien n'est vrai que le beau.

La Nature a évidemment souci du beau, non seulement pour le faire être, mais aussi pour le faire paraître, pour le mettre en valeur. Combien les plus belles choses seraient hideuses à voir si nous n'étions placés à un certain point de vue !

Et, de même que la Nature cherche à faire paraître le beau, aussi bien qu'à le faire être réellement, comme un superflu nécessaire, un indispensable surcroît, le couronnement, l'efflorescence de tout le reste qui est ; ainsi le beau lui-même, à son tour, est un des ressorts les plus vigoureux, un des plus grands instigateurs pour faire être, pour aiguillonner à produire de l'être nouveau, par exaltation de l'ancien.

L'art, ici, tout en imitant la Nature, d'un autre côté en diffère profondément et se trouve par rapport à elle, esthétiquement parlant, dans une position privilégiée, qui l'avantage singulièrement : en ce que le beau, pour lui, est un but par lui-même, et non pas un simple moyen, rôle qui, en un sens, le profane. Ainsi, par delà la fleur, dans les plantes, et la beauté, dans les animaux, la Nature a son but, par elle visé à travers ces belles choses qu'elle fait servir utilitairement et prosaïquement à l'atteindre. L'art, au contraire, s'arrête au beau en lui-même. L'efflorescence, ici, n'est pas seulement une étape dans l'évolution mais bien la destination suprême. La fleur, une fois épanouie, s'y perpétue en elle-même et n'est pas faite pour tendre au fruit ni à la graine. Par la Nature, cette splendeur, ce luxe n'est semé qu'en passant et, pour ainsi dire, sur son chemin ; et cela, comme promesse et annonce de la grande fin : l'amour véritable et le vrai bien. Ce superflu apparent est, en réalité, chose nécessaire, indispensable, chez elle. Chacune de ces fins provisoires, accessoires, n'est, en un autre sens, qu'un nouveau point de départ et comme un tremplin pour s'élancer encore, une incitation à recommencer, à recommencer pour poursuivre, telle étant ici la forme de l'évolution, qui procède circulairement. Ainsi, dans la plante, la fleur sort de la graine, qui la ramène, et « nous voilà au rouet ».

Notre art, au contraire, définitise, lui, ce provisoire, arrête et capture ce rayon de beauté dans sa fuite perpétuelle, et, par là même, nous offre une image de l'éternité, comme aussi de la fin absolue, avant que nous soyons entrés dans le vrai domaine de cette fin, celui du bien moral. Et chaque fois que ce rayon vient nous frapper, c'est à nos yeux un brillant mirage qui pénètre jusqu'à notre âme. Ainsi, dans cette image, la libre volonté et la moralité humaines peuvent déjà s'exercer à la fin en soi. Mais ce n'est là encore, en partie du moins, qu'idéalisme et subjectivisme. On a hâte d'arriver au pur réalisme et objectivisme, à la vraie fin en soi, au bien, où la Nature aussi s'arrête, ou plutôt, cesse d'être la Nature pour devenir le monde moral de la libre volonté, du vrai véritable, de l'être en soi réel.

Sans essayer de résoudre la plus profonde des antinomies, Kant en a posé nettement les deux termes, chacun de son côté : Nature et loi morale. Eh bien, c'est ici que réside la solution. Seulement, ne nous laissons pas éblouir et aveugler par cela même qui doit nous éclairer. Que cette splendeur du beau soit une révélation et non pas une éclipse du vrai et du bien.

Je ne sais plus quel esthéticien l'a dit avec autant de justesse que de profondeur, « l'art n'est qu'une forme de l'amour : ainsi doit-on nommer d'un mot unique, d'un mot souverain, cette force sacrée en qui se définit le triomphe du Bien sous l'apparence du Beau ».

J'exposerai ici, le plus brièvement possible, avant de l'apprécier, une théorie esthétique, lue je ne sais plus quand ni où mais qui m'a laissé une impression nette et profonde.

D'abord, trois constatations :

1º Dans la Nature le laid est *latent* et le beau *patent* (ce qui fait un ensemble *épatant*! aurait dit feu Théophile Gautier). Exemples : les dessous d'un beau corps, ceux de la mer, etc. etc... Par une frappante harmonie, le milieu qui dégrade une partie d'un être, en même temps dissimule cette partie. Ainsi, dans la Nature, évidence et beauté s'associent, d'une part; tandis que, d'autre part, laideur et dissimulation vont de pair. Le laid a une fonction utile, qui est de préparer le beau, de le soutenir, de lui servir littéralement de charpente, d'ossature, ou si l'on aime mieux, d'assises, de fondements. Or, précisément, les substructions, qui font la solidité d'un édifice, sont souterraines et à l'abri des regards.

Voilà pour l'*espace*.

2° Mais la loi révélée ici vaut également pour le *temps* : elle régit également le laid *profond* et le laid *temporaire* ou *provisoire*. Voyez-vous quelque part les embryons, les fœtus, les chrysalides ?..

Voilà pour le *temps*.

Ces deux sortes de laid sont masqués soigneusement, l'un pour la durée de la vie, l'autre pour un moment seulement d'existence et en attendant la beauté.

Dans le premier cas, un millimètre sépare le plaisant de l'horrible... Dans le second cas, la beauté naît d'une limite de temps : quelques lunaisons entre le monstre et l'ange.

Et ce n'est point ici une pure question de succession ou de juxtaposition, mais nous avons une relation rigoureuse de cause à effet, une filiation nécessaire, une évolution logique et fatale ; le séduisant sort de l'affreux *pour un but*, aussi bien que *par un moyen*...

... Résultats formulés : Le laid est le tréfonds dont le beau est la surface. Le laid, encore, est le terme initial d'une évolution dont la phase ultérieure est le beau.

3° Après le laid d'adaptation au milieu et le laid

d'évolution, voici le laid de subordination. Il est des régions nobles et des régions roturières... Ici, le laid est l'élément subordonné qui contraste avec le beau, supérieur et dominateur... Les laideurs précédentes étaient cachées, soit dans le temps, soit dans l'espace; celle-ci reste masquée par cette subordination même : notre œil s'accroche au caractère esthétique dominateur, et le reste se perd en l'ensemble.

Tous ces laids, pris en bloc ou chacun à part, font le beau, ou du moins ils ne le défont pas, ne l'empêchent pas de se faire. Mais voici la laideur *superficielle, définitive, totale*..........................

Ce laid *anormal* peut aller jusqu'à la *monstruosité* :

Trois causes reconnues de toute laideur tératologique :

Le latent devient patent, ou inversement ;

Ce qui devrait être provisoire, devient définitif, ou inversement ;

Ce qui devrait rester subordonné, prédomine, ou inversement.

L'*Esthétique* est, de la sorte, la science d'une vaste *antithèse*, l'étude du contraste éternel entre le plaisir et l'ennui, la lumière et l'ombre, le pinacle et l'abîme, le *Beau* et le *Laid*.

Après ce résumé, un peu tronqué sans doute et tel que nos souvenirs nous ont permis de le faire, voici en quelques mots nos observations :

Certainement, tout cela est savant, ingénieux, riche d'idées, suggestif, et même vrai en partie.

Nous ferons, seulement, à cette théorie les principales objections suivantes :

Pourquoi donc le *profond*, le *provisoire* et le *subordonné* sont-ils laids, s'ils pouvaient, eux aussi, être beaux ? Pour ce qui est du *profond*, par exemple, les gens de goût qui sont vraiment soigneux de leur personne, ne veillent-ils pas à leurs dessous au moins autant qu'à leurs dessus, à ce qui est sur leur propre corps autant qu'à ce qui est mis sous les yeux des autres ? La Nature ne doit-elle pas faire de même ? Ne serait-elle donc qu'une grande coquette ? Ne pouvant — nous ne voyons d'ailleurs pas trop pourquoi — *être* et *paraître* à la fois, préférerait-elle ceci à cela ? Ce serait bien peu sage et peu sérieux de la part d'une telle personne, si âgée et si respectable ! Mais comment, d'abord, supposer qu'elle ne puisse réunir les deux ? Car, si elle est moins noble (1), ainsi que moins sympathique et moins aimable (2) que l'homme, n'est-elle pas incomparablement plus puissante que ce « roseau » (3), que cet éphémère, ce « passager » (4), qu' « on ne voit pas deux fois » (4) ?

Posons de nouveau la question : Pourquoi le Laid profond, provisoire, partiel ?

L'auteur tente bien de faire une réponse, qui serait *scientifique*, c'est-à-dire *explicative* (au sens que nous avons tant vu et apprécié, et qui n'est guère le nôtre), quand il parle de milieu, d'adaptation ; mais c'est là de sa part une simple ébauche d'explication ; il n'en donne pas qui soit franche, nette, satisfaisante ; et pour cause, croyons-nous.

---

(1) « L'homme est plus noble que ce qui le tue... Quand l'univers l'écraserait, l'univers serait au-dessous, parce qu'il sait qu'il meurt, et l'avantage que l'univers a sur lui ; tandis que l'univers n'en sait rien. » (Pascal, *Pensées*). « L'homme se relève par la pensée. »

(2) « J'aime la majesté des souffrances humaines... Quant à vous, froide Nature, vivez et revivez sans cesse : vous ne recevrez pas un cri d'amour de moi... L'homme, par le cœur, mérite d'être votre roi. » (D'après A. de Vigny, *La maison du berger*, vers la fin).

(3) Pascal, ibid.

(4) Vigny, ibid.

En somme, tout ce qu'on voit clairement, c'est que le beau est donné comme but et le laid comme moyen. Au fond, cela se ramène donc à la grande question de l'accord de l'efficience ou causalité avec la finalité, en d'autres termes, de la nécessité, du déterminisme, médiat, avec la libre volonté, immédiate.

Ainsi, le beau serait créé par finalité directe, volonté expresse, c'est-à-dire par puissance, perfection, surabondance d'être ; le laid, au contraire, serait simplement laissé être par nécessité, déterminisme, chaîne d'efficience ou causalité, c'est-à-dire par impuissance, imperfection, manque d'être.

Sans doute c'est là, si l'on veut, une intuition profonde et suggestive. Mais elle ne saurait s'imposer à nous. Car à une intuition peut toujours s'opposer une intuition contraire. On se demande donc : Pourquoi ne pénétrerait-on pas d'emblée dans le Beau ? Quelle vilaine porte on nous ouvre là pour nous faire entrer dans un temple si magnifique ! Au lieu du laid, ne vaudrait-il pas mieux le beau, même dans le *provisoire* et le *profond* (1) ? Le beau, à ce moment et à cette place, ne serait pas, semble-t-il, pour nuire au beau *définitif* et *superficiel* et pourrait, bien plutôt, lui servir. En tout cas, il siérait à la Nature, ou mieux, à Dieu tout-puissant, de soigner son œuvre jusque dans ses plus intimes détails (2), de faire toujours du solide et du vrai, sans jamais descendre au truqué et au placage.

On pourra nous objecter que les objets les plus

---

(1) Nous considérerons plus loin, à part, le *total*.
(2) C'était bien l'opinion de Leibniz, entre autres, puisque nous avons vu que, selon lui, les mécanismes naturels sont composés de petites machines, et que c'est même là ce qui fait leur grande différence d'avec les mécanismes artificiels et leur incomparable supériorité.

ravissants, pour demeurer tels à nos yeux, ne veulent pas être regardés de trop près. Rien de plus hideux, par exemple, que la peau d'une belle personne, vue à la loupe. C'est ce que fait observer Voltaire, je crois, quelque part dans son *Dictionnaire philosophique*. Mais que la loupe nous mène jusqu'au bout, pourrons-nous répliquer. Ce qu'elle nous fait voir là ne nous paraît laid, très probablement, que parce qu'elle nous plante au milieu, en quelque sorte, en ce milieu qui n'est pas beau, pas plus qu'il n'est bon. On se souvient de ce que dit Pascal des demi-savants. Cherchons donc le beau, comme le vrai et le bien, non dans le milieu, mais aux deux extrêmes, qui s'accordent et se rejoignent à force de s'être éloignés.

Quant au beau *total* ou de *subordination* entre elles des diverses parties d'un tout, il est encore plus évident qu'il ne pourrait qu'être utile au beau de chacune de ces parties prise à part — la qualité esthétique des unes mettant en relief celle des autres —, et plus encore à celui de l'ensemble (1) pris en bloc ; à moins que les parties laides ne soient là pour servir, en quelque sorte, de repoussoir : comme font souvent les peintres dans leurs tableaux ou les poètes dramatiques dans leurs pièces de théâtre. Mais cette idée n'est nulle part, je crois, nettement exprimée par l'auteur. Et d'ailleurs, on pourrait alors objecter que cela sent trop l'artifice et n'est pas digne de la toute-puissante et loyale Nature. Si celle-ci, en effet, n'est

---

(1) Nous ne désignons pas ici, bien entendu, identiquement la même chose par *total* et *ensemble*. Il le faut bien pour que nous ne débitions point là une pure naïveté à la mode de M. de La Palice. Mais il y a entre les deux une différence analogue, si l'on veut, à celle qui existe en chimie entre le simple mélange et la combinaison. Dans l'ensemble, les parties sont envisagées par nous comme beaucoup plus étroitement unies entre elles, comme faisant corps et fondues en une seule.

pas franche, simple, naïve, qui est-ce donc qui le sera ?

Ou bien encore la Nature voudrait-elle faire ici un tour de force et former, par la vertu merveilleuse de je ne sais quel agencement, un ensemble bon avec des parties ou éléments quelconques, voire même mauvais ? Elle ressemblerait alors furieusement à nos collectivistes, qui, sans morale, sans songer à perfectionner l'individu, mais par la simple baguette magique d'une Constitution et de lois de leur invention, comptent faire surgir, miraculeusement, d'éléments pervers et malheureux un ensemble parfait et bienheureux. De part et d'autre l'utopie est la même. Pourquoi donc — encore une fois, avant de conclure — ces profondeurs hideuses, ces vilains provisoires et ces parties roturières ? Oui, pourquoi, par exemple, cette belle tige, ces branches, encore plus belles peut-être, et enfin ces fleurs, digne couronnement de tant de beauté, ont-elles ainsi besoin d'être supportées et nourries par ces racines tortueuses, rampantes et si laides qu'elles ont, semble-t-il, honte d'elles-mêmes et vont se cacher au sein de la terre ? Pourquoi, dans les plus magnifiques cités, ces sales égouts — qu'on trouve quelquefois en entrant, selon le vers de Musset ? (1)

D'abord, dans la Nature, le Beau, au lieu d'être un but dernier, n'est qu'un moyen pour pousser l'être — qui *est* déjà, lui, — à remplir sa fonction, c'est-à-dire à faire être celui qui n'est pas encore, encourageant le premier à cela par ce fait qu'un autre être — existant, réel, lui aussi, — lui semble alors si beau, et que lui-même, à le trouver ainsi, se sent être si bien.

Ensuite, loin d'être une fin en soi à laquelle on

---

(1) En entrant dans la ville on trouve les égouts.

n'arriverait que par des moyens laids, le Beau sert plutôt à dissimuler ces moyens, indirects et détournés, en les recouvrant et les colorant d'un vernis de fin en soi par son propre lustre et son éclat éblouissant, mirage qui amuse la longueur du chemin, le faisant prendre à chaque pas pour *un* but, pour *le* but, enguirlandant de fleurs, tout le long, cette chaîne de nécessité si peu belle par elle-même.

Oui, la Nature cache sous son luxe la hideuse trame de l'efficience, la chaîne rigide et froide de cause à effet, ou plutôt d'antécédent à conséquent. Chaque chaînon, d'ailleurs, de cette façon, même pris isolément, étant beau, est pour lui-même ; et cela suffirait à justifier toute la chaîne. Autrement, pourquoi la Nature, pourquoi Dieu se serait-il de la sorte attaché ? Pourquoi cette toute-puissance n'aurait-elle pas fait directement, immédiatement, ce qu'elle voulait, sans en livrer le soin à des moyens détournés et lointains ? A quoi bon ce long emmanchement dont n'a que faire pour agir au point voulu une force qui est essentiellement omniprésente ?

Enfin, d'autre part, il semble que c'est le provisoire plutôt qui doit être beau, parce qu'il est plus durable (1), ici-bas du moins. Quant au prétendu définitif, il n'est, en réalité, qu'un éphémère, un fruit qui fond instantanément dans la bouche. Ce définitif n'apparaît, en temps voulu, que comme un *Deus ex machina* pour remonter le mécanisme à bout de chaîne, pour donner un coup de raquette qui relance la balle et fait que le grand jeu de l'univers peut reprendre et continuer.

---

(1) *Il n'y a que le provisoire qui dure* est un dicton populaire qui ne manque, en effet, ni de vérité ni de profondeur.

« Le temps, mobile image de l'immobile éternité », a dit Lamartine, d'après Platon. Eh bien, dans les arts du dessin, l'œuvre est l'immobile image de la mobile réalité. L'être, en tombant de l'éternité dans la durée, est devenu changeant. Inversement, l'être, ainsi durable, changeant, mobile, en remontant à l'œuvre d'art, redevient immuable. Seulement, ce n'est là, en somme, qu'une vaine image d'image : l'éternité s'y réduit à l'instant indivisible choisi entre tous par l'artiste, et plus ou moins heureusement choisi, dans toute la durée, dans toute l'évolution de la scène ou de l'objet représenté. Ce n'est qu'un point pris sur la ligne, — et non pas la ligne infinie, ou plutôt, l'affranchissement de toute longueur. Aussi, par une cruelle ironie, cette fameuse image de l'éternel est précisément parmi les œuvres d'art celle qui est le moins durable, celle qui est le plus aisément vaincue (1) par ce temps dont elle semble avoir la prétention de triompher. Elle a voulu échapper au temps ; et le temps s'en joue comme le chat de la souris — lorsque, après l'avoir prise, il la laisse essayer en vain de fuir.

C'est que si, idéalement, dans la pensée de l'artiste, elle est de l'instantané imitant l'éternel, par la noblesse morale de l'âme humaine qui s'y est empreinte et aussi grâce au choix de l'instant idéalisé de la sorte par l'âme éternelle ; si donc elle est cela en un sens, en un autre, — c'est-à-dire en réalité, hélas ! — elle tombe dans le temps par les fragiles matériaux qu'il lui faut employer, corps périssable de cette âme immor-

(1) Les plus illustres peintres de l'antiquité ne sont plus que de grands noms.

telle et toutefois corps indispensable pour en faire une œuvre d'art,

...pulchro veniens in corpore virtus.

Dans le domaine du bien, de l'éthique, le corps n'est que provisoire, instrument à notre service autant que moyen d'épreuve en cette vie militante et devant disparaître définitivement en la vie triomphante. Mais, dans le domaine du beau, de l'esthétique, le corps, la partie matérielle de l'œuvre, est un élément au moins aussi important que le reste, pouvant seul faire que cette œuvre *soit* et *vive*. C'est ce qui se vérifie à l'examen des productions de certaines époques — le moyen âge, entre autres, — où l'on a trop dédaigné cet élément : le beau y est comme abîmé dans le bien ; l'exécution, si capitale en cet art, y est sacrifiée à l'expression, qui en somme n'est qu'accessoire.

∴

L'architecture. — La grande œuvre architecturale, lorsqu'elle est bien entendue, est le théâtre d'un duel vraiment dramatique. Mais le drame ne se présente pas sous le même aspect, par exemple, dans l'art de l'antiquité et dans celui du moyen âge.

Chez les anciens, dans le monument, ce qui pèse dessus, ce qui tend à la chute, ce qui veut tomber et faire tomber le reste (1), luttant contre ce qui résiste, ce qui ne veut pas que cela tombe (2), n'est en lutte directe que par les parties qui se touchent immédiatement. Par le reste, il n'est ainsi en lutte, c'est-à-dire n'est soutenu, que grâce à la cohésion *naturelle* des molécules de la matière employée.

(1) Entablement, architrave, etc.
(2) Colonne, etc.

Dans l'art gothique, au contraire, par le moyen de l'arc brisé et de la voûte avec sa structure ogivale, tout ce qui pèse, qui voudrait tomber et faire tomber le reste, s'il n'était la résistance de ce qui empêche et arrête, tout cela est directement appuyé, non par rien de naturel mais *artificiellement, architecturalement*, et non par une pièce à part — comme la colonne ou le pilier — mais bien par la disposition donnée aux éléments mêmes de la construction, aux moëllons. Ce dernier trait, capital, caractéristique, fait que cet art est une imitation plus profonde et plus originale de la nature (1) et qu'il est vraiment créateur. Aussi — comme l'architecture en général est un art relativement très utilitaire et très pratique — l'art gothique est d'abord récompensé de cette qualité, en elle-même purement théorique et esthétique, par un avantage très positif et palpable : la solidité donnée à l'œuvre, et cela, malgré l'apparente fragilité. L'œuvre est forte quoique ayant l'air d'un tour de force. Elle ne se défait pas facilement bien qu'elle paraisse, dans son ensemble, avec ses formes sveltes et élancées, un défi aux lois ordinaires de l'équilibre. Et c'est cet air, cette apparence, cette *surface*, en somme, qui a trompé le *profond* penseur allemand Schopenhauer, après avoir choqué le goût classique et délicat de notre Fénelon.

A l'origine, simple tas de pierres; pas encore d'organisation, de séparation, de spécialisation.

Dans l'art grec, dédoublement des rôles, triage : résistance et puissance séparées nettement; trop même, peut-être.

---

(1) Leibniz a dit, en effet, avec un sens profond des choses, que les organismes ou machines naturelles se distinguent des machines artificielles en ce qu'elles sont machines jusque dans leurs derniers éléments.

Puis, dans l'art gothique, retour au point de départ : les extrêmes se touchent. Seulement, la synthèse primitive, qui était confuse, s'est débrouillée en passant par l'analyse hellénique. Toutes les parties sont tour à tour, avec une science raffinée, soutenantes et soutenues. Unité, solidarité. Tout tombe ou tout tient.

Les Grecs ont eu le mérite de bien distinguer les deux lutteurs, les deux duellistes du drame architectural, de les avoir mis franchement aux prises. Mais cela n'était que provisoire, n'était qu'un moyen terme et comme un trait d'union à travers les âges entre l'art primitif et le gothique.

En passant du bois à la pierre, il fallait d'ailleurs finir — logiquement — par arriver à l'arc aigu, au gothique, surtout quelque chose de beaucoup plus fort encore que la logique, le sentiment, et le plus puissant de tous, le sentiment religieux, le sublime chrétien aidant merveilleusement (1). Et c'est ce qui fait la

---

(1) Car un esthéticien qui est en même temps un artiste, M. G. Dubufe, dit quelque part avec raison :

« On pourrait montrer, comparable à la mort certaine de tout organisme d'où se retire la chaleur centrale, la décadence fatale de tout art dont s'éloigne la foi (a). Oui, la Foi, une affirmative croyance en quelque chose d'au delà, les dieux ou Dieu ! Qu'est-ce donc que les arts dans l'humaine histoire, si non le vêtement merveilleux d'un ardent besoin de croire ? Et quelle misérable chose, quelle dérision que la Beauté, si elle n'était la forme du divin possible, du divin probable, du divin certain ! Mais déjà dans la pensée de l'homme, le chemin des dieux à Dieu est fait. Le chemin des arts à l'Art se fait par la même nécessité de marcher, de monter. L'unité est évidemment le but humain. »

Voilà qui explique admirablement en particulier cette merveille de l'art gothique, et qui explique aussi la décadence qui a suivi et

(a) « Ce cadavre, l'œuvre sans foi », dit le même auteur dans un autre passage. Et cela n'est pas vrai seulement en matière d'art, mais s'étend à tous les domaines de l'activité humaine : « Cette force sans laquelle rien de grand ne se fait sur la terre et qu'on appelle la foi », dit avec raison M. René Pinon à la fin d'un article de la *Revue des Deux Mondes*, n° du 1er septembre 1908.

beauté singulière de l'art gothique ; d'autant plus que, pour couronner l'excellence artistique, cette beauté coïncide avec la solidité et l'utilité, ce qui est essentiel en architecture.

s'est accentuée de plus en plus, malgré toutes les nouvelles ressources matérielles qu'a pu fournir le progrès scientifique et industriel.

(Cette suite a été ajoutée seulement fin août 1908, huit mois après ce qui précède.)
Dans un volume qu'il vient de publier (*La Valeur de l'Art*), M. G. Dubufe est revenu plusieurs fois à cette même pensée, qu'il a exprimée en ces termes : « Si le peuple oublie le chemin de l'église, qui donc refera des clochers éperdus et des tours sublimes ? Et si les pierres ne sont plus d'accord avec les prières, si elles ne « croient » plus, quels architectes sauront faire encore de vraies et sincères églises ? » (p. 151).

« La Madone est vénérée.... Le peintre cherche à idéaliser son modèle par son émotion, et, l'implorant doucement, dans sa prière d'artiste, avant de signer son œuvre,

Y met les lys et l'or et son rêve et sa foi. » (p. 186).

« Les Grecs vaincus et sans fierté, s'amusent encore ; la foi n'y est plus, qui seule vivifie l'Art. » (p. 267). Etc. etc.
Il y aurait à signaler, dans cet ouvrage si remarquable, bien d'autres pensées maîtresses ; comme celle-ci : que l'Art est une éclatante victoire de l'intelligence et de la volonté humaines sur l'obscure résistance de la matière (pp. 21 ; 59 ; 79 ; etc.) ; celle, encore, sur l'ordre naturel de succession des différents arts (pp. 28-29 ; 55 ; etc.) ; ou ce qu'il dit de si juste, si senti et si profond sur le plus fuyant, le plus subtil, le plus pénétrant et le plus délicat de ces enfants du génie humain, la musique (pp. 71-5 (a) ; 222-3 ; 261-5 ; 218 ;

(a) ..... ; La musique, parfum sonore des idées, est l'efflorescence de tous les arts, qu'elle exalte, qu'elle unit, qu'elle résume en la forme la plus abstraite et la plus sensible à la fois de la pensée souveraine. Elle est le chant divin qui s'exhale de toute joie ou de toute douleur humaine. Elle jaillit des forces les plus secrètes et les plus intuitives du cœur, et, si libre, elle est pourtant prisonnière des lois les plus mathématiques. Attachée, par le rythme et la mesure, aux bases les plus précises de la réalité, et, par les sommets, émancipée jusqu'aux limites du rêve — jusqu'aux portes de l'infini — elle semble, en effet, toucher aux deux pôles de la Vérité : le sentiment impondérable et le nombre absolu, émotion et savoir, ou plus exactement encore, Art et Science. Chanson inconsciente de l'esprit humain, ou assemblage mystérieux des intervalles invisibles mais précis des vibrations, elle passe, elle émeut, elle divinise tout ce qu'approchent ses ondes épa-

Après ce que nous avons écrit çà et là, notamment aux pages 142-145 et 146 en note, il nous semble superflu de nous attarder ici à conclure, ne fût-ce que

20? (b); etc.]; ou enfin, sur l'art ogival, « vraie architecture de France, le temple logique, en pierre spirituelle, de notre race » (pp. 117-59; etc.); etc. etc. Pour clore, nous ne pouvons nous empêcher de citer ces lignes admirables de la page 199 : «... Ces lois, orales en quelque sorte, découlaient du sentiment populaire, si sûr le plus souvent, quand on est encore près de l'instinct et plus loin du raisonnement — près des commencements et loin de la culture, c'est-à-dire encore près de l'esprit et loin de la lettre. C'est toujours la rare saveur des origines, la fraîcheur d'un peuple jeune ou d'une âme vierge, au fond la source vraie et le charme premier de l'Art. »
Mais il faut lire d'un bout à l'autre ce livre si vivant et si suggestif. Il nous inspirera certainement, quant à nous, quelques importantes idées de détail, si nous avons le temps de compléter, dans un nouveau volume, entre autres notre chapitre sur les arts et le beau, qui, tel qu'il est, n'est qu'une très imparfaite ébauche.
Ce n'est pas que nous n'ayons, à côté de cela, nos réserves à faire. Sans nous arrêter à la forme et au style, et pour ne considérer que le fond et la pensée, nous relevons deux graves erreurs, nous dirions presque deux hérésies, et que l'auteur ne se contente pas de formuler en passant mais auxquelles il revient souvent comme à des vérités évidentes.
D'abord, quoiqu'il soit artiste lui-même et qu'il parle des arts si dignement, avec tant de compétence en même temps que d'enthousiasme, il semble ne voir dans l'Art qu'un simple précurseur et comme une espèce de saint Jean-Baptiste de la Science, de cette

nouies. Elle est la vibration même de toute émotion. Peut-être, dans l'ordre des sensations, après la joie visible, en splendeur silencieuse, des grands arts plastiques, est-elle l'expression nécessaire de la douleur et dans l'histoire de l'homme, l'art du premier chagrin, du sublime tourment — dans l'évolution des sociétés plus hautes, la forme artistique de la probable, de la future fraternité. »
(b) « .... Un art plus sensible que tous les autres, le dernier né de la Beauté, la merveilleuse, l'immatérielle Musique va s'étendre en ondes sonores sur le monde qu'elle ne cessera de conquérir jusqu'à nos jours et de dominer par les moyens d'action les plus subtils et les plus complets, puisqu'elle agit à la fois sur les nerfs, sur le cœur et sur le cerveau des hommes. »

briévement. La conclusion se dégage assez d'elle-même. Tout ce que nous pourrions ajouter ne serait guère que répétition fastidieuse et verbiage inutile. Or, *le sage,* — et tout philosophe doit au moins tâcher d'être un sage — *est ménager du temps et des paroles.*

Notre œuvre est loin, d'ailleurs, d'être achevée, et nous nous proposons — pourvu que Dieu nous prête vie et force — de développer autant qu'ils le méritent, dans un ou plusieurs nouveaux volumes, d'autres points importants de notre doctrine, que jusqu'ici nous n'avons fait qu'effleurer et même parfois qu'indiquer ; et d'abord, le point capital et, en quelque sorte, le nœud vital de toute philosophie pratique et « pragmatique » (1), c'est-à-dire de toute vraie philosophie : le bien et la morale.

Science dont, au contraire, il aurait bien dû, lui plus que tout autre, secouer une bonne fois l'agaçant fétichisme.

Ensuite, le divin, selon lui, ne serait, dans l'évolution artistique, qu'un acheminement à l'humain : ce qui est, pour nous, au fond une parfaite contre-vérité, en matière d'art comme dans tout le reste.

(1) Sur ce fameux chapitre du « pragmatisme », tout ce que de nos jours on a pu imaginer, en somme, se réduit à cette appellation nouvelle pour désigner une chose très ancienne.

Sans remonter trop haut (a) et afin de ne citer que les plus grands noms, Bossuet ne fut-il pas déjà pragmatiste, au meilleur sens du mot, lui qui ne parla et n'écrivit jamais que pour agir, pour être utile aux âmes, les instruire et les édifier, lui qui avait à un si haut degré « la notion du possible et du pratique, le besoin de l'action efficace et précise », jusqu'à « donner à ses paroles la décision » nette et « tranchante des actes », jusqu'à préférer à tout, même aux nobles plaisirs intellectuels, — l'action étant à ses yeux juge et maîtresse de la pensée, — « les âpres jouissances de l'effort » ? Car, non content de prêcher sans relâche le précepte, de chanter

(a) Car on pourrait, ici, mettre en avant plusieurs philosophes ou moralistes latins, Sénèque d'abord, le « directeur de conscience », surtout dans ses *Lettres à Lucilius* ; on pourrait même, jusque chez cette nation si peu pratique, — sans parler d'Épictète et de Marc-Aurèle, bien qu'ils aient écrit en grec —, compter au moins, parmi les pragmatistes longtemps avant la lettre, Socrate et Xénophon, si recs d'ailleurs et si attiques de génie.

APPENDICE AUX CHAPITRES I ET IV DE LA 2ᵐᵉ PARTIE

(RAPPROCHEMENTS ET COMPLÉMENTS)

Notre travail étant déjà sous presse, nous venons de lire, dans le numéro de la *Revue de Métaphysique* paru fin janvier 1908, le bel article de M. E. Boutroux : *William James et l'expérience religieuse*. Vive a été notre satisfaction d'y trouver, par endroit, la confirmation presque de quelques-unes des idées que nous venions d'exprimer nous-même après en avoir fait durant de si longues années l'objet de nos continuelles méditations. Nous renvoyons, notamment, aux pages 16-17, 23, 25, 27. Là nous lisons, en effet, ce qui suit : « La religion est la réalisation la plus large possible du moi humain. Elle est la personne agrandie comme à l'infini

l'hymne de la beauté et de la bonté de l'action, c'est d'exemple surtout qu'il enseigna toute sa vie la nécessité aussi bien que la joie d'agir !

Dans la spéculative Allemagne elle-même, Gœthe, poëte, savant et penseur, a écrit : « …. Le développement de la vérité fondamentale ne se manifeste pas tant dans la spéculation que dans la pratique; car la pratique est la pierre de touche des conceptions de l'intelligence, de ce qui est admis comme vrai par le sens intime…. La vérité est toujours féconde et favorise celui qui la possède et la cultive; au contraire, l'erreur est, en soi, morte et stérile; on peut même la considérer comme une nécrose, où les parties mortes empêchent d'accomplir la guérison des vivantes. » (*Réflexions détachées*, trad. Porchat, t. I, p. 528).

Après — et loin au-dessous de — ces deux, mentionnons Royer-Collard, Cousin et Jouffroy, que Taine, dans ses *Philosophes classiques…*, a tant critiqués et raillés parce qu' « ils ont donné la pratique pour règle à la spéculation », qu' « ils se sont considérés comme des maîtres de vertu », « pédagogues du genre humain », et que « leur philosophie, morale et pratique, a pour but moins le vrai que l'utile, la bonne conduite et le bon ordre »; tandis que, — selon lui, Taine, — « le philosophe ne doit jamais soupçonner seulement qu'on puisse tirer de la vérité des effets moralement ou socialement utiles ».

L'ÊTRE. — APPENDICE AUX CH. I ET IV (2ᵉ PARTIE)

par sa communion secrète avec les autres personnes.........
Par la science, à l'inverse, nous nous représentons comme les peintures d'existences indépendantes de la nôtre. Nous découpons ces images, nous les étiquetons, nous notons l'ordre selon lequel elles se présentent habituellement, nous imaginons des formules qui nous aident à prévoir leur retour; et ces formules nous sont des instruments pour nous procurer quelques-uns des états de conscience que nous pouvons souhaiter.

« Si telle est l'origine de la religion et de la science, comment celle-ci pourrait-elle jamais remplacer celle-là? Le point de départ de la religion, c'est le concret, c'est le fait dans sa plénitude, comprenant, avec la pensée, le sentiment, et, peut-être, la sensation sourde d'une participation à la vie de l'univers. Le point de départ de la science, c'est l'abstrait, c'est-à-dire un élément extrait du fait donné et considéré isolément. On ne peut demander à l'homme de se contenter de l'abstrait, alors que le concret est à sa disposition. C'est l'inviter à se contenter du menu quand le repas est devant lui. L'homme utilise la science, mais il vit de la religion..... Le symbole ne peut supprimer la réalité. »

Voilà des idées fort justes, admirablement rendues.

Ce que nous refusons d'accepter, par exemple, c'est que l'opposition de la religion et de la science ne puisse résulter que d'une définition artificielle, et de la science et de la religion, ainsi que le prétend l'auteur. Pour bien marquer la différence des deux, il ne suffit pas d'affirmer que « l'expérience religieuse est plus immédiate, concrète, étendue et profonde », même en ajoutant « qu'elle est présupposée par l'expérience scientifique ».

C'est, encore, faire beaucoup trop parcimonieusement sa part à l'expérience religieuse que de dire qu' « elle est aussi utile que l'expérience scientifique ». L'utilité des deux est si loin d'être de même ordre! Et d'ailleurs, l'auteur vient de le reconnaître et de le faire observer lui-même, en ces termes des plus heureux : « L'homme utilise la science, mais il vit de la religion. » Citons encore les passages suivants, pour les approuver sans restriction et en appuyer ce que nous avons dit nous-même :

« L'expérience qui est celle de la science, ne serait-elle pas dérivée et artificielle par rapport à une expérience, vraiment une avec la vie et la réalité, qui serait l'expérience première et véritable? »

« Mélangée de foi, l'expérience religieuse cesserait-elle, par là, d'être une expérience ?... Mais l'idée même d'objectivité, caractéristique de l'expérience scientifique, recèle déjà une part de croyance irréductible. La catégorie d'existence effective, indépendante de tout élément subjectif, est, en définitive, une croyance. La croyance ou la foi est au cœur de toute connaissance. »

« L'individu, en tant qu'il vise à la perfection religieuse, comprend qu'il ne saurait s'enfermer dans une sainteté solitaire. Nul ne peut faire son salut tout seul. Car la personnalité humaine ne se développe, ne se crée que dans l'effort que font les hommes pour s'entendre, s'unir et vivre la vie les uns des autres. »

Nous ajoutons aujourd'hui (16 avril 1908) ce qui suit :

Cet article de M. Em. Boutroux n'était que le dernier chapitre de tout un volume, intitulé : *Science et Religion dans la philosophie contemporaine*, qui vient de paraître et que nous nous sommes empressé de lire. Cette lecture nous a vivement intéressé; quoique nous n'acceptions pas toutes les idées de l'auteur — loin de là —, notamment pour ce qui est de la Science, de sa portée et de sa valeur relatives (1).

(1) De cette tendance — selon nous, fâcheuse — de M. Boutroux nous trouvons la formule peut-être la plus nette dans sa préface à la traduction française de l'ouvrage de W. James, lorsqu'il adresse à celui-ci la critique suivante : « Isoler complètement la religion de la science selon le principe d'un dualisme radical, c'est un parti qui paraît plus commode que satisfaisant, parce qu'à ce compte la religion ne peut plus être distinguée des états purement subjectifs du moi individuel. Si la religion doit avoir une valeur universelle, il faut que la vérité en soit liée, de quelque manière intelligible, à celle de la science. »

Mais précisément, sur ce point, notre auteur prend soin de se réfuter lui-même — jusqu'à la contradiction, semble-t-il, — quand il écrit, d'autre part :

« S'il est désormais démontré que la certitude religieuse, essentiellement pratique, ne peut rentrer dans la certitude scientifique, il convient alors de se demander si la certitude scientifique elle-même ne serait pas un cas et une dérivation de la certitude pratique. » Et c'est ici, évidemment, que M. Boutroux a raison. Il est même d'accord, dans ce dernier passage, avec M. H. Poincaré, d'après qui — nous l'avons vu — les lois scientifiques ne sont pas

Quoi qu'il en soit, nous signalons, comme particulièrement suggestives, les pages suivantes : 18-35; 73-79; 108-118; 154-165; 219-227; 230-265; 341-394.

Nous attirons, tout spécialement, l'attention sur le chapitre II de la 2ᵉ partie (*La Religion et les Limites de la Science*) et sur la Conclusion.

L'espace nous étant mesuré, contentons-nous de citer ceci — à quoi nous souscrivons pleinement, bien entendu :

« Πῶς δέ μοι ἕν τι τὰ πάντα ἔσται καὶ χωρὶς ἕκαστον;

(= Mais comment, je me le demande, toutes les choses vont-elles, à la fois, former un tout qui soit un, et exister chacune séparément?) La religion consiste à croire qu'il y a un être, Dieu, qui réalise ce miracle dans les êtres qui vivent en lui. » (page 204.)

« La science observe et relie entre elles les apparences extérieures des choses : l'homme pieux vit en Dieu et dans l'âme de ses frères. Il sent l'action de Dieu en lui; sous cette action même, il prie, il aime, il espère. La science n'a pas de prise sur ces phénomènes; ils sont d'un autre ordre que ceux qu'elle étudie. » (page 220.)

« vraies », mais bien « commodes », et n'ont de « valeur », elles aussi, — comme les préceptes religieux — que dans la mesure de leur « utilité ». Toute la différence réside avant tout dans la qualité relative de ces deux genres d'utilité. La Science n'est qu'une série ou, si l'on veut, un tissu d'expédients en vue d'intérêts en somme assez bas; tandis que la Religion est le vrai le plus profond, le seul vrai, sinon connu, pénétré, du moins senti, ce qui est suffisant, que dis-je? ce qui vaut beaucoup mieux pour nous faire aspirer à notre bien suprême et, par là même, pour nous le faire atteindre.

Voilà qui peut sans doute paraître un peu exclusif, mais que nous croyons être l'absolue vérité — dans la mesure, bien entendu, où elle est accessible à l'homme. M. Boutroux, au contraire, pousse quelquefois jusqu'à l'excès, c'est-à-dire alors jusqu'au défaut, une grande et belle qualité. Oui, il est trop, quand même, cet harmonieux conciliateur, ce musicien moral dont parle quelque part Platon avec un éloge qui ne va peut-être pas sans une pointe de sa coutumière ironie. Car enfin il faut éviter cependant d'appuyer dans ce sens jusqu'à vouloir, comme la Frosine de Molière, marier le Grand-Turc avec la République de Venise. N'oublions jamais qu'il est des choses qui, selon les expressions de Pascal, « ne peuvent s'unir, à cause de leurs oppositions ».

« Pour le savant, qui n'a affaire qu'aux réalités matérielles, peut-être le spirituel pur est-il un néant ; mais dans ce néant l'homme religieux trouve le tout :

In deinem Nichts hoff'ich das All zu finden,

(= Dans ton néant j'espère trouver le tout), dit Faust à Méphistophélès. » (Ibid.)

« Le savant demande : Y a-t-il dans les choses des relations constantes ? S'ensuit-il qu'il interdise à la conscience religieuse de demander : Existe-t-il une puissance capable de rendre le monde meilleur ? » (page 242.)

« Le système qui fonde la religion sur la critique de la science, embrassé par les uns avec une ardeur parfois combative, a, chez d'autres, soulevé de vives objections. Un grand bruit s'est fait, il y a quelques années, autour d'une formule qui résumait ce système à un point de vue polémique : *la faillite de la science.*

« Des éloquentes protestations que souleva ce cri de guerre il est parfois difficile de dégager des arguments concluants. Ainsi l'on s'est complu à énumérer les grandes découvertes de la science moderne, et surtout les merveilleuses applications de ces découvertes. Mais il est précisément question de savoir si ces progrès, qui se rapportent principalement à la vie matérielle, suffisent à réaliser les promesses que, maintes fois, la science d'hier avait faites, touchant la vie, non seulement matérielle, mais politique et morale, de l'humanité.

« D'autres ont dit : La science n'a pas fait faillite, car nulle science sensée et véritable n'a jamais pu promettre ce que vous accusez la science de n'avoir pas donné. Cette réponse impliquait que la science n'est pas le tout de l'homme. » (page 247.)

— A la restriction si juste que vient de faire M. Em. Boutroux, ajoutons immédiatement que non seulement « la science n'est pas le tout de l'homme », mais qu'elle n'est même pas — et à beaucoup près, ainsi que nous l'avons assez vu et constaté — ce qu'il y a de plus noble dans l'homme. Ce qui, seul, pourrait faire sa haute valeur, ce serait, par exemple, ce que signale un peu plus loin (page 253) l'auteur, quand il dit : « Une loi unique, la loi newtonienne, domine les phénomènes du monde astronomique...... La science tend vers l'unité, trouve l'unité : est-il donc arbitraire de dire qu'elle va vers Dieu ? » — Soit ! Il y a du vrai là-dedans. Seulement, la parfaite vérité veut qu'on se hâte au moins d'ajouter : « Mais, en même temps, elle se rend compte qu'elle ne peut l'atteindre. »

« .... La science est suspendue à une réalité qui dépasse ses moyens d'investigation. » (page 261.)

« L'homme, à mesure qu'il montait vers l'humanité, a, de plus en plus nettement, distingué ce qu'on peut appeler l'amour de dévouement, grâce auquel il veut vivre, non seulement pour lui-même, mais pour autrui. C'est cet amour que ressent Victor Hugo quand il s'écrie : *Insensé, qui crois que tu n'es pas moi!* L'amour fait de deux êtres un être, en laissant à chacun d'eux sa personnalité; bien plus, en accroissant, en réalisant dans toute sa puissance la personnalité de l'un et de l'autre. L'amour n'est pas un lien extérieur, tel qu'une association d'intérêts ; ce n'est pas non plus l'absorption d'une personnalité par une autre : c'est la participation de l'être à l'être, et, avec la création d'un être commun, l'achèvement de l'être des individus qui forment cette communauté.

« S'il en est ainsi, l'amour de l'homme pour l'être idéal et parfait que pressent sa raison est déjà un sentiment d'union avec cet idéal. C'est le désir d'une participation plus intime à son être et à sa perfection..... L'amour de dévouement ou don de soi, le féminin éternel, comme l'a appelé Gœthe, est une puissance divine, qui descend en nous pour nous tirer à elle vers les hauteurs :

Das Ewig-Weibliche
Zieht uns hinan. » (pages 370-1.)

« .... La religion a été, de tout temps, l'une des forces les plus puissantes qui aient mû l'humanité..... D'où lui vient cet empire étrange, sinon de ce que la foi est plus forte que la connaissance, la conviction que Dieu est avec nous plus efficace que tout secours humain, l'amour plus fort que tous les raisonnements ? » (page 374.)

« L'esprit religieux, tel qu'il circule à travers les grandes religions, n'est autre que la foi au devoir, la recherche du bien et l'amour universel, ressorts secrets de toute activité haute et bienfaisante. » (page 377.)

« L'esprit religieux, dont les effets sont si considérables, et qui pourtant, en lui-même, ne se laisse ni saisir ni définir, est un principe comme les grands moteurs de l'histoire, comme le sentiment, comme la vie. » (page 379.)

« La religion n'est pas exclusivement esprit et vie. Elle a

besoin de se manifester dans des expressions matérielles. Quel est, au juste, ici, le rapport de l'esprit à la lettre ?......
Fichte a écrit : *Die Formel ist die grösste Wohlthat für den Menschen.* (= La formule est, pour l'homme, le plus grand des bienfaits.) C'est que chez l'homme, [qui est] âme et corps, l'esprit ne peut se réaliser sans s'incarner dans une matière. Telle, la lumière, déclarait Méphistophélès, n'a pas le droit de mépriser les corps,

> ....*da es, so viel es strebt,*
> *Verhaftet and den Körpern klebt.*
> *Von Körpern strömt's, die Körper macht es schön,*
> *Ein Körper hemmt's auf seinem Gange.*

(= ... Puisque, quelque effort qu'elle fasse, aux corps capturés dans ses rayons elle reste attachée. Des corps elle jaillit, et les revêt de beauté. Un corps l'arrête dans sa marche.) (1)

« Supprimez de la religion tout élément objectif, et vous la réduisez à un je ne sais quoi, qui se confondra avec les imaginations de l'individu, et qui ne sera même plus caractérisé comme religion. » (page 380.)

« .... L'idée qui préside aux recherches d'un artiste, d'un poète, d'un inventeur, est une idée confuse, qui, peut-être ne se résoudra jamais complètement en idées distinctes; et cependant c'est une idée positive, active, efficace. La volonté, l'intelligence humaines sont mues surtout par de telles idées... L'esprit ne dégage pas la vérité : il la pose, il la suppose, d'une manière nécessairement confuse; puis il éprouve ses hypothèses, et, par ce travail même, les rend de plus en plus distinctes. Le vrai, pour l'homme, est l'hypothèse, sensiblement vérifiée et précisée par le fait. » (page 384.)

« Il faut que chaque chose soit tout ce qu'elle peut être, au sens idéal du mot : qu'elle réalise le maximum de perfection qu'elle comporte, et, en même temps, qu'elle soit une avec l'ensemble, et qu'elle vive de cette communion même. » (page 386.)
— Pour nous, comme on a vu, le second point est, avant tout, la condition du premier, qui constitue le but suprême.

« Le dogme fondamental des religions est la communication vivante de Dieu avec l'homme. Cette communication est

---

(1) Nous nous sommes permis de refaire la traduction de ces vers du *Faust* de Gœthe, avec le souci de serrer d'aussi près que possible un texte qui est des plus intéressants.

ainsi définie par la religion chrétienne : *Si nous nous aimons les uns les autres, Dieu demeure avec nous....* » (page 387.)

« Croire en Dieu, croire à l'union éternelle de toutes les perfections que ce monde spatial et temporel nous montre incompatibles, c'est, du même coup, croire que cette incompatibilité n'est qu'apparente, et qu'une force existe, par qui le bien peut devenir, lui-même, la condition et le moyen du bien. » (page 388.)

« Les fins religieuses sont : la pureté du cœur, le renoncement à l'égoïsme, la constitution d'une communauté où chaque membre existerait pour le tout comme le tout pour chaque membre, où, selon le mot de saint Jean, tous seraient un, de la manière dont, en Dieu, le Père et le Fils sont un. » (page 390.)

« La religion est le génie tutélaire des sociétés humaines. Elle veut l'union de toutes les consciences, donc de tous les hommes ; elle tend à réaliser entre eux un lien d'amour, comme soutien, comme principe du lien matériel. En ce sens, elle conservera précieusement les rites qui, transmis par tant de siècles et de peuples, sont des symboles incomparables de la perpétuité et de l'ampleur de la famille humaine..... Agir, sentir, vibrer ensemble en travaillant à une œuvre commune, c'est le secret de l'union. Τὰ κοινὰ συνέχει (= les choses communes servent de lien), disait Aristote. « (Ibid.)

« La seule manière, pour le fini, d'imiter l'infini, c'est de se diversifier à l'infini. C'est pourquoi, dans ce qu'il rencontre chez les autres hommes, l'homme religieux apprécie principalement les points par où ceux-ci diffèrent de lui. Ces différences sont, à ses yeux, des pièces de l'harmonie universelle, elles sont l'être des autres hommes ; et, par là même, elles sont la condition du développement de sa propre personnalité. » (page 392). — Particulièrement profond, ceci, et vraiment admirable ! Cette pensée n'est d'ailleurs pas absente de notre œuvre ; ou du moins elle a été maintes fois présente à notre esprit.

« La religion nous prescrit d'aimer les autres, et de les aimer pour eux-mêmes. Plus audacieuse que la philosophie, elle fait de l'amour un devoir, le devoir par excellence. C'est qu'elle ordonne aux hommes de s'aimer en Dieu, c'est-à-dire de remonter à la source commune de l'être et de l'amour. » (page 393.)

Nous venons de lire aussi, toujours dans le numéro de janvier de la *Revue de Métaphysique*, un article de M. G. Dwelshauvers (*De l'intuition dans l'acte de l'esprit*), qui nous a également fort intéressé. Nous aurions certes bien des objections, et de fort graves, à faire à l'auteur sur certains points. Mais voici quelques lignes que nous sommes heureux de reproduire ici comme formulant très bien ce que nous pensons et avons à notre façon exprimé nous-même (1) :

« La conscience.... passe outre à l'intuition, sans se douter qu'elle reçoit d'elle la vie. Aussi l'intuition ne se produit-elle intégralement qu'au moment où elle s'éprouve. Ce que la réflexion en reconstruit reste extérieur à l'acte de l'esprit. Ce n'est qu'une reconstitution d'après des fragments. »

« ... Il s'établit, dans la perception d'objet, avant toute analyse, au moment où cette perception se produit, une sympathie avec l'extérieur, *comme si, au moment de la perception, il y avait coïncidence entre l'acte d'un autre moi et le nôtre......* »

« Le fait d'intuition que nous signalons est constant chez l'enfant, pour qui les choses sont plus aisément animées que pour nous..... C'est directement, et suivant son impulsion irraisonnée, qu'il considère les objets comme des sujets tandis que le développement du raisonnement fera céder cette manière d'éprouver. Or, l'artiste ne se distingue-t-il pas aussi par le don qu'il conserve de voir les choses comme l'enfant, par l'intuition et le sentiment de leur réalité immédiate, par la communication directe et irraisonnée avec elles, tandis que l'analyse qui conduit à la connaissance [???] claire et s'exprime le plus parfaitement dans les sciences, relègue l'intuition au second plan et tend sans cesse à la dépasser [???] (2) ?

---

(1) Nous indiquons toutefois, même pour ceci, en passant et le plus brièvement possible, — soit dans le texte hors des guillemets, soit dans les guillemets entre crochets, soit enfin en note, — quelques importantes restrictions que l'on comprendra que nous soyons forcé de faire.

(2) Que l'analyse puisse conduire à la vraie connaissance et dépasser l'intuition, c'est loin d'être notre avis, encore une fois. Nous sommes bien plutôt avec Amiel quand — par un douloureux retour sur lui-même, sur cette pulvérisation de la faculté spontanée par la faculté réfléchie, qu'il a tant connue et si vivement sentie, et revê-

Nous pouvons considérer comme doués d'une âme d'artiste tous ceux qui ont conservé le don d'intuition et l'ont développé, tâchant de pénétrer le plus avant possible dans cette communication intime que, par éclairs, ils établissent entre la réalité et eux. Tous ceux qui ne sont pas trop mécanisés par la vie pratique ou absorbés par les conceptions abstraites des sciences, éprouvent les émotions de la vie intuitive. Certains penseurs voudraient même fonder sur cette intuition — qui n'est pas une fantaisie, mais un *fait* fondamental de la vie intérieure — leur métaphysique tout entière. » — Nous sommes précisément de ceux-là, — et beaucoup plus franchement et plus radicalement encore, nous semble-t-il, que M. Bergson lui-même, signalé en note par l'auteur non sans raison du reste.

« Je crois que le génie, chez l'inventeur, le théoricien, aussi bien que le poète, se traduit surtout par l'intuition. Quand un savant découvre, après de multiples efforts, la vérité qui éclairera toutes ses recherches, il a de cette vérité une vision intérieure soudaine, comme celle qu'on raconte d'Archimède ou de Newton, ou comme celle de Gœthe dans son jardin de Weimar. Et il arrive souvent que c'est au moment où l'intelligence qui raisonne s'y attendait le moins et désespérait de trouver une solution, que cette solution éclate dans l'intuition....... Si la plupart des hommes anéantissent en eux la possibilité d'avoir des intuitions, c'est que les circonstances qu'ils traversent, la vie pratique *peut-être aussi* [Nous dirions plutôt : *certainement surtout*] la rage impitoyable de raisonner, tuent dans l'esprit ce pouvoir qui caractérise les artistes et les génies ou simplement les hommes d'une bonté réelle et profonde. Eux, ils sont les voyants ; ils aiment les choses, ils devineront dans les objets familiers ce qui passera inaperçu aux autres. Ils parleront de la nature avec affection ; le sens des choses ne leur échappera pas, et les êtres que les autres côtoient avec indifférence leur parleront ce langage silencieux et vrai qui se passe de symboles. »

« C'est sur l'intuition enfin que repose la croyance au monde

tant d'une ingénieuse image, d'une métaphore frappante, une pensée vécue jusque dans les dernières profondeurs de l'âme — il écrit : « L'Analyse tue la spontanéité. Le grain moulu ne saurait plus ni germer ni lever. »

extérieur...... Cette croyance existe dans l'acte qui le perçoit et s'évanouit dans le raisonnement qui le transforme..... »

« .... On ne dérive pas l'acte d'affirmation en partant des catégories ; celles-ci ne le conditionnent pas, mais sont conditionnées par lui. En d'autres termes, on ne recompose aucune réalité avec du logique pur ; le logique traduit en rapports intelligibles [???] le réel ; mais pour qu'il existe des rapports, il faut nécessairement une réalité que ces rapports expriment ; des rapport vides n'ont aucune portée et aucun sens...... Il serait abusif de prendre ces rapports pour le réel lui-même. Ils en sont la transposition symbolique en termes accessibles à l'intelligence humaine [???]...... Que cette transposition soit rendue nécessaire par le développement de l'esprit, amené constamment à dépasser l'intuition et à analyser pour connaître, nous l'avouons. » — Nous le nions, nous, au contraire. Que ce soit là un « développement de l'esprit », parler d' « analyser pour connaître », et surtout de « dépasser l'intuition »! à nos yeux, quel blasphème contre celle-ci, contre cette faculté divine!

« Nous ne croyons pas qu'il soit légitime d'établir entre l'intuition et le rationnel une opposition irréductible. » — Nous croyons que si, quant à nous.

« Intuition et raison peuvent se compléter sans se contredire. » — Pas commode ; disons-le, même : impossible.

Mais hâtons-nous de citer quelques lignes où l'auteur abonde tout à fait dans notre sens :

« L'intuition réapparaît chaque fois que l'esprit aperçoit, en une vue d'ensemble, l'unité intime qui synthétise ses tendances...... L'analyse ne pénètre pas l'unité des rapports particuliers ; aussi, les notions dégagées par elle n'ont pas de portée..... L'esprit génial, en qui s'exprime l'effort le plus puissant de la pensée humaine, se caractérise par un développement très complet de l'intuition ..... Si l'on analyse l'activité de l'homme de génie, soit dans l'action, soit dans le savoir, soit dans la création artistique, on trouvera toujours un fond irréductible d'intuition et d'émotion. Dans ces manifestations sublimes de l'esprit, la part du risque et de la divination est grande. »

« ..... Toute perception est création (1) ; *nous affirmons le monde extérieur parce qu'en le percevant nous le créons* (1) *à*

---

(1) D'après notre propre doctrine — avant tout, franchement an-

L'ÊTRE. — DERNIERS COMPLÉMENTS

nouveau, et qu'à chaque contact avec lui nous sommes actifs. La vision géniale est la suprême affirmation des choses et d'elle-même; elle est création (1), croyance et intuition en même temps. C'est de l'intuition que part l'analyse et c'est à elle qu'elle aboutit..... »

Voici enfin la dernière phrase de l'article :

« ..... Dans la conscience humaine subsiste toujours une intuition qui explique la croyance au monde extérieur et imprime le mouvement à toute notre activité synthétique. »

DERNIERS COMPLÉMENTS

Entre autres fautes dans tout le volume, et beaucoup plus graves sans doute, nous avons — page 303, en note — omis un petit oubli. Réparons-le ici, puisqu'il en est temps encore. Nous pourrons d'ailleurs, du même coup, donner satisfaction à notre principal et plus légitime souci, qui est de nous efforcer toujours — en philosophe vraiment « pragmatiste » et chrétien — d'être utile à notre prochain, même à nos adversaires. Nous avons en effet, dans le passage que nous venons d'indiquer, laissé par mégarde sur le brouillon certaine apostrophe, sage autant que charitable, s'adressant aux quelques rares utopistes honnêtes et sincères qu'on peut trouver, encore aujourd'hui, égarés dans les rangs épais des saltimbanques et profiteurs de la « Sociale-Lucullus ». Voici donc en deux mots la chose :

Quel réveil en sursaut vous attend, mes bons amis, quand, au milieu de votre joyeux rêve d'ascension vertigineuse vers LE CIEL DE L'IDÉAL, *tout à coup vous irez vous heurter douloureusement la tête contre* LE PLAFOND DE L'IMPOSSIBLE !

tisubjectiviste — nous trouvons ce terme, ici, des plus dangereux, et ne saurions, bien entendu, l'accepter qu'en le prenant au figuré et dans un sens très atténué.

(1) Voir la note précédente.

Note qu'on a oublié de mettre, page 308 :

Si nous voyons, après la mort d'un animal, une pareille chute — et si subite ! — de la matière qui composait son corps, c'est vraisemblablement que celle-ci s'est usée, en quelque sorte, comme un ministère au pouvoir sous un roi ou président irresponsable, qui est ici le principe vital ou l'âme.

Pour compléter ce que nous avons dit sur la volonté libre (pp. 400-1; etc.) :

La parfaite bonne volonté absolument libre est à la fois principe premier et fin dernière. C'est Dieu rentrant en lui, se retrouvant, se ramassant, après être sorti de lui-même, s'être oublié et comme dispersé dans l'univers. C'est le point métaphysique central, le nœud vital du grand mystère et du grand miracle du connaître et de l'être. Si l'on pouvait le défaire, l'ouvrir, faire épanouir cette fleur, déployer cette flamme, le Vrai et le Bien éclateraient à nos yeux éblouis. Mais nous ne pouvons guère, hélas ! pour le moment, que le sentir et le tenir plus ou moins enveloppé en nous-mêmes. Ainsi, ce qui n'est encore pour notre intelligence qu'obscur et implicite commande le reste en métaphysique et en morale. L'agir passe donc en nous le connaître, en est le principe, principe puissant mais opaque, foyer ardent mais invisible, quoiqu'il soit pour nous la source de toute lumière. Nous ne pouvons comprendre en nous-mêmes cet acte, couronnement de notre nature, et qui fait cependant que nous comprenons et nous nous expliquons cette nature.

C'est ainsi que la morale a donné son principe à la métaphysique, la pratique à la théorie. Mais en retour la métaphysique tire la morale de son pur et vide formalisme, de l'agir pour l'agir. On agit pour retourner à Dieu, pour refermer ce grand cercle ouvert par l'acte de la création.

Pour compléter ce que nous avons dit de Corneille et ses héros, notamment pp. 382-3 :

Quoi d'étonnant que l'être soit foncièrement acte ? Il est par l'acte de Dieu, acte souverainement libre, *quoiqu'il soit*, ou plutôt *parce qu'il est* moralement nécessaire, c'est-à-dire essentiellement bon. A cette lumière, jugeons notre propre activité : pour être souverainement libre, c'est-à-dire vraiment volontaire, elle a besoin d'être moralement nécessaire, c'est-à-dire essentiellement raisonnable et bonne. Donc, absurdité du pur formalisme théorique de Kant, auquel en somme se ramène au fond le pur formalisme pratique attribué quelquefois — mais à tort, croyons-nous — aux grands héros de notre Corneille, dans leur conduite. L'acte ne saurait être vraiment libre quand le but proposé n'est pas bon en soi. Les purs virtuoses, en morale, ne sont pas même de bons virtuoses, n'agissant pas librement en réalité, ne mettant pas dans leurs actes, ne pouvant pas y mettre, cette forme de vraie liberté, qui leur est essentielle.

Cela veut-il dire que nous allons expliquer à fond comment, ici, s'accordent et se concilient entre elles la liberté et la nécessité morales, comment il se fait que l'objet visé, l'œuvre à faire peut s'imposer à l'agent — qui la voit en idée, la juge et la goûte d'avance —, sans pour cela le rendre *viens comme je t'attire*, pas plus que sa bonne nature, d'un autre côté, ne le rend *va comme je te pousse ?* Non, car c'est là ce qui passe la raison humaine, quoiqu'il existe en l'homme, agent moral, aussi bien qu'en Dieu créateur. C'est proprement ce qui, chez nous, est au-dessus du comprendre dans l'agir, du connaître dans l'être. L'intuition seule, par ses rares et subites fulgurations, nous rend quelquefois pour quelques instants ces ténèbres visibles ; et même alors, hélas ! nous ne les apercevons que juste assez pour voir qu'habituellement nous ne les voyons pas.

Plus l'agent moral est parfait, c'est-à-dire a de raison et s'en est servi dans l'acte moral, plus l'acte même surpasse cette raison dans l'explication qu'on chercherait à en donner, c'est-à-dire dans la conciliation du *fond nécessairement bon* et de la *forme souverainement libre* : car, plus la raison est droite, plus, d'une part, elle voit ce qu'il faut faire et l'impose à l'activité ; et, d'autre part, plus cette activité est affranchie des fatalités, des nécessités matérielles, plus elle est libre : c'est-à-dire que les deux termes à concilier s'éloignent de plus en plus aux regards de notre raison raisonnante ; et cependant, par le fait, ils se concilient mystérieusement dans le miraculeux acte libre moral, quand il est vraiment bon.

En Dieu, ils doivent se concilier, sans doute, à force de s'être opposés, c'est-à-dire à l'infini, dans la perfection et la parfaite lumière.

Peut-être l'honnête homme dévoué, héroïque, dans un acte vraiment bon, se fait-il ici comme le plagiaire de Dieu même et atteint-il, lui aussi, ce suprême sommet ou du moins va-t-il momentanément y toucher et prendre contact avec lui.

Pourquoi notre Corneille raisonnerait-il tant, par la bouche de ses personnages, et principalement des plus importants, et aux moments décisifs, s'il était vrai qu'il négligeât à ce degré l'élément rationnel? Car nous espérons bien qu'on n'osera pas nier que le raisonnement, et quelquefois même des plus subtils, sinon entortillé et poussé à outrance, est un des caractères saillants du cornélisme. Et c'est bien là une bonne preuve qu'il ne va point par à-coups et par impulsions mais qu'il se propose une fin et y adapte des moyens. Souvent, il est vrai, cette fin est la gloire, l'honneur, la dignité morale et rien de plus palpable, de plus extérieur à l'agent. Mais n'en est-ce pas moins une fin, et même la plus noble, la plus nôtre, celle qui mérite le plus son nom, puisque le résumé de toute la morale humaine est, nous l'avons vu, le perfectionnement intérieur de chacun par soi-même ?

Complément à l'avant-dernier paragraphe de notre note sur le pragmatisme, pp. 475-6.
(Deux nouvelles citations de Gœthe) :

Seul dans son cabinet d'étude, où il est entré suivi du fameux barbet, Faust, ayant ouvert le Nouveau Testament, y lit : « Au commencement était la Parole. » Là-dessus, le héros de Gœthe s'écrie : « Me voilà déjà arrêté. Qui m'aidera à poursuivre? Je ne puis absolument donner tant de valeur à *la Parole*; ... pas même à *l'Intelligence* ni à *la Force*; ... il faut que je traduise autrement, si je suis bien éclairé par l'esprit.... Mais, à l'instant même, l'esprit vient à mon secours : tout à coup je me sens éclairé et j'écris de confiance : « Au commencement était *l'Action*. »

Enfin, Gœthe a exprimé encore ailleurs cette même vérité, sous la forme plus concise et plus frappante de l'apophtegme, quand il a dit : « LA FIN DE L'HOMME EST UNE ACTION ET NON UNE PENSÉE. » Et, dans son livre *Sur les Héros, le Culte des Héros et les Héros dans l'histoire*, Carlyle se plaît à la reproduire sous cette forme.

TABLE DES MATIÈRES

	Pages.
Avertissement...	I-IV
Introduction...	1-6

PREMIÈRE PARTIE.
LE CONNAÎTRE

Chapitre premier. — Ce que c'est que connaître...	7-42
Chapitre II. — Réflexions sur le connaître...	43-131
Appendice à la PREMIÈRE PARTIE...	132-140

DEUXIÈME PARTIE.
L'ÊTRE

Plan et préambule...	141-145
Chapitre premier. — Dieu et religion...	146-233
Appendice au Chapitre premier...	233-237
Chapitre II. — L'espace et le temps...	238-278
Chapitre III. — L'un et le multiple...	279-351
Appendice au Chapitre III...	351-383
Chapitre IV. — La science et son objet...	384-458
Chapitre V. — Quelques réflexions sur l'art et le beau...	459-474
Pourquoi l'on ne conclut pas...	474-476
Appendice aux Chapitres I et IV de la 2e PARTIE...	476-487
Derniers compléments...	487-490

Le Puy-en-Velay. — Imprimerie Peyriller, Rouchon et Gamon.

ERNEST LEROUX, ÉDITEUR

28, RUE BONAPARTE, VIᵉ

DAMASCIUS. Les problèmes et solutions touchant les premiers principes. Traduit par E. Chaignet. 3 vol. in-8.............. 22 fr. 50

FAYE (Eug. de). Clément d'Alexandrie. Étude sur les rapports du christianisme et de la philosophie grecque au IIᵉ siècle. In-8. 7 fr. 50

GAUTHIER (L.). La philosophie arabe. In-18.............. 2 fr. 50

GOBINEAU (Le Comte de). Les religions et les philosophies dans l'Asie Centrale. 3ᵉ édition. In-8.............. 7 fr. 50

GOBLET D'ALVIELLA. La migration des symboles. In-8, fig. 6 fr. »

GRANDGEORGE (L.). St Augustin et le néo-platonisme. In-8. 4 fr. »

GUIGNEBERT (Ch.). Tertullien. Étude sur ses sentiments à l'égard de l'Empire et de la société civile. In-8.............. 12 fr. »

KERN (H), professeur à l'Université de Leyde. Histoire du Bouddhisme dans l'Inde. Traduit du néerlandais, par G. Huet. 2 vol. in-8, carte.............. 20 fr. »

KRAINSKY (B.). Le Catholicisme, d'après les autorités catholiques. Traduit du russe. In-8.............. 3 fr. 50

LAFFITE (P.). Les grands types de l'humanité, appréciation systématique des principaux agents de l'évolution humaine. 2 volumes. in-8.............. 15 fr. »

    I. Moïse, Manou, Bouddha, Mahomet. — II. Homère, Aristote, Archimède, César.

LAFONT (Le comte G. de). Les Aryas de Galilée et les origines aryennes du christianisme. Première partie. In-8.............. 7 fr. 50

LALITA VISTARA. Histoire du Bouddha Çakia Mouni, traduction et notes, par P.-E. Foucaux, professeur au Collège de France. 2 vol. in-4.............. 30 fr. »

LEFÈVRE (André). Religions et mythologies comparées. 2ᵐᵉ édition. In-18.............. 4 fr. »

MAX MÜLLER. Introduction à la philosophie Védanta. In-18. 3 fr. 50

PIAT (C.). L'intellect actif, ou du rôle de l'activité mentale dans la formation des idées. In-8.............. 4 fr. »

PICAVET (F.). Gerbert, un pape philosophe, d'après l'histoire et la légende. In-8.............. 6 fr. »

PROCLUS LE PHILOSOPHE. Commentaire sur le Parménide, trad. par A.-Ed. Chaignet, recteur honoraire. 3 vol. in-8.............. 22 fr. 50

LE PUY-EN-VELAY. — IMPRIMERIE PEYRILLER, ROUCHON ET JAMON.

www.ingramcontent.com/pod-product-compliance
Lightning Source LLC
Chambersburg PA
CBHW071709230426
43670CB00008B/951